华信经管创新系列



# 政府会计信息化教程

## ——基于用友 GRP-U8

程 平 主 编

陈 静 孙茂民 刘传峰 副主编

電子工業出版社
Publishing House of Electronics Industry
北京 • BEIJING

## 内 容 简 介

本书分为三部分，共 11 章。第一部分主要介绍政府会计核算概论、用友政务 GRP 系列软件系统的组成及各模块之间的相互关系，在总体上对用友政务 GRP 系列软件进行大概的介绍；第二部分介绍用友政务 GRP 系列软件的安装、使用及初始设置；第三部分分别介绍系统中总账管理系统、预算收支系统、采购管理系统、应收款系统、存货管理系统、资产管理系统、工资管理系统、账务处理系统及财务分析系统中常用的一些窗口，系统中常用的图标按钮、快捷键，以及系统中的一些通用操作。本书还提供了基于用友政务 GRP 系列软件的实训例题。

本书可作为高等院校会计专业、财务管理专业、审计专业等会计信息化相关课程的教材，也可以作为计算机专业、软件专业等学生进行财务软件开发学习的参考教材，还可以作为政府会计从业人员、IT 从业人员进行软件学习的指导用书。



**图书在版编目（CIP）数据**

政府会计信息化教程：基于用友 GRP-U8 / 程平主编. — 北京：电子工业出版社，2020.8
ISBN 978-7-121-39322-8

I. ①政…　II. ①程…　III. ①预算会计－会计信息－财务管理系统－高等学校－教材　IV. ①F810.6②F232

中国版本图书馆 CIP 数据核字（2020）第 137455 号

责任编辑：石会敏　　文字编辑：苏颖杰
印　　刷：三河市鑫金马印装有限公司
装　　订：三河市鑫金马印装有限公司
出版发行：电子工业出版社
　　　　　北京市海淀区万寿路 173 信箱　邮编：100036
开　　本：787×1 092　1/16　印张：20.75　字数：528 千字
版　　次：2020 年 8 月第 1 版
印　　次：2020 年 8 月第 1 次印刷
定　　价：62.00 元

凡所购买电子工业出版社图书有缺损问题，请向购买书店调换。若书店售缺，请与本社发行部联系，联系及邮购电话：（010）88254888，88258888。

质量投诉请发邮件至 zlts@phei.com.cn，盗版侵权举报请发邮件至 dbqq@phei.com.cn。

本书咨询联系方式：738848961@qq.com。

# 前　　言

## 为什么要写这本书

从2009年财政部颁布《财政部关于全面推进我国会计信息化工作的指导意见》以来，全面推进我国会计信息化工作，进一步深化会计改革，充分发挥会计在经济社会发展中的作用，得到了广泛关注。随着信息化的发展，国家对会计信息化的重视程度不断提高，行政事业单位全面推进会计信息化建设亦是必然趋势。为推进会计体系改革，加快现代化财务制度建设，提高会计信息可比性，提高政府财务报告信息质量，从2019年1月1日起，各行政事业单位全面实施新政府会计制度。2019 年新政府会计制度的改革，使会计核算方法和内容都发生了重大改变，会计工作的复杂性和难度也大大增加，更加突显了会计信息化建设在行政事业单位中的重要作用。

“用友政务”作为国家“规划布局内的重点软件企业”，具有“涉及国家秘密的计算机系统集成资质”“计算机系统集成二级资质”“CMMI 成熟度 3 级”等一批国际、国家级资质，是中国电子政务百强企业、中国最大的公共财政管理软件提供商、中国最大的行政事业单位计划财务管理软件提供商。全国有90%以上的中央部委、70%以上的行政事业单位使用用友政务综合计划财务软件，60%以上的财政部门使用用友政务财政管理软件。

基于政府会计信息化的迫切需求以及和用友公司的产教合作，我于 2018 年 12 月带领2018级研究生团队编写了这本《政府会计信息化教程》，期望这本书能够帮助全国高校会计专业开设“互联网+会计”相关的课程，同时作为实用教程帮助行政事业单位人员使用政府会计综合财务软件。

## 内容组织

本书内容从逻辑上分为三大部分，第一部分是政府会计信息化理论基础篇，第二部分是用友政务 GRP 系列软件安装篇，第三部分是用友政务 GRP 系列软件子系统实战篇。读者可以根据自己的前期基础、专业领域或兴趣爱好，有选择地进行阅读。

第一部分的内容包括第 1 章，主要介绍政府会计核算概论、用友政务 GRP 系列软件系统的组成及各模块之间的相互关系，从总体上对用友政务 GRP 系列软件系统进行介绍。

第二部分包括第 2 章，介绍用友政务 GRP 系列软件的安装、使用以及初始设置。

第三部分包括第 3～11 章，分别介绍用友政务 GRP 系列软件系统中总账管理系统、预算收支系统、采购管理系统、应收款系统、存货管理系统、资产管理系统、工资管理系统、账务处理系统及财务分析系统中常用的一些窗口，系统中常用的图标按钮、快捷键，以及系统中的一些通用操作。

**本书特点**

本书的最大特点是理论与实践兼顾，信息量大、知识点紧凑、案例丰富、实用性强。在目标定位、内容设计、案例设计、模拟实训方面具有显著特色。

目标定位：本书的目标是使政府会计信息化软件使用人员能够熟练掌握其操作要领。主要定位于行政事业单位财务人员，帮助行政事业单位提高会计核算能力，提高财务管理水平。

内容设计：本书的内容设计由浅入深、由易到难、层层递进、循序渐进，既有理论的讲解与探讨，又有实务的分析与落地。通过良好的内容体系设计，读者只要跟着章节进行理论学习和模拟实训，就可以在不知不觉中掌握政府会计信息化软件的使用方法。

案例设计：全书以东湖医科大学作为案例对象，全部案例聚焦高校日常业务处理，将从基础设置到账表分析等知识点无缝嵌入案例的财务场景，这种一体化的代入感，能够让读者有效掌握政府会计信息化软件在财务工作中的运用。

模拟实训：全书共设计了 10 个政府会计信息化软件模拟实训项目，具有较强的体验性、实战性、综合性和有效性，读者学习之后可以直接（或者稍微加以改进）用于具体的财务工作场景。

**配套资源**

本书提供教学 PPT，用作教材的老师可以通过加入 QQ 群（779359388）下载相关配套资源。

**适用读者和课程**

本书可以作为（但不限于）：

- 普通高校本科和高职高专的会计专业、财务管理专业、审计专业等专业会计电算化、会计信息化、政府会计信息化等相关课程的教材。
- 普通高校的会计学硕、会计专硕、审计专硕等研究生专业会计信息系统、政府会计信息化等相关课程的教材。
- 普通高校计算机专业、软件专业等专业的本科生和研究生进行政府会计信息化软件学习的参考教材。
- 行政事业单位财务人员提升工作能力的培训用书。
- 初级会计师、中级会计师、高级会计师以及注册会计师提升工作能力的学习用书。
- 行政事业单位信息中心 IT 人员，尤其是管理人员提升工作能力的学习用书。

**勘误和支持**

由于水平有限，书中难免会出现一些错误或者不准确的地方，恳请读者批评指正。读者可以通过以下途径反馈建议或意见：

■ 添加个人 QQ（4961140）或微信（chgpg2018）反馈问题。

■ 直接扫描二维码添加个人微信或者【云会计大数据前沿】微信公众号。

■ 发送 E-mail 到 4961140@qq.com。

**致 谢**

在本书的撰写过程中，得到了多方指导、帮助和支持。

首先，感谢用友公司对重庆理工大学“互联网+会计”的认可及其对本书撰写的支持和帮助，真正践行了产学研一体化。

其次，感谢电子工业出版社高等财经事业部主任石会敏老师及其团队两年来为本书的撰写提供的方向和思路指导、审核、校验等工作。

最后，感谢2018级研究生团队成员杜姗、范洵、杨雯莞、何昱衡、文少波、彭兰雅、魏友婕、郭奕君等参与了本书的撰写，尤其是杜姗同学在组织协调方面做出了重要贡献。

谨以此书献给致力于中国“互联网+会计”教育改革、致力于企业财务转型与变革的朋友们，愿大家身体健康、生活美满、事业有成！

程 平

2020年4月

# “政府会计：从零基础到实务高手”视频教材使用说明

政府会计制度（以下简称“制度”）2019 年 1 月 1 日起在全国正式实施，到截稿止，共发布 1 个基本准则、10 个具体准则，1 个制度文件。配套有 1 个固定资产应用指南，1 个事业单位成本核算基本指引，外加正式发布的 2 个准则制度解释和截稿时正在征求意见的解释第 3 号。

制度文件体系日趋完善，虽已有一个完整会计年度的实践，还有各种配套书籍不断出现，但仍然无法满足快速上手应用的需要。

书籍是学习不可或缺的重要资料，但缺点也比较明显，内容足够全面、描述足够深入细致，但重点不够突出，理论性强而实践性不足，急需一套既接地气又实用的视频学习教材，以弥补文字学习资料之不足。

视频以财政部原始文件为基准，结合实务操作应用实践，从最基础的概念到最常用的实务应用，循序渐进地步步深入学习原理和精髓，最终实现学以致用，能够具备分析问题、解决问题的能力，破除人云亦云的做账模式，真正实现融会贯通、举一反三。

教材分基础、报表、准则、科目、实务四部分。

基础部分对政府会计的前世今生稍作介绍，着重介绍各种文件的使用方法和重点学习内容，将政府会计适用范围、财务会计及权责发生制和预算会计及收付实现制进行对比学习，以深入理解原理和精髓。通过对制度中有关 8 个会计要素的详解和基本原理中的“适度分离”“相互衔接”两个特征的理解，重点理解什么是平行记账？深刻地理解了平行记账的那些事，政府会计的一大半就差不多学会了。

报表部分将制度文件里的财务报告样表全部拿出来展示详解，以终为始、不忘初心，先知道我们想要的结果才能知道我们接下来学习的目标和需要做的工作，针对报表需要重点介绍报表项目中隐藏的设账要求，比如会计科目的明细科目和辅助核算如何设置才能实现财务软件报表自动等，这一章看似枯燥无味，实则暗藏玄机，对后边的学习内容是个重要引领，讲解顺序打破了先基础后实务再报表的传统模式，报表放到前面就是要先知道工作的重心和最终目标，有目标才有方向，才能走对路线。

准则部分将 1 个基本准则和 10 个具体准则做归纳整理，加上配套指引、解释、指南等资料融会贯通，抓住工作常用重点，高度提炼浓缩，展示应用精华。其中最大的亮点是将 10 个具体准则做高度提炼，分出重点资产管理和非资产管理两大类。资产管理涉及 5 个具体准则，分别是存货、政府储备物资、固定资产、公共基础设施、无形资产。资产管理准则共同的特征是对资产的确认、计量和披露，其中计量分初始计量和后续计量。准则的文章结构基本都是一致的，根据资产管理的特征对资产计量共同点进行提炼，总结出资产计量三字经：计资产、价税费；无价估、没法估；就比价、比不成；就参照、无参照；名义价、按一元。对于其他非常用准则，做简略介绍和导读学习，并按专题课另做处理。

科目部分是对政府会计 103 个科目的大总结，将其中常用的重点科目做了详细解析，包括科目核算范围、明细科目设置、辅助核算设置、集合报表个性化设置等。科目部分是我们设置账套、应用财务软件、快速出效果的重点篇章，为实务应用打下坚实的基础。

实务部分是对前面三个部分所学知识的综合应用，结合实务的场景化应用，选取大约 20 个常用实务场景详细解析，当面对做账实务时能想起来该用哪个科目，确定借贷分录该怎么写，最终实现凭证正确合规。凭证是整个会计体系的源头，再加上财务软件工具的正确应用，后续的账簿报表就不会出什么问题了。

在熟练掌握前三部分基础的前提下，才能够具备分析问题、解决问题的能力，避免只会照葫芦画瓢的弊端，一旦遇到没有现成例子可循的时候就不知道如何操作了。

整个教学视频以生活化语言为基础，力争将晦涩难懂的理论知识化繁为简，变理论为实践，做到通俗易懂、快速上手。视频章节以基础、报表、科目、实务四大部分排列，每部分都以知识点为单位，单个时长控制在 25 分钟以内，最短 1 分钟讲清一个知识点，综合串联后形成完整的知识体系。

全部视频 66 个片段，合集约 500 分钟，未来会根据形势发展再做实时更新，将涉及行业领域的应用做成专题课。

| 序号 | 编号 | 项　　目 | 实际时常 | 统计时长 | 类别 |
|---|---|---|---|---|---|
| 1 | 1-1 | 基础知识主要内容 | 2'11" | 3 | 基础 |
| 2 | 1-2 | 政府会计的前世今生 | 11'32" | 12 | 基础 |
| 3 | 1-3 | 政府会计学习文件介绍 | 13'41" | 14 | 基础 |
| 4 | 1-4 | 政府会计适用范围 | 1’31” | 2 | 基础 |
| 5 | 1-5-1 | 财务会计和预算会计的区别 | 1'38" | 2 | 基础 |
| 6 | 1-5-2 | 财务会计和预算会计的区别总结 | 3'21" | 4 | 基础 |
| 7 | 1-6 | 财务会计和财务会计 5 要素 | 18'28" | 19 | 基础 |
| 8 | 1-7 | 预算会计和预算会计 3 要素 | 6'28" | 7 | 基础 |
| 9 | 1-8 | 权责发生制与收付实现制 | 5’26" | 6 | 基础 |
| 10 | 1-9 | 平行记账到底是个什么鬼 | 18'41" | 19 | 基础 |
| 11 | 1-10 | 适度分离相互衔接之差异调节表 | 4'18" | 5 | 基础 |
| 12 | 1-11 | 财政集中支付管理模式和授权支付、直接支付、零余额账户 | 10’53" | 11 | 基础 |
| 13 | 2-1 | 政府财务报告概况 | 11'17" | 12 | 报表 |
| 14 | 2-2 | 财务会计基本报表样表讲解 | 12'42" | 13 | 报表 |
| 15 | 2-3 | 预算会计基本报表样表讲解 | 7'11" | 8 | 报表 |
| 16 | 2-4 | 财务会计辅助报表样表讲解 | 9'53" | 10 | 报表 |

| 序号 | 编号 | 项　　目 | 实际时常 | 统计时长 | 类别 |
|---|---|---|---|---|---|
| 17 | 2-5 | 预算会计决算报表简介 | 1'36' | 2 | 报表 |
| 18 | 3-1 | 准则解释指引概况介绍 | 9'5" | 10 | 准则 |
| 19 | 3-2 | 会计准则三字经总结 | 14'57" | 15 | 准则 |
| 20 | 3-3 | 存货和政府储备物资 | 14'17" | 15 | 准则 |
| 21 | 3-4 | 固定资产准则 | 24'24" | 25 | 准则 |
| 22 | 3-5 | 无形资产准则 | 9'28" | 10 | 准则 |
| 23 | 3-6 | 公共基础设施准则简介 | 2’50" | 3 | 准则 |
| 24 | 3-7 | 政府会计投资准则 | 1'20” | 2 | 准则 |
| 25 | 3-8 | 政府会计负债会计调整等 | 10'29" | 11 | 准则 |
| 26 | 4-1 | 政府会计制度学习纲要和科目借贷三字经 | 19'17" | 20 | 科目 |
| 27 | 4-2 | 政府会计科目总体介绍 | 10'30" | 11 | 科目 |
| 28 | 4-3 | 科目解析零余额账户用款额度 | 2'52" | 3 | 科目 |
| 29 | 4-4 | 科目解析库存现金和银行存款 | 3'36" | 4 | 科目 |
| 30 | 4-5 | 科目解析财政应返还额度 | 2'42" | 3 | 科目 |
| 31 | 4-6 | 科目解析应收账款及往来科目简介 | 1'55" | 2 | 科目 |
| 32 | 4-7 | 科目解析预付账款 | 2'43" | 3 | 科目 |
| 33 | 4-8 | 科目解析其他应收款 | 4' | 4 | 科目 |
| 34 | 4-10 | 科目解析库存物品 | 7'16" | 8 | 科目 |
| 35 | 4-11 | 科目解析加工物品 | 2'12" | 3 | 科目 |
| 36 | 4-12 | 科目解析待摊费用 | 2'1" | 3 | 科目 |
| 37 | 4-13 | 科目解析固定资产和固定资产累计折旧 | 9'22" | 10 | 科目 |
| 38 | 4-14 | 科目解析工程物资 | 1'5" | 2 | 科目 |
| 39 | 4-15 | 科目解析在建工程 | 7'34" | 8 | 科目 |
| 40 | 4-16 | 科目解析研发支出 | 2'47" | 3 | 科目 |
| 41 | 4-17 | 科目解析政府储备物资 | 1'36" | 2 | 科目 |
| 42 | 4-18 | 科目解析受托代理资产 | 1'17" | 2 | 科目 |
| 43 | 4-19 | 科目解析增值税和其他税费科目 | 6'10" | 7 | 科目 |
| 44 | 4-20 | 科目解析应缴财政款 | 1'1" | 2 | 科目 |
| 45 | 4-21 | 科目解析应付职工薪酬 | 1'48" | 2 | 科目 |
| 46 | 4-22 | 科目解析应付账款 | 1'22" | 2 | 科目 |
| 47 | 4-23 | 科目解析应付财政补贴款 | 1'7" | 2 | 科目 |
| 48 | 4-24 | 科目解析预售其他应付 | 1'54" | 2 | 科目 |
| 49 | 4-25 | 科目解析预提费用 | 2'9" | 3 | 科目 |
| 50 | 4-26 | 科目解析财务会计收入类 | 10'16" | 11 | 科目 |

| 序号 | 编号 | 项　　目 | 实际时常 | 统计时长 | 类别 |
|---|---|---|---|---|---|
| 51 | 4-27 | 科目解析财务会计费用类 | 3'16" | 4 | 科目 |
| 52 | 4-28 | 科目解析预算会计科目 | 11'21" | 12 | 科目 |
| 53 | 5-1 | 政府会计实务简介 | 12'13" | 13 | 实务 |
| 54 | 5-2 | 政府会计实务收财政拨款 | 9'16" | 10 | 实务 |
| 55 | 5-3 | 政府会计实务日常经费核算 | 11'34" | 12 | 实务 |
| 56 | 5-4 | 政府会计实务零余额年终核算 | 5'12" | 6 | 实务 |
| 57 | 5-5 | 政府会计实务工资社保公积金 | 23'50" | 24 | 实务 |
| 58 | 5-6 | 政府会计实务职工借款备用金暂付款报销费用核算 | 8' | 8 | 实务 |
| 59 | 5-7 | 政府会计实务罚没收支两条线 | 5'50" | 6 | 实务 |
| 60 | 5-8 | 政府会计实务房租 | 7'27" | 8 | 实务 |
| 61 | 5-9 | 政府会计实务待摊费用及装修费实务 | 5'17" | 6 | 实务 |
| 62 | 5-10 | 政府会计实务固定资产全生命周期核算 | 11'15" | 12 | 实务 |
| 63 | 5-11 | 政府会计实务物资管理核算 | 4'32" | 5 | 实务 |
| 64 | 5-12 | 政府会计实务代收转付业务核算 | 4'13" | 5 | 实务 |
| 65 | 5-13 | 一般事业单位收入核算 | 4'22" | 5 | 实务 |
| 66 | 5-14 | 结转 | 5'30" | 6 | 实务 |
| | | | 合计 | 504 | 分钟 |

讲师简介：元常富，实战派政府会计咨询培训师，中央财经大学政府内控研究中心研究员，中华会计网校、东奥会计在线、亿企赢学院等知名会计网校签约讲师，金蝶集团签约讲师，河南职业技术学院客座教授，自媒体《财税中原》创始人、专栏作者，秉承“知识只有分享给更多有需要的人才有价值的理念”传播知识、授业解惑、服务财会大众。

# 目　　录

# 第一部分　政府会计信息化理论基础篇

# 第1章

## 政府会计核算概论

政府会计核算，包括会计确认、计量、记录和报告几个环节，涵盖填制会计凭证、登记会计账簿、编制报告全过程。政府会计核算是会计其他工作的基础，必须遵守《中华人民共和国会计法》（以下简称《会计法》），符合《政府会计准则——基本准则》以及相关制度的要求，做到会计资料真实、全面、相关，保证会计信息质量，满足会计信息使用者的要求。

## 1.1　政府会计核算的内容及方法

### 1.1.1　政府会计核算的内容

政府会计核算的内容，是指政府会计主体应当及时办理会计手续、进行会计核算的会计事项。《会计法》明确规定，下列事项必须及时办理会计手续，进行会计核算。

**1. 款项和有价证券的收付**

款项是指作为支付手段的货币资金，主要包括库存现金、银行存款、零余额账户用款额度和其他货币资金，如外埠存款、银行汇票存款、银行本票存款、信用卡存款等。有价证券是具有一定财产权利或支配权利的票证，如股票、债券等。通常款项和有价证券的收付频率高，部分业务涉及金额较大，直接影响政府或单位的资金调度能力，所以通常要求进行准确、及时的核算。

**2. 财物的收发、增减和使用**

财物是政府会计主体用来开展或维持管理活动、专业业务活动及其辅助活动的具有实物形态的经济资源，包括材料、产品、低值易耗品、未达到固定资产标准的用具、动植物等流动资产和房屋及构筑物、专用设备、通用设备等非流动资产。财产物资的收发、增减和使用，是会计核算中的日常业务，有关核算资料往往是政府或单位内部进行绩效考核、管控成本的重要依据，还对提高国有资产的安全性、完整性、效率性有重要作用，所以应当加强对财产物资的核算和监督。

3. 债权、债务的发生和结算

债权是政府会计主体收取款项的现时权利，包括财政应返还额度、应收和预付款项等。债务则是政府会计主体需要以其货币资金等资产或劳务清偿的现时义务，包括各种借款、应付款项等。债权、债务是单位在运营活动中必然要发生的事项，不仅关系到单位自身的资金周转问题，还关系到上级部门、一级政府的财务财政的可持续性问题。为维护单位的经济利益、树立政府的信用，必须加强对政府或单位债权、债务的核算。

4. 资本、基金的增减

资本一般是指政府会计主体拥有的净资产，主要包括一般公共预算结转结余、政府性基金预算结转结余、累计盈余等。基金，主要是指政府会计主体拥有的某些有特定用途的资金，如事业发展基金、集体福利基金、后备基金等。资本、基金的利益关系人比较明确，用途也基本定向。办理资本、基金增减的会计核算，政策性很强，一般应以具有法律效力的合同、协议或政府部门的有关文件等作为依据。

5. 收入、支出、费用、成本的计算

收入是指报告期内导致政府会计主体净资产增加的、含有服务潜力或者经济利益的经济资源的流入，主要包括一般公共预算本级收入、政府性基金预算本级收入、财政拨款收入、事业收入等。政府或单位主体在依法履职或开展业务活动中所发生的各项耗费和支出，财务会计将这些耗费和支出称为费用，而预算会计将其称之为支出。例如，行政事业单位依法履职或开展业务活动及其辅助活动所发生的各项支出，财务会计确认为业务活动费用，预算会计则确认为行政支出或事业支出。成本是指与政府特定活动的产出相关的成本费用，由直接成本和间接成本构成。其中，直接成本是指可以被确认与特定成本对象相关的成本，反之则是间接成本。

6. 财务成果的计算和处理

政府财务成果主要是政府会计主体在一定时期内通过从事业务活动和管理活动而在财务上所取得的结果，反映会计主体在经济活动过程中取得的各项收入对各项费用的保障程度。如果本期收入大于本期费用，则形成本期盈余，说明收入完全可以抵补费用，或反映费用的节约程度；反之，则说明收入不能完全保证正常经济活动的各项消耗，或反映费用的浪费程度。财务成果的计算和处理，包括本期盈余的计算、相关税费的计算和本年盈余的分配等。

7. 需要办理会计手续、进行会计核算的其他事项

当发生上述六项会计核算内容中未能包括的、按有关法律法规或会计制度的规定或根据政府会计主体的具体情况需要办理会计手续和进行会计核算的其他事项时，政府或单位应当按照各有关法律法规或者会计制度的规定，认真、严格地办理有关会计手续，进行会计核算。

### 1.1.2 政府会计核算方法

政府会计核算方法是指政府会计主体对会计对象进行连续、系统、全面、综合的确认、计量和报告所采用的各种方法，主要包括以下七种。

### 1. 设置会计科目及账户

设置会计科目是对会计对象的具体内容分类进行核算的方法。在设计会计制度时，根据政府会计主体核算经济业务或事项的实际需要，事先选择一些项目，并在账簿中开立相应账户，分类地、连续地记录各项业务管理活动，反映会计要素的增减变动情况和结果，为政府或单位进行高效管理提供各种类型的会计指标。

### 2. 复式记账

复式记账是一种与单式记账相对的记账方法，是对每项经济业务都要以相等的金额，同时记入两个或两个以上的有关账户。通过复式记账，分析账户的对应关系，可以了解有关业务内容的来龙去脉；同时通过分析账户的平衡关系，检查有关业务的记录是否正确。

### 3. 填制与审核凭证

会计凭证，包括原始凭证和记账凭证，是记录经济业务、明确经济责任的书面证明，是登记会计账簿的依据。会计凭证必须经过会计部门和有关部门审核，只有经过审核并确认无误的会计凭证，才能作为记账的根据。填制与审核凭证，不仅为经济管理提供真实可靠的数据资料，也是实施会计监督的一个重要方面。

### 4. 登记账簿

会计账簿是用来全面、连续、系统地记录各项经济业务的簿籍，是保存会计数据资料的重要工具。登记会计账簿必须以经审核无误后的会计凭证为依据，将经济业务或事项序时、分类地记入有关簿籍设置的各个账户中，并定期进行结账、对账，以便为编制预算会计报告和财务会计报告提供完整、系统的会计数据。

### 5. 成本计算

成本计算是指在政府或单位运转过程中，按照一定对象归集和分配发生的各种费用支出，以确定该对象的总成本和单位成本的一种专门方法。通过成本计算，合理确定公共产品或服务成本、人力资源成本和其他运行成本，可以反映和监督政府会计主体在运行和执行职能的过程中发生的各项费用是节约还是超支，并据以确定其财务情况和运营成果。

### 6. 财产清查

财产清查是指通过盘点实物、核对账目，保持账实相符的一种方法。通过财产清查，可以查明各项财产物资和货币资金的保管和使用情况，以及往来款项的结算情况，监督各类财产物资的安全与合理使用。在清查中如发现财产物资和货币资金的实有数与账存数不一致的情况，应及时查明原因，通过一定的审批手续进行处理，并调整账簿记录，使实有数与账存数保持一致，以保证会计核算资料的准确性和真实性。

### 7. 编制会计报表

会计报表是根据会计账簿记录定期编制的、总括反映政府及其相关单位在特定时点（月末、年末）和一定时期（月、年）预算执行情况、财务状况、运行情况及现金流量等的书面文件。会计报表提供的资料，不仅是政府绩效评价的依据，还是编制下期预算的重要依据，更是进行经济决策和国民经济综合平衡工作的必要参考资料。

## 1.2 政府会计核算的要求

要确保政府会计核算的质量，必须遵守会计核算的要求，这是保障会计工作科学、有序运行的必要前提。

### 1.2.1 政府会计核算的基本前提

#### 1. 会计主体

政府会计主体是政府会计确认、计量和报告的空间范围，即政府会计主体应当对其自身发生的经济业务或者事项进行会计核算。根据《政府会计准则——基本准则》（以下简称《基本准则》）的规定，我国政府会计主体包括各级政府、各部门、各单位。其中各部门、各单位是指与本级政府财政部门直接或者间接发生预算拨款关系的国家机关、军队、政党组织、社会团体、事业单位和其他单位。军队、已纳入企业财务管理体系的单位和执行《民间非营利组织会计制度》的社会团体不适用《基本准则》。

#### 2. 持续运行

《基本准则》第七条规定："政府会计核算应当以政府会计主体持续运行为前提。"持续运行是指在可以预见的未来，政府会计主体将按照当前的规模和状态连续、持续、无限期地运行下去。持续运行规定了政府会计核算的时间范围。只有在持续运行假设下，政府会计主体的经济活动才能得以进行，会计核算才能使用特有的程序和方法。

#### 3. 会计分期

会计分期，又称会计期间，是指将一个政府会计主体持续运行的经济活动划分为一个个连续的、长短相同的期间。《基本准则》第八条规定："政府会计核算应当划分会计期间，分期结算账目，按规定编制决算报告和财务报告。"会计分期是持续运行假设的必要补充。会计分期至少分为年度和月度，会计年度、月度等会计期间的起讫日期采用公历日期。

#### 4. 货币计量

货币计量是指政府会计主体在会计核算过程中以货币作为主要计量尺度，反映其经济业务活动情况。《基本准则》第九条规定："政府会计核算应当以人民币作为记账本位币。发生外币业务时，应当将有关外币金额折算为人民币金额计量，同时登记外币金额。"货币计量是对政府会计计量尺度的规定。只有以货币计量为前提，政府会计核算所提供的会计信息才具有可比性，才能满足会计信息使用者的需要。

### 1.2.2 政府会计信息的质量要求

#### 1. 可靠性

可靠性又称客观性，是指政府会计主体应当以实际发生的经济业务或者事项为依据进行会计核算，如实反映各项会计要素的情况和结果，保证会计信息真实可靠。会计确认必须以实际经济活动为依据；会计计量对象必须是真实的经济业务或事项；会计报告必须如实地反映情况，不得虚假披露。可靠性是对会计信息质量的基本要求。

### 2. 全面性

全面性又称整体性，是指政府会计主体应当将发生的各项经济业务或者事项统一纳入会计核算，确保会计信息能够全面地反映政府会计主体预算执行情况和财务状况、运行情况、现金流量等。

### 3. 相关性

相关性又称有用性，是指政府会计主体提供的会计信息，应当与反映政府会计主体公共受托责任履行情况以及满足使用者进行决策、监督和管理的信息需求相关，有助于报告使用者对政府会计主体过去、现在或者未来的情况做出评价或者预测。

### 4. 及时性

及时性是指政府会计主体对已经发生的经济业务或者事项，应当及时进行会计核算，不得提前或者延后。它主要包括及时收集会计信息、及时对所收集到的会计信息进行加工和处理、及时将会计信息传递给会计信息使用者三个层面的内容。

### 5. 可比性

政府会计主体提供的会计信息应当具有可比性，这包括两个方面的内容。

（1）纵向可比：同一政府会计主体不同时期发生的相同或者相似的经济业务或者事项，应当采用一致的会计政策，不得随意变更。确需变更的，应当将变更的内容、理由及其影响在附注中予以说明。

（2）横向可比：不同政府会计主体发生的相同或者相似的经济业务或者事项，应当采用一致的会计政策，确保政府会计信息口径一致，相互可比。

### 6. 可理解性

可理解性又称明晰性，是指政府会计主体提供的会计信息应当清晰明了，便于报告使用者理解和使用。可理解性的程度取决于信息本身是否清晰明了、信息使用者的理解能力和运用信息的能力。

### 7. 实质重于形式

实质重于形式是指政府会计主体应当按照经济业务或者事项的经济实质进行会计核算，不限于以经济业务或者事项的法律形式为依据。例如，将融资租入的机械设备确认为固定资产，将附追索权的商业汇票贴现确认为短期借款。在复杂的业务活动中，当业务的经济实质与其外在法律形式存在较大背离时，需对业务整体安排和所有要素进行综合分析判定，不应依据单一因素或部分因素予以认定。

## 1.3 用友 V10.5.1 管理软件

用友 GRP-U8V10.5.1 行政事业内控管理软件（以下简称“用友 V10.5.1”）符合现行行政事业单位财会制度的工作要求，并在产品中充分预置多种类科目体系和报表，以及单位内控和财务管理需要使用的各种信息模板，并传承了用友软件一直以来成熟稳定、易学易用的特点，适合行政事业单位、社会团体、非营利组织等各行业单位内部内控信息化或预算财务信息化体系建设，助力政府公共部门内控规范的快速推进及实施，是离用户最近的内控信息化软件产品。

用友 V10.5.1 的系统设计遵循新《政府会计制度》和《行政事业单位内部控制规范（试行）》的相关要求，同时，参照 COSO 内部控制整合框架的五要素模型，系统设计、全面覆盖业务层面的内部控制，即预算业务控制、收支业务控制、政府采购业务控制、资产控制、建设项目控制、合同控制。在加强单位内部控制的基础上，通过信息化手段，切实加强风险评估和监督评价。其功能丰富、接口灵活，广泛适用于各级政府所辖的政府机关、行政单位、事业单位、非营利组织等行政事业单位的内控信息化管理。

该系统首先通过预算管理体系中单位全员参与预算编制、预算批复与分解、经费收支全程控制、年终决算报表生成等主要环节，实现预算、执行、核算、决算的闭环管理，并延伸到各个功能模块。如通过建立资产预算、集中采购、物资申领等子平台，实现财产物资全过程动态管理；建立财产物资的采购、配置、消耗、登记、变动等全生命周期管理，预算管理与资产物资管理相结合，规范管理流程，提高物资的储备效率和利用率，减少浪费和重复投资；建立基于预算管理、资金收支管理和资产物资管理过程的核算监管体系，将财务人员从过去的事后核算处理延伸到整个财务管理过程的参与，加强财务人员对从资金申请到业务执行过程中的合规性、合法性监控。此外，主管部门还可通过规范下级单位的会计科目体系、下发财务基础数据等方式实现统一管理、实时监督。

会计核算软件内部需要划分多个功能模块，分别完成不同的核算内容，各个子模块之间相互作用、相互联系，共同完成整体工作目标，用友 V10.5.1 子模块之间的联系如图 1-1 所示。

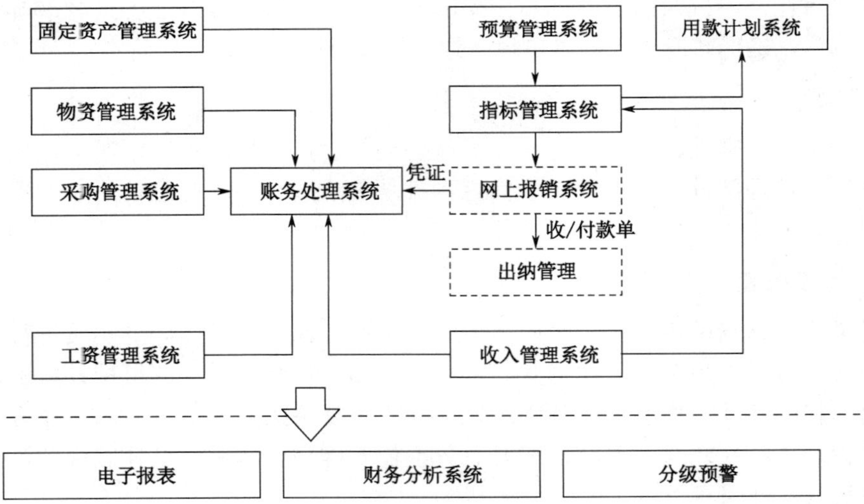


图 1-1　子模块之间的数据联系

下面介绍几个重要的子模块。

（1）用款计划系统：该子模块是对预算执行的事前管理，对预算指标可执行数的用款计划编制，可进行比例分解、新增、追加、追减等操作，可通过用款计划对预算执行进行严密控制。

（2）固定资产管理系统：该子模块用于对固定资产的增加、变更、盘点和清理等业务进行核算与管理。根据资产基础数据庞大、增减变动难以及时反映的具体情况，从细化资产核算、加强资产管理的角度出发，及时为资产管理提供详细、准确的资料，促进行政事业单位提高资产的使用效率和保护财产安全。

（3）物资管理系统：当采购完成后，各项设备、资产、耗材等进入物资出入库管理流程，其业务处理特点是实现以物资材料收发存为核心而进行的出入库、领退、消耗等管理，涵盖了年度计划管理、材料零用管理、出入库管理及财务分析管理功能，并可对多种不同类别的物资进行分仓库、分库位、分部门、分批次、分类别、分单品、分用途、分库存上下限等详细的管理，既体现了系统功能的通用性，又展现了系统功能的个性化服务。严格明晰的流程控制提高了工作效率，全面有效地加大了物资管理力度，使物资管理工作能够走上制度化、规范化的轨道。

（4）采购管理系统：该子模块能够总结和归纳不同类型的采购项目在不同的采购方式下呈现出的业务特点和要求，并以信息化技术帮助政府或单位落实采购制度，严格把控采购流程，并在采购业务的执行过程中，将内控业务的预算管理、合同管理、收支管理、资产管理、项目管理五大业务合理衔接起来，构成纵横交错的网状结构采购管理体系，有助于采购工作的高效执行。

（5）工资管理系统：实现单位基础资料设置、工资公式定义等操作和编辑，迅速准确地自动按月或按用户规定时间生成单位职员工资表，计算各种费用的分摊，并可将各种凭证传入账务处理系统中，进行审核、记账等操作。有助于政府或单位能够快速灵活地完成发放工资工作，提高工作效率，减少重复劳动。

（6）账务处理系统：该子模块遵循新政府会计制度，设置了满足会计体系“双功能”的业务凭证模板，实施平行记账。在记账过程中，能够帮助使用者简便、快捷地完成会计科目、预算科目及各辅助核算项等基础资料的管理工作，会计凭证的录入与审核工作，会计账簿的记账、结账与查询工作，以及出纳与银行对账管理工作等，并与指标、工资、资产管理等模块实现了无缝连接，能够最大限度地满足相关主体进行高效、完整的财务核算的要求及基本的财务辅助控制目标，进而满足政务部门财务管理和预算管理的需要。

（7）财务分析系统：财务分析系统能够对不同期间财务报表的数据进行汇总、透视、转化，以得到可靠的财务信息，供政府或单位参考；能够为用户提供可选菜单，采用不同的方法，对企业的财务报表进行全面系统的分析，并将财务数据的分析结果以图形方式展现在客户面前。

## 1.4 思考题

1. 简述政府会计核算的主要内容与方法。
2. 政府会计信息质量要求一般包括哪些内容？
3. 用友 V10.5.1 包括哪些重要子模块？它们具备什么功能？

# 第二部分　用友政务 GRP 系列软件安装篇

## 第 2 章

## 系统安装与初始设置

### 2.1　系统安装

#### 2.1.1　建立数据库 SQL Server（Oracle）

建立数据库 SQL Server（Oracle）的步骤如下。

步骤 1：双击 SQL Server 2008 的.exe 安装文件，进入“SQL Server 安装中心”对话框，如图 2-1 所示。

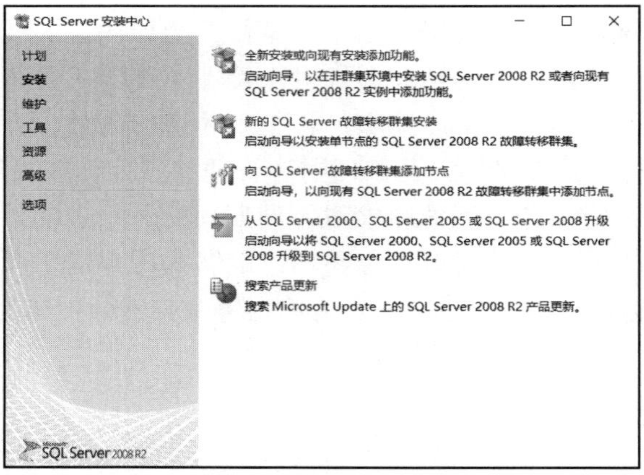


图 2-1　“SQL Server 安装中心”对话框

步骤 2：进入“SQL Server 2008 R2 安装程序”对话框，首先是“安装程序支持规则”界面，操作完成之后，单击“确定”按钮，如图 2-2 所示。

步骤 3：进入“产品密钥”界面，选择合适的版本，如图 2-3 所示。

步骤 4：单击“下一步”按钮，进入“许可条款”界面，勾选“我接受许可条款”复选框，如图 2-4 所示。

步骤 5：进入“安装程序支持文件”界面，单击“安装”按钮，如图 2-5 所示，开始安装程序支持文件。

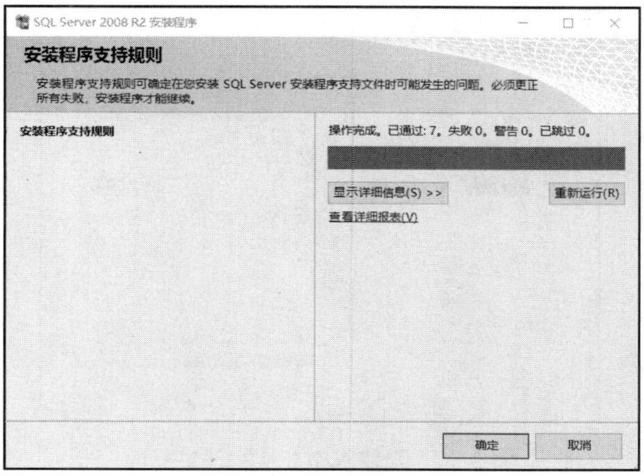


图 2-2 “安装程序支持规则”界面

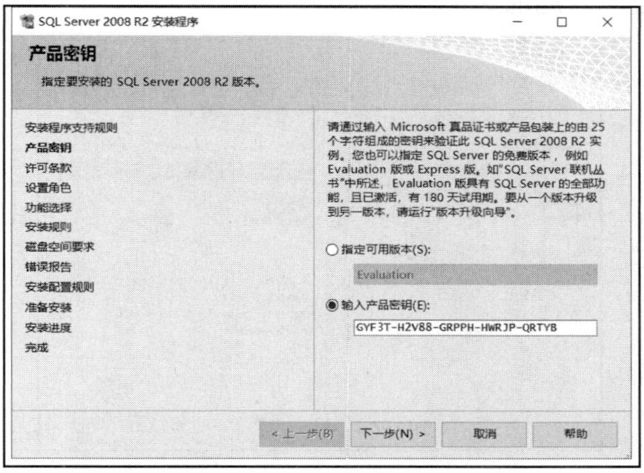


图 2-3 “产品密钥”界面

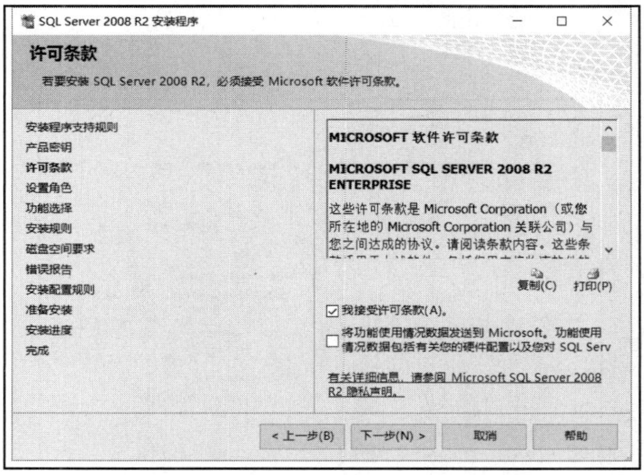


图 2-4 “许可条款”界面

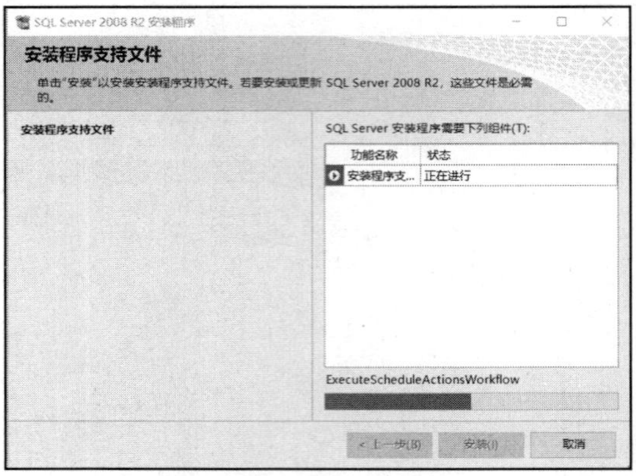


图 2-5 “安装程序支持文件”界面

步骤 6：安装完成之后，进入“安装程序支持规则”界面，如图 2-6 所示，单击“查看详细报表”选项即可显示详细的规则列表，单击“下一步”按钮。

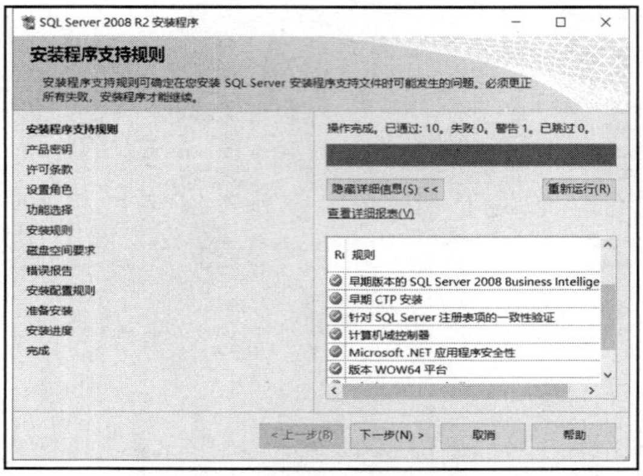


图 2-6 “安装程序支持规则”界面

步骤 7：进入“设置角色”界面，根据用户的具体功能需求，有“SQL Server 功能安装”“SQL Server PowerPivot for SharePoint”以及“具有默认值的所有功能”三个选项可供选择，如图 2-7 所示。

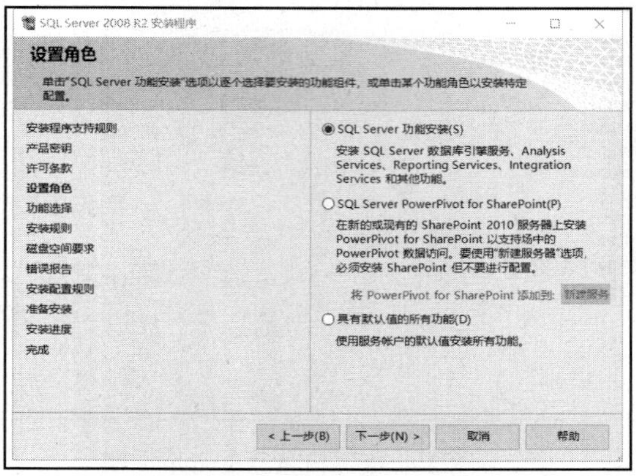


图 2-7 “设置角色”界面

步骤 8：单击“下一步”按钮，进入“功能选择”界面，如图 2-8 所示，根据用户的具体功能需求进行选择，并可选择改变安装位置。

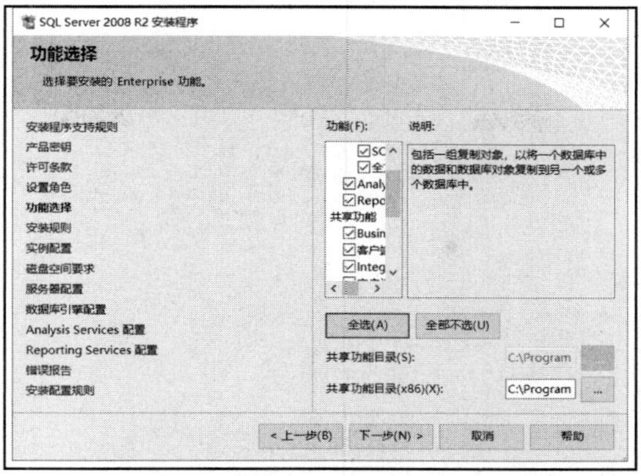


图 2-8 “功能选择”界面

步骤 9：功能选择设置完成后，单击“下一步”按钮，进入“安装规则”界面，如图 2-9 所示，系统自动运行。

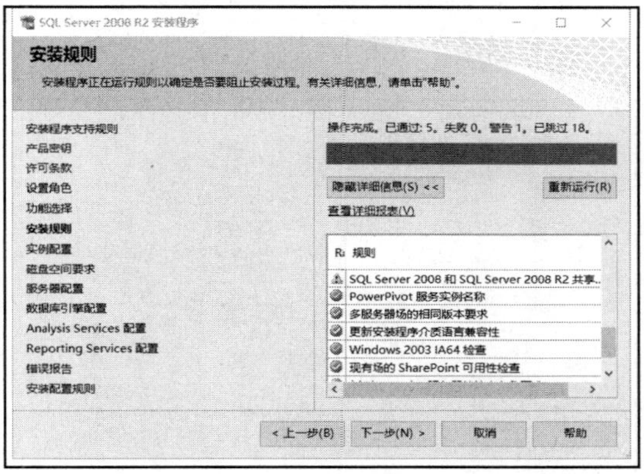


图 2-9 “安装规则”界面

步骤 10：单击“下一步”按钮，进入“实例配置”界面，如图 2-10 所示，可都按照默认进行设置。

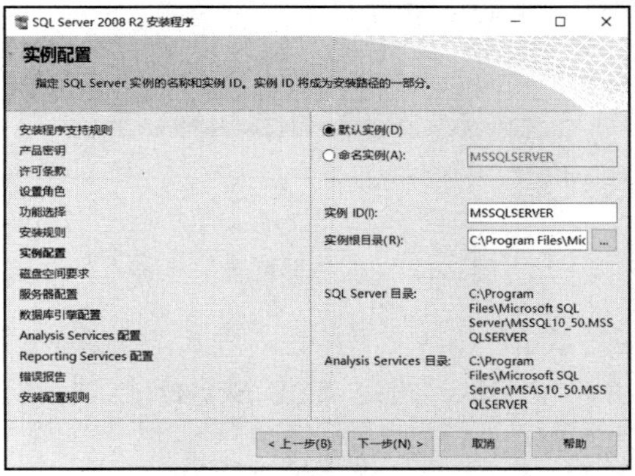


图 2-10 “实例配置”界面

步骤 11：单击“下一步”按钮，进入“磁盘空间要求”界面，如图 2-11 所示，显示磁盘的使用情况。

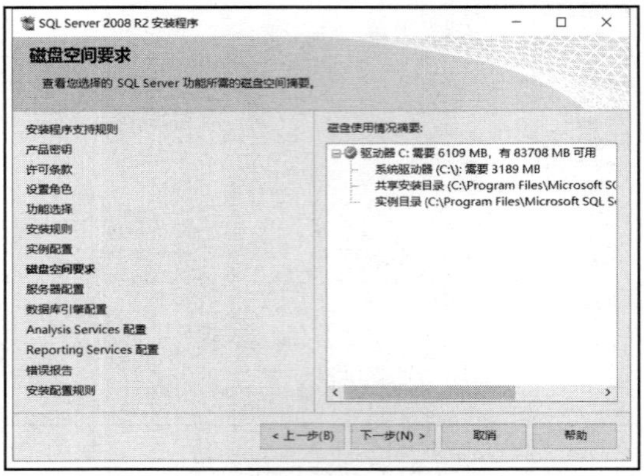


图 2-11 “磁盘空间要求”界面

步骤 12：单击“下一步”按钮，进入“服务器配置”界面，如图 2-12（a）所示，选择“对所有 SQL Server 2008 R2 服务使用相同的账户”选项，选择“NT AUTHORITY\SYSTEM”选项，如图 2-12（b）所示。

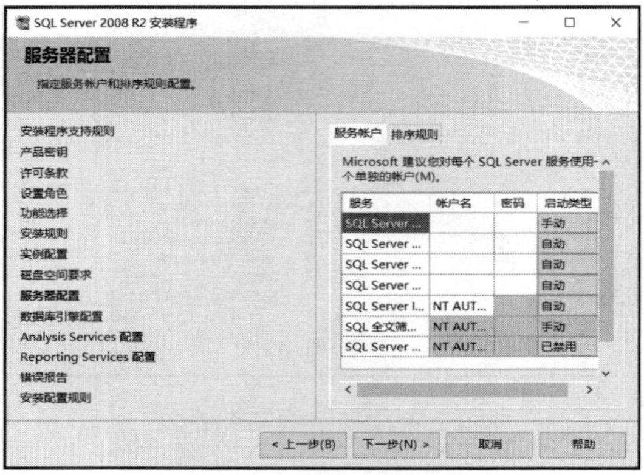


（a）

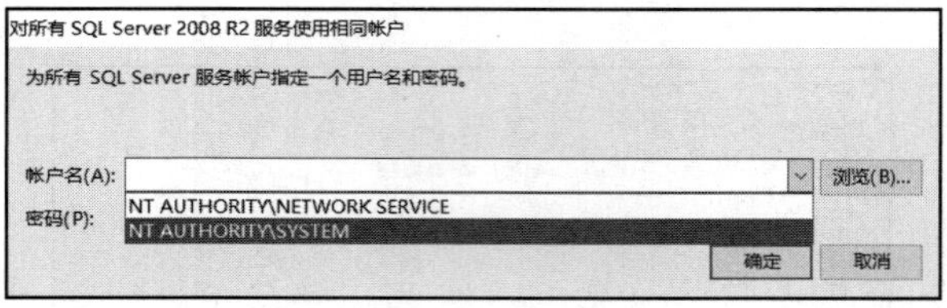


（b）

图 2-12 “服务器配置”界面

步骤 13：设置完成后，单击“下一步”按钮，进入“数据库引擎配置”界面，如图 2-13 所示，单击“添加当前用户”按钮，指定 SQL Server 管理员，这样管理员就是系统管理员。

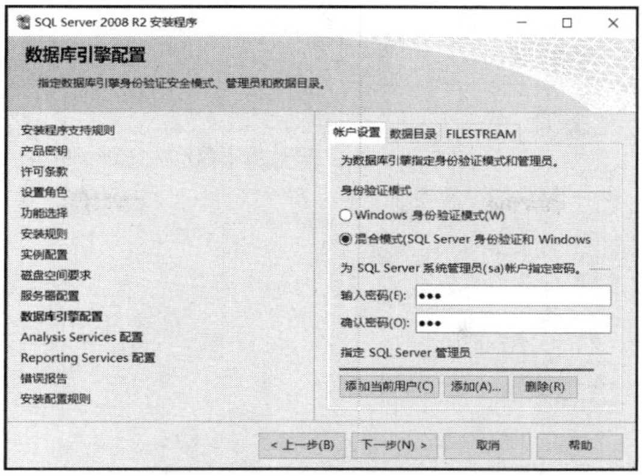


图 2-13 “数据库引擎配置”界面

步骤 14：单击“下一步”按钮，进入“Reporting Services 配置”界面，如图 2-14 所示，直接按照默认选择第一项。

步骤 15：单击“下一步”按钮，进入“错误报告”界面，如图 2-15 所示，可以选择其中一项，将相关内容发送给 Microsoft，也可以不进行选择。

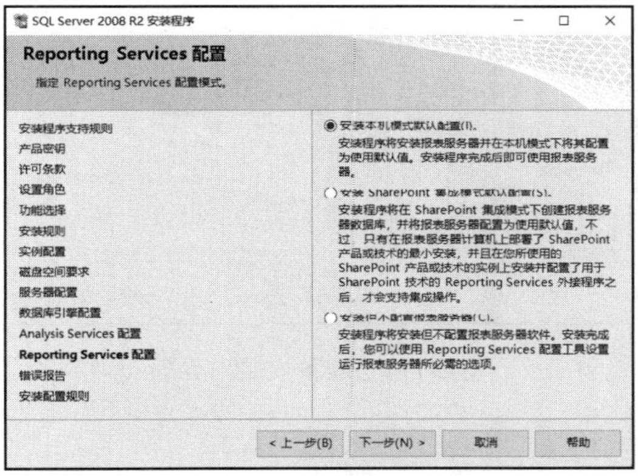


图 2-14 “Reporting Services 配置”界面

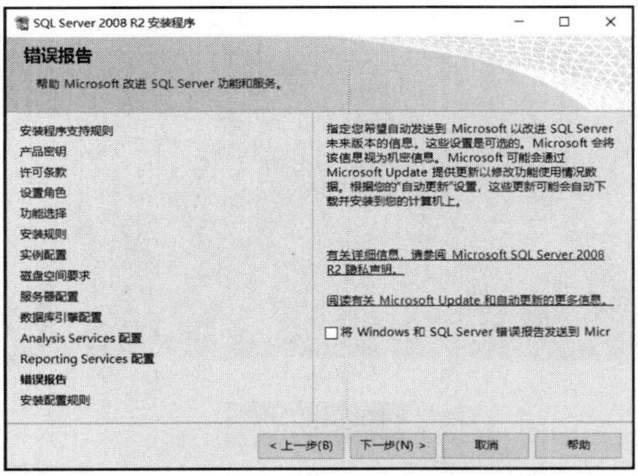


图 2-15 “错误报告”界面

步骤 16：单击“下一步”按钮，进入“安装配置规则”界面，如图 2-16 所示。

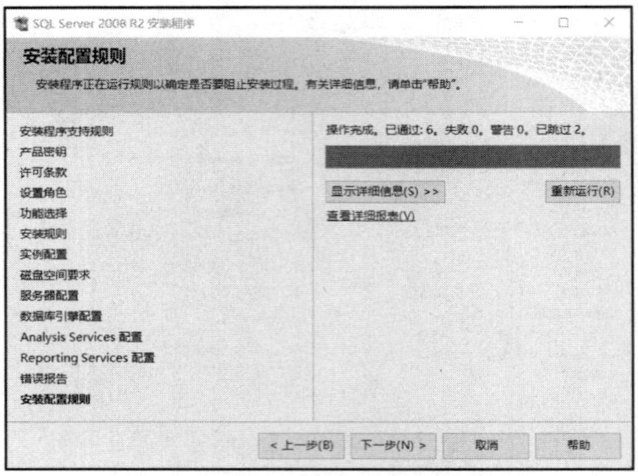


图 2-16 “安装配置规则”界面

步骤 17：进入“准备安装”界面，如图 2-17 所示，完成安装过程。

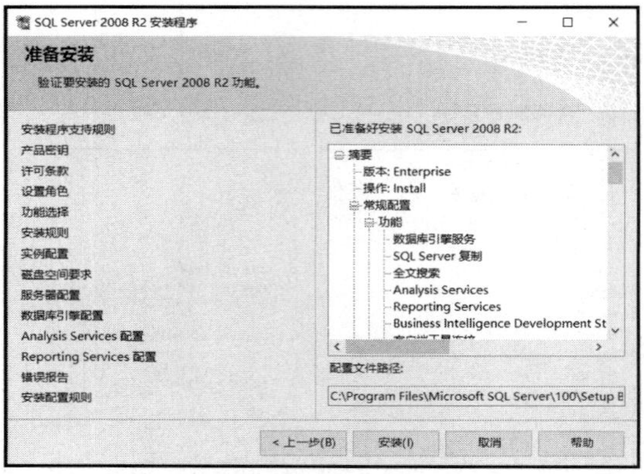


图 2-17 “准备安装”界面

### 2.1.2 客户端下载及运行

客户端下载及运行的步骤如下。

步骤 1：在用友政务安装程序界面，单击“开始安装”按钮，如图 2-18 所示。

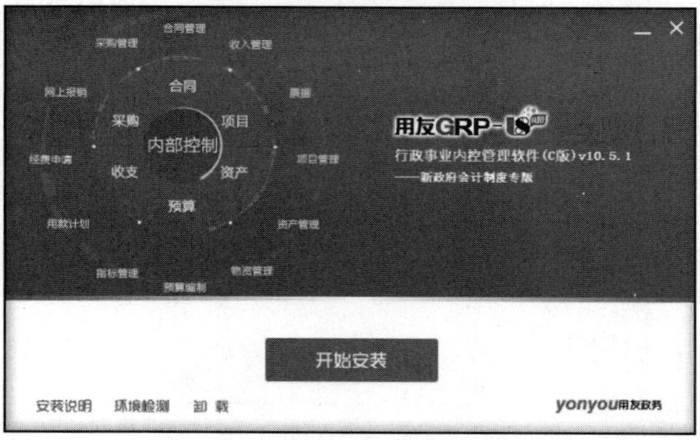


图 2-18 用友政务安装程序界面

步骤 2：进入“软件许可协议”界面，显示用友政务的相应安装协议，用户查看完毕之后，单击“同意”按钮（如图 2-19 所示）。

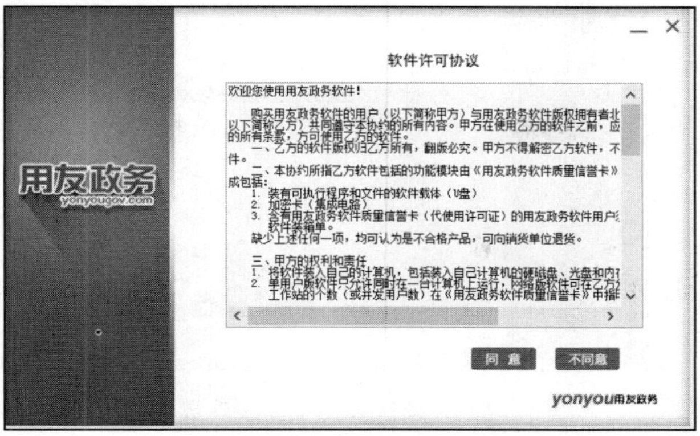


图 2-19　“软件许可协议”界面

步骤 3：进入“安装到”界面，在其中可以设置用友政务软件的安装路径，如图 2-20 所示。

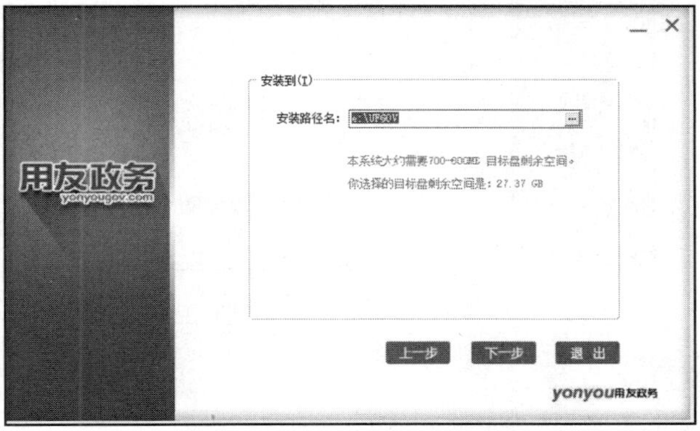


图 2-20　“安装到”界面

步骤 4：单击“下一步”按钮进入“安装方式”界面，根据当前计算机在整个系统中的角色，选择不同的安装组件，如图 2-21 所示。

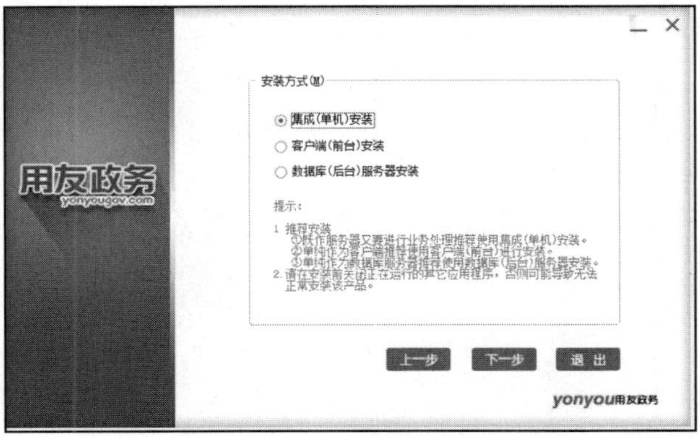


图 2-21　“安装方式”界面

步骤 5：单击“下一步”按钮进入“请选择安装模块”界面，用户可按照实际操作情况选择（如图 2-22 所示）。

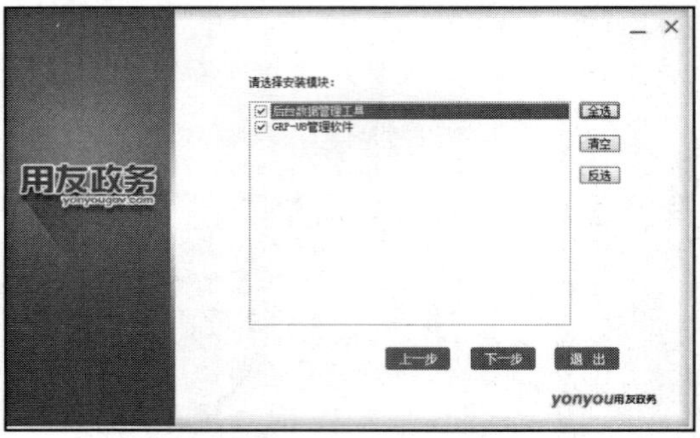


图 2-22 “请选择安装模块”界面

步骤 6：单击“安装”按钮，即可自动进行安装，并显示安装进度，如图 2-23 所示。

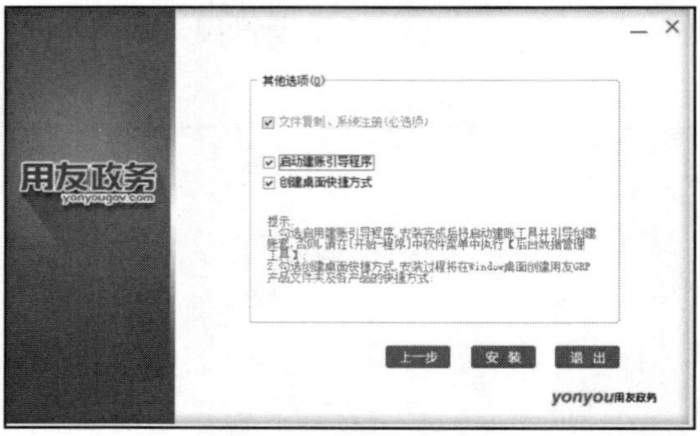


图 2-23 系统安装界面

## 2.2 系统初始设置

### 2.2.1 初始化参数设置

单击“系统管理|系统初始化引导”按钮，进入“初始化参数设置”界面，对系统进行初始化设置，包括本位币、小数位数、账务处理系统参数、账套初始化、初始化参数等设置，如图 2-24～图 2-27 所示。

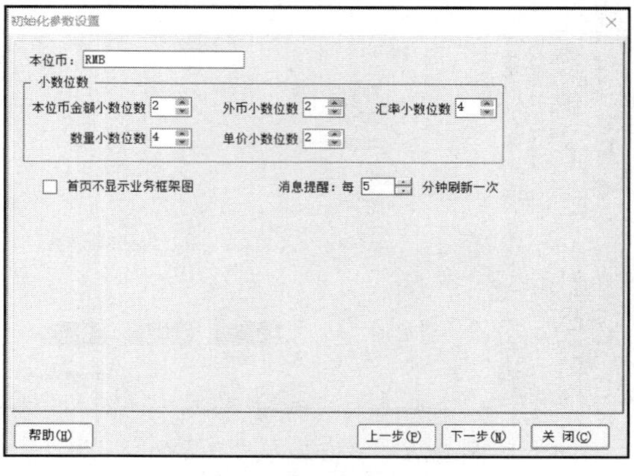


图 2-24 “初始化参数设置”界面（1）

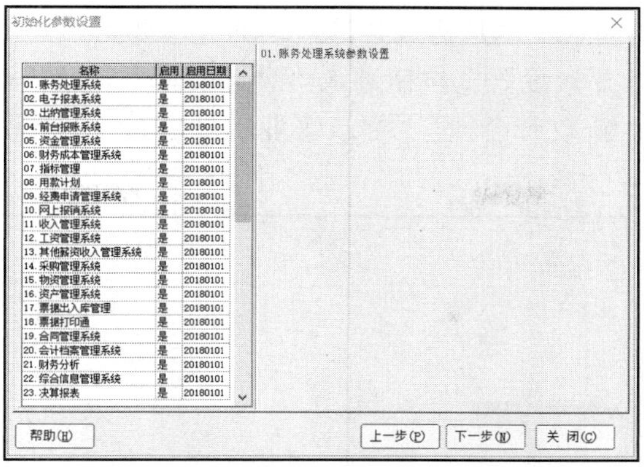


图 2-25 “初始化参数设置”界面（2）

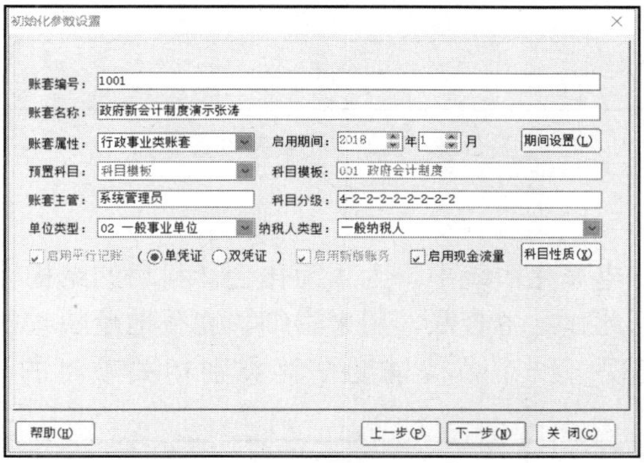


图 2-26 “初始化参数设置”界面（3）

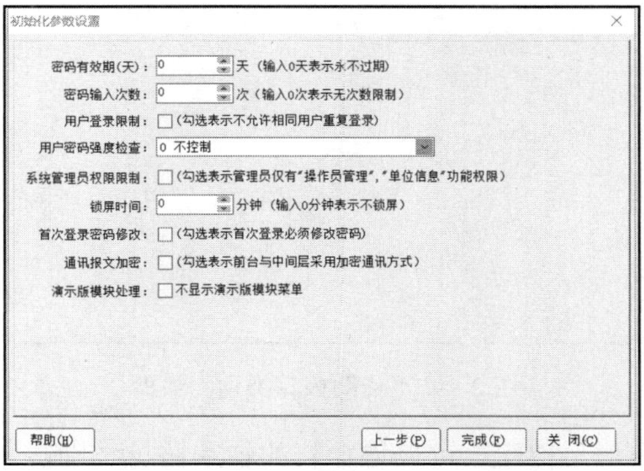


图 2-27 “初始化参数设置”界面（4）

## 2.2.2 系统数据设置

### 1. 会计要素设置

会计要素是对会计对象所做的基本分类，按照交易或事项的经济特征所做的基本分类，也是对会计对象按经济性质所做的基本分类，是会计核算和监督的具体对象和内容，是构成会计对象具体内容的主要因素，也是构成会计报表的基本要素。

单击“系统管理|会计要素设置”按钮进入“会计要素”设置界面，如图 2-28 所示。可根据用户具体需求选择“新政府会计”“行政事业单位会计”“企业会计”等不同会计要素类别。

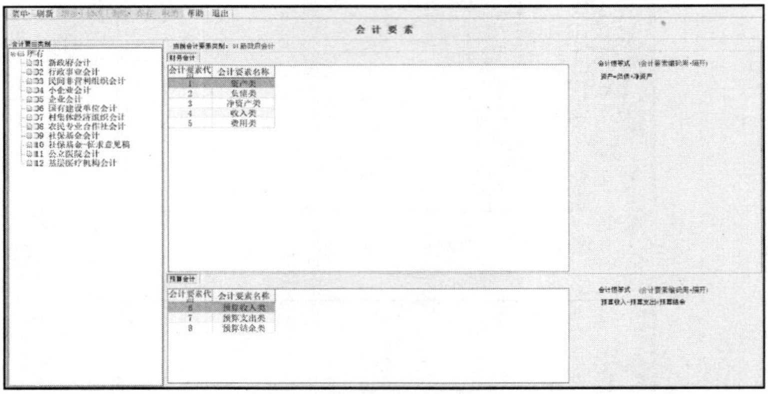


图 2-28 “会计要素”设置界面

2. 辅助核算类别

辅助核算是指在会计电算化系统中，为了简化会计科目的结构体系，基于会计科目而设立的一些辅助项目，并据此建立备查账，用来详细、完整地反映政府或单位进行运营管理活动的一种会计核算，实现每一个单位辅助核算类别相关项目的设置、修改等功能，如图 2-29 所示。

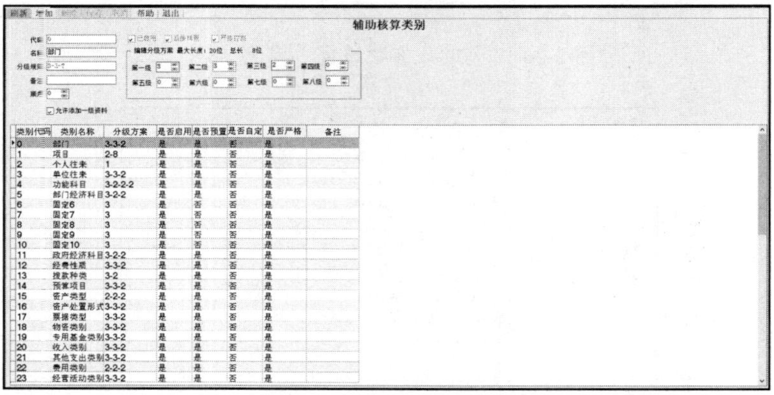


图 2-29 “辅助核算类别”界面

单击工具栏中的“增加”按钮，可以增加新的辅助核算类别，新增类别的代码自动以 Z 开头编码，“自定义”复选框自动勾选，表示自定义辅助核算类别。

## 2.2.3 组织机构设置

### 1. 操作员管理

单击“系统管理|操作员管理”按钮进入“操作员管理”界面，该界面由两部分组成：右方窗口中以树型结构的方式显示工作组及其操作员之间的隶属关系；左方窗口分为上下两

部分，上方窗口中显示工作组的相关信息，下方窗口中显示操作员的有关信息，如图 2-30 所示。

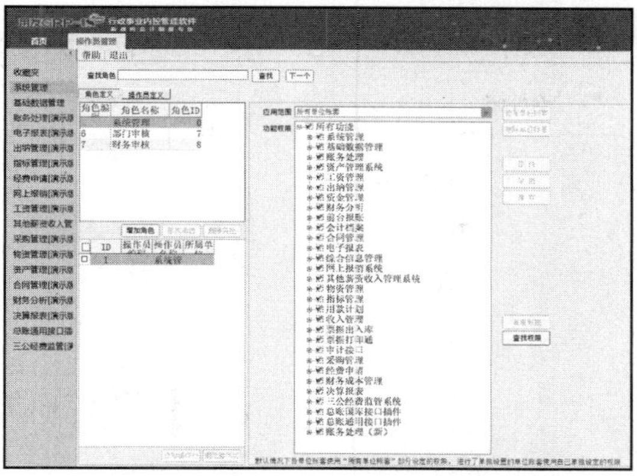

图 2-30 “操作员管理”界面

（1）增加操作员

单击“操作员定义 | 增加操作员”按钮，如图 2-31 所示。在“编辑操作员”对话框（如图 2-32 所示），录入操作员姓名和密码，并确认密码。选择新增操作员可操作的部门，可以选择某个部门或所有部门。如果限定了操作员可操作的部门，同时在核算单位系统选项中又指定了限制操作部门，那么该操作员只能操作所选部门的业务。

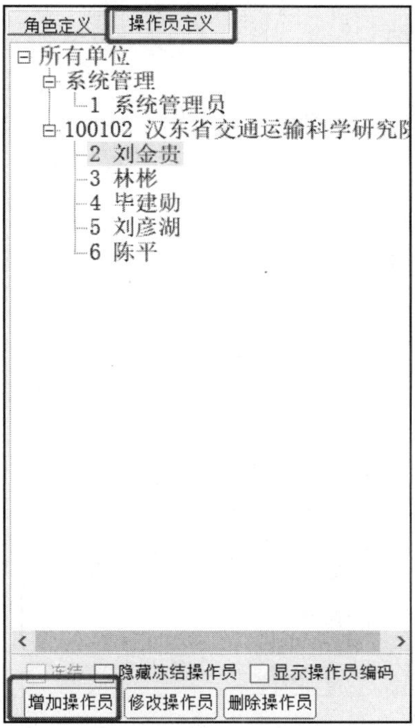


图 2-31　增加操作员

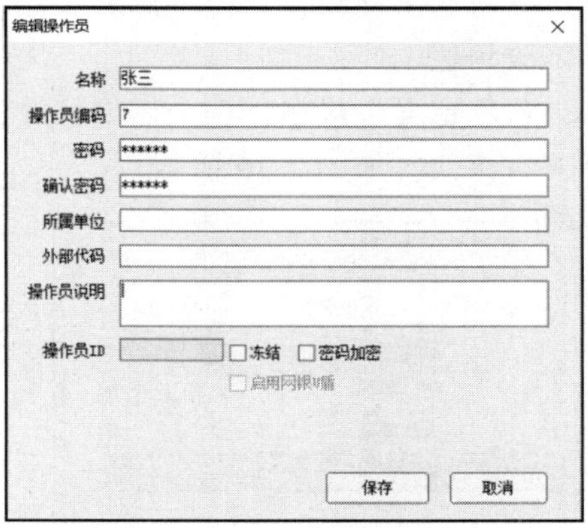


图 2-32　编辑新增操作员信息

（2）删除操作员

单击“操作员定义”按钮，选择需要删除的操作员所在的角色。单击操作员，选中需要删除的操作员。单击“删除操作员”按钮，删除选中的操作员，如图 2-33 所示。

### 2. 角色管理

（1）增加角色

单击“角色定义”按钮，此时“增加操作员”按钮变亮。录入角色名称和说明信息后单击“保存”按钮，如图 2-34 所示。

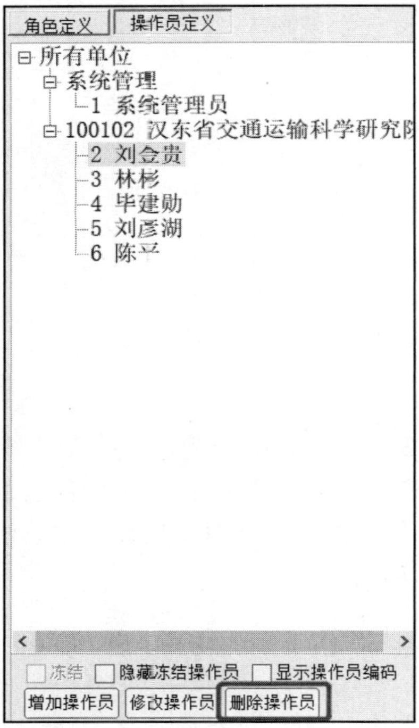


图 2-33　删除操作员

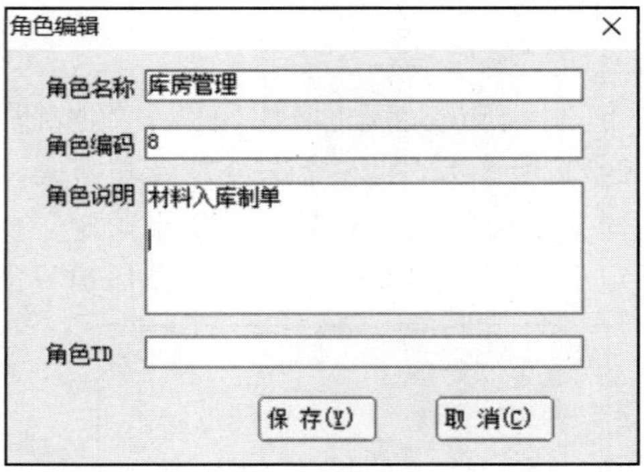


图 2-34　增加角色

（2）删除角色

选中需要删除的角色，单击“删除角色”按钮，删除该角色，如图 2-35 所示。

**注意：**当角色中有操作员时不能删除。

（3）修改角色

单击“角色定义”按钮，选中需要修改的角色，单击“修改角色”按钮即可对角色说明信息进行编辑修改，如图 2-36 所示。

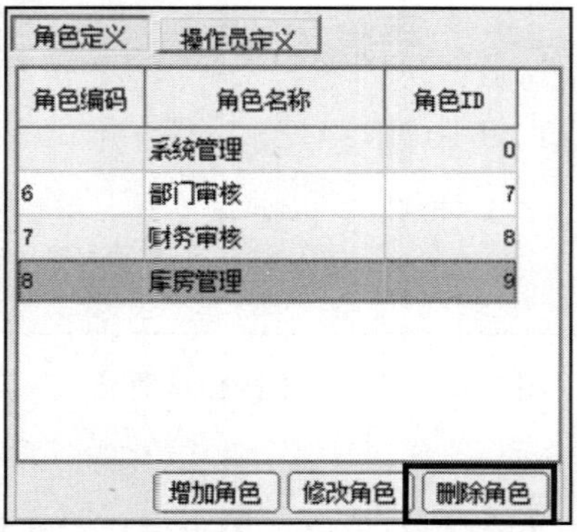


图 2-35　删除角色

图 2-36　修改角色

## 2.2.4 基础数据设置

### 1. 会计科目设置

单击“基础数据管理|建立会计科目”按钮，进入“科目信息”界面，如图 2-37 所示。

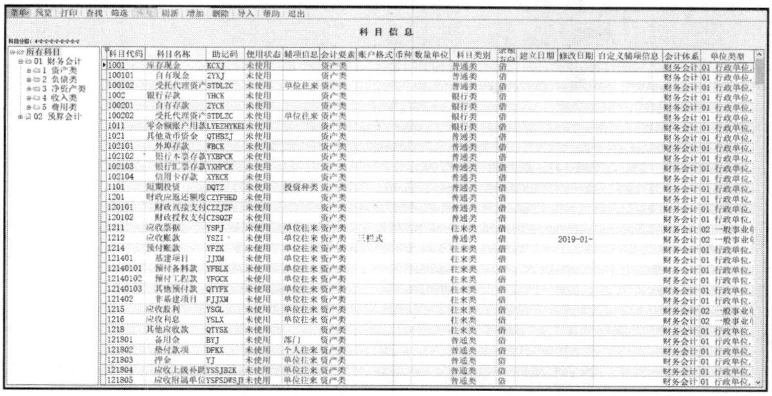

图 2-37 “科目信息”界面

（1）增加会计科目

在建立账套时，根据系统提供的预置会计科目功能，可以选择预置所属行业的标准会计科目。因此，在建立会计科目时就不需要再增加一级科目，只需要对不同的会计科目进行修改，对明细科目进行增加即可。在“建立会计科目”窗口中单击“增加”按钮，打开“编辑会计科目”对话框。

例：增加会计科目——5001“经费支出”，如图 2-38 所示。

图 2-38 新增会计科目信息

（2）修改会计科目

打开“建立会计科目”窗口，在科目信息列表中双击某科目，或单击鼠标右键，在弹出的菜单中选择“修改科目”选项，打开“编辑会计科目”对话框（如图 2-39 所示），在该对话框中完成科目信息的修改。其中科目代码、科目属性为不可修改项，如果需要修改，只能采用先清空业务数据后删除科目，再重新增加科目的方式。

图 2-39 “编辑会计科目”对话框

（3）复制会计科目

打开“建立会计科目”窗口，在弹出的菜单中选择“复制科目”选项，打开“复制科目”对话框，如图 2-40 所示。

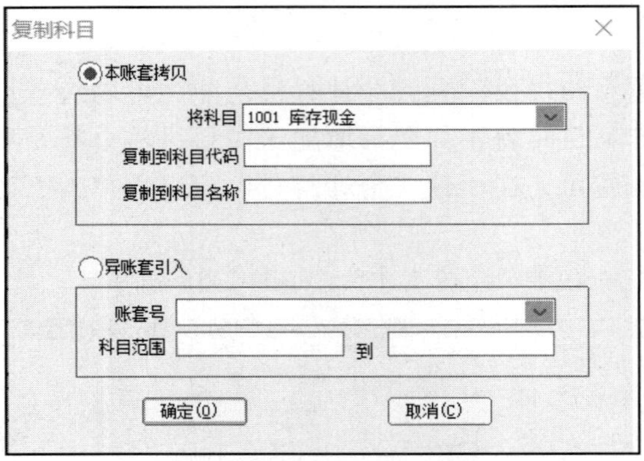


图 2-40 “复制科目”对话框

## 2. 凭证类型

根据单位涉及货币性业务量的情况，可将记账凭证分为不同的种类。例如，分为收款凭证、付款凭证、转账凭证；分为现金凭证、银行凭证、转账凭证；不分类，只设一种通用的记账凭证等。

为满足凭证分类的需要，系统提供凭证类型设置功能，用户可以根据自身业务的需要灵活地定义凭证类型。凡是在凭证输入中涉及的凭证类型，都应在此处提前定义。

单击“基础数据管理|凭证类型”按钮，打开“凭证类型”对话框，进行新增凭证类型、修改凭证类型、删除凭证类型等操作，如图 2-41 所示。

（1）新增凭证类型

单击“增加”按钮，进行新增凭证类型操作，在右方依次填入凭证类型的有关信息，录入完毕，单击“确定”按钮存盘。

（2）修改凭证类型

在“凭证类型列表”中选择当前需修改的凭证类型，单击“修改”按钮进入修改状态，在窗口右面修改此凭证类型的相关信息。修改完毕，单击“确定”按钮存盘，或单击“取消”按钮取消此次操作。

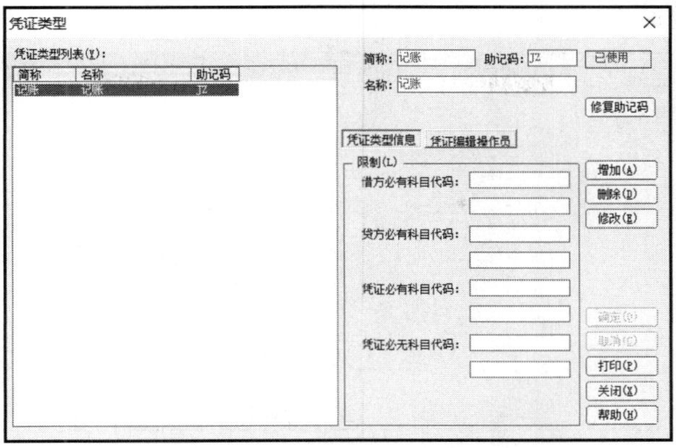

图 2-41 “凭证类型”对话框

**注意：**凭证类型名称可以修改，凭证类型简称不可以修改，若要修改凭证类型简称，则只能将其删除，然后再重新定义。

（3）删除凭证类型

在“已定义凭证类型”中选择当前需删除的凭证类型，单击“删除”按钮，系统提示是否删除，单击“确定”按钮，确认删除；或单击“取消”按钮，忽略此次操作。

**注意：**已使用的凭证类型不允许删除。

### 3. 往来单位资料

往来单位是指与本单位有债权、债务关系的单位。用户若要使用账务模块提供的往来管理功能，则在此处必须建立往来单位信息。往来单位可以设置到某个地区下，也可以不设置。软件中的地区具备两层含义：狭义的地区是指对往来单位按地理区域进行的划分；广义的地区是指对往来单位按任意类别进行的划分，即可以按地区划分，也可以按行业划分，还可以按软件应用单位的实际情况进行划分。总而言之，地区相当于对单位的分类。

单击“基础资料管理|往来单位资料”按钮，进入“往来单位资料”界面，如图 2-42 所示。

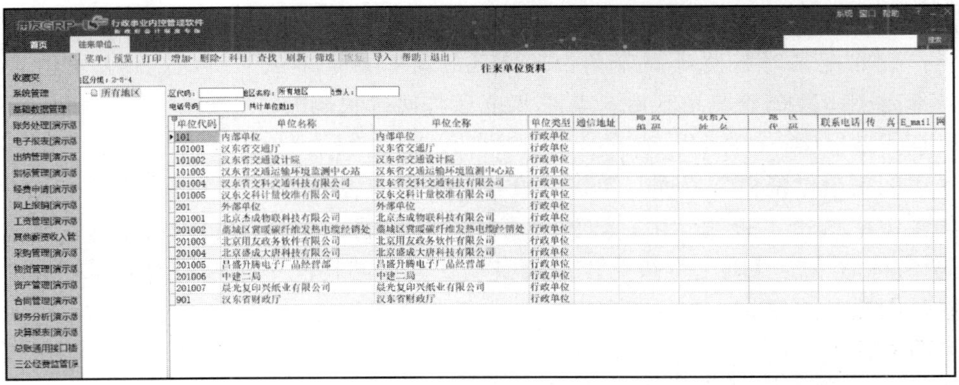

图 2-42 “往来单位资料”界面

（1）新增地区

在“往来单位资料”界面中单击“菜单|增加|增加地区”按钮，录入新增地区信息，如图 2-43 所示。

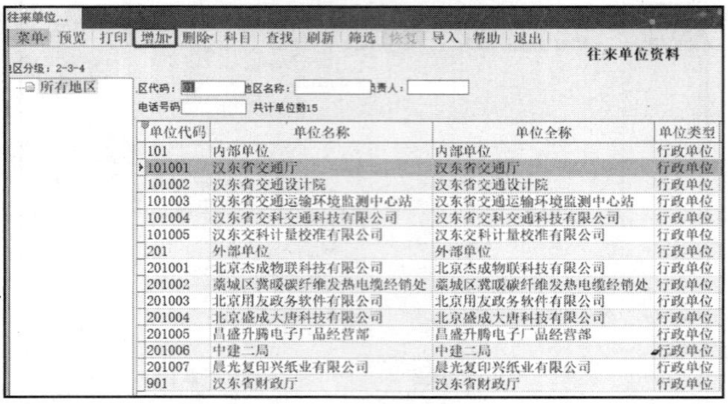

图 2-43　新增地区

地区代码：最长 20 位，可以用数字 0—9 或字符 A—Z 表示；非空且唯一；可分级（地区代码的分级方案在“功能|基础资料|账套参数设置”中的“编码方案”功能中设置）。

地区名称：最多可输入 40 个字符，可以是汉字或英文字母；非空且同级地区名称必须唯一。

负责人：输入项目，表示所建立地区的负责人，最多可以输入 20 个字符，可以为空。

电话号码：输入项目，是地区负责人的电话号码，最多可以输入 20 个字符，可以为空。

（2）修改地区

在“往来单位资料”界面中单击“菜单|执行|修改地区信息”按钮或在窗口左边地区信息中单击鼠标右键，在弹出的菜单中选择“修改地区信息”项，修改地区信息。

**注意：**地区代码不可以修改，其他信息可以修改。若要修改地区代码，则只能将该地区删除，然后再重新建立。

（3）删除地区

进入“往来单位资料”界面，在左边的地区信息中选择某要删除的地区，然后单击鼠标右键，在弹出的菜单中选择“删除当前地区”项，或单击“执行|删除地区”按钮，删除选定地区。

**注意：**删除地区时将同时删除属于该地区的所有往来单位，所以，请用户在删除地区时一定要十分小心。删除某地区时，其下级地区将同时被删除。

（4）查找地区

进入“往来单位资料”界面，单击“查找”按钮或者在左边地区信息中单击鼠标右键，在弹出的菜单中选择“查找”项，弹出“查找”对话框。在对话框中输入/选择希望查找的地区代码/名称后单击“确定”按钮，系统自动在树形结构图中定位至该代码对应地区，如无此地区，则显示为空。

（5）新增往来单位

进入“往来单位资料”界面，单击“增加|增加往来单位”按钮，打开“编辑往来单位”对话框，该对话框中包括“常用信息”“通信”“银行/执照”“其他信息”四个选项卡，

如图 2-44～图 2-47 所示。

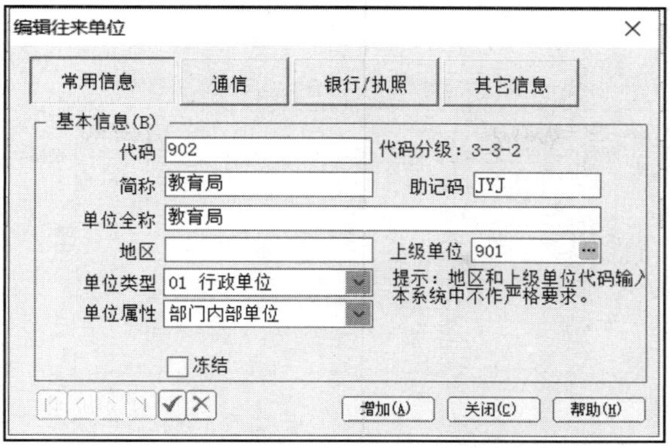


图 2-44　新增往来单位常用信息设置①

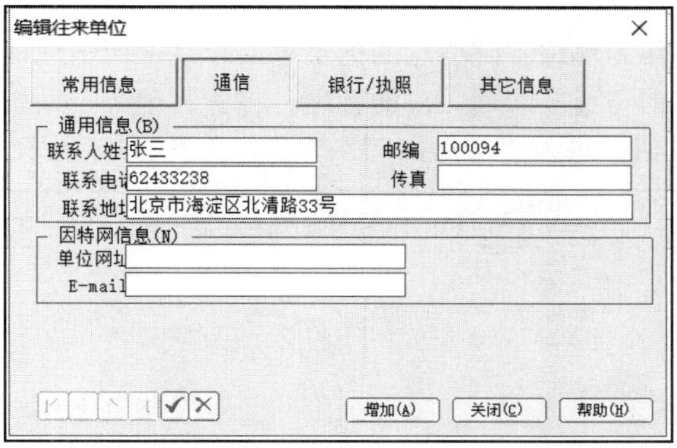


图 2-45　新增往来单位通信设置

图 2-46　新增往来单位银行/执照设置

### 4. 部门职员资料

该模块旨在对部门及职员资料进行管理，用户可以根据单位具体情况或业务需要进行部门及职员的增加、修改、删除工作。在编制凭证时，遇到部门或个人往来核算的科目时，系

① 图片中“其它”应为“其他”，为保持截图的真实性，不对图片中错字进行修改，下同。

统将要求输入部门或职员信息。

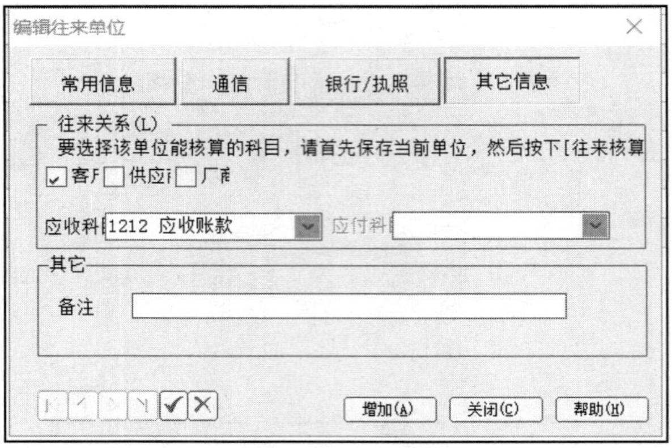


图 2-47　新增往来单位其他信息设置

部门职员资料可以作为单位基础信息的记录，同时是部门辅助核算、个人往来核算时的信息来源。其中部门数据与资产管理、出纳管理、工资管理等子系统共享。单击“基础资料管理|部门职员资料”按钮，进入“增加部门”界面，如图 2-48 所示。

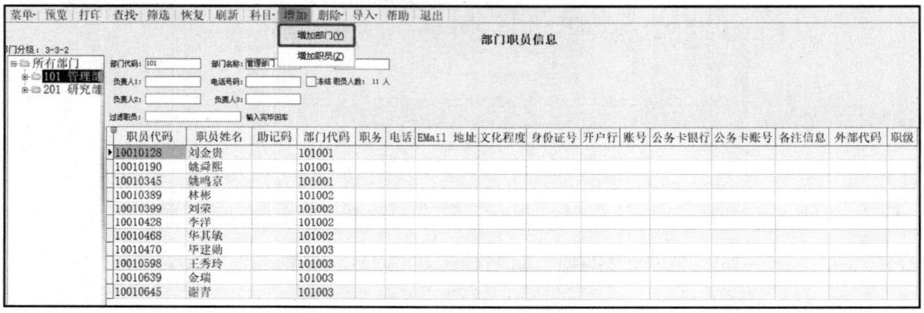


图 2-48　“增加部门”界面

单击“增加|增加职员”按钮，打开“编辑职员信息”对话框可对职员信息进行编辑，如图 2-49 所示。

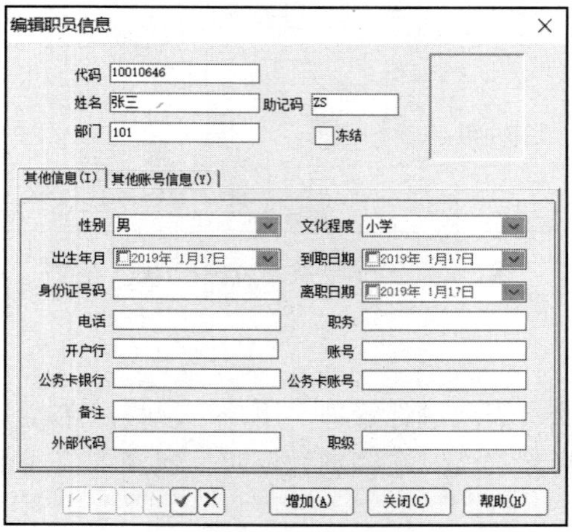


图 2-49　“编辑职员信息”对话框

## 2.3 实践题

### 2.3.1 东湖医科大学建账信息及基础档案数据

账套文件名称：东湖医科大学
单位名称：东湖医科大学
会计制度：《政府会计准则——基本准则》
行　　业：学校
记账本位币：人民币
会计年度：2018 年

### 2.3.2 东湖医科大学建账与基础数据设置

单击“基础资料管理|往来单位资料”按钮，进入“往来单位资料”界面，进行往来单位基础资料的设置，如图 2-50 所示。

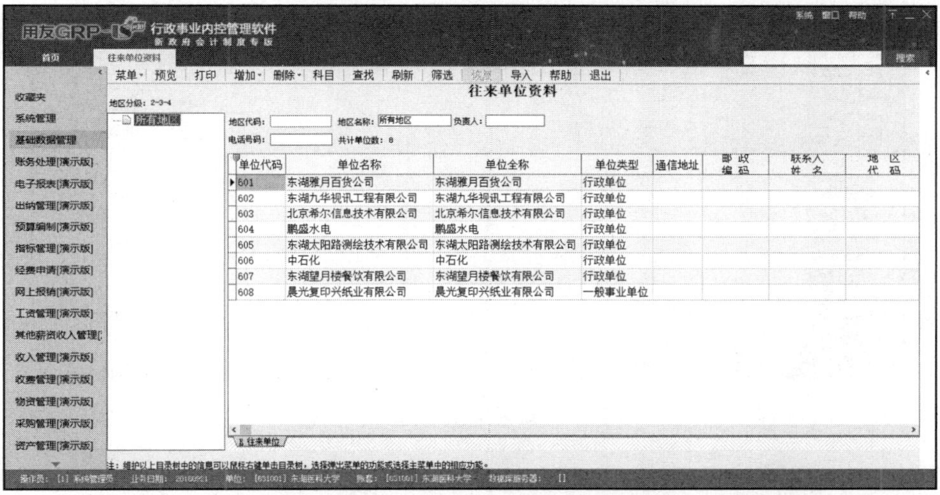


图 2-50　新增往来单位信息

单击“基础资料管理|部门职员资料”按钮进入“部门职员信息”界面，进行部门职员信息的录入，如图 2-51 所示。

单击“基础资料管理|部门经济科目资料”按钮进入“部门经济科目资料”界面，进行部门经济科目资料的录入，如图 2-52 所示。

单击“基础资料管理|编辑银行资料”按钮进入“编辑银行资料”界面，进行银行信息的录入，如图 2-53 所示。

单击“基础资料管理|审批流设置”按钮进入“审批流设置”界面，进行审批流的设定，如图 2-54 所示。

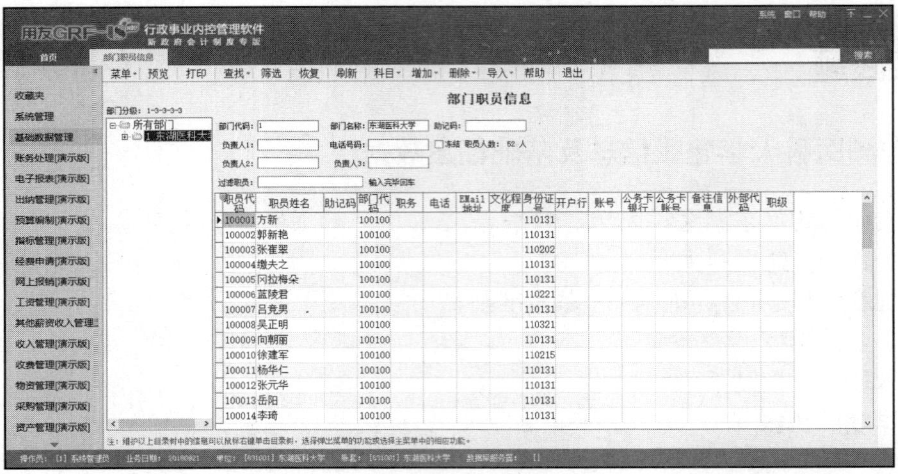


图 2-51 新增部门职员信息

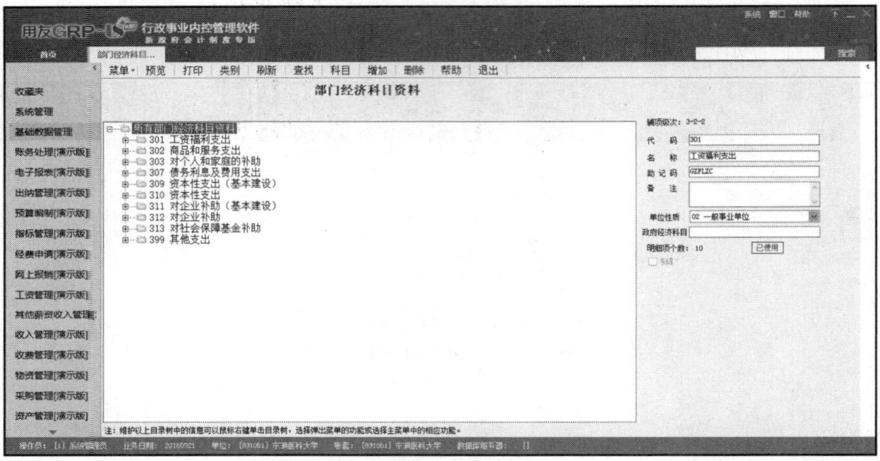


图 2-52 新增部门经济科目资料

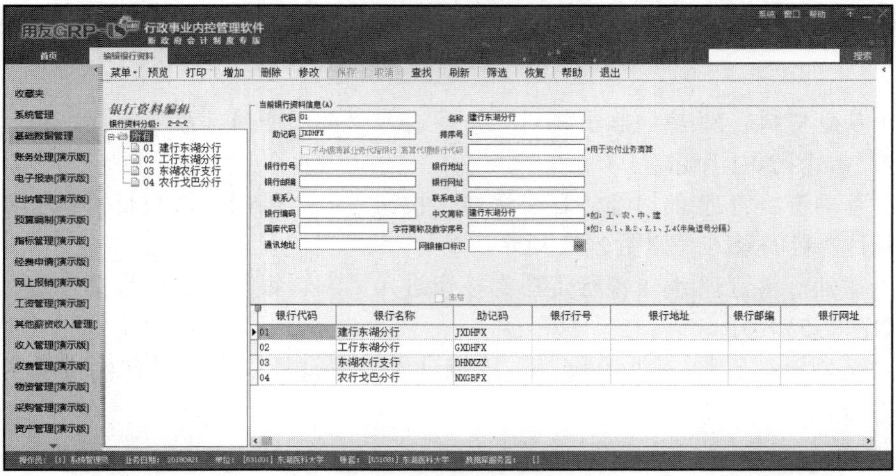


图 2-53 新增银行信息

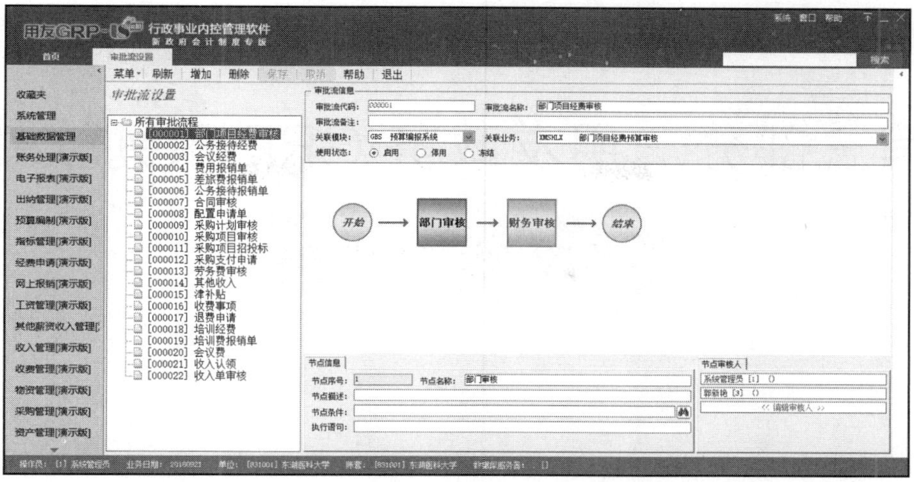

图 2-54 “审批流设置”界面

单击“基础资料管理|项目资料”按钮进入“项目资料”界面，进行项目资料的录入，如图 2-55 所示。

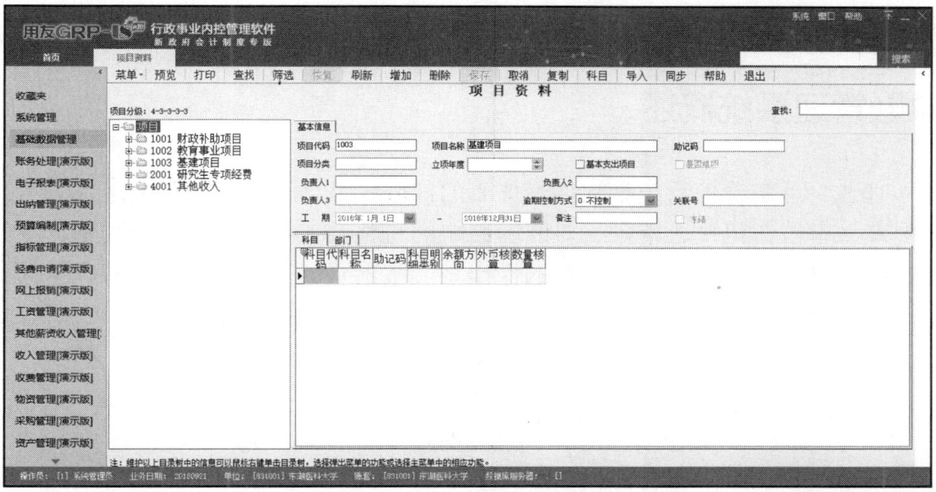

图 2-55 新增项目资料

# 第三部分　用友政务 GRP 系列软件子系统实战篇

# 第 3 章 总账管理系统

## 3.1　总账管理系统概述

用友 V10.5.1 总账管理系统是软件最核心的部分，是会计数据的集散地，它为政府或单位提供了制单、审核、记账、转账、对账和结账的完整会计流程，所有数据都需要经过该系统的处理，因此熟练掌握总账管理系统的操作是非常重要的。总账管理系统操作的基本流程如图 3-1 所示。

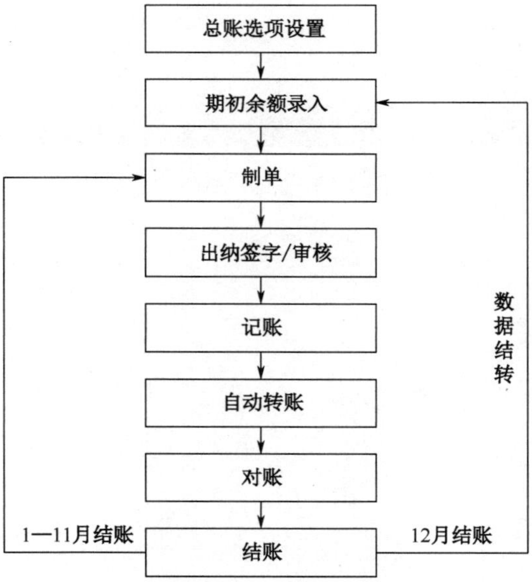


图 3-1　总账管理系统操作的基本流程

## 3.2 初始设置

### 3.2.1 账套参数设置

单击“账务处理|账套参数设置”按钮，打开“账套参数设置”窗口，对账套进行初始化设置。系统共将账套参数设置分六页显示，包括主要信息、凭证控制、账簿参数、其他参数、审批权限、经费申请。

#### 1. 主要信息

主要信息集中显示有关本账套的基本信息，如该账套的基本信息：账套号、账套名称、本位币、财务主管，如图 3-2 所示。这些信息都是在建立账套时输入的信息。其中，账套号、账套名称、本位币信息不允许修改。

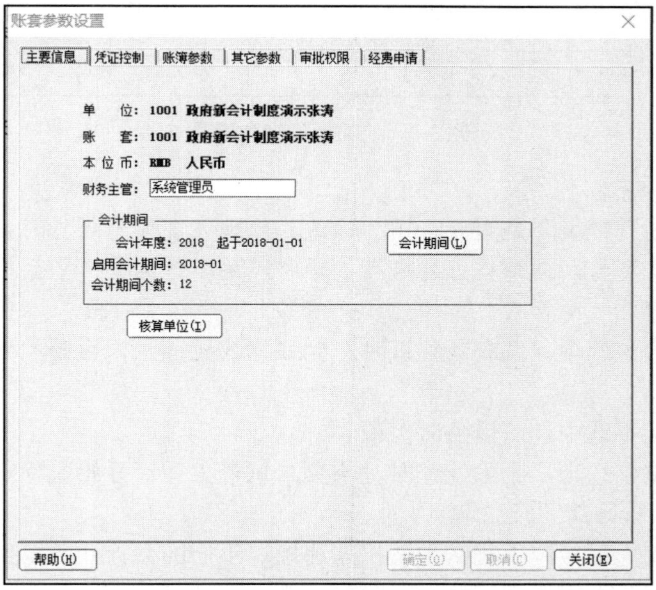


图 3-2 “主要信息”设置

#### 2. 凭证控制

该窗口主要定义有关凭证使用的参数，包括基本控制、编制控制、保存检查、打印输出四部分，如图 3-3 所示。

（1）基本控制

对“基本控制”设置中的部分选项进行介绍。

- 凭证号按年编号（否则按月编号）。

应用背景：控制凭证编号可选择在年度内连续编号，也可选择在当前月份内连续编号。后一种方法适合在一些单位全年会计业务发生很少的情况下使用。

选项说明：选中该选项，则凭证编号在一个年度内连续编号；否则，凭证编号在一个月内连续。

修改规则：默认不选中，可以随时修改。

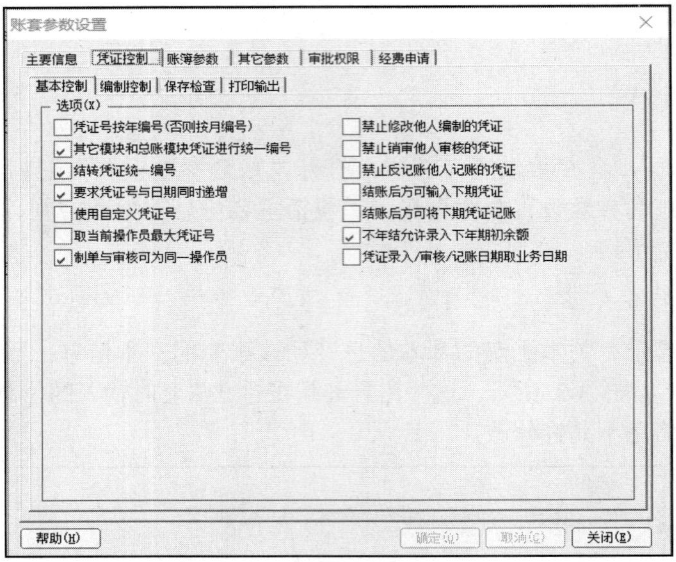


图 3-3 “凭证控制”设置

- 使用自定义凭证号。

应用背景：控制凭证编号是否允许手工修改。出现凭证编号断号时，可使用自定义凭证号功能，手工修改凭证号，使得凭证号连续；同时满足审计需要，手工指定凭证号，来理顺会计业务发生的顺序。

选项说明：选中该选项，编制新凭证时，允许修改凭证号，否则不允许修改系统产生的凭证号。

修改规则：默认不选中，可以随时修改。

其他说明：选中该选项，删除凭证时，不要求从最大凭证开始删除。

- 要求凭证号与日期同时递增。

应用背景：控制凭证号产生时必须随日期递增。不同的会计业务发生日期有先后顺序及连续性，所以一般情况下需要强制凭证号随日期递增。

选项说明：选中该选项，当前编制的凭证序号在比上张凭证序号大的同时，还必须满足编制日期亦大于或等于上张凭证的编制日期。

修改规则：默认不选中，可以随时修改。

- 结账后方可输入下期凭证。

应用背景：控制必须在上一个会计期间已结账后才可以编制本期凭证。

选项说明：选中该选项，则在本会计期间未结账、编制下个会计期间凭证时，系统提示本期未结账，不允许输入下期凭证；反之，则允许录入下期凭证。

修改规则：默认选中，可以随时修改。

- 结账后方可将下期凭证记账。

应用背景：控制必须在上个会计期间已结账后才可以将本期凭证记账。适应在本期间没结账，可录入下一期间凭证的会计业务并且记账，可满足查看账簿的需要。

选项说明：选中该选项，则在本会计期间未结账的情况下，对下个会计期间凭证进行记账时，系统会提示本期未结账，不允许下期凭证记账；反之，则允许记账。

修改规则：默认选中，可以随时修改。相关影响：该选项要跟上个选项关联使用，如果上个选项未选中，本选项不会起控制作用。

其他说明：如果本年度未进行年度结账，待记账的凭证为下年度凭证，则该选项不起作用。

- 制单与审核可为同一操作员。

应用背景：控制是否允许凭证录入人员审核自己编制的凭证。该功能满足不同会计角色的应用。

选项说明：勾选该选项时，凭证的录入人员可以审核自己编制的凭证；不勾选该选项时，则凭证录入人不能审核自己编制的凭证，此时，系统会跳出提示框，提示不允许审核。

修改规则：默认选中，可以随时修改。

- 禁止修改他人编制的凭证。

应用背景：控制是否允许非凭证录入人员修改、作废、删除他人编制的凭证业务。该功能满足不同会计角色的应用。

选项说明：选中该选项，则不允许修改、作废、删除非自己编制的凭证。

修改规则：默认选中，可以随时修改。

- 禁止销审他人审核的凭证。

应用背景：控制是否允许操作员销审他人审核的凭证业务。该功能满足不同会计角色的应用。

选项说明：选中该选项，则不允许销审他人审核的凭证。

修改规则：默认选中，可以随时修改。

- 禁止反记账他人记账的凭证。

应用背景：控制是否允许操作员反记账他人记账的凭证。该功能满足不同会计角色的应用。

选项说明：选中该选项，则不允许当前操作员反记账他人记账的凭证。

修改规则：默认选中，可以随时修改。

（2）编制控制

“编制控制”设置如图 3-4 所示，以下挑选部分选项进行说明。

- 编制凭证时只能打开一个凭证窗口。

应用背景：控制是否允许打开多个凭证操作窗口。

选项说明：选中该选项，则不允许打开多个凭证操作窗口。

修改规则：默认不选中，可以随时修改。

其他说明：不勾选该选项时，系统最多允许同时打开三个凭证操作窗口。

- 原始凭证号严格核算。

应用背景：输入原始单据信息时，必须输入原始凭证号。一些用户在实际业务中，对原始单据的信息管理较为严格，录入带有原始单据信息的凭证时，必须要有原始凭证号。

选项说明：选中该选项，则在输入银行类或往来类原始单据信息时，必须输入原始单据号；反之，则可以不录。

修改规则：默认不选中，可以随时修改。

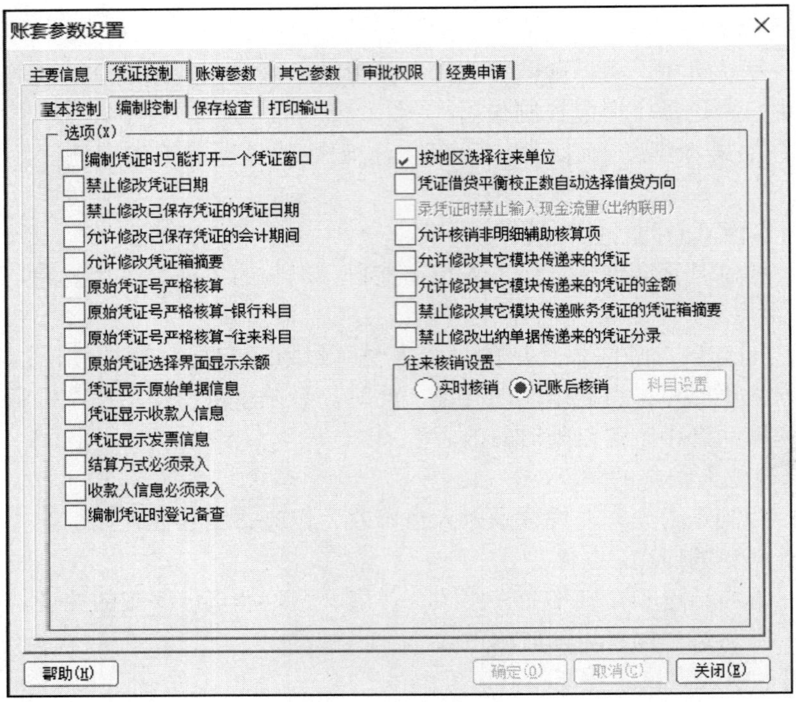


图 3-4　“编制控制”设置

- 允许修改凭证箱摘要。

应用背景：对凭证目录摘要进行修改。凭证目录摘要可以与分录摘要不同。

选项说明：启用此选项时，凭证界面会有一个“摘要”文本框。用户可以在文本框里录入凭证目录的摘要。如果“摘要”文本框里没有输入内容，则凭证目录摘要取第一分录的摘要内容。

修改规则：默认不选中，可以随时修改。

- 按地区选择往来单位。

应用背景：提供按地区选择往来单位的方式。

选项说明：选中该项，当凭证编制中输入往来单位信息时，引导输入窗中将同时显示地区及单位信息，否则仅显示往来单位信息。

修改规则：默认选中，可随时修改。

- 凭证借贷平衡校正数自动选择借贷方向。

应用背景：提高凭证编制的效率。

选项说明：如选中该选项，则在自动会计分录中含有借贷平衡校正数的分录行将根据凭证的需要来选择借贷方向，而与该行的借贷方向设置无关。

修改规则：默认选中，可随时修改。

- 录凭证时禁止输入现金流量（出纳联用）。

应用背景：在账务系统中禁止输入现金流量项目，主要用于控制修改从出纳系统传入账务系统的凭证。

选项说明：选中此选项，则在录入凭证时，不允许输入现金流量项目。

修改规则：默认不选中，可以随时修改。

● 允许修改其他模块传递来的凭证的金额。

应用背景：控制在总预算会计模块中是否允许修改其他模块传递过来的凭证的金额。从其他模块传递过来的凭证，特别是国库传到总账的凭证，金额一般是不能随意修改的。所以加此选项控制。

选项说明：选中该选项，则在编辑其他模块传递过来的凭证时，允许修改凭证金额。

修改规则：默认不选中，可以随时修改。

（3）保存检查

“保存检查”设置如图 3-5 所示，以下对部分选项进行介绍。

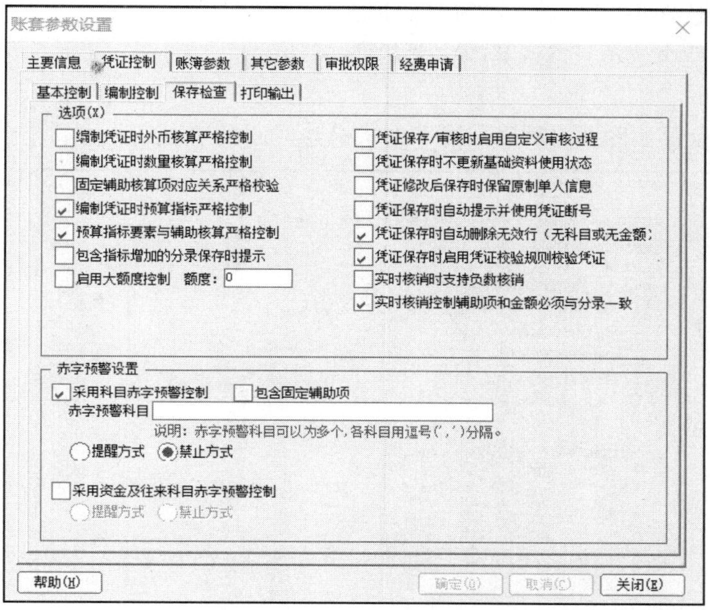


图 3-5 “保存检查”设置

● 凭证修改后保存时保留原制单人信息。

应用背景：控制是否保留凭证原始制单人信息。当操作员修改非本人编制的凭证后保存时，制单人信息会变更为修改凭证的操作员，这样不符合实际应用，特增加此选项。

选项说明：选中该选项，则在修改已存在的凭证后，保留凭证的原始制单人信息。

修改规则：默认选中，可以随时修改。

● 启用大额度控制。

应用背景：针对现金、银行类会计科目发生大额度资金支出时，给予提醒控制。

选项说明：选中该选项，则当现金和银行类科目的贷方金额超过指定值，进行凭证保存时，会提示上传大额度资金支出单。

修改规则：默认不选中，可以随时修改。

● “赤字预警设置”选中“采用科目赤字预警控制”。

应用背景：针对银行、现金等会计科目发生赤字时，给予提醒控制。

选项说明：该功能主要用于对指定会计科目的赤字进行控制。当设定的会计科目余额小于零时，再编制该科目的凭证时系统将给出提示信息。①选中“采用科目赤字预警控制”选项，否则系统将不进行赤字预警控制；②分别填入要进行赤字预警控制的会计科目信息；③可对任意科目启用赤字预警控制，需注意：多个科目之间用逗号分隔，并且如果是所有子科目都需要赤字预警控制，则只需输入上级科目；④当编制进行赤字预警控制科目的凭证时，如果科目余额小于零或科目预记账后余额小于零（不包含当前凭证金额），系统都将给出提示。

● 赤字预警设置。

应用背景：提供提醒和禁止两种控制选项。在做凭证时，统计凭证中所有按单位往来核算的科目，针对某个单位的：借方金额–贷方金额（需区分具体科目和单位），金额统计基于所有凭证和当前未保存凭证（除作废和错误凭证外），若往来科目余额在借方，则余额小于零预警（借–贷＜0）；若往来科目余额在贷方，则余额大于零预警（借–贷＞0）。

修改规则：默认选中提醒方式，可以随时修改。

相关影响：这两个选项只能选其中一个。

（4）打印输出

“打印输出”设置如图 3-6 所示，以下对部分选项进行介绍。

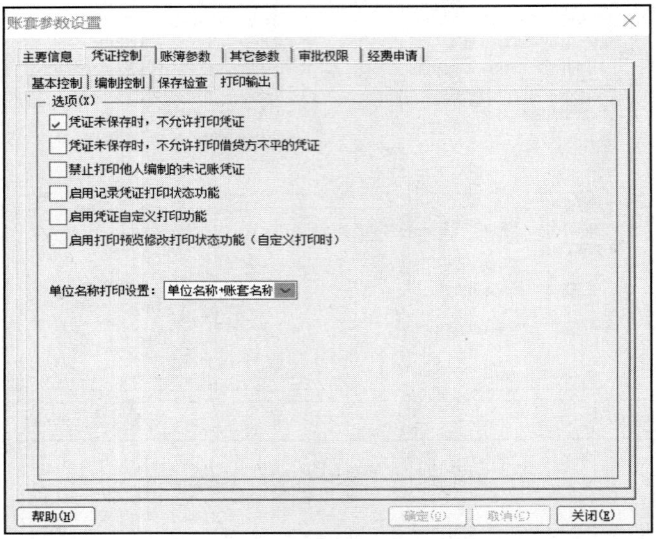


图 3-6 “打印输出”设置

● 凭证未保存时，不允许打印借贷方不平的凭证。

应用背景：控制是否允许打印未保存的借贷不平的凭证。避免打印金额借贷不平的错误的凭证。

选项说明：选中该选项，则在打印未保存的借贷不平的凭证时，系统提示不允许打印。

修改规则：默认不选中，可以随时修改。

● 凭证未保存时，不允许打印凭证。

应用背景：控制是否允许打印未保存的凭证。在多用户实时应用的环境下，有多个用户同时新增凭证时，凭证号一样，这时凭证并未保存到数据库中，所以凭证接口上的凭证号和最终保存到数据库的凭证号不一致，若这时打印凭证，则打印出的凭证号是错误的。

选项说明：选中该选项，则在打印未保存的凭证时，系统提示不允许打印。

修改规则：默认选中，可以随时修改。

其他说明：不选中该选项，则凭证是否保存，对打印未保存的凭证不起控制作用。

● 自动保存账表格式。

应用背景：自动记忆账簿格式。

选项说明：如选中该项，则日记账、日报表格式（列宽及列序）将按用户最后一次的调整结果自动保存。这只对日记账和日报表有用。

修改规则：默认选中，可随时修改。

相关影响：选中该选项后，只影响日记账和日报表，其他账表不受此选项的控制。

● 自动保存账表封面数据。

应用背景：自动记忆账簿封面的基础资料数据格式。

选项说明：选中该选项，则在日记账、日报表封面中选择的科目将自动保存在文件中，下次再次进入相同的账表时，账表封面中将显示上次定义的科目。

修改规则：默认选中，可随时修改。

相关影响：选中该选项后，只影响日记账和日报表，其他账表不受此选项的控制。

● 单位名称打印设置。

应用背景：使用这些参数设置，用户可自行设计出个性化的账务系统。

选项说明：可以在此设置打印的账表上单位名称显示出的内容，有三个可选项：单位名称、账套名称、单位名称+账套名称。

● 启用凭证自定义打印功能。

应用背景：系统定义的凭证打印格式不能满足用户需求，用户需要自己定义凭证打印格式，自己设计打印格式。

选项说明：选中该选项，则系统提供“自定义打印设置”“自定义打印”两项功能。“自定义打印设置”：用户通过此功能设计凭证打印格式。“自定义打印”：用户设定自定义打印格式后，按此打印格式打印凭证。

修改规则：默认不选中，可以随时修改。

● 启用记录凭证打印状态功能。

应用背景：用于记录凭证的打印状态，以免漏打或者重复打印凭证。

选项说明：选中该选项，则打印过的凭证再次打印时会有已打印过的提示。如果打印错了需要重新打印，可以通过“修改凭证打印状态”功能将已打印的凭证改为未打印状态，就可再次打印了。

修改规则：默认选中，可以随时修改。

● 启用打印预览修改打印状态（自定义打印时）。

应用背景：控制自定义打印预览时凭证打印状态的处理。因为自定义打印预览时也可以进行打印凭证操作。

选项说明：选中该选项，则进行自定义格式打印预览时也将凭证打印状态置为已打印。

修改规则：默认不选中，可以随时修改。

### 3. 账簿参数

“账簿参数”窗口可以定义账簿参数，如图 3-7 所示，下面对部分选项进行介绍。

● 余额方向与科目余额方向一致。

应用背景：控制账簿中科目余额的显示方式，余额方向与科目余额方向一致，可以简化单位的会计工作。

选项说明：选中该选项，账簿中的余额方向会和科目设置中的余额方向保持一致。如不选定该项，则余额进行非负数控制。

修改规则：默认不控制，可以随时修改。

相关影响：修改会影响"科目总账""科目明细账""日记账""日报表""辅助总账""辅助明细账"等账簿。

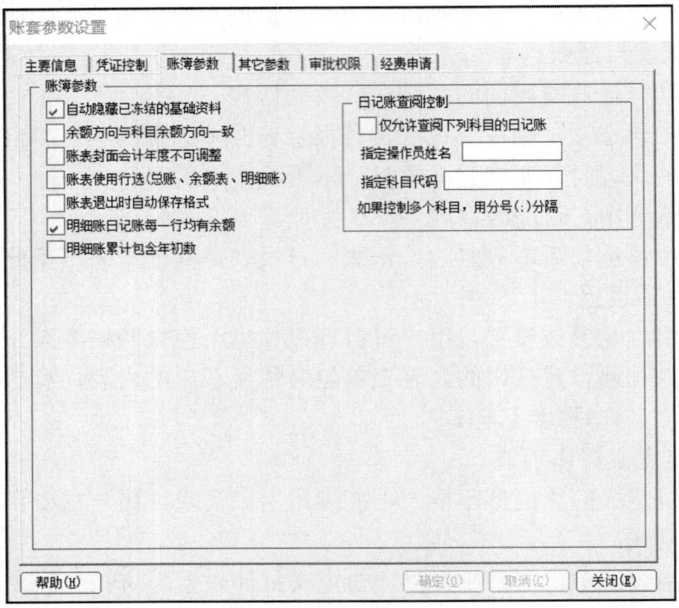


图 3-7 "账簿参数"设置

● 明细账日记账每一行均有余额。

应用背景：控制明细账、日记账中余额的显示方式，主要为了适应不同的用户对明细账簿的余额列的两种显示及打印要求。

选项说明：不选中该选项，账簿中只在"上年/月结转"和"本月合计"行才显示余额。

修改规则：默认选中，可以随时修改。

相关影响：此修改会影响"科目明细账""日记账"及"辅助明细账"等账簿余额显示方式。

● 自动隐藏已冻结的基础资料。

应用背景：控制已冻结的基础资料是否显示。在系统中选择基础资料时，过滤掉冻结的资料，可提高资料查询效率和准确度。

选项说明：选中该选项，则在系统中选择基础资料时自动过滤冻结状态的基础资料。但用户可以通过在账簿的封面上增加选择过滤选项来添加所有的基础资料。

修改规则：默认选中，可以随时修改。

● 日记账查阅控制。

应用背景：实现操作员对日记账查阅的权限控制。

选项说明：对日记账的查阅权限、内容进行控制，选中"仅允许查阅下列科目的日记账"项，设置可查阅日记账的操作员和具体的查阅科目，对于多个可查询科目可使用分号区分，否则可自由查阅日记账的所有内容。

修改规则：默认不选中，可随时修改。

#### 4. 其他参数

“其他参数”窗口包括结账汇率设置、出纳签章设置、显示打印、其他等参数，如图 3-8 所示，下面对部分选项进行介绍。

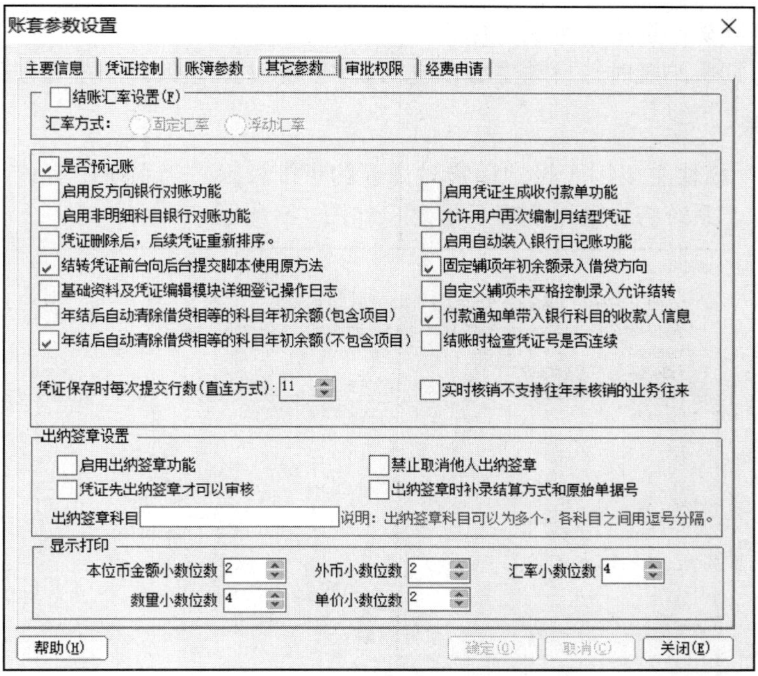


图 3-8　“其他参数”设置

- 是否预记账。

应用背景：控制账簿查询时是否能够查询预记账数据，预记账是账务处理的基本功能。

选项说明：只有在选中该项的前提下，账表封面中的“包含所有未记账凭证”选项才会真正起到控制显示未记账数据的作用；如该选项未选中，则账表封面中的“包含所有未记账凭证”选项不可用。

修改规则：默认选中，可以随时修改。

相关影响：选中该选项后，各账簿封面中的“包含所有未记账凭证”选项才可用。

- 年结后自动清除借贷相等的科目年初余额。

应用背景：控制借贷相等的科目年初余额是否保留，增加该选项的目的是为了满足不同业务的需求，也适应不同用户对科目及辅助余额及发生额的查询要求。

选项说明：选中该选项，则在年结后，程序会自动清除借贷方相等的科目年初余额；反之，则会把上年度借贷相等的余额保留到下年度的期初，对于需要查询上年度发生额的用户，则不能勾选此选项。

修改规则：默认选中，可以随时修改。

相关影响：该选项只在年度结账时起作用，如果是在年度结账后才选中该选项，则会影响下一年度的期初余额的显示。

其他说明：选中该选项，不清除有项目核算的科目年初余额。

● 允许用户再次编制月结型凭证。

应用背景：月结型凭证编制错误时，可重新编制。

选项说明：当用户已编制月结型凭证后由于某种原因需要重新编制时，选中此选项即可重新编制。

修改规则：默认不选中，可随时修改。

相关影响：期末结账时，自动生成在自动会计分录中定义的月结型凭证分录。

### 5. 审批权限

“审批权限”模块主要用于设定用户对凭证的审批权限。当系统中有该用户权限范围内的未审核凭证时，系统将自动给出提示信息，如图 3-9 所示。

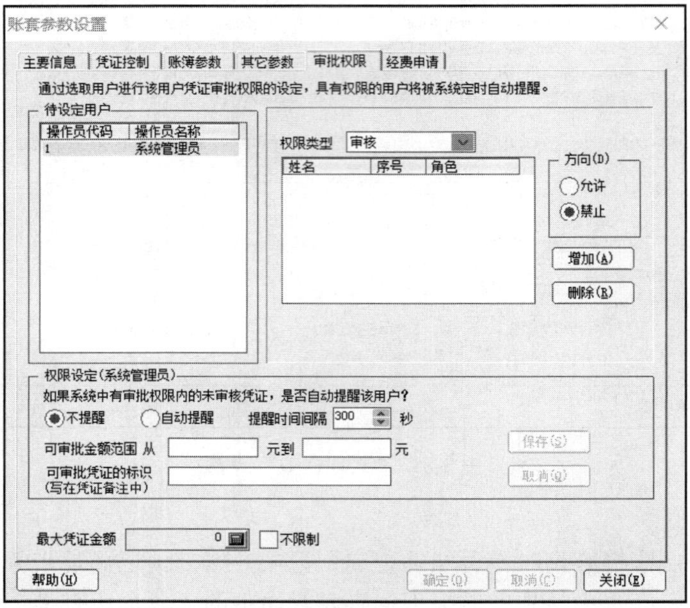


图 3-9 “审批权限”设置

选项说明：

（1）自动提醒：当系统中有选定操作员审批权限内的未审核凭证时，系统将自动给出提示信息。

（2）不提醒：当系统中有选定操作员审批权限内的未审核凭证时，系统不给出提示信息。

（3）设定系统自动提示的时间间隔，最短时间间隔为 60 秒。

（4）设定的“可审批金额范围”为可审批凭证的标识。

在“可审批金额范围”中输入选定操作员可审批的金额范围或者在“可审批凭证的标识”中输入选定操作员可审批凭证的标识信息。其中可审批凭证的标识信息在凭证的备注信息中输入。

修改规则：默认为空，可随时修改。

### 3.2.2 期初余额装入

如图 3-10 所示对科目期初的余额进行装入操作，如挂有辅助核算的科目录入期初余额时（如挂有往来单位，需要根据单位明细分别录入期初），期初余额装入后需要进行试算，需达到试算平衡。单位在完成基础资料设置后，通过期初余额装入实现账务处理系统与财务会计信息的衔接。在进行期初余额装入之前，请确认以下工作已经完成：

（1）会计科目体系已建立完成；

（2）若使用外币核算，则已指定了进行外币核算的会计科目，并定义了币种信息；

（3）若使用数量核算，则已指定了进行数量核算的会计科目；

（4）若使用辅助核算，则已指定了进行辅助核算的会计科目，并定义了各辅助核算项目信息；

（5）所有会计科目及辅助核算项目年初余额资料准备完毕。

上述准备工作全部完成后，开始期初余额装入工作。

单击“账务处理|科目余额装入”按钮，双击“科目代码”或“科目名称”，即可打开“科目余额装入”窗口进行操作。

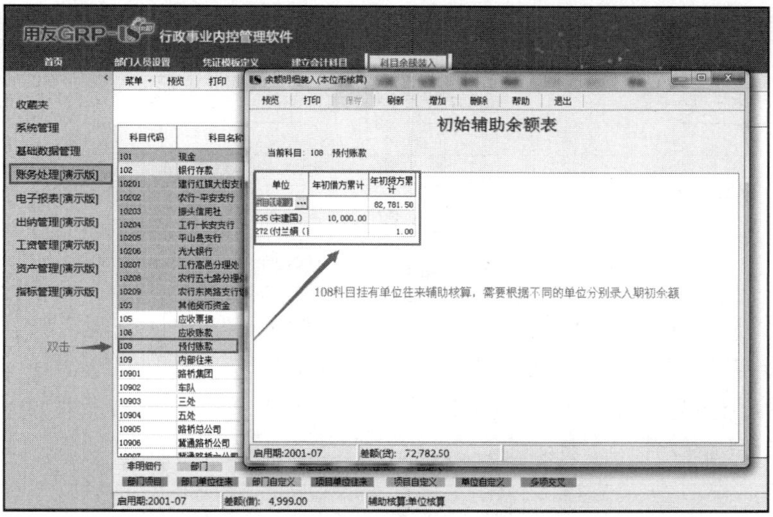


图 3-10　期初余额装入

## 3.3 凭证处理

凭证处理主要完成编制凭证、凭证审核和销审、凭证记账、凭证汇总等工作。

### 3.3.1 编制凭证

记账凭证是登记账簿的依据，在实际工作中，用户可以根据审核无误的原始凭证直接在计算机上编制记账凭证，然后再打印出记账凭证存档；也可以先人工制单后再集中录入计算机中。采用哪种方式，应根据用户的实际情况而定。一般来说，在第一次使用账务处理模块或手工账和电脑账并行的阶段，宜采用先人工制单再集中录入的方法。

编制一张新凭证可以按照图 3-11 所示的流程进行。

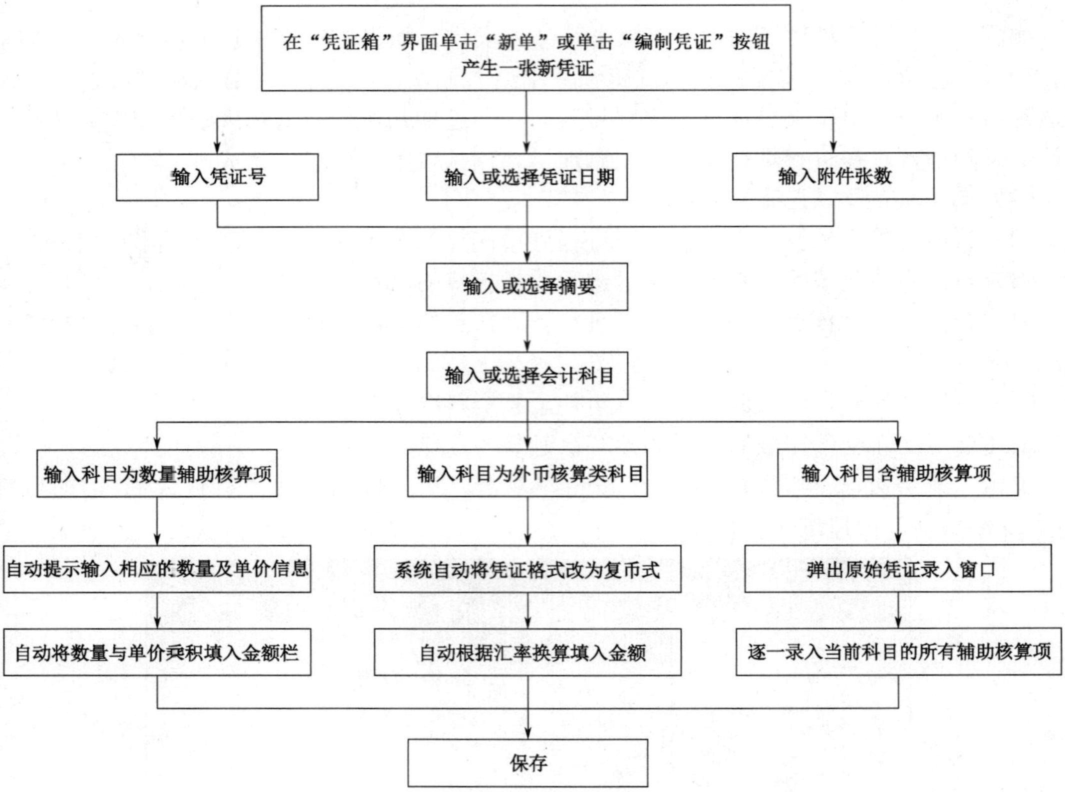


图 3-11　编制凭证的操作流程

单击“账务处理|编制凭证”按钮，或单击“账务处理|凭证处理”按钮，进入“凭证箱”界面，单击工具栏“新单”按钮即可进入制新单状态，如图 3-12 所示。重复单击，将会打开至多三张空白凭证供填制，还可通过“功能|基础资料|账套参数”的凭证控制选项设置“编制凭证时只能打开一个凭证窗口”。

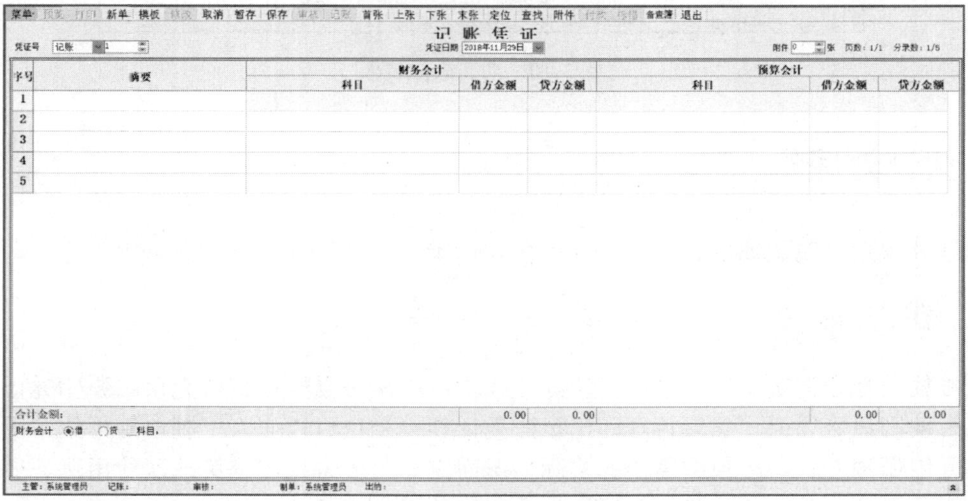


图 3-12　新增记账凭证

### 1. 输入凭证号

根据经济业务类型选择凭证类型，凭证序号自动生成。如在“功能|基础资料|账套参数设置”的“凭证控制”中选中“使用自定义凭证号”选项，则需要手工输入，不强制要求序号连续。

### 2. 输入或选择会计科目

在软件的会计凭证编制中，系统提供了丰富的科目输入、选择方法，按照输入方式的不同可以分为：直接录入法、引导选择法、模糊输入法。输入内容可以为科目代码、科目名称和助记码。科目名称模糊输入需要在凭证编辑状态下选中“菜单|凭证选项|科目名称自动模糊筛选”选项，如图 3-13 所示。

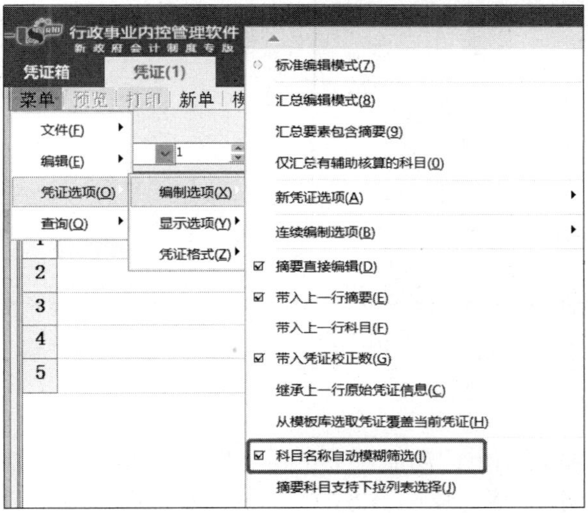


图 3-13　科目名称自动模糊筛选

双击“科目”命令，打开“选择科目”窗口，如图 3-14 所示。

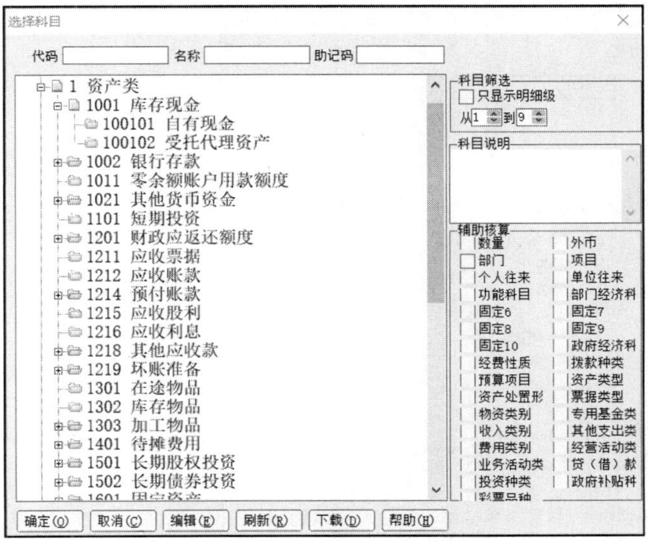


图 3-14　“选择科目”窗口

### 3.3.2 凭证审核与销审

#### 1. 审核凭证

在凭证打开的状态下，单击工具栏中的“审核”按钮，系统对当前凭证进行正确性检查，检查通过则签上审核人的名字，如图 3-15 所示。在凭证箱状态下，可批量审核凭证。

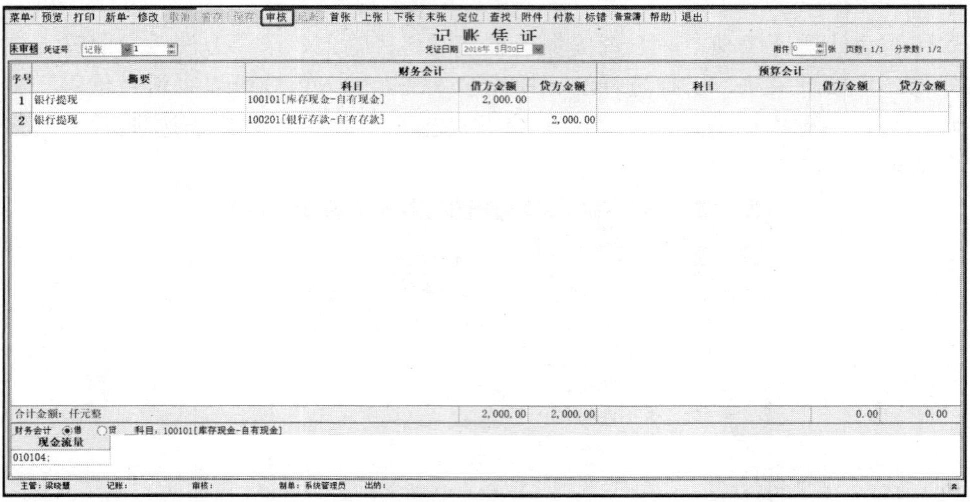


图 3-15 审核凭证

#### 2. 销审凭证

系统提供对已审核凭证销审的功能，单击“文件”按钮，在弹出的菜单中选择“销审”选项，如图 3-16 所示。销审后，凭证下方的“审核”处恢复为空，且视同为未审核凭证。

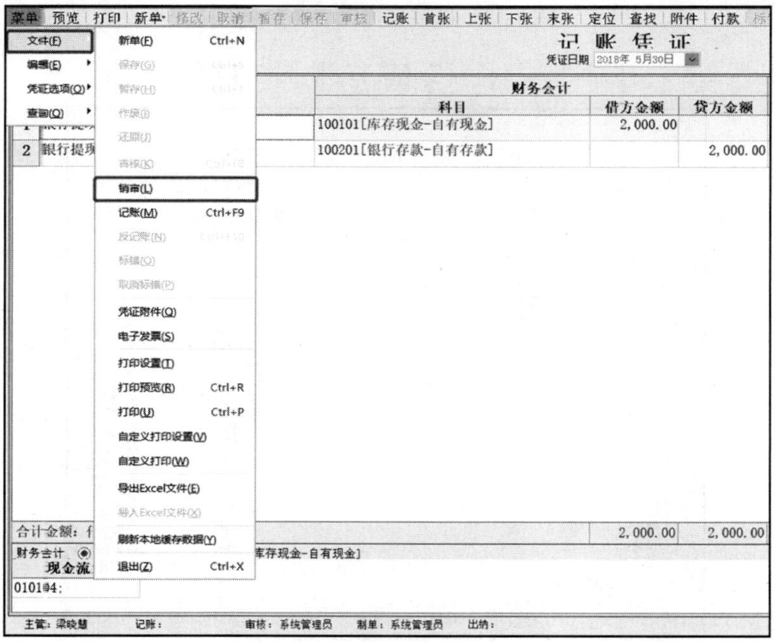


图 3-16 销审凭证

### 3.3.3 凭证记账

在凭证打开的状态下，单击工具栏中的“记账”按钮或者单击“文件”按钮，在弹出的菜单中选择“记账”按钮，如图 3-17 所示。

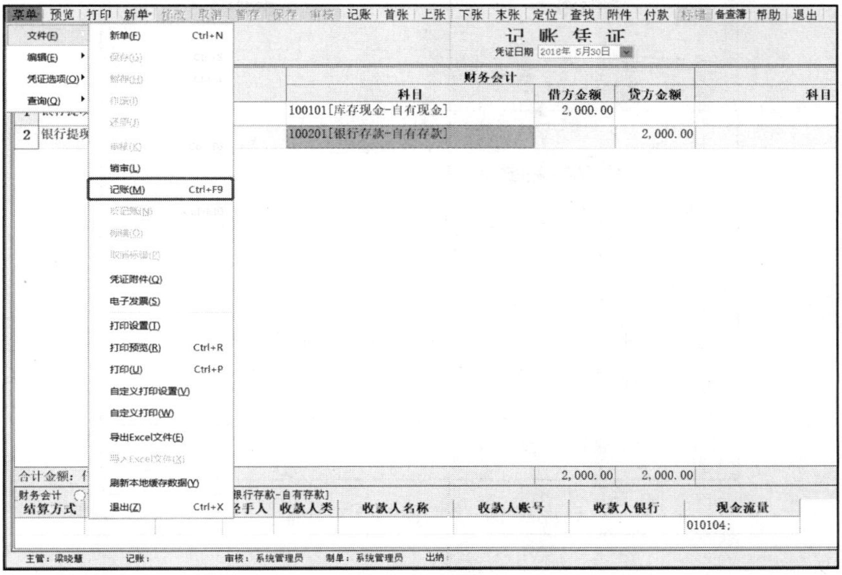

图 3-17　凭证记账

单击“账务处理|预记账处理”按钮，进入“预记账处理”界面，可进行预记账处理，如图 3-18 所示。

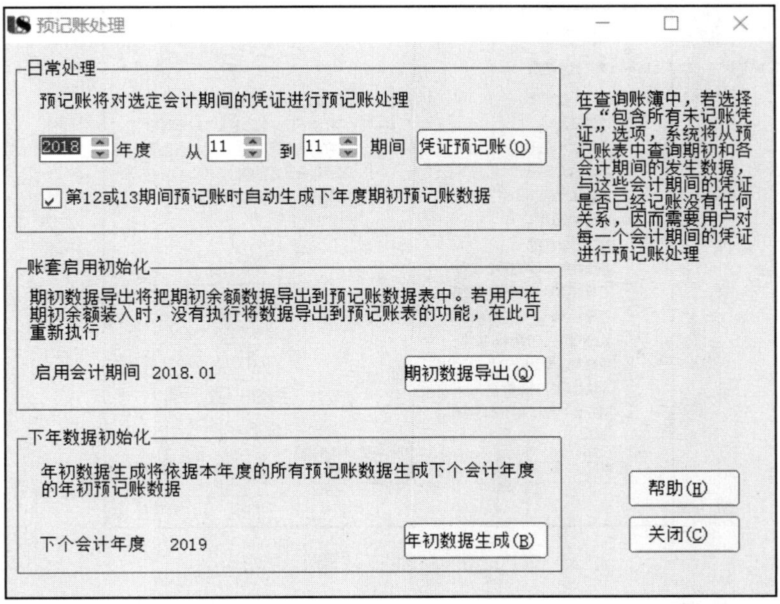

图 3-18　“预记账处理”界面

## 3.3.4 凭证汇总

单击“账务处理|凭证汇总”按钮，打开“凭证汇总”界面，可设置凭证汇总条件，如图 3-19 所示。

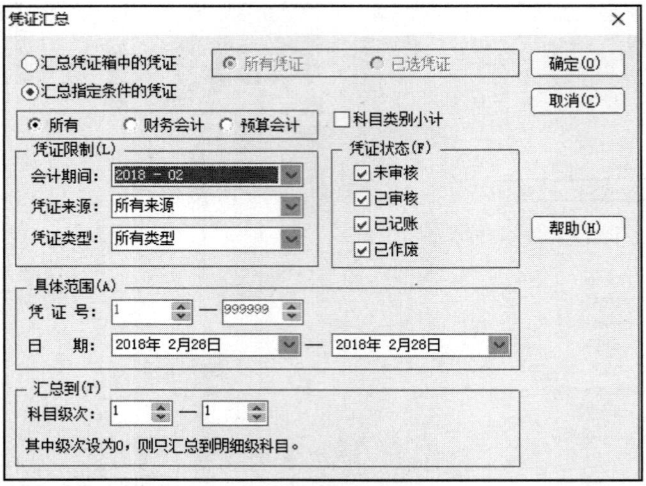


图 3-19 “凭证汇总”界面

## 3.3.5 凭证打印

凭证处于编辑状态时，在“凭证箱”双击打开凭证后，单击“文件|打印”按钮或工具栏中的“打印”按钮，可对当前凭证进行标准打印和套打，如图 3-20 所示。

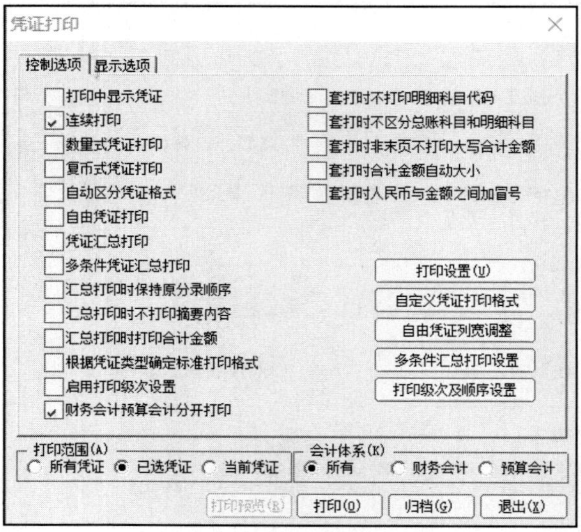


图 3-20 “凭证打印”选项

## 3.3.6 错账更正

在会计电算化工作中，发现错误的凭证，需要根据凭证的处理状态选择错账更正方法。

有以下几种情况：

（1）未审核凭证错误，直接修改。

（2）已审核凭证错误，先销审再进行修改。

（3）已记账凭证错误，使用“补充登记”或“红字冲销”。

补充登记：记账凭证中应借、应贷的会计科目和记账方向都没有错误，记账凭证和账簿记录的金额也吻合，只是所记金额小于应记的正确金额。更正的方法是将少记的金额填制一张与原错误记账凭证所记载的借贷方向、应借应贷会计科目相同的记账凭证。

红字冲销有两种情况：

① 记账凭证中应借、应贷的会计科目或记账方向有错误，且记账凭证同账簿记录的金额相吻合。更正的方法是先用红字填制一张与原错误记账凭证内容完全相同的记账凭证，并据以用红字登记入账，冲销原有错误的账簿记录；再用蓝字或黑字填制一张正确的记账凭证，并据以用蓝字或黑字登记入账。

② 记账凭证中应借、应贷的会计科目和记账方向都没有错误，记账凭证和账簿记录的金额也吻合，只是所记金额大于应记的正确金额。更正的方法是将多记的金额用红字填制一张与原错误记账凭证所记载的借贷方向、应借应贷会计科目相同的记账凭证。

对于第一种情况，可以使用系统的“冲销凭证”功能就任一已记账凭证生成一张科目及借贷方向相同、金额为负（数值相同）的冲销凭证。

（1）未审核凭证多余，可以使用作废与删除功能进行处理。

（2）未审核的中间凭证进行作废、删除处理时，需要将凭证号重排。

## 3.3.7 凭证作废

已保存的凭证中如因业务取消而导致相应的凭证无效，只要该凭证尚未记账，均可进行作废处理，如图 3-21 所示。作废的凭证可以保留在凭证箱中，不会影响记账、结账、账表查询。

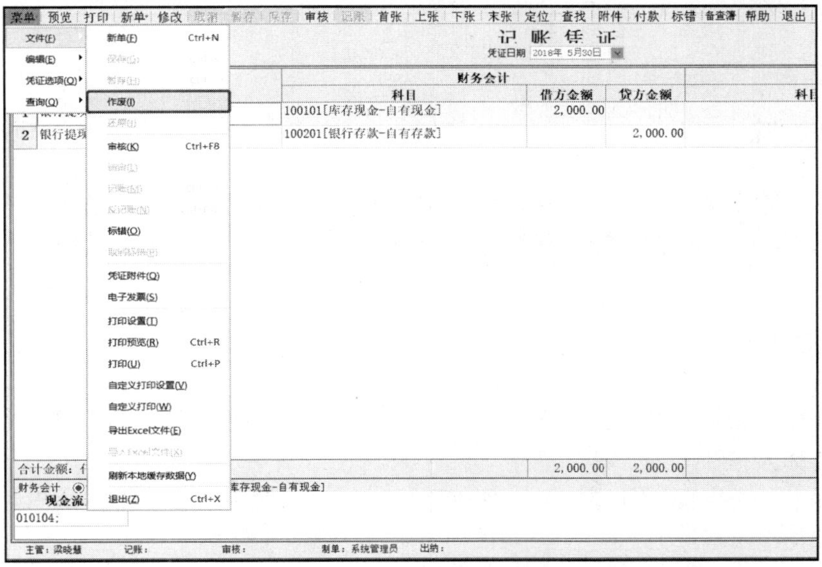


图 3-21 凭证作废

（1）打开该凭证或者在凭证箱“未审核”页选中该凭证，单击“文件|凭证作废”按钮，系统自动将该凭证加上作废标记，账表中不再包含该凭证上的数据；

（2）只有凭证尚未被审核时选项“凭证作废”的功能才可以使用，因此，若希望对已审核的凭证进行作废操作，则首先需要进行销审操作；

（3）对于自动生成凭证序号的凭证，只有本期间最后一张且标为“作废”的凭证可被删除；对于自定义凭证序号的凭证，任一张被标为“作废”标志的凭证均可被删除。

## 3.3.8 凭证还原

已做作废的凭证如需重新恢复使用，则可使用本功能。已作废凭证在打开状态下可以还原，凭证箱没有还原功能。单击“文件|凭证还原”按钮，系统自动将该凭证“已作废”标记清除，恢复成正常凭证使用，如图 3-22 所示。

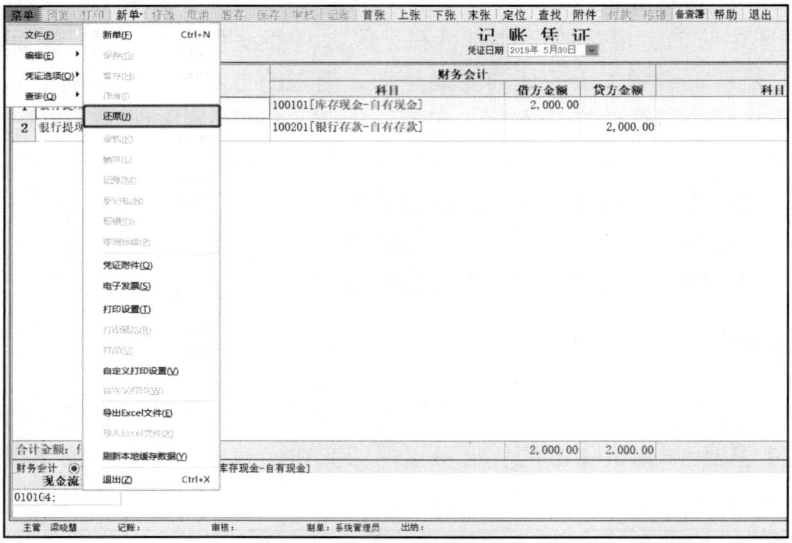


图 3-22　凭证还原

## 3.3.9 凭证删除

凭证若要删除必须先作废。作废的凭证只能在“凭证箱”中删除，在凭证打开状态下不能删除和作废凭证。单击“文件|删除作废凭证”按钮，可以将有“已作废”标志的凭证删除。

## 3.3.10 凭证输出

可将当前凭证箱中的全部或部分凭证以系统标准文件的形式输出到指定路径下，供本账套或其他账套读入。

在凭证箱状态下，单击“菜单|文件|凭证输出”按钮，打开“凭证输出”窗口，如图 3-23 所示。

用户可选择是否“带账套参数”（包括该账套的公司名称、代码及当前操作会计期间），如用户选定该项，则此次输出的凭证信息只能被公司名称、代码与该账套参数相同的账套所读入。

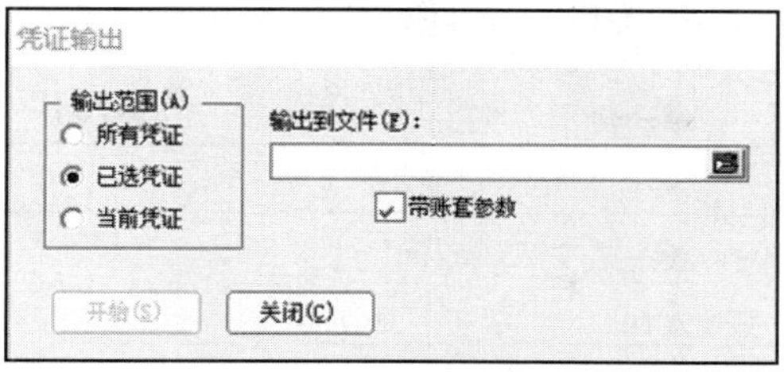


图 3-23 “凭证输出”窗口

### 3.3.11 凭证读入

凭证读入功能可将以系统标准文件形式存在的凭证数据文件引入本账套中。在凭证箱状态下，单击“菜单|文件|凭证读入”按钮，打开“读入凭证”窗口，如图 3-24 所示。

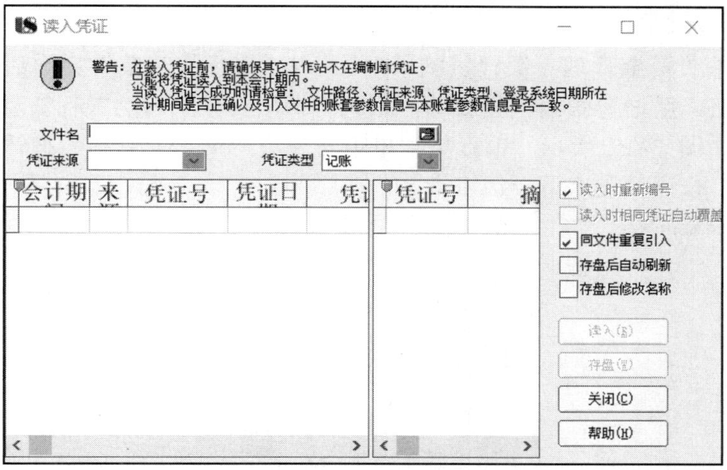


图 3-24 “读入凭证”窗口

步骤 1：勾选“存盘后修改名称”时，当将凭证读入账套中并按“存盘”按钮后，保存读入凭证文件的文件名称将被修改，这样做的目的是避免同一文件在同一账套中被重复引入。

步骤 2：单击“读入”按钮，系统就指定凭证文件进行读取，并将读取结果分两部分显示，左方列表中显示读取凭证的汇总信息，右方列表中显示读取凭证的明细分录信息。

步骤 3：用户在确定当前显示的凭证读取信息无误后，单击“存盘”按钮，将该批凭证数据读入账套中，单击“关闭”按钮返回“凭证箱”窗口。

## 3.4 实践题

L 高校在 20×9 年 5 月发生如下经济业务（需要说明的是，如果同时启用其他子系统，有些业务可以在子系统中完成，然后自动生成凭证传递到总账，此处为了降低复杂性，不考虑这种情况）：

（1）5 月 1 日，为筹集职工食堂装修工程的配套资金，临时向建设银行借入款项 50 000 元，借款期限为 6 个月，月利率 0.4%，到期一次还本付息，款项已存入银行。5 月 31 日，计提当月利息。

| | |
|---|---|
| 5 月 1 日取得借款时 | |
| 财务会计分录 | 借：银行存款　　50 000<br>贷：短期借款　　50 000 |
| 预算会计分录 | 借：资金结存——货币资金——银行存款　　50 000<br>贷：债务预算收入　　50 000 |
| 5 月 31 日计提利息时 | |
| 财务会计分录 | 借：其他费用——利息费用　　200<br>贷：应付利息——建设银行　　200 |
| 预算会计分录 | 不作分录 |

业务处理流程：

选择系统菜单“资金管理｜银行贷款单”，进入“银行贷款单”界面后，首先在菜单栏单击“新单”按钮，新增一张银行贷款单，系统将调出一张空白的银行贷款单供用户录入，录入贷款数据，如图 3-25 所示。银行贷款单填写完毕，单击“保存”按钮，操作员审核完成后单击“审核”按钮，进入下一级审批。

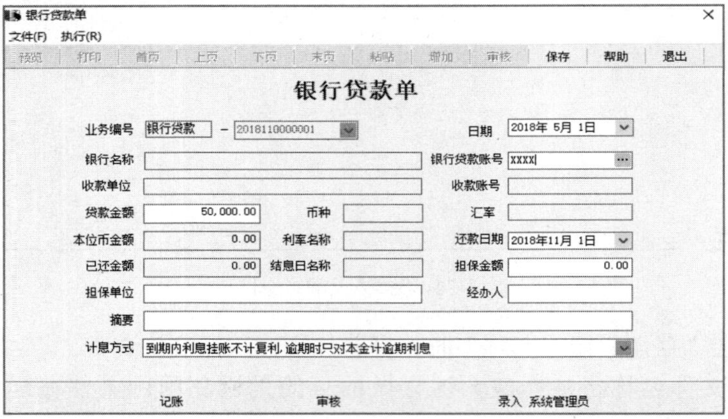


图 3-25　银行贷款单

（2）5 月 8 日，从基本账户银行提取备用金 8 000 元。

| | |
|---|---|
| 财务会计分录 | 借：库存现金　　8 000<br>贷：银行存款——基本账户存款　　8 000 |
| 预算会计分录 | 借：资金结存——货币资金——库存现金　　8 000<br>贷：资金结存——货币资金——银行存款　　8 000 |

业务处理流程：

选择系统菜单“资金管理｜存取款管理”，进入“存取款管理”界面后，选择“银行取款单”，单击“新单”按钮，新增一张银行取款单，系统将调出一张空白的银行取款单，录入取款数据，如图 3-26 所示。银行取款单填写完毕，单击“保存”按钮，操作员审核完成后单击“审核”按钮，进入下一级审批。

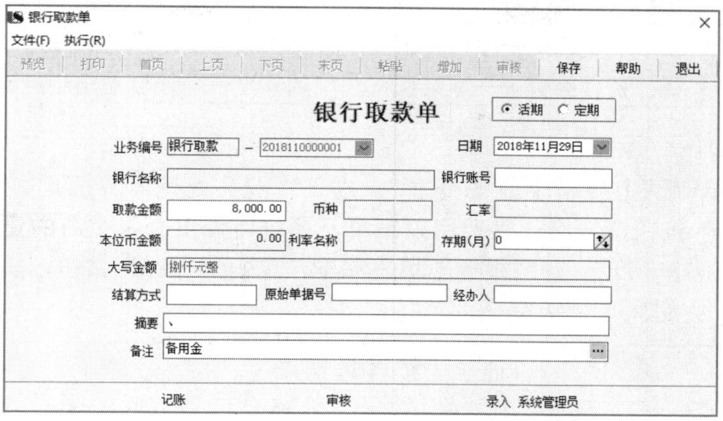


图 3-26 银行取款单

（3）5 月 10 日，收到“财政授权支付用款额度到账通知书”，确定本月公用经费授权支付额度为 20 万元，与财政部门批准的分月用款计划核对一致。

| | |
|---|---|
| 财务会计分录 | 借：零余额账户用额度——基本支出用款额度——公用经费 200 000<br>贷：财政拨款收入——财政授权支付——基本支出 200 000 |
| 预算会计分录 | 借：资金结存——零余额账户用款额度 200 000<br>贷：财政拨款预算收入——财政授权支付——基本支出 200 000 |

业务处理流程：

选择系统菜单“用款计划 | 用款计划”，进入“用款计划”界面后，选择“用款计划编辑”选项，单击“增加行”按钮，录入用款数据，如图 3-27 所示。用款数据填写完毕，单击“保存”按钮。

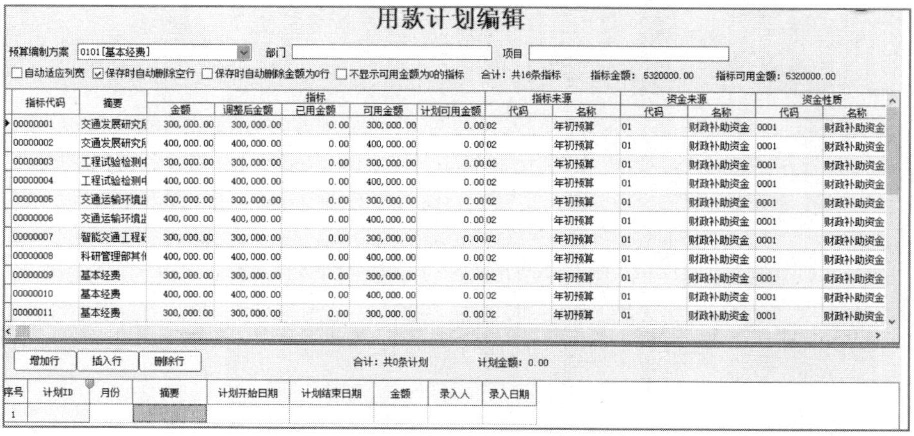


图 3-27 用款计划编辑

（4）5 月 11 日，教师王华从课题中报销材料费 1 500 元。

| | |
|---|---|
| 财务会计分录 | 借：业务活动费用——商品和服务费用 1 500<br>贷：零余额账户用款额度——项目支出用款额度 1 500 |
| 预算会计分录 | 借：事业支出——项目支出——商品和服务支出 1 500<br>贷：资金结存——零余额账户用款额度——项目支出用款额度 1 500 |

业务处理流程：

选择系统菜单“网上报销 | 业务处理”，进入“业务处理”界面后，选择“费用报销单”，单击“新单”按钮，新增一张费用报销单，系统将调出一张空白的费用报销单，录入报销数据，如图 3-28 所示。费用报销单填写完毕，单击“保存”按钮，操作员审核完成后单击“审核”按钮，进入下一级审核。

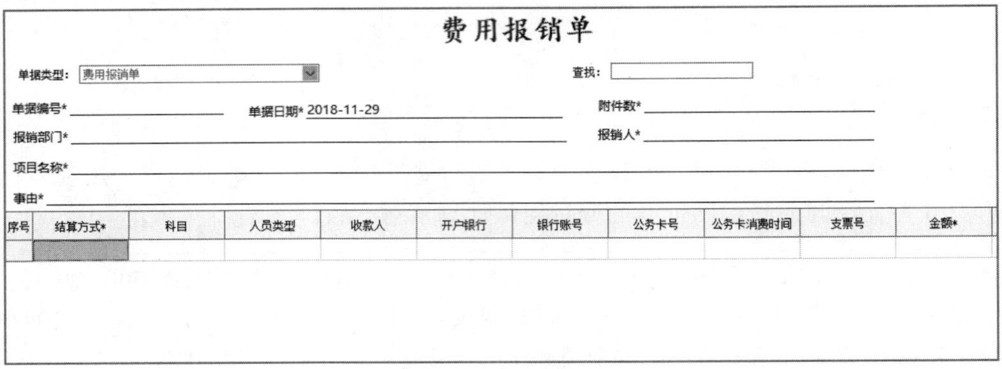


图 3-28 费用报销单

# 第4章

# 政府预算管理与预算收支核算

## 4.1 政府预算管理概述

政府预算管理是政府的一项重要职能，对国民经济的健康运行至关重要。作为管理对象，政府预算是经法定程序审批的、政府在一个财政年度内的基本财政收支计划。政府预算规范和安排着财政活动，直接体现着政府的政策意向，直接关系社会经济运作的好坏，因而必须预先做出周密的计划和规划。如何保障有限的预算资源得以科学、高效地实施，对振兴财政、促进国民经济具有重大意义，成为政府预算管理现代化水平的重要标志之一。

政府预算会计能够全面、客观地反映政府预算收支管理的情况。根据《政府会计准则——基本准则》，预算收入是指政府会计主体在预算年度内依法取得的并纳入预算管理的现金流入。预算收入一般在实际收到时予以确认，以实际收到的金额计量。预算支出是指政府会计主体在预算年度内依法发生并纳入预算管理的现金流出。预算支出一般在实际支付时予以确认，以实际支付的金额计量。预算结余能够反映政府会计主体在预算年度内的资金结余情况和历年资金滚存情况。符合预算收入、预算支出和预算结余定义及其确认条件的项目应当列入政府决算报表，进而体现政府在预算年度内的预算计划编制与执行情况。

用友 V10.5.1 管理软件中的预算管理业务主要包括编制预算指标、填写用款计划和填写经费申请三个环节，如图 4-1 所示。

## 4.2 预算收支系统的初始设置

预算收支系统包括：指标管理系统、经费申请系统、用款计划系统。

### 4.2.1 指标管理系统的初始设置

#### 1. 参数设置

对账套的“编制参数”“控制参数”进行设置，如图 4-2 所示。

#### 2. 指标科目设置

对指标科目进行设置，设置后的科目可使用指标金额，如图 4-3 所示。

#### 3. 预算方案设置

在基础数据模块中的预算方案中设置预算方案，如图 4-4 所示。

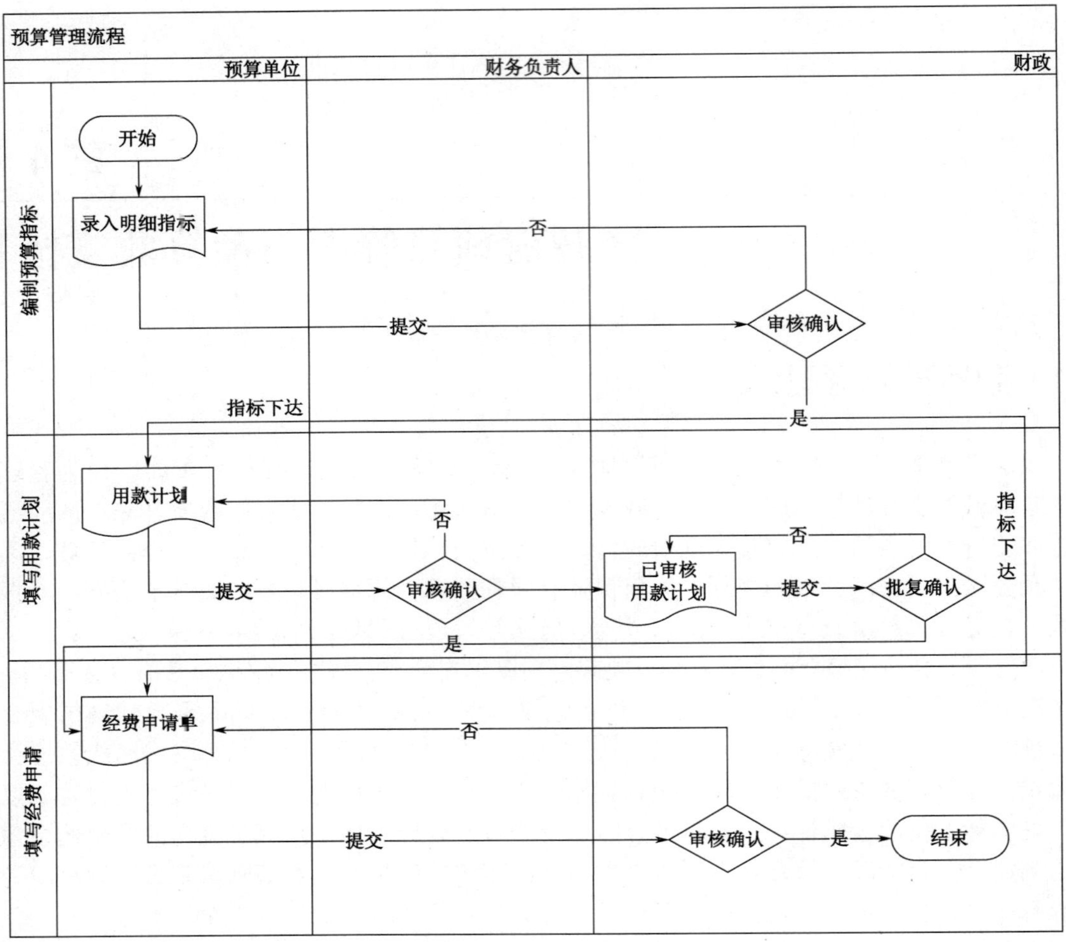


图 4-1　预算管理业务流程图

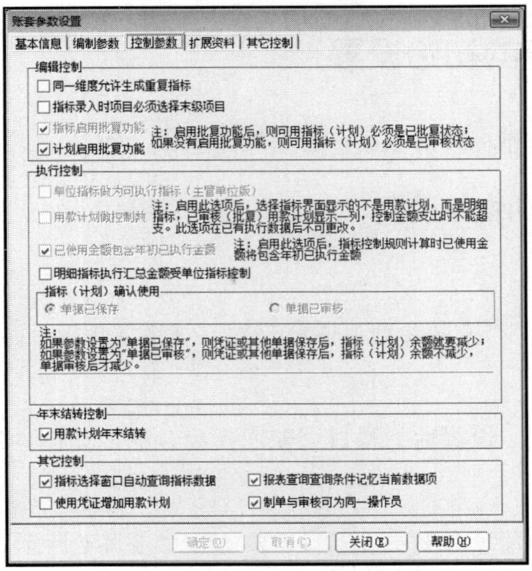


图 4-2　“账套参数设置”界面

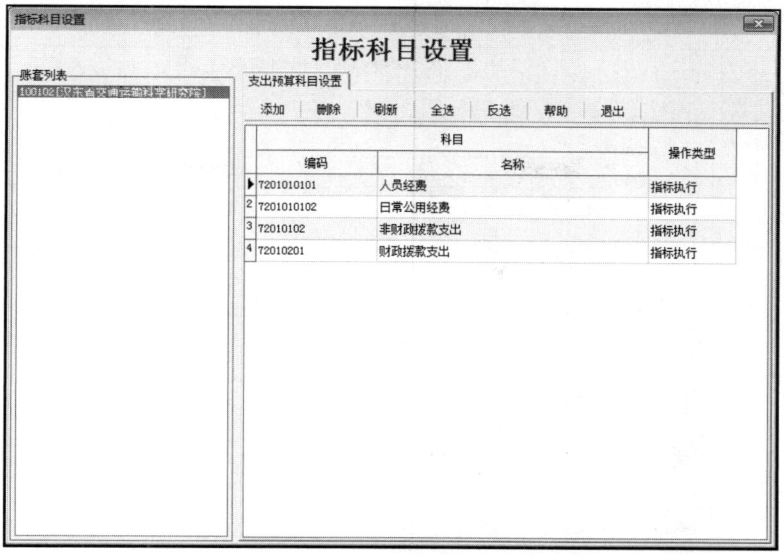


图 4-3 “指标科目设置”界面

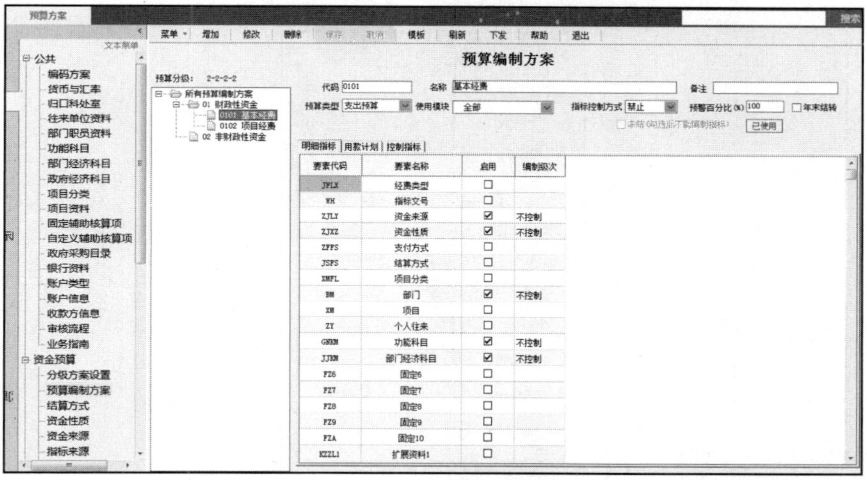


图 4-4 “预算编制方案”界面

## 4.2.2 经费申请系统的初始设置

（1）系统预置的单据类型

经费申请初始化后，在经费申请系统中预置了几种常用的经济活动支出事项的申请单，包括：一般经费支出申请单、公务接待经费申请单、差旅经费申请单、会议经费申请单、培训经费申请单。

模板设置好后，可以将模板导入和导出，便于将设置好的模板移植到其他机器上使用，如图 4-5、图 4-6 所示。

图 4-5　模板设置

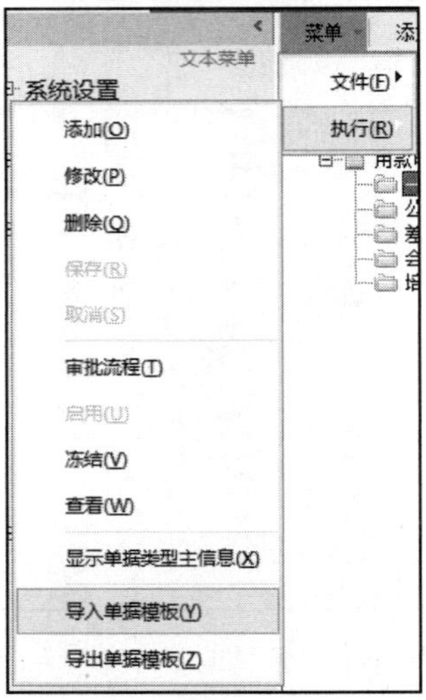


图 4-6　模板导入/导出

除了系统预置的几种单据类型，用户还可以自己定义单据模板。在设置新建单据模板的时候，新建单据上同样预置了一些常用字段，同时可以自己添加字段信息。单击鼠标右键，右键菜单上列出了一些系统级的字段，可以单击进行快捷设置。

在单据要素设置界面，可以设置各个单据的详细说明和注意事项，还可以设置经费申请单中占用的预算额度，选择是指标还是用款计划。如果系统没有启用用款计划，那么用款计划勾选项不显示。在这里，还可以设置编制单据时，过滤指标或者计划所使用的预算编制方案。设置完单据要素后，单击“保存 | 审核流程 | 启用”按钮。单据保存后，单据上的要素需要自行进行输入框大小以及位置摆放的设计。单击“修改 | 设计”按钮，在右侧的面板上通过控件的拖拽进行设计，如图 4-7 所示。为了方便设计，可以利用一些常用的快捷键。

左对齐 Ctrl+ 方向左键 ←

右对齐 Ctrl+ 方向右键 →

多项齐长（以最长的为准） Shift+ 方向右键 →

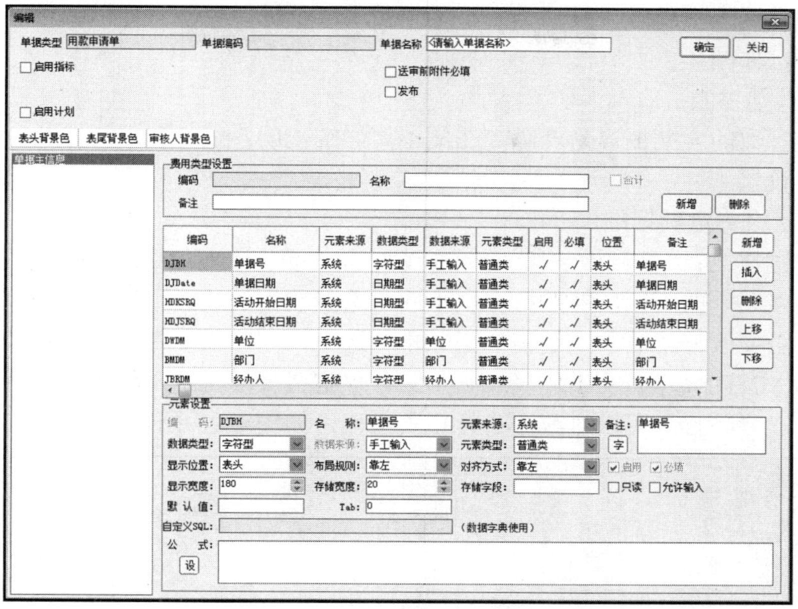


图 4-7　单据要素设置

（2）系统账套参数

步骤 1：基本参数。

申请单编号方式规则设置，自动方式可以根据单据标识、日期和流水号长度来设置单据编制时自动生成的单据编号，如图 4-8 所示。

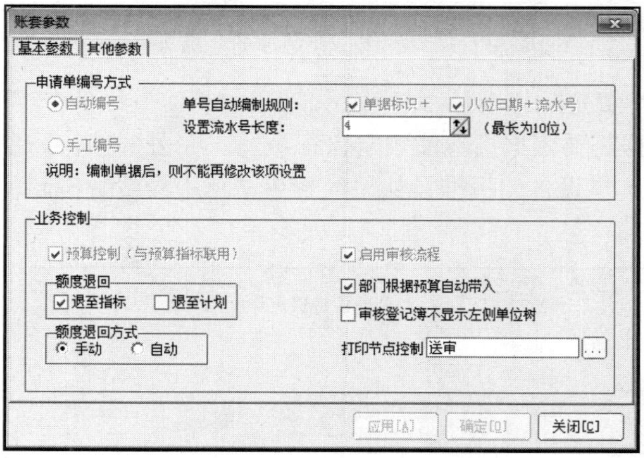


图 4-8　账套参数设置

步骤 2：业务控制参数。

额度退回：额度退回下有两个勾选项：一个是退至指标；一个是退至计划。勾选哪一项，那么经费申请单剩余额度就会退回到哪里。

额度退回方式：额度退回方式分为手动和自动。手动情况，是使用人在确定经费申请执行发生完后，存在剩余额度而不再使用的情况下，将经费申请系统下的额度退回登记簿，单击额度退回功能将剩余额度归还；自动情况，一般是一事一结，执行时直接将剩余额度归还。譬如，在做网上报销时，报销金额小于经费申请金额，并且只能够报销一次，报销时将剩余额度归还，如图 4-8 所示。

步骤 3：其他参数。

其他几个参数的含义很容易理解，在此不做详细说明。

（3）标准设置

步骤 1：差旅费定额标准。

菜单进入顺序为："基础数据管理|标准设置|差旅费定额标准"。数据是预置的，根据地区、职级以及淡旺季的不同，补贴标准也不同。选择左侧的地区，可以单击"修改"按钮修改相关标准，若要区分淡旺季，则需要把旺季勾选上，同时需要在开始日期和结束日期写上数值，格式为 MMDD，如 0901 代表 9 月 1 日，住宿费上浮比例一栏无须填写。通过"添加行""复制行""删除行"可以对数据进行相关操作，如图 4-9 所示。

图 4-9 "差旅住宿补贴标准"设置界面

步骤 2：公务接待费定额标准。

图 4-10 中的数据需要依据当地的规定自行填写。在公务接待经费申请单中，选择相应的职务级别就能带出这里设置的标准。如果经费申请单中经费数额超标，则单据无法保存，如图 4-10 所示。

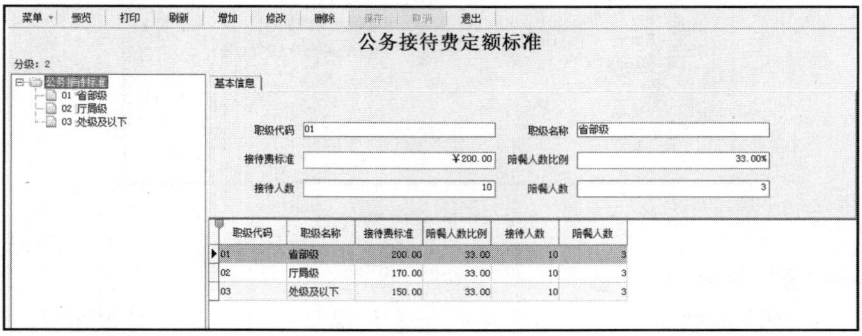


图 4-10 "公务接待费定额标准"设置界面

步骤 3：会议费综合定额标准。

数据需要依据当地的规定自行填写。在会议经费申请单中，选择相应的会议类型就能带出这里设置的标准。如果经费申请单中经费数额超标，则单据无法保存，如图 4-11 所示。

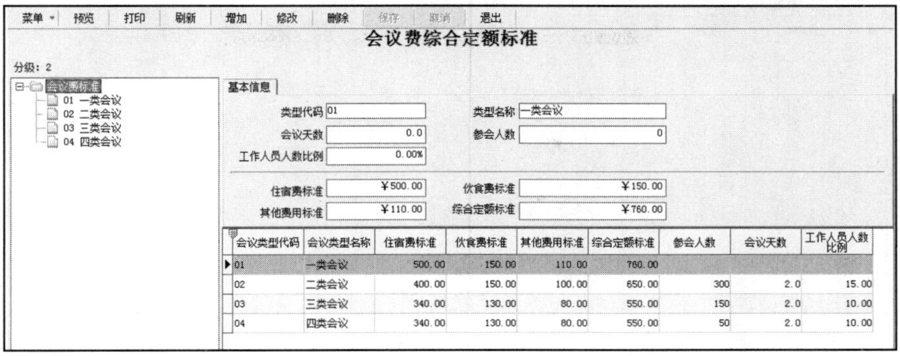


图 4-11 “会议费综合定额标准”设置界面

（4）培训费综合定额标准

数据需要依据当地的规定自行填写。在培训经费申请单中，会自动带入这里面设置的培训费标准。如果经费申请单中经费数额超标，则单据无法保存，如图 4-12 所示。

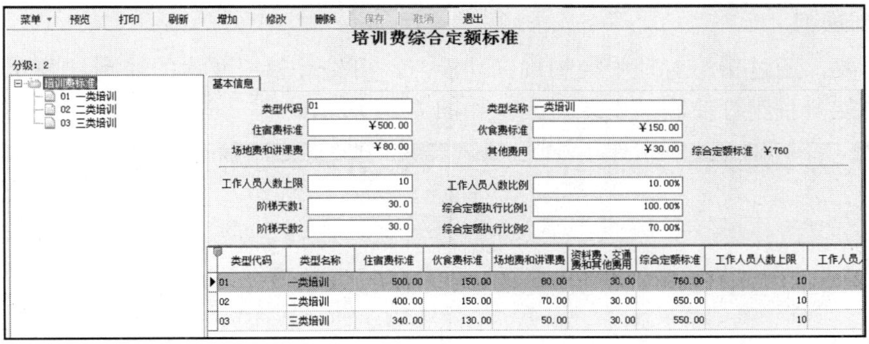


图 4-12 “培训费综合定额标准”设置界面

### 4.2.3 用款计划系统的初始设置

用款计划是基于指标管理系统的明细指标数据，没有明细指标，无法编制用款计划，用款计划的要素是完全继承明细指标的。

## 4.3 预算收支日常业务处理

### 4.3.1 指标管理日常业务处理

#### 1. 明细指标编制

编制明细指标，对编制好的指标进行审核、批复，如图 4-13 所示。

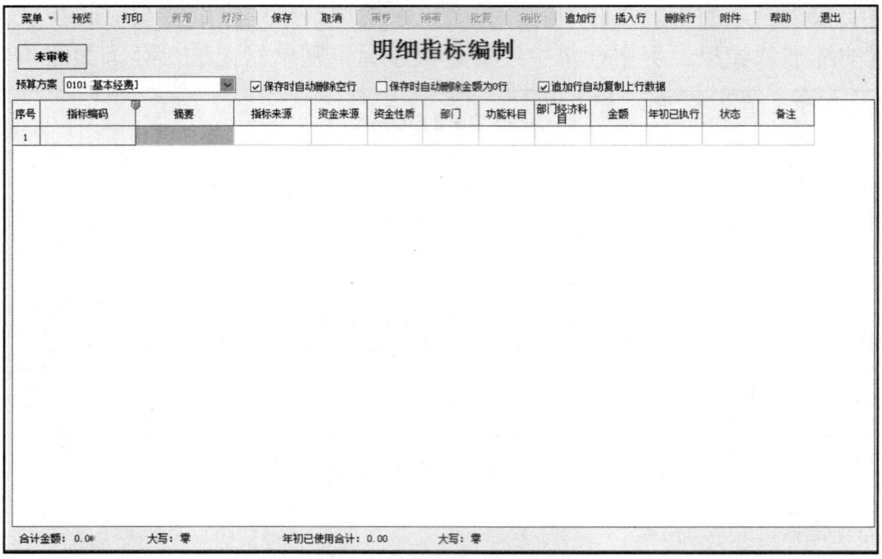


图 4-13 “明细指标编制”界面

## 2. 控制规则

根据需要，通过指标管理中控制规则功能点，可进行禁用要素的控制，可以对金额、经济科目、功能科目进行控制禁用或提醒，如图 4-14 所示。

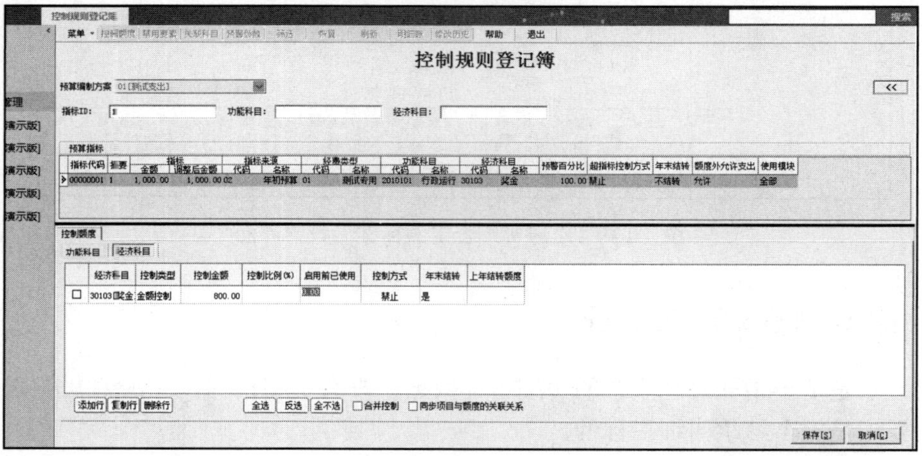


图 4-14 “控制规则登记簿”界面

## 3. 指标调整

通过指标调整功能点，可以对已有的指标进行调增或调减，如图 4-15 所示。

图 4-15 “明细指标调整单”界面

## 4. 指标查询

指标可以通过明细指标余额表和明细指标明细账进行查询，如图 4-16、图 4-17 所示。

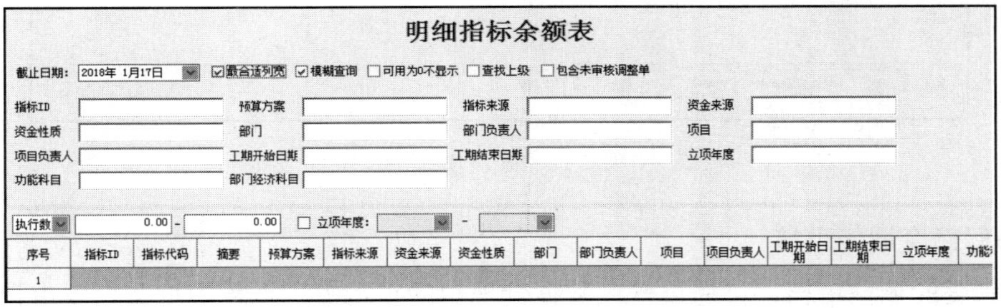


图 4-16 “明细指标余额表”界面

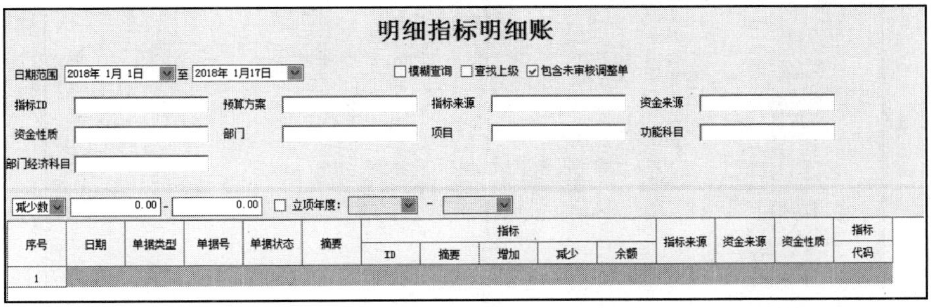


图 4-17 “明细指标明细账”界面

已使用的指标可以通过明细指标执行情况表进行查询，如图 4-18 所示。

控制额度的情况可通过控制额度明细表进行查询，如图 4-19 所示。

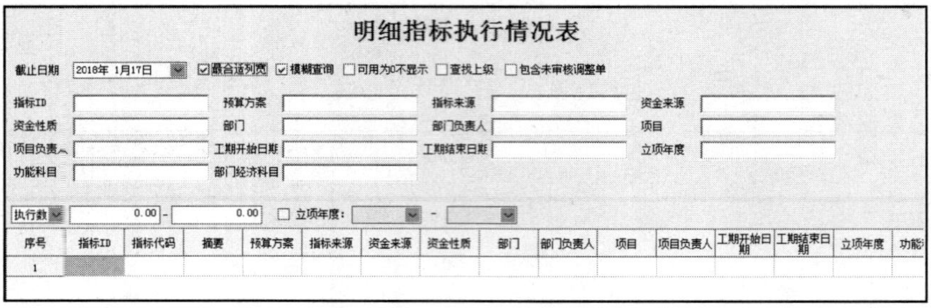


图 4-18 “明细指标执行情况表”界面

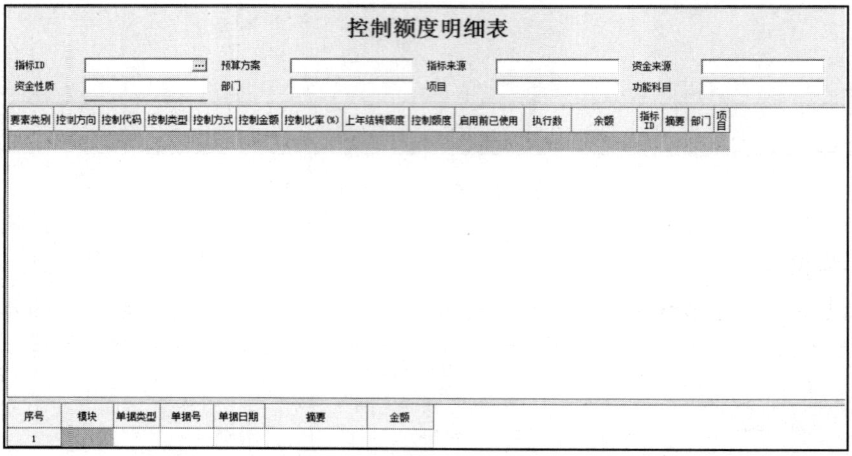


图 4-19 “控制额度明细表”界面

## 5. 指标额度调整审核

指标额度的调整审核，可通过基础数据管理中的审批流程设置审批节点及审批人员，如图 4-20 所示。

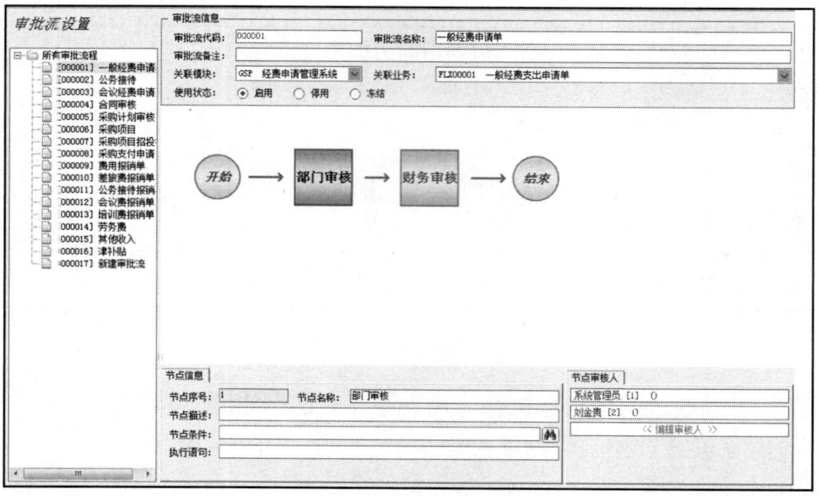


图 4-20 指标额度的调整设置

### 6. 年末处理

最后进行指标年末处理，查看年末是否有未审核数据，如图 4-21 所示。

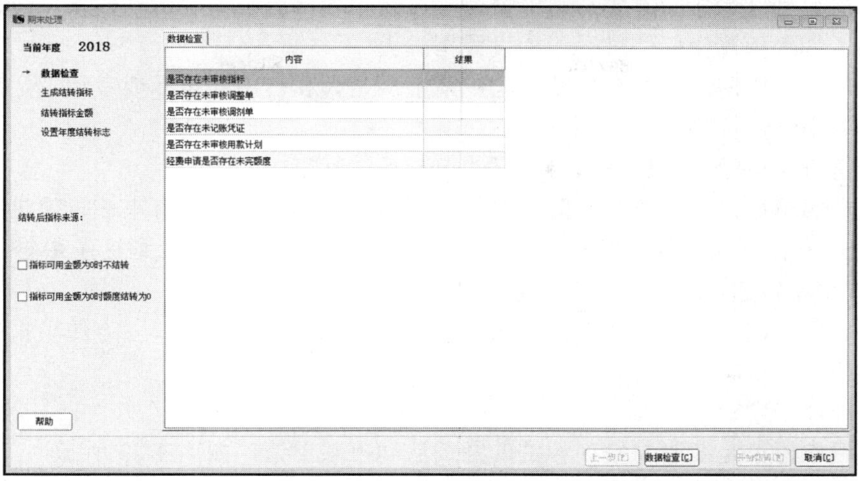


图 4-21　指标的年末处理

## 4.3.2　经费申请日常业务处理

### 1. 编制单据

（1）会议经费申请单

会议经费申请单主要是编制和会议相关的经济活动支出事项申请，如图 4-22 所示。

图 4-22　“会议经费申请单”界面

单击“新增”按钮，输入申请部门、项目名称、会议名称等内容。会议申请单的金额主要由会议天数、参会人数、工作人员人数及标准来进行计算得出。

单据中的“标准”字段值，自动依据选择的会议类别代入已经通过标准设置功能设置好的会议标准。

申请金额=（参会人数 + 工作人员人数）× 会议天数 × 标准

如果单据编号设为自动方式，则单据编号自动生成，否则需要手动输入。会议事项录入完之后，在下方“预算指标信息”一栏设置指标。

单击“保存”按钮，系统会自动校验申请金额是否和占用的指标或者计划金额相等，并且申请金额要小于指标的可用金额。

单击“送审”按钮，单据进入自定义的审核流进行审核。

已经送审的单据，到审核登记簿，系统根据当前操作人员是否有审核权限进行审核，如果当前登录人员有权限审核，那么在审核登记簿未审核标签页会看到这条数据，单击“审核”，数据如果审核通过则进入下一审核节点。

单击“业务指南”按钮，会在窗体的右侧弹出“业务指南”窗口，方便填报单据的时候看到注意事项及规章制度。

（2）培训经费申请单

培训经费申请单是编制与培训相关的经费活动事项申请，如图 4-23 所示。

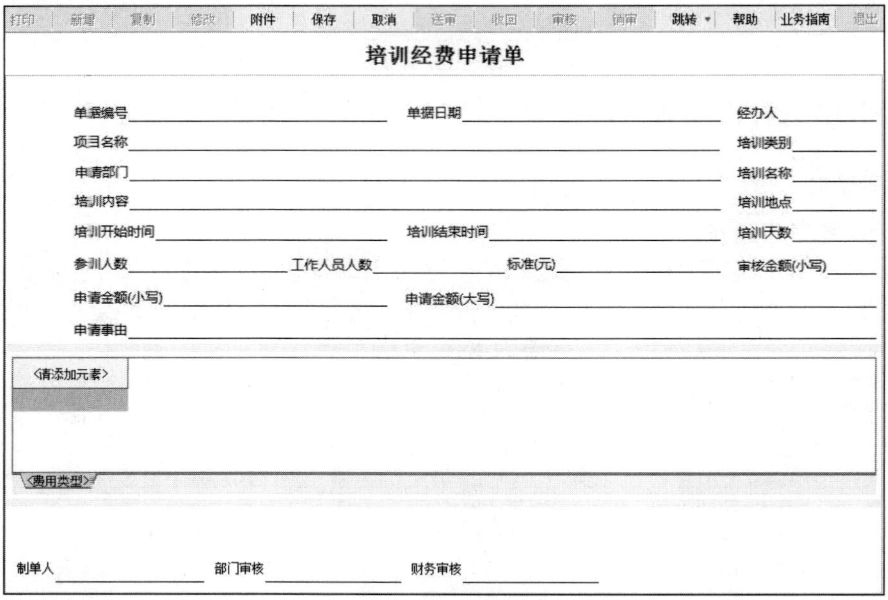


图 4-23 “培训经费申请单”界面

单据中的“标准（元）”字段值，自动代入已经通过标准设置功能设置好的培训费标准，单据申请金额自动依据培训天数×（参训人数+工作人员人数）×费用标准计算得到。

第一步：培训天数在 15 天以内的培训按照综合定额标准控制；

第二步：培训天数超过 15 天的培训，超过天数按照综合定额标准的 80%控制；

第三步：培训天数超过 30 天的培训，超过天数按照综合定额标准的 70%控制。

具体控制可在培训费定额标准中进行自行设定。

申请金额 =（参训人数 + 工作人员人数）× 培训天数 × 标准

单击“业务指南”按钮，会在窗体的右侧弹出“业务指南”窗口，方便填报单据的时候看到注意事项及规章制度。

（3）一般经费支出申请单

一般经费支出申请单用于编制日常经费支出的经济活动支出事项申请单，如图 4-24 所示。

图 4-24 “一般经费支出申请单”界面

申请金额由支出申请明细表格中的各项明细申请金额汇总生成。

明细申请金额 = 单价 × 数量

（4）公务接待经费申请单

公务接待经费申请单用于编制有关公务接待的经济活动支出事项申请单，如图 4-25 所示。

图 4-25 “公务接待经费申请单”界面

单据中的“接待标准”字段值，自动依据选择的来宾职务级别代入已经通过标准设置功能设置好的公务接待费标准，单据申请金额自动依据（来宾人数+陪餐人数）*接待标准计算得到。

（5）差旅经费申请单

差旅经费申请单是因公出差，对即将发生的差旅住宿费用进行的预估申请，如图 4-26 所示。

图 4-26 “差旅经费申请单”界面

差旅费中的住宿费标准、伙食补助标准、交通补助标准，按照网上报销系统中数据字典差旅标准预置数据自动提取，不允许修改。

第一步：选择出差地点、出差人员职务后，自动根据住宿标准、预计出差人数、预计出差天数计算得出住宿费申请标准；

第二步：选择出差地点、出差人员职务，填写出差人数及自动根据结束日期和开始日期计算得到的出差天数，可依据伙食补助标准得出伙食补助费申请标准；

第三步：选择出差地点、出差人员职务，填写出差人数及自动根据结束日期和开始日期计算得到的出差天数，可依据市内交通费标准得出伙食补助费申请标准；出差地点为旅游城市时，出差日期或出差季节不同，住宿费的标准也不同。差旅经费申请单的申请金额由各项明细金额汇总而得。

明细合计金额 ＝ 交通费 ＋ 住宿费申请金额 ＋ 伙食补助申请金额 ＋
交通补助申请金额 ＋ 其他费申请金额

**2. 账表查询**

（1）经费申请明细账

经费申请明细账查询的是经费申请的实际使用情况，想看看经费申请单额度的占用和剩余情况，双击每条记录，弹出网上报销查看界面，能够查看经费申请对应的报销明细，如图 4-27 所示。

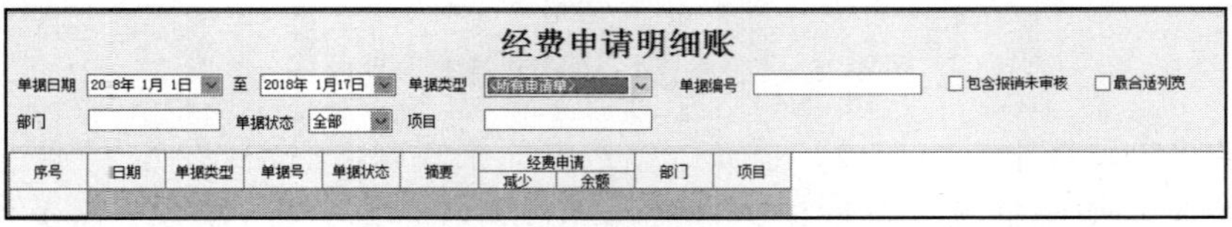

图 4-27 “经费申请明细账”界面

（2）经费申请执行情况表

经费申请执行情况表查询的是经费申请的使用执行情况，包括申请金额、使用金额、退回金额、余额及执行进度等信息。双击一条记录，弹出经费申请查看界面，查看申请明细，如图 4-28 所示。

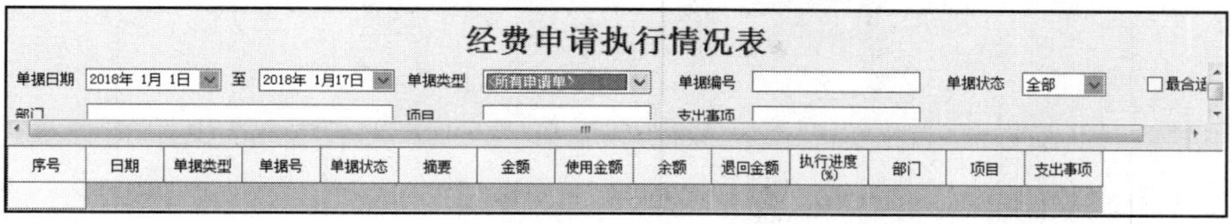


图 4-28 “经费申请执行情况表”界面

## 4.3.3 用款计划日常业务处理

### 1. 用款计划编制

（1）编制用款计划

“用款计划编辑”界面如图 4-29 所示。

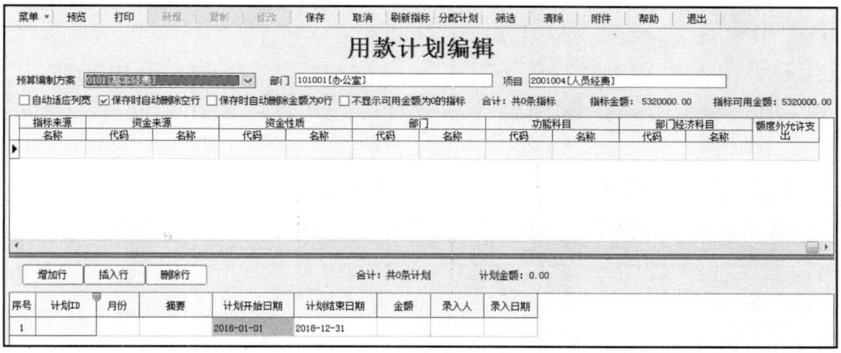


图 4-29 “用款计划编辑”界面

第一步：执行“功能|用款计划|用款计划编制”菜单进入用款计划编制界面；

第二步：刷新明细指标，选择要分配的明细指标，单击“分配计划”按钮；

第三步：录入用款计划金额，单击“保存”按钮，完成用款计划录入。

（2）其他功能

增加行（插入行）：针对一条明细指标分配多条计划，使用增加行（插入行）操作；

删除行：删除当前某一行用款计划预览/打印。

### 2. 用款计划审核

（1）审核用款计划

第一步：单击“功能|用款计划|用款计划审核”进入“用款计划审核”界面，如图 4-30 所示；

第二步：选择要审核的计划，右键可以进行批量操作；

第三步：单击审核按钮，如果有审核不通过的计划，会提示错误信息。

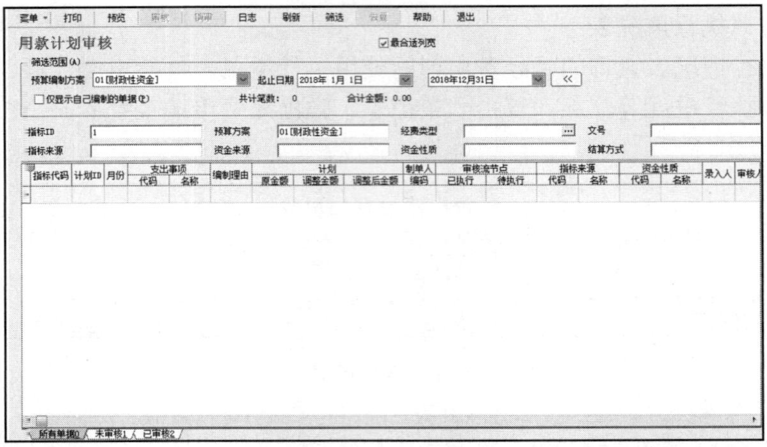

图 4-30 “用款计划审核”界面

（2）其他功能

刷新：刷新用款计划数据，根据当前所在标签页进行状态的过滤；

销审：对已审核的用款计划记录进行取消审核的操作。

### 3. 用款计划批复

（1）批复用款计划

第一步：单击“功能|用款计划|用款计划批复”进入“用款计划批复”界面，如图 4-31 所示；

第二步：选择要批复的用款计划，右键可以进行批量操作；

第三步：单击“批复”按钮，如果有批复不通过的指标，会提示错误信息。

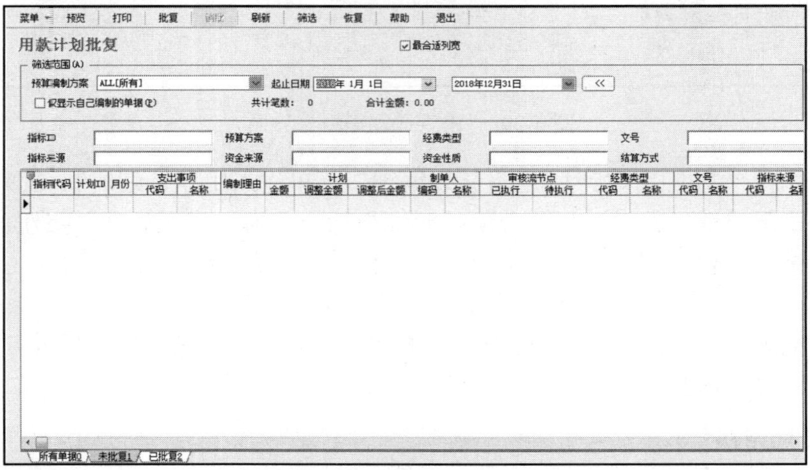

图 4-31 “用款计划批复”界面

（2）其他功能

刷新：刷新用款计划数据，根据当前所在标签页进行状态的过滤；

销批：对已审核的用款计划记录进行取消审核的操作。

### 4. 用款计划登记簿

“用款计划登记簿”界面如图 4-32 所示。

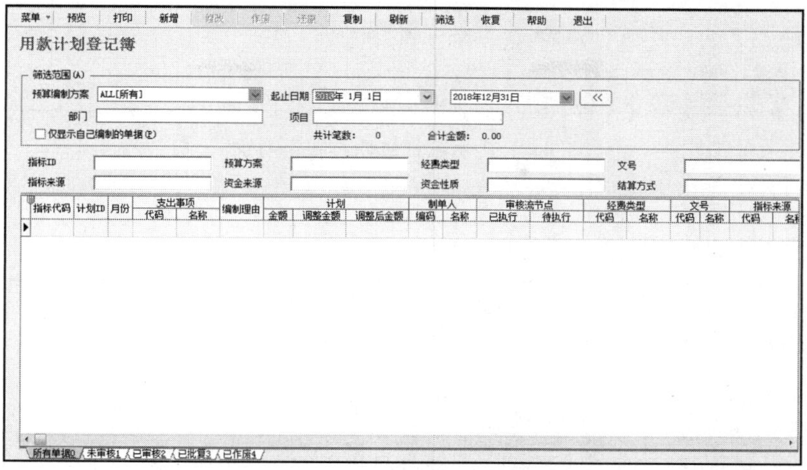


图 4-32 “用款计划登记簿”界面

相关功能介绍如下：

刷新：刷新指标数据，根据当前所在标签页进行状态的过滤；

新增：新增用款计划；

### 5. 账表查询

（1）用款计划余额表

“用款计划余额表”界面如图 4-33 所示。

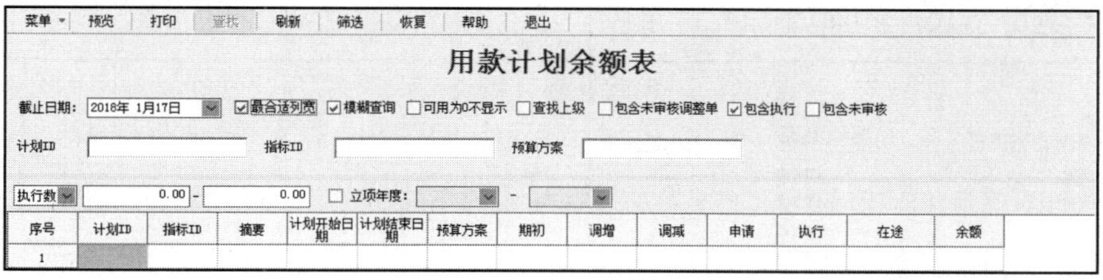


图 4-33 “用款计划余额表”界面

相关功能介绍如下：

最合适列宽：调整当前数据显示表格是自适应列宽的；

模糊查询：对查询条件进行模糊匹配，否则查询条件进行精确匹配；

可用为 0 不显示：对于用款计划余额为 0 的不显示；

查找上级：对于用款计划中使用的要素，可以通过其上级代码查找到用款计划。

（2）用款计划明细账

“用款计划明细账”界面如图 4-34 所示。

相关功能介绍如下：

模糊查询：对查询条件进行模糊匹配，否则查询条件进行精确匹配；

查找上级：对于用款计划中使用的要素，可以通过其上级代码查找到用款计划。

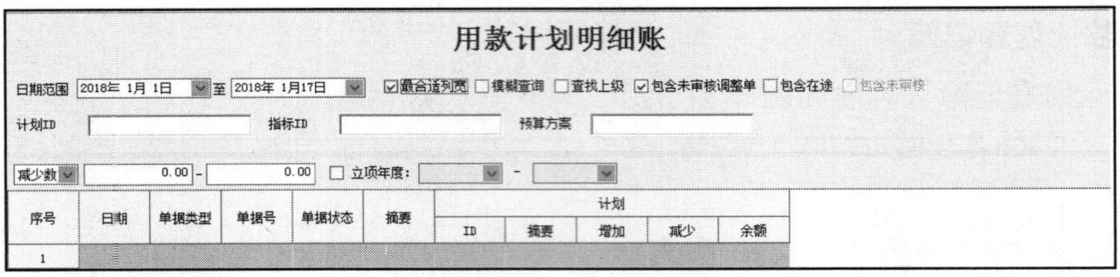


图 4-34 “用款计划明细账”界面

（3）用款计划执行情况表

“用款计划执行情况表”界面如图 4-35 所示。

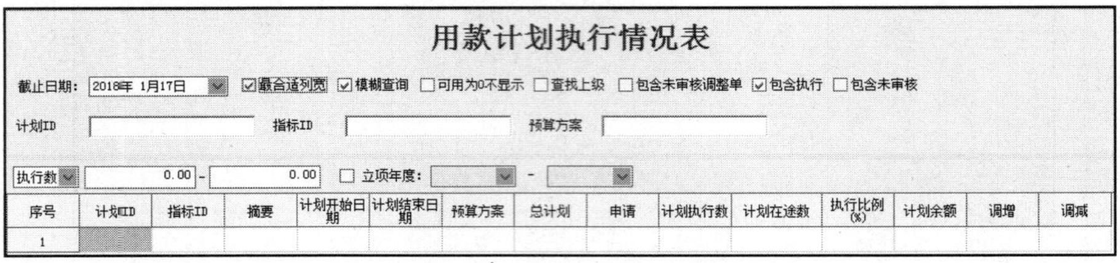


图 4-35 “用款计划执行情况表”界面

相关功能介绍如下：

最合适列宽：调整当前数据显示表格是自适应列宽的；

模糊查询：对查询条件进行模糊匹配，否则查询条件进行精确匹配；

可用为 0 不显示：对于用款计划余额为 0 的不显示；

查找上级：对于用款计划中使用的要素，可以通过其上级代码查找到用款计划。

（4）用款计划分析表

“用款计划分析表”界面如图 4-36 所示。

图 4-36 “用款计划分析表”界面

模糊查询：对查询条件进行模糊匹配，否则查询条件进行精确匹配；

余额为 0 不显示：对于用款计划余额为 0 的不显示。

## 4.4 实践题

**1. 2019 年 5 月 12 日，赵敬教授申请差旅费，具体事项如下：**

（1）出差地点：南京市南京大学。

（2）出差事由：参加学术会议。

（3）出差人：赵敬教授、学生陈壮、学生张刚。

（4）出差时间：2019 年 5 月 15 日至 19 日。

差旅费报销的相关规定如下：

（1）城市间交通费如表 4-1 所示。

**表 4-1　出差人乘坐交通工具的等级表**

| 职务/交通工具 | 火车 | 轮船 | 飞机 | 其他交通工具 |
|---|---|---|---|---|
| 校级领导、正高级职称人员 | 火车软席（软座、软卧），高铁/动车一等座，全列软席列车一等软座 | 二等舱 | 普通舱（经济舱） | 凭据报销 |
| 处级领导、副高级职称人员 | 火车硬席（硬座、硬卧），高铁/动车二等座，全列软席列车二等软座 | 三等舱 | 普通舱（经济舱） | 凭据报销 |
| 其余人员 | 火车硬席（硬座、硬卧），高铁/动车二等座，全列软席列车二等软座 | 三等舱 | 普通舱（经济舱） | 凭据报销（不含出租车） |

乘坐飞机的，根据财政部《关于加强公务机票购买管理有关事项的通知》（财库〔2014〕33 号）精神，要按照厉行节约和支持本国航空公司发展的原则，优先购买通过政府采购方式确定的我国航空公司航班优惠机票。

（2）住宿费。工作人员出差住宿费实行限额标准，按出差的实际住宿天数计算报销。住宿费标准如表 4-2 所示。

**表 4-2　住宿费报销等级表**

| 地　　区 | | 校级领导、正高级职称人员 | 处级领导、副高级职称人员 | 其他人员 |
|---|---|---|---|---|
| 市外 | 北京、上海、深圳、三亚 | 600 | 550 | 500 |
| | 除北京、上海、深圳、三亚的其余地区 | 500 | 450 | 400 |
| 市内 | 重庆市 | 400 | 350 | 300 |

根据《关于进一步完善中央财政科研项目资金管理等政策的若干意见》（中办发〔2016〕50 号）精神，在科研横纵向项目列支的住宿费标准可上浮 20%。

（3）伙食补助费。伙食补助费按出差自然（日历）天数计算，按规定标准包干使用。发放标准除西藏、青海、新疆为每人每天 120 元，其余地区均为每人每天 100 元。

（4）地市内交通费。出差目的地市内交通费按出差自然（日历）天数计算，每人每天 80 元包干使用。

（5）学生参赛、参会等只能乘坐火车硬席（硬座、硬卧）、高铁/动车二等座，市内外交通费和伙食补助费、住宿费凭发票按“其他人员”标准的 1/2 报销。学生因科研任务发生的调研旅费，按“其他人员”标准在科研项目费中报销。

2．2019 年 5 月 12 日，赵敬教授申请差旅费，具体事项如下：

（1）出差地点：南京市南京大学。

（2）出差事由：参加学术会议。

（3）出差人：赵敬教授、学生陈壮、学生张刚。

（4）出差时间：2019 年 5 月 15 日至19 日。

业务处理流程：

步骤 1：设置差旅费定额标准，在“基础数据|标准设置|差旅费定额标准”菜单中。单击“修改”按钮修改相关标准，通过“添加行”“复制行”“删除行”可以按照表 4-2 中内容对差旅费住宿补贴标准进行相关操作，如图 4-37 所示。

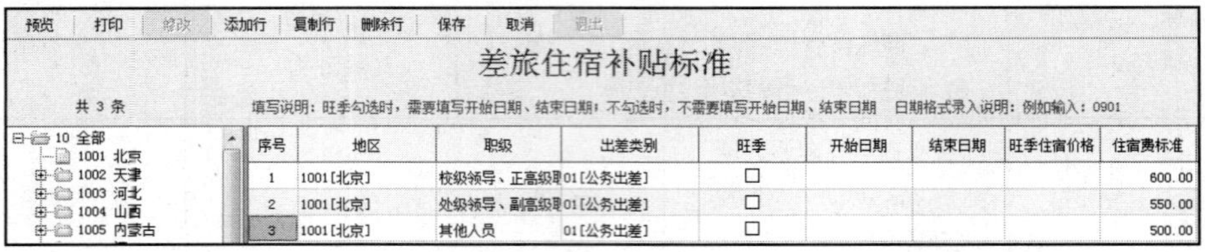


图 4-37　差旅住宿补贴标准设置

步骤 2：5 月 12 日，填写差旅经费申请单，如图 4-38 所示。

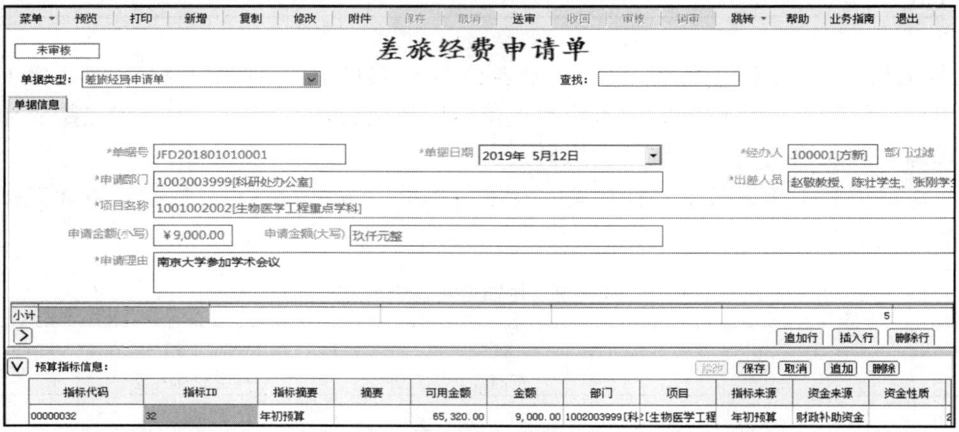


图 4-38　填写差旅经费申请单

步骤 2：在申请单登记簿中找到已填写的差旅经费申请单，单击上方的“送审”按钮进行单据送审。同样，在申请单审核中单击“送审”按钮进行单据审核，如图 4-39 所示。

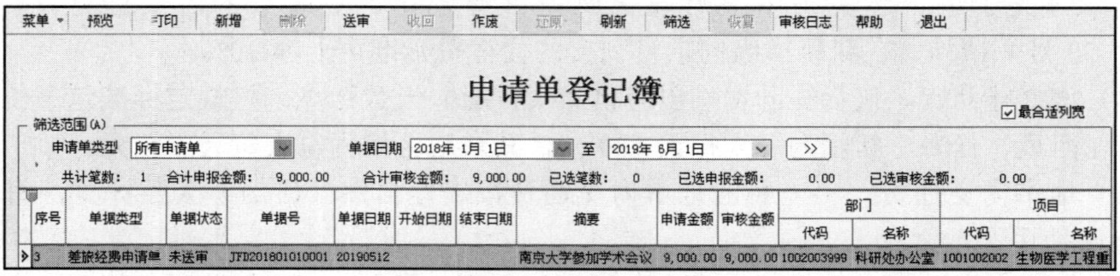


图 4-39　差旅经费申请单送审

# 第 5 章 政府采购管理

## 5.1 政府采购管理概述

政府采购，也称公共采购，是指各级国家机关和实行预算管理的政党组织、社会团体、事业单位，使用财政性资金，以公开招标为主要形式，从国内外市场上购买商品、工程和服务的行为。政府采购的基本原则是公开、公平、公正和自由竞争。其实质是将市场竞争机制和财政支出管理有机地结合在一起，一方面可以使各级政府得到物美价廉的商品和服务，有效地节约财政性资金；另一方面使财政支出管理更趋规范化、制度化，以提高财政性资金的使用效率。实行政府采购制度是当前我国财政支出改革的重要内容。经过几年的实践，我国的政府采购制度正逐步走向规范化、制度化和合法化。随着我国政府采购力度的加大，对政府采购本身的要求也越来越高，尤其是《中华人民共和国政府采购法》（以下简称《政府采购法》）的颁布和实施，表明我国的政府采购工作进入一个崭新的阶段。同时作为行政事业单位内控规范要求的六大业务之一，内控规范也对行政事业单位的采购管理业务的制度、流程、执行及监控提出了更高的要求。相对于完善的法律法规和单位内控中的采购管理规范化、精细化的要求，目前的绝大部分单位采购管理都是粗口径管理，信息化程度低，主要以手工方式管理为主，不仅办事效率低，而且难以按照法规制度的要求对采购过程进行管控，采购过程存在大大小小的风险。用友 GRP-U8R10 采购管理解决方案总结和归纳行政事业单位各类项目在不同的采购方式中的业务特点和要求，以信息化技术的方法帮助行政事业单位落实采购制度，严格把控采购流程，并在采购业务的执行过程中，将内控业务的预算管理、合同管理、收支管理、资产管理、项目管理五大业务合理衔接起来，构成纵横交错的网状结构的单位采购管理体系，为单位采购工作提高效率，消除隐患，杜绝风险。政府采购管理流程如图 5-1 所示。

## 5.2 采购管理系统的初始设置

### 5.2.1 采购管理系统参数设置

采购管理系统中预置了几种采购分级编码，可根据需要进行修改，单击“确定”按钮即可保存，如图 5-2 所示。

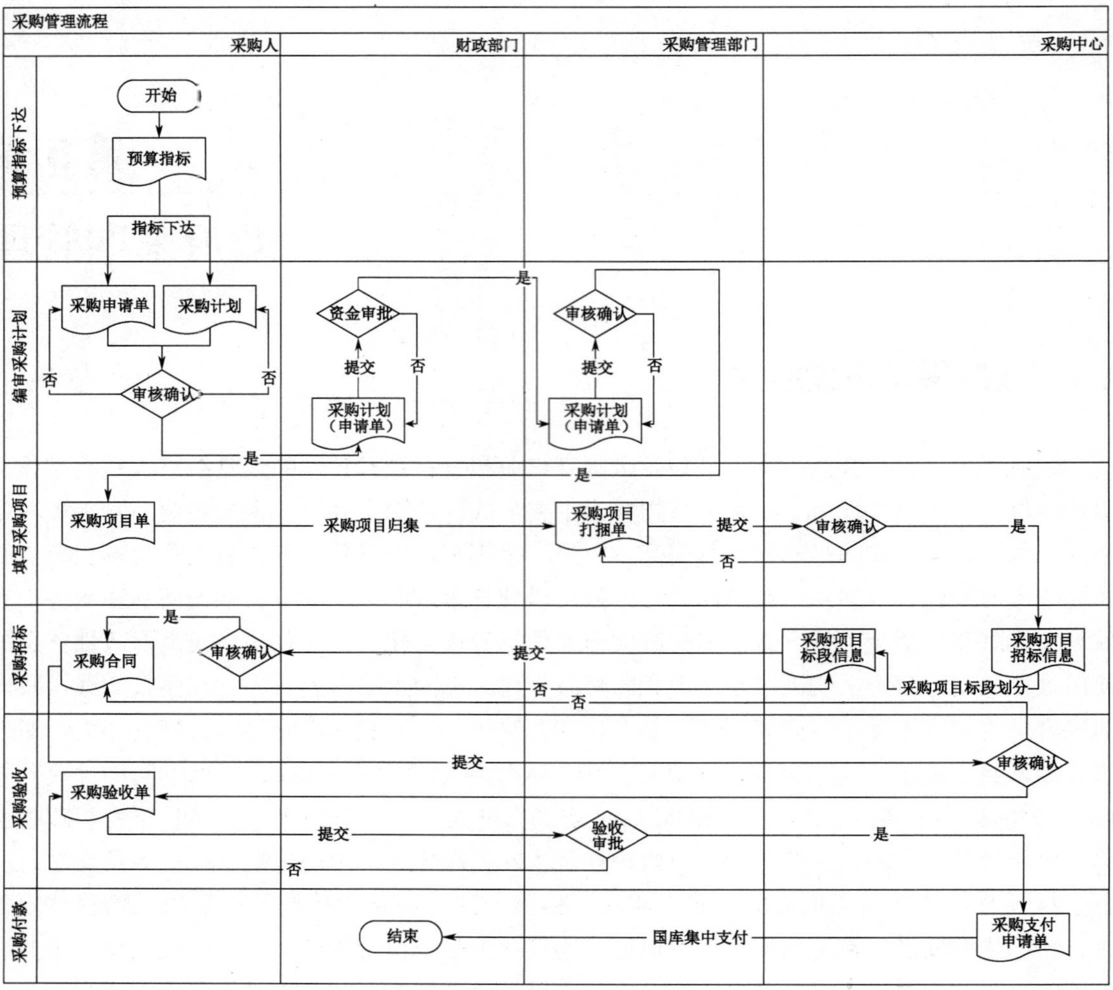


图 5-1　政府采购管理流程图

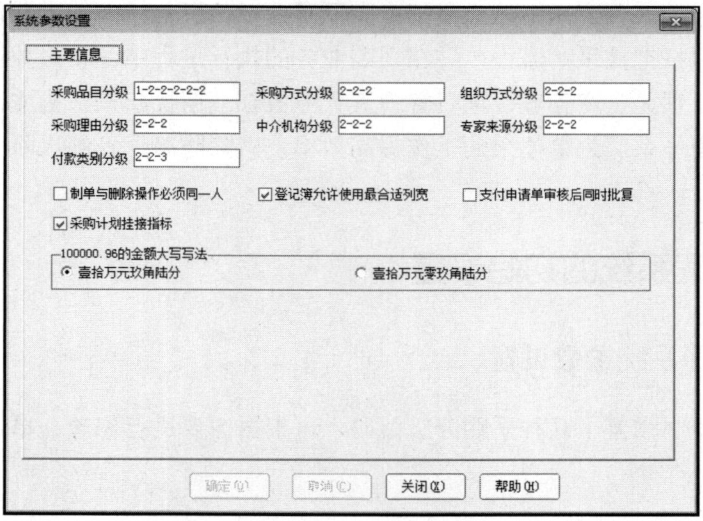


图 5-2　系统参数编码设置

## 5.2.2 基础信息维护

进行采购全过程管理中需要的各类基础信息维护，包括采购品目、采购方式、采购组织方式、代理中介机构、采购理由、专家来源方式等。其中采购品目已预置，可以进行修改。

（1）采购品目设置

在编辑采购品目界面，可以设置各个级别下的采购品目。选择“菜单”功能下“执行”中的选项，可以对品目进行增删改操作。设置品目后，单击“保存 | 刷新”按钮，可以更新采购品目列表，如图 5-3、图 5-4 所示。

图 5-3 “编辑采购品目”界面

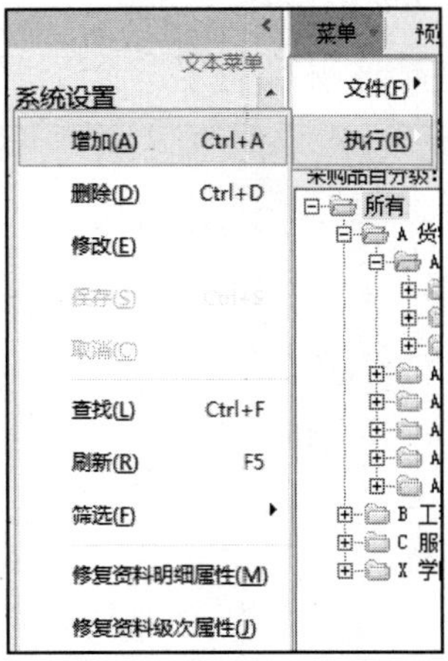


图 5-4 编辑采购品目

（2）其他基础设置

参照采购品目设置，可以根据需要，依据有关规定，自行按照相同的增删改操作对采购管理系统基础设置中的采购组织方式、采购方式、代理中介机构、采购理由、专家来源方式、付款类别进行设置，不在此做详细说明。

## 5.3 采购管理的日常业务处理

### 1. 采购计划编审

（1）采购计划录入

“采购计划录入”界面如图 5-5 所示。

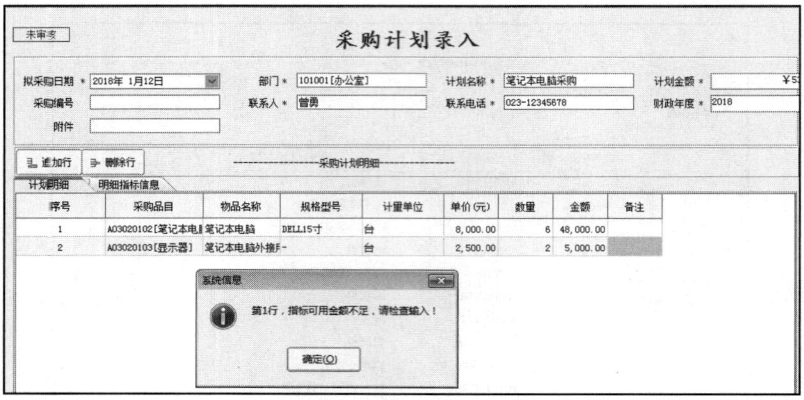


图 5-5　“采购计划录入”界面

单位各部门分别录入采购计划。按照图 5-5 所示界面填写采购计划（*为必填项目），在“采购计划明细”中，单击采购品目下空行右侧“…”图标，可以在已录入的采购品目中选择需要采购的物品，再依次填写其物品名称、规格型号、计量单位、单价和数量，并自动生成金额，如有需要可以附加备注，单击“保存”按钮即可保存采购计划。

根据单位对采购计划总体管控的要求，可以选择在采购计划录入的过程中进行预算管控或不进行预算管控。进行预算管控时，严格遵从《预算法》的“无预算，不执行”的法则，录入的采购计划必须选择对应的预算指标，否则将提示不允许进行采购计划保存，如图 5-6 所示。

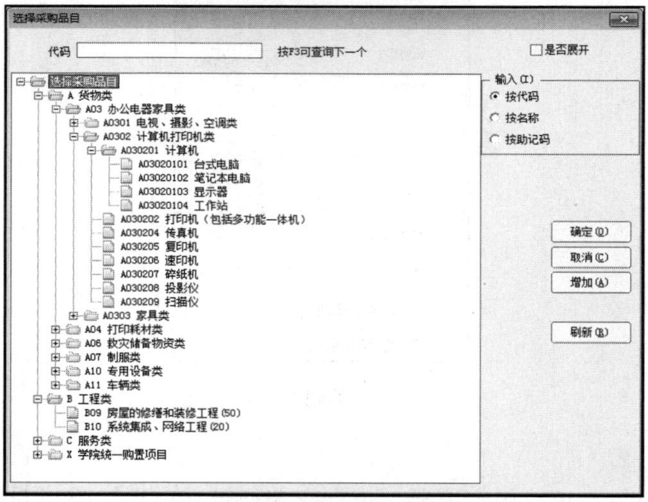


图 5-6　采购品目列表

（2）采购计划审核

采购计划审核的流程可根据单位的部门岗位和管理要求进行自定义，如图 5-7 所示。

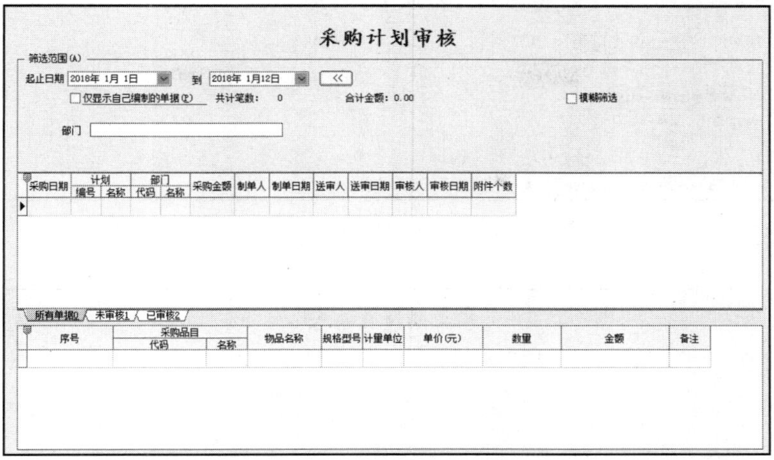


图 5-7　“采购计划审核”界面

（3）生成采购计划登记簿

在填好采购计划后，采购计划将会显示在采购计划登记簿中，上方表格可以显示采购计划的基本信息，并能够在左下方分类筛选出审核状态不同的单据，方便查阅。单击某行信息，将会在下方表格显示该条采购计划的详细信息，如图 5-8 所示。

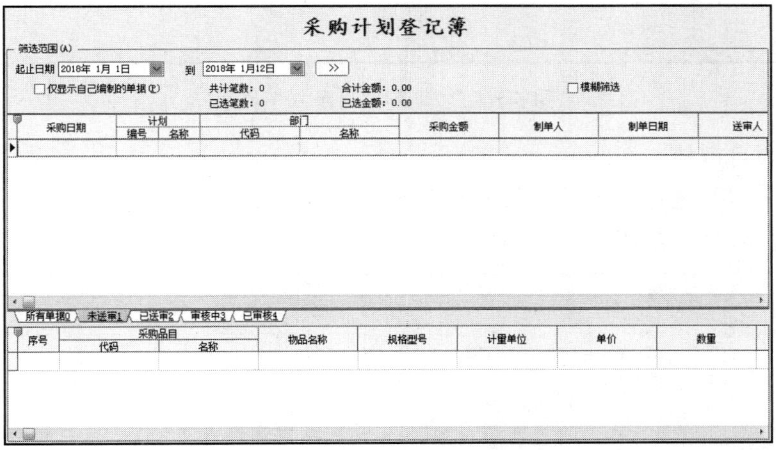


图 5-8　“采购计划登记簿”界面

（4）采购计划打捆

可以对多个部门录入的采购计划进行打捆，生成新的合并采购计划，进而减少采购执行成本。如图 5-9 所示，选中多行采购计划信息，单击“打捆”按钮，即可将多个采购计划打捆。

### 2. 采购项目管理

（1）采购项目录入

采购项目录入是指单位执行采购工作的启动。一个采购项目可以选择一笔或多笔采购计划进行采购，采购计划的物品明细自动列出，如图 5-10 所示。

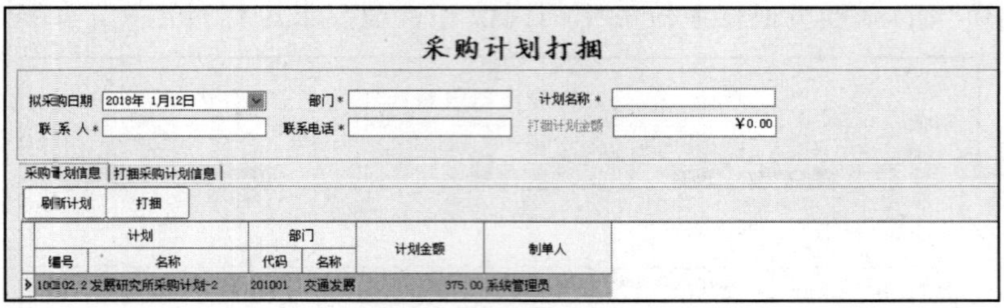


图 5-9 “采购计划打捆”界面

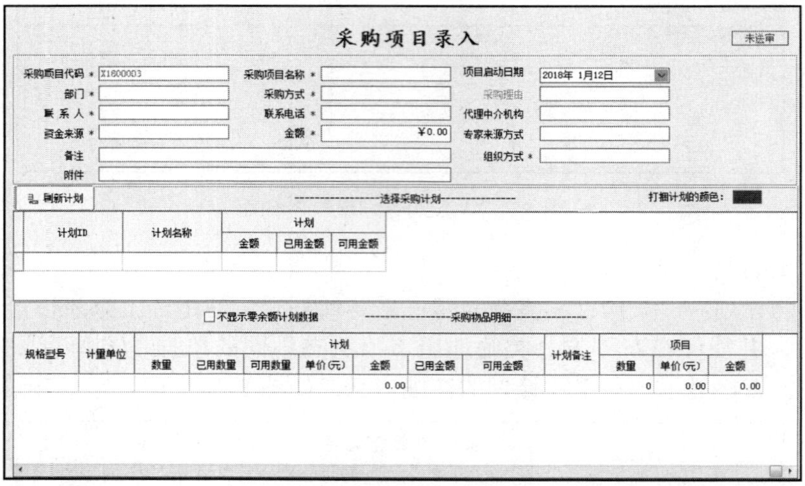


图 5-10 “采购项目录入”界面

（2）采购项目审核

审核人选中需要进行审核的项目进行审核，可以在未审核和已审核栏目下分别查看未审核项目和已审核项目，如图 5-11 所示。

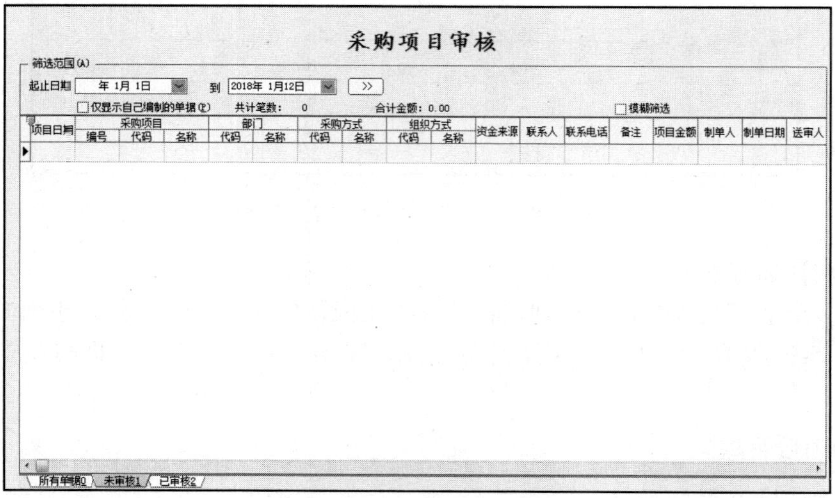


图 5-11 “采购项目审核”界面

（3）采购项目登记簿

已录入的采购项目可以在采购项目登记簿中统一查看其基本信息及其审核状态，如图 5-12 所示。

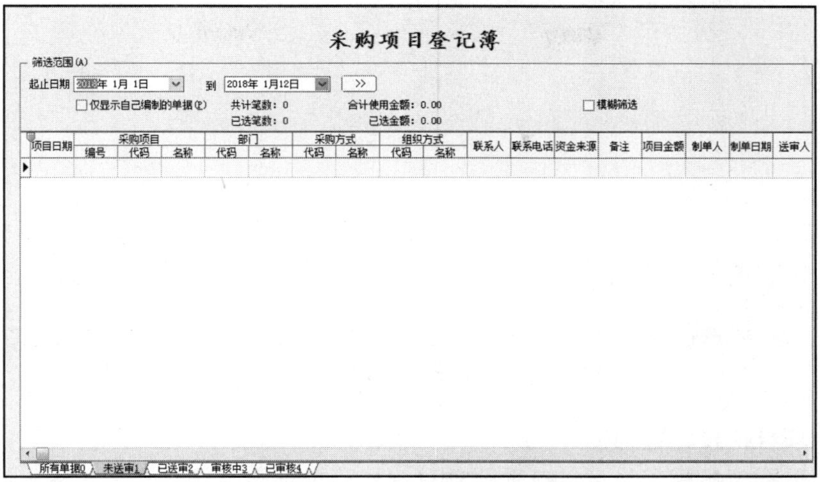


图 5-12　“采购项目登记簿”界面

### 3. 采购过程管理

（1）采购项目招投标录入

采购项目招投标录入就是对项目招投标信息进行登记录入，包括招标信息及投标、评标相关信息等，如图 5-13 所示，单击采购项目右侧“…”按钮，弹出选择窗口，单击选择采购项目，即可自动生成部门、金额等信息，再进行招标负责人、公告内容、投标人填写和招标文件的上传等工作。

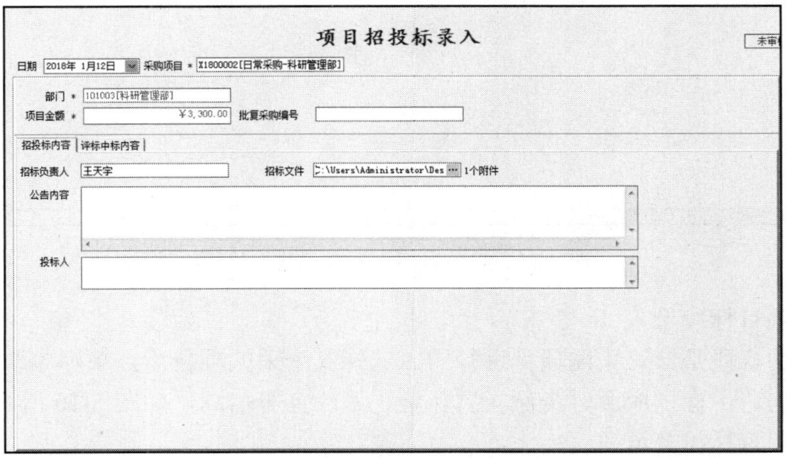


图 5-13　“项目招投标录入”界面

（2）采购项目招投标审核

审核人选中已经录入并需要审核的招投标项目进行审核，可以在未审核和已审核栏目下分别查看未审核项目和已审核项目，如图 5-14 所示。

图 5-14　“项目招投标审核”界面

（3）采购项目招投标登记簿

已录入的采购招投标项目可以在采购项目招投标登记簿中统一查看其基本信息及其审核状态，如图 5-15 所示。

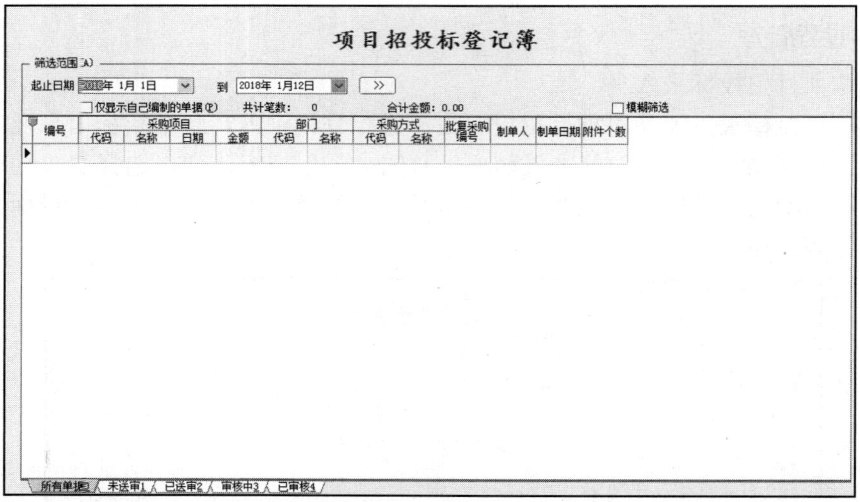


图 5-15　“项目招投标登记簿”界面

（4）采购项目标段录入

采购项目的标段是针对采购项目进行的。选择某个采购项目后，填写本次采购执行标段的代理中介机构、中标供应商、金额、质保金、违约金等信息，如图 5-16 所示。

（5）采购项目标段登记簿

已录入的采赆项目标段可以在采购项目标段登记簿中统一查看其基本信息、审核状态、备案状态、同步状态和验收状态，如图 5-17 所示。

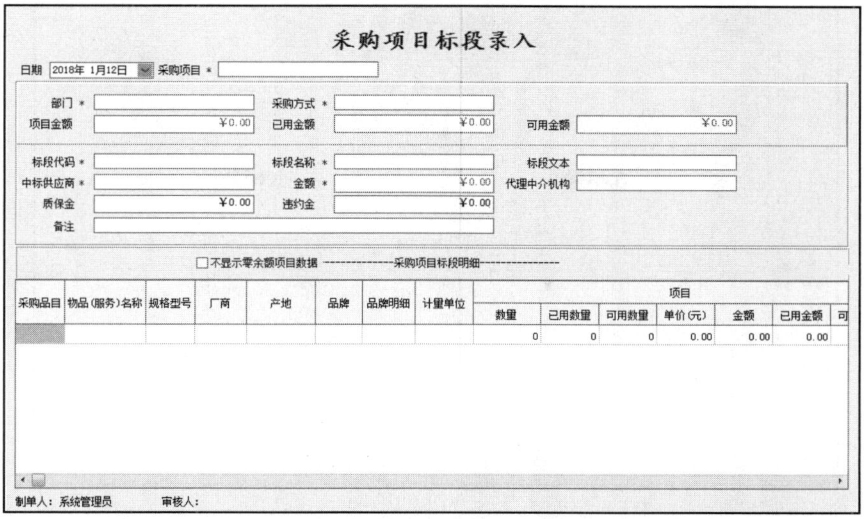


图 5-16　“采购项目标段录入”界面

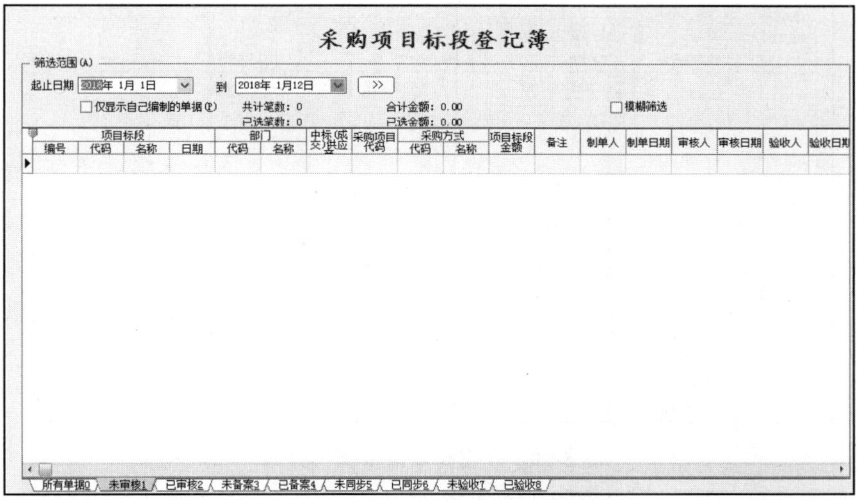


图 5-17　“采购项目标段登记簿”界面

### 4. 采购支付管理

（1）支付申请单编制

选择采购项目及准备支付的该项目标段信息，系统自动显示标段内容，录入本次支付申请的金额，申请支付的金额必须在标段的尚未支付的金额范围内，如图 5-18 所示。

（2）支付申请审核

审核人选中已经录入并需要审核的支付申请进行审核，可以在未审核和已审核栏目下分别查看未审核项目和已审核项目，采购项目经过审批后即可由批复人进行批复，如图 5-19 所示。

（3）支付申请批复

类似审核步骤，对支付申请进行批复，通过了批复的申请单可生成报销单到网上报销系统中，在报销系统中执行接下去的付款环节，如图 5-20 所示。

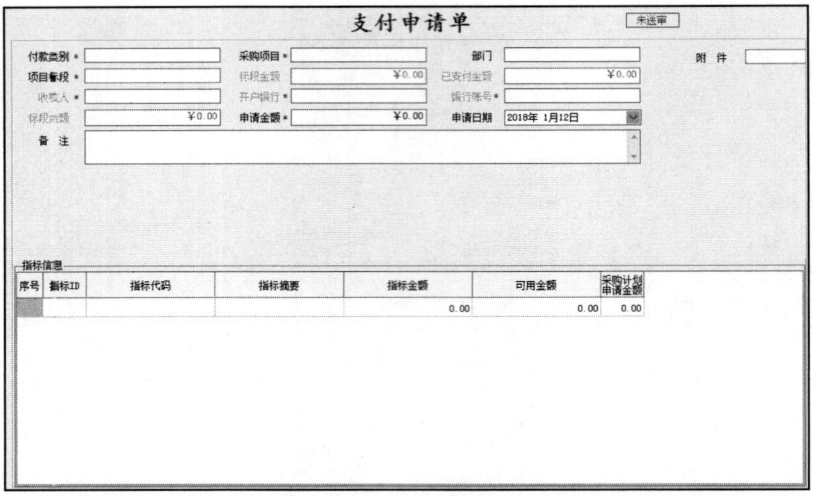


图 5-18 “支付申请单”界面

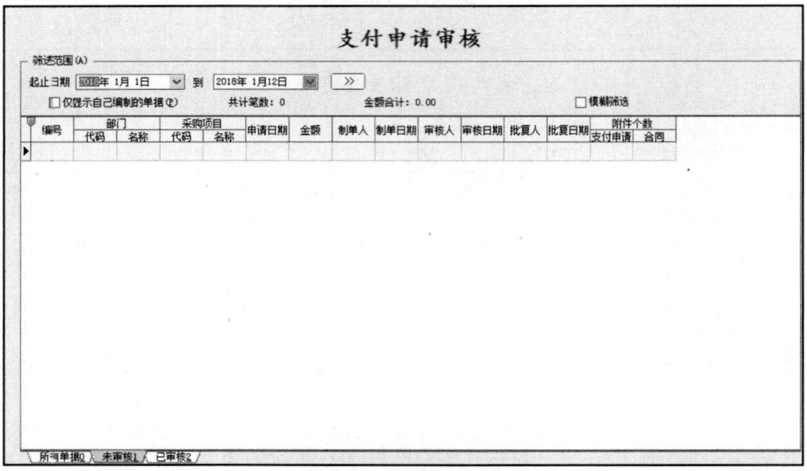


图 5-19 “支付申请审核”界面

图 5-20 “支付申请批复”界面

（4）支付申请登记簿

已录入的支付申请可以在采购项目招投标登记簿中统一查看其基本信息、审核状态、批复状态和是否生成报销单状态，如图 5-21 所示。

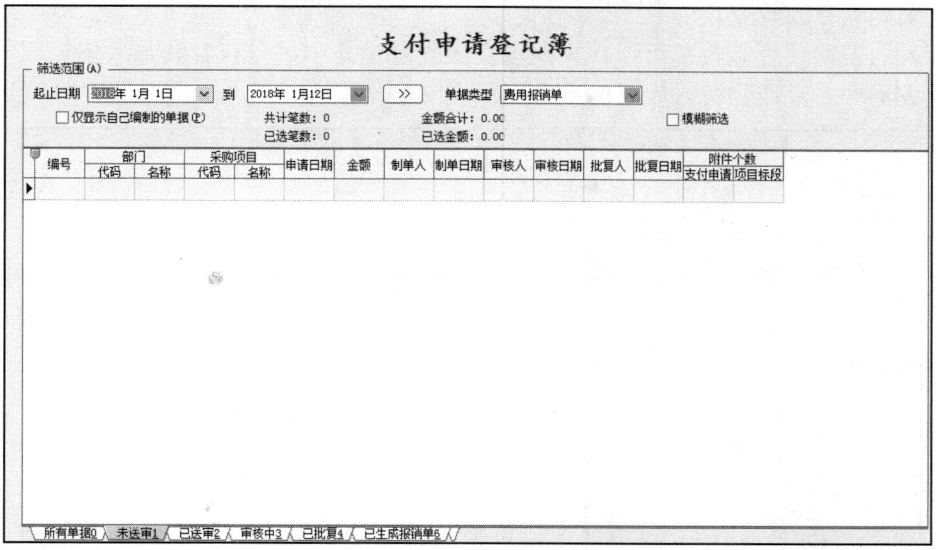


图 5-21　“支付申请登记簿”界面

## 5. 采购验收管理

（1）采购项目验收录入

单击采购项目右侧“…”按钮，弹出采购项目窗口，选择相应采购项目，即可自动生成验收单。根据实际收货情况，对采购的货品或服务进行验收时，可按数量、品目验收，所采购的货品或服务可以分多次验收，如图 5-22 所示。

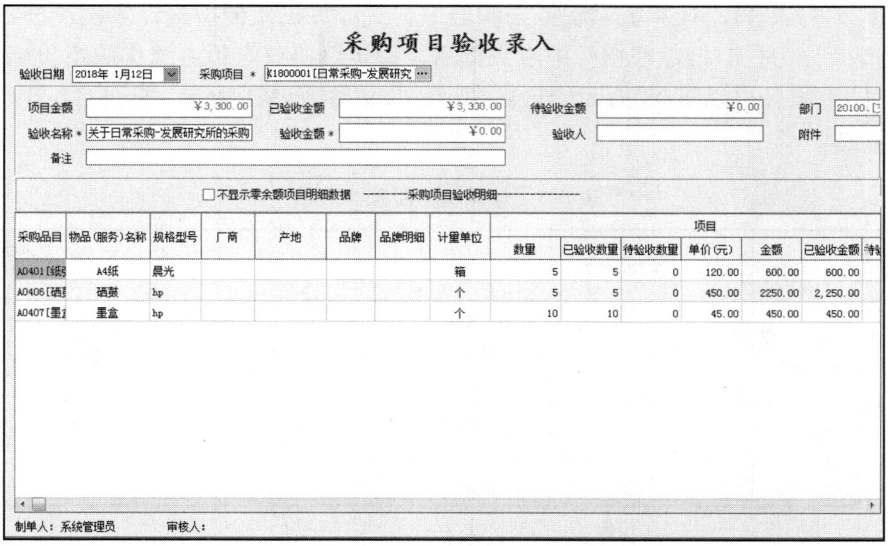


图 5-22　“采购项目验收录入”界面

采购项目验收后生成资产卡片/物资入库单。在资产卡片编制时，可将已验收的货物信息引入固定资产系统中；非资产类货物，可在物资系统中编制入库单时将货物信息引入物资管理系统。

（2）采购项目验收登记簿

已录入的采购项目验收单可以在采购项目验收登记簿中统一查看其基本信息、审核状态和是否生成资产卡片或物资入库单的状态，如图 5-23 所示。

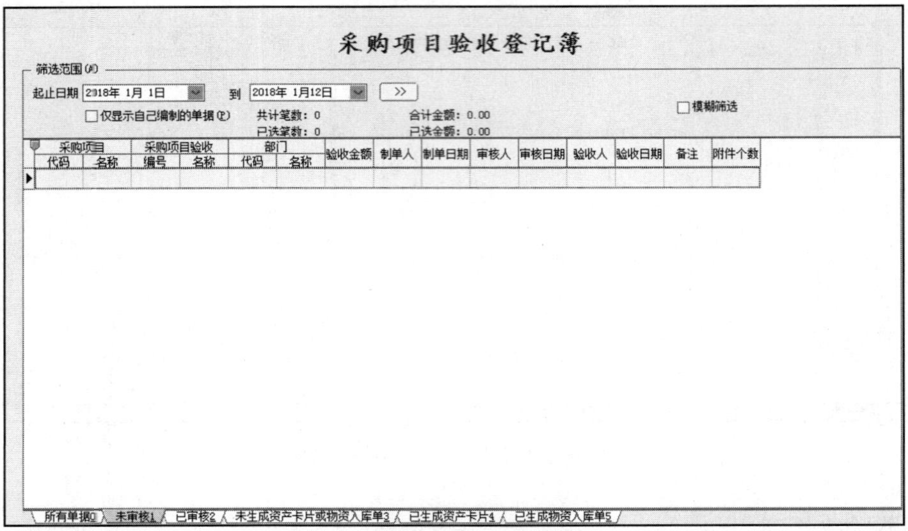


图 5-23 “采购项目验收登记簿”界面

## 5.4 实践题

2019 年 5 月 2 日，计算机学院拟采购若干台式计算机及便携式计算机，设备采购计划如表 5-1 所示。5 月 4 日，经招标中心审批后，确定以协议竞价方式实施招投标。5 月 10 日，南华科技有限公司以 8.08 万元的价格中标，详情如表 5-2 所示。5 月 24 日，计算机学院收到设备。

**表 5-1 计算机学院采购清单**

| 分包 | 计划编号 | 名称 | 型号 | 单位 | 数量 | 技术指标 | 质保期（年） | 限总价（万元） |
|---|---|---|---|---|---|---|---|---|
| 1 | 19A6301 2019-05-11 | 微型计算机 | HP | 台 | 4 | 惠普（HP）暗影精灵 3 代台式计算机主机 Inteli5-8400 /8G/1T+128GSSD/ GTX1060 3G/ WiFi 蓝牙/无显示器） | 三 | 8.09 |
| 2 | | 便携式计算机 | 华为 | 台 | 10 | 华为(HUAWEI) MateBook 13 英寸笔记本电脑 Inteli5-8265U/8G/256G/独显/2K 屏/13 寸全面屏/要求签订合同时提供生产制造商出具的售后服务承诺函 | 一 | |

**表 5-2　政府采购协议供货电子交易平台成交公告**

| 包号 | 中标供应商 | 中标金额(元) | 服务响应时间（小时） | 报价时间 |
|---|---|---|---|---|
| 1 | 南华科技有限公司 | 80 800.00 | 2 | 2019/05/15 11:33:29 |
| 合同主要内容：<br>（1）送货地点：L 高校指定地点，项目实施时间：中标人应在 2019 年 5 月 25 日前交货并完成安装调试。<br>（2）本项目为交钥匙工程，投标报价为包干价，包括（但不限于）货物制造费、运输费、保险费、装卸费、仓储费、安装调试费以及与货物有关的应纳税费等所有费用。<br>（3）所供货物必须是原装正品，完全符合国家有关质量、技术标准，执行最新相关国家标准。产品包装上必须有完好的生产厂家、规格、型号等有效信息，否则我方可将其视为“三无”产品而拒绝接收。<br>（4）报价人所提供的报价产品配置必须满足上述型号规格及主要技术要求，且保证报价产品能成套使用，否则视为无效投标。<br>（5）货物验收合格后付 95%货款，尾款 5%无质量问题一年后付清。<br>（6）本项目设备要求整机（含电池）质保期，详见设备采购清单。中标单位应提供 5 天×8 小时本地化响应服务，并在接到电话后，4 小时以内到达现场。双方应指定本项目的专门负责人和联络人，确定明确的联络方式，负责在项目实施过程中配合乙方协调解决可能出现的各种问题。 | | | | |

业务处理流程：

步骤 1：2019 年 5 月 2 日，根据采购清单填写采购计划，计算机学院采购计划录入如图 5-24 所示。

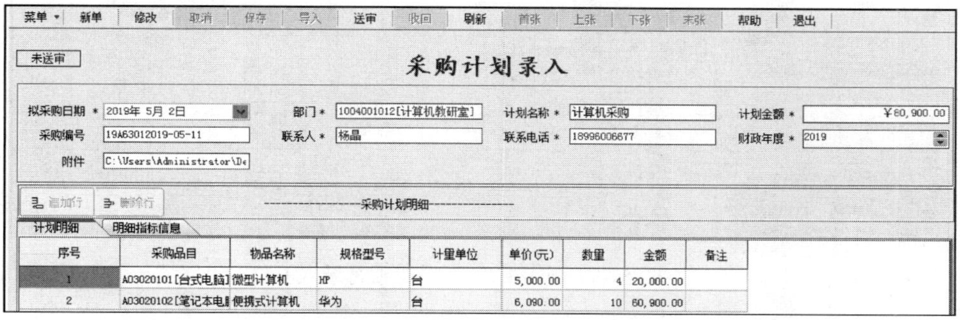


图 5-24　计算机学院采购计划录入

步骤 2：填写采购计划后单击上方的“送审”按钮，或在“采购计划登记簿”中选择需要送审的采购计划并单击“送审”按钮即可送审该采购计划，如图 5-25 所示。

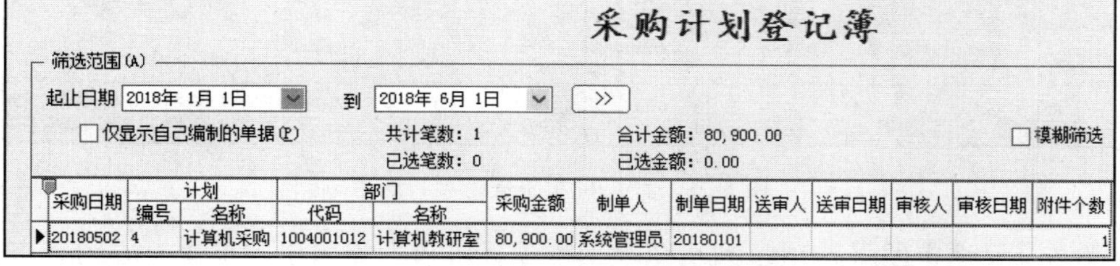


图 5-25　计算机学院采购计划送审

步骤 3：已送审的采购计划列示在“采购计划审核”界面中，单击上方的“审核”按钮，即可审核该采购计划，如图 5-26 所示。

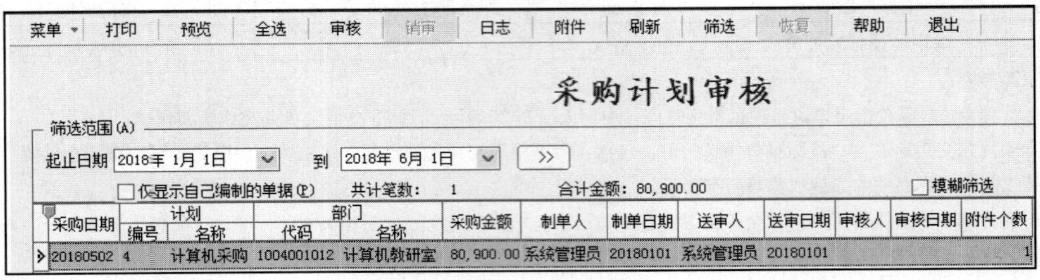


图 5-26　计算机学院采购计划审核

步骤 4：按照采购计划在“采购项目录入”中录入采购项目，如图 5-27 所示。

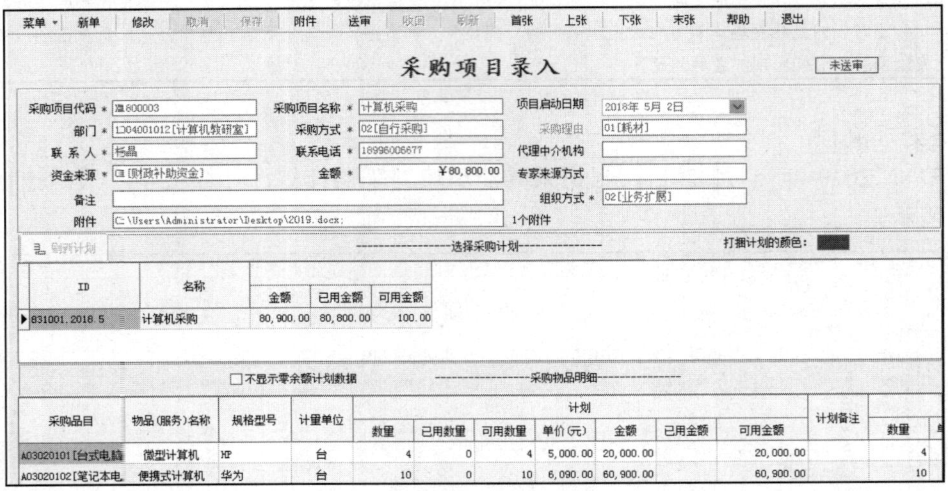


图 5-27　计算机学院采购项目录入

步骤 5：录入完毕的采购项目需要单击上方的“送审”按钮进行送审；或在“采购项目登记簿”中选择需要送审的采购项目并单击“送审”按钮，即可送审该采购项目，如图 5-28 所示。

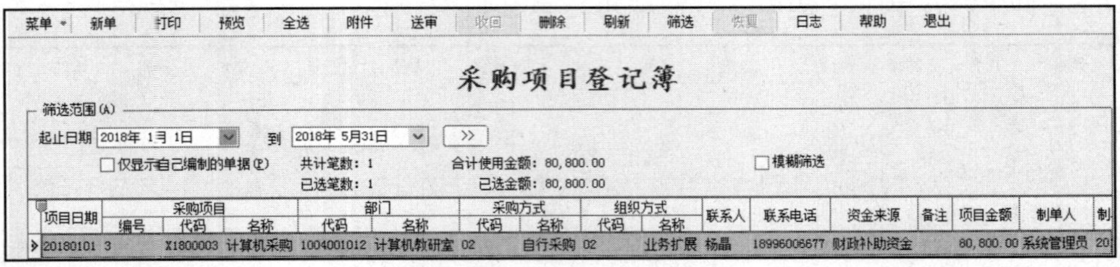


图 5-28　计算机学院采购项目送审

步骤 6：已送审的采购项目列示在“采购项目审核”界面中，单击上方的“审核”按钮，即可审核该采购项目，如图 5-29 所示。

步骤 7：2019 年 5 月 4 日，进行采购项目招投标录入，单击“项目招投标录入”中“选择采购项目”的“…”按钮，弹出“选择采购项目”窗口，如图 5-30 所示，选择

“X1800003”后单击“确定”，返回“项目招投标录入”界面，填写“日期”“招标内容”“投标人”等信息，完成后单击上方的“保存”按钮，如图 5-31 所示。

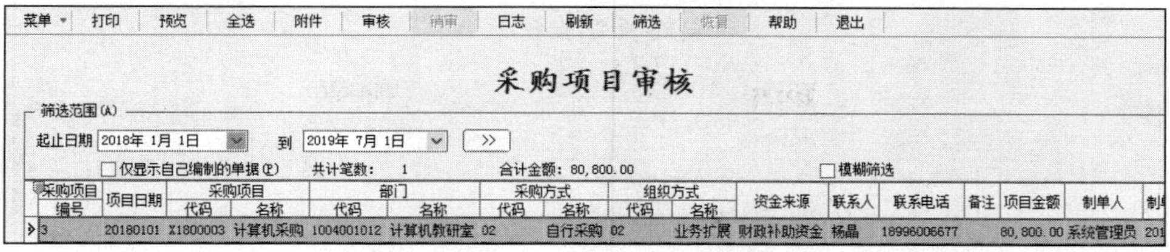


图 5-29 计算机学院采购项目审核

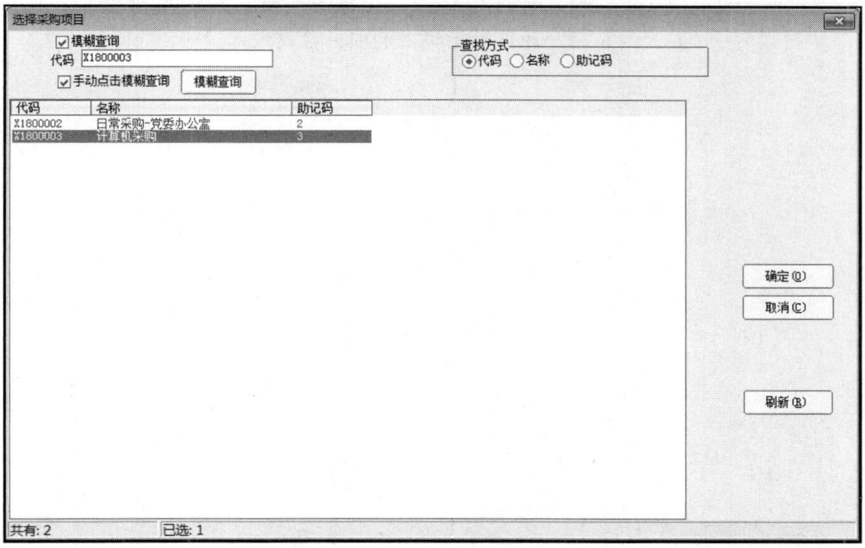


图 5-30 “选择采购项目”窗口

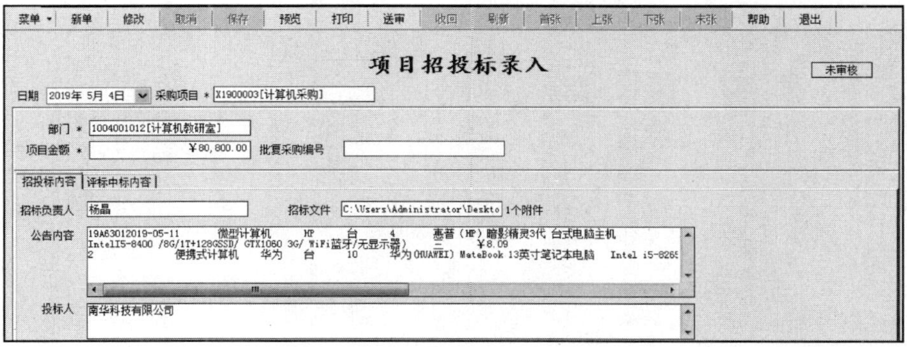


图 5-31 计算机学院采购项目招投标录入

步骤 8：录入完毕的采购招投标也需要经过“送审”和“审核”。

2019 年 5 月 24 日，待采购物资验收后，需要在“采购项目验收录入”界面填写相关内容，直接单击选择需要验收的采购项目即可自动生成采购项目验收录入的信息，在“采购项目验收明细”中填写验收数量后，完善“验收人”“附件”“备注”等信息，单击“保存”按钮完成对该项目的验收，填写完毕同样需要进行“送审”和“审核”操作，如图 5-32 所示。

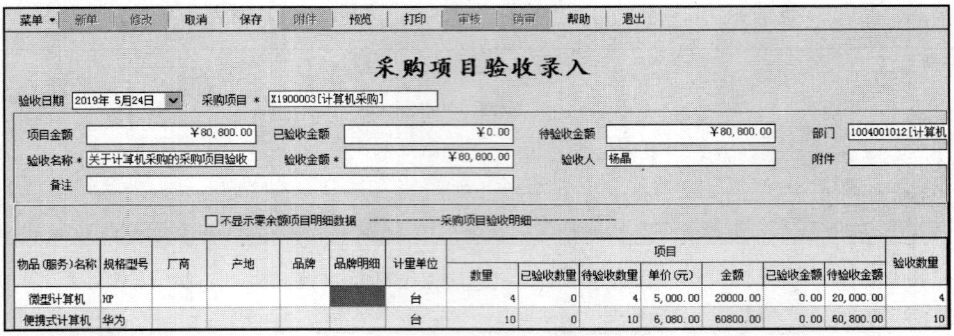


图 5-32　计算机学院采购项目验收录入

# 第 6 章

# 政府收入管理与应收款核算

## 6.1 政府收入管理概述

政府财政收入是国家为实现其职能，根据法令和法规取得的非偿还性资金，是一级财政的资金来源。对于预算单位来说，财政拨款收入、事业收入、上级补助收入、其他收入等构成其收入的主要来源。

政府及其相关部门、单位应建立健全收入管理制度，主要包括：

### 1. 合理设置岗位

明确相关岗位的职责权限，确保收款、会计核算等不相容岗位相互分离。

### 2. 实行收入的归口管理

各项收入应当由财会部门归口管理并进行会计核算，严禁设立账外账。在涉及收入的合同、协议签订后，财会部门应及时根据合同等有关材料进行账务处理。同时，财会部门应当定期检查收入金额是否与合同约定相符；对应收未收项目应当查明情况，明确责任主体，落实催收责任。

### 3. 建立健全票据管理

财政票据、发票等各类票据的申领、启用、核销、销毁均应履行规定手续。单位应当按照规定设置票据专管员，建立票据台账，做好票据的保管和序时登记工作。有政府非税收入收缴职能的单位，应当按照规定项目和标准征收政府非税收入，按照规定开具财政票据，做到收缴分离、票款一致，并及时、足额上缴国库或财政专户，不得以任何形式截留、挪用或者私分。

用友政府收入管理系统包括系统初始设置和日常业务操作。其中，日常业务处理主要是依据相关单据的填报、处理和统计情况进行的，主要流程图如图 6-1、图 6-2 所示。

## 6.2 应收款系统的初始设置

在正式使用收入管理模块进行日常业务处理之前，首先要进行初始化工作，设置操作员权限及账套参数，建立日常业务处理所需的基础资料信息，以满足本核算单位的需要。本模块的初始设置，主要是系统参数设置，其中主要包括：

（1）设置是否与合同系统联用；

（2）设置是否与票据系统联用；

（3）设置是否与资金系统联用；

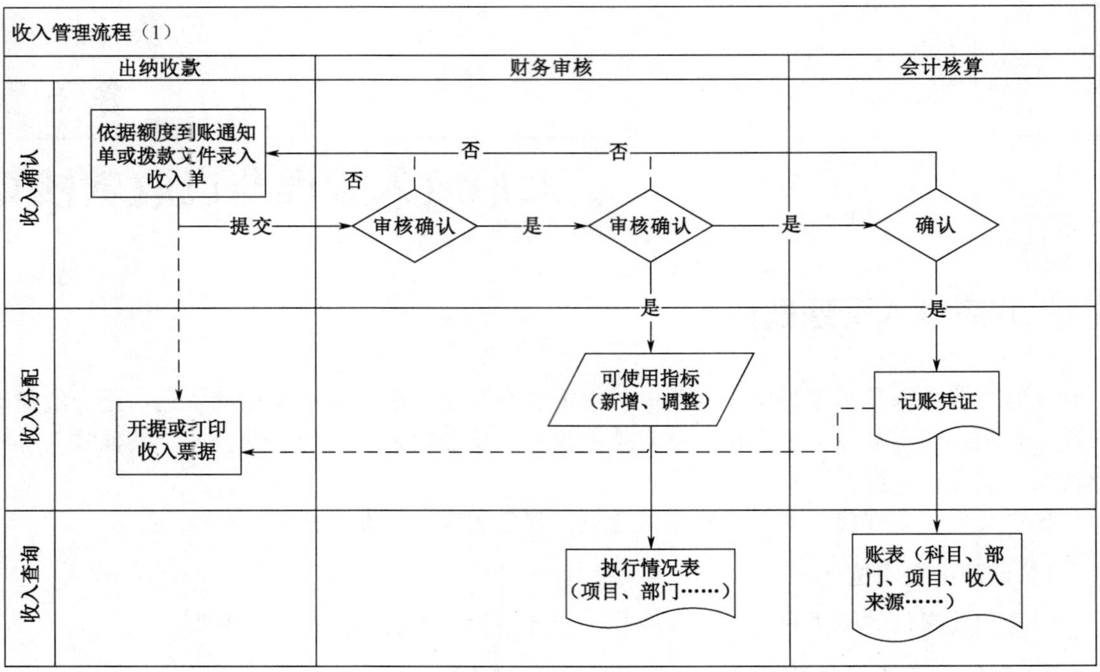


图 6-1　收入管理流程图（1）

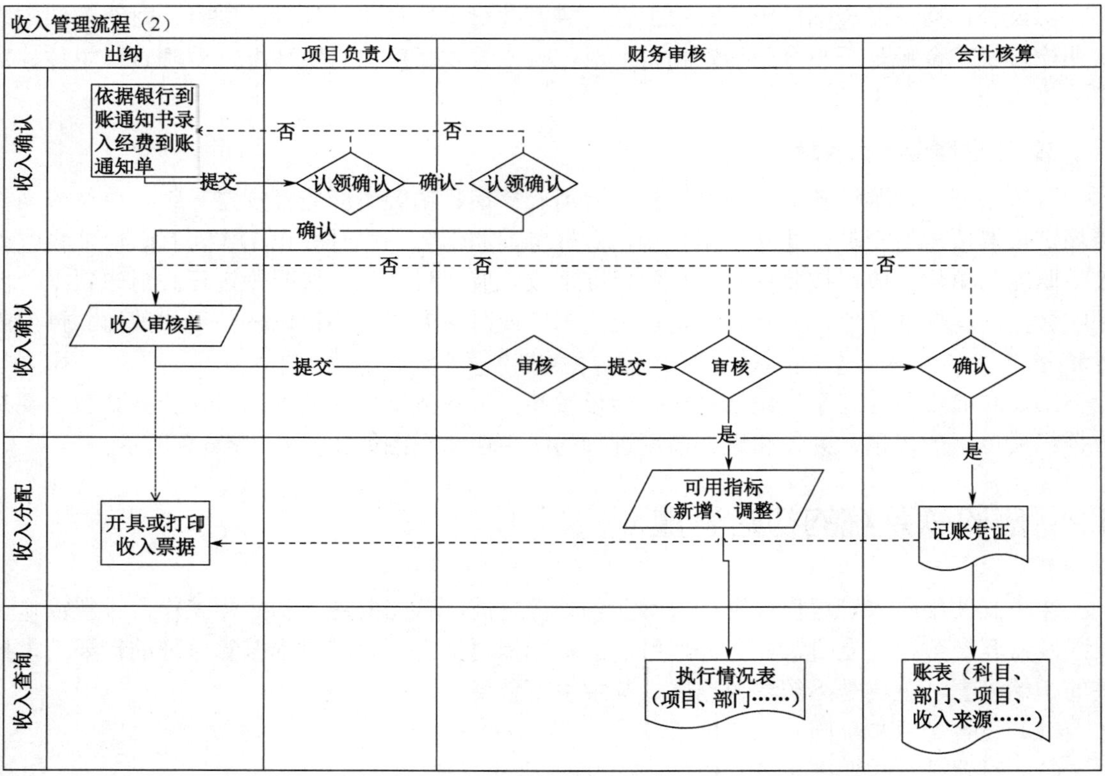


图 6-2　收入管理流程图（2）

（4）设置是否与出纳系统联用；
（5）设置拨款入账单单据号的编号规则；
（6）设置收入审核单单据号的编号规则；
（7）设置其他收入单单据号的编号规则。

通过各个单位的不同需求进行参数控制的设置和单据编号规则设置，如图 6-3、图 6-4 所示。

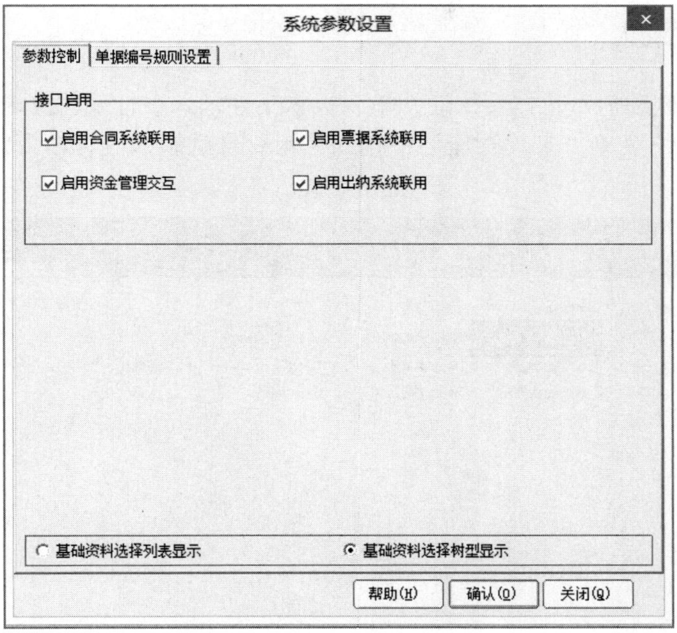


图 6-3　参数控制的设置

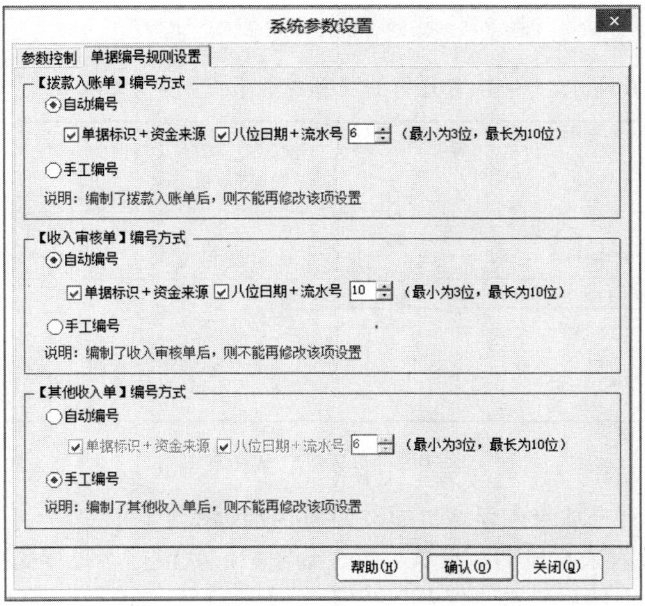


图 6-4　单据编号规则设置

# 6.3 来款管理

应收款日常业务中的来款管理包括单位收到拨款款项后，对该款项进行录入、认领、审核等一系列操作。本模块中来款管理包括银行来款管理、银行来款认领登记及银行来款认领的审核。

## 6.3.1 银行来款录入

单位收到拨款款项后，依据到账通知单或拨款文件录入银行来款登记簿。

步骤 1：在系统菜单“来款管理”中找到“银行来款录入登记簿”选项，如图 6-5 所示，单击进入界面。

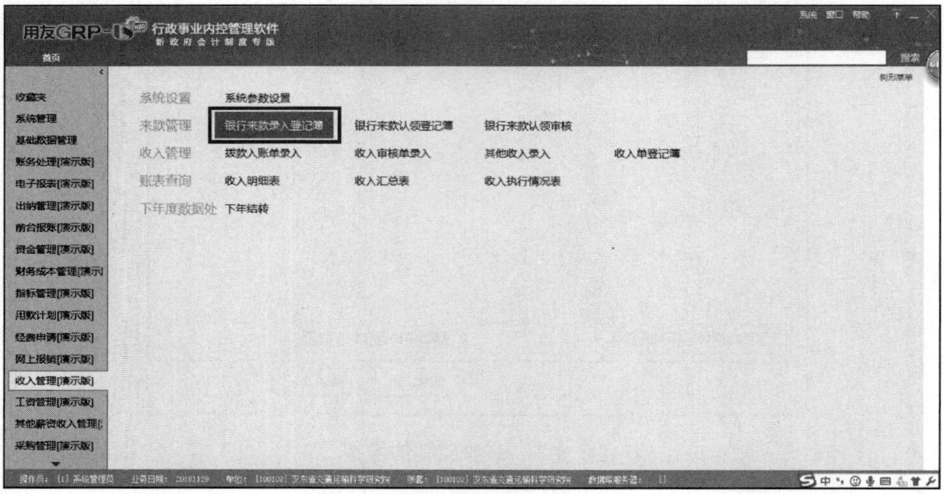

图 6-5 找到“银行来款录入登记簿”

步骤 2：如图 6-6 所示，单击左上角的“新增”按钮。

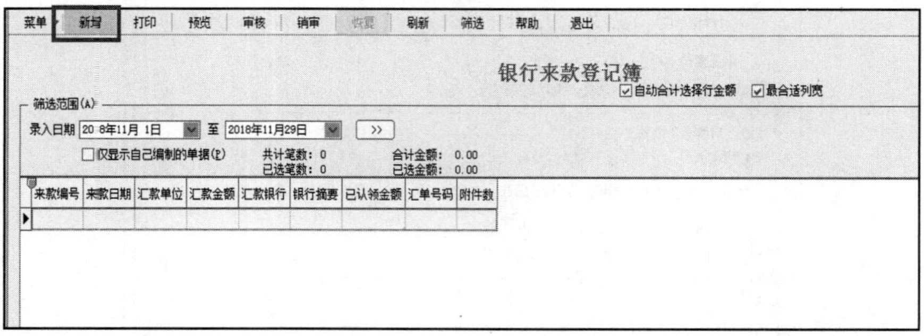

图 6-6 新增银行来款登记

步骤 3：出现银行来款录入新增页面，如图 6-7 所示。

步骤 4：依次录入来款日期、汇款单位、金额、汇款银行、银行摘要、汇单号码、来款编号，如图 6-8 所示，然后单击“保存”按钮。

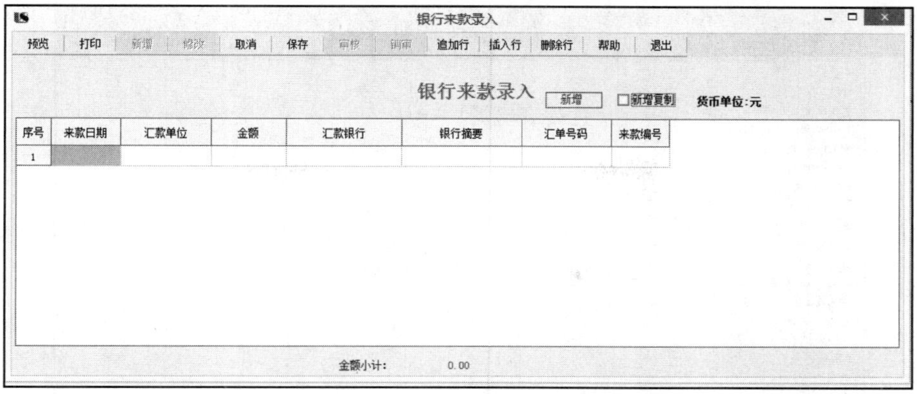


图 6-7　银行来款录入新增页面

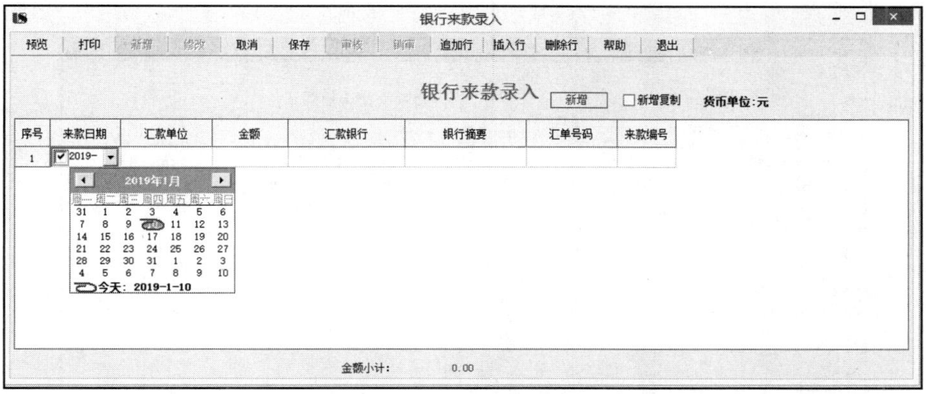


图 6-8　录入银行来款

步骤 5：单击“刷新”按钮，银行来款登记簿录入完成，如图 6-9 所示。

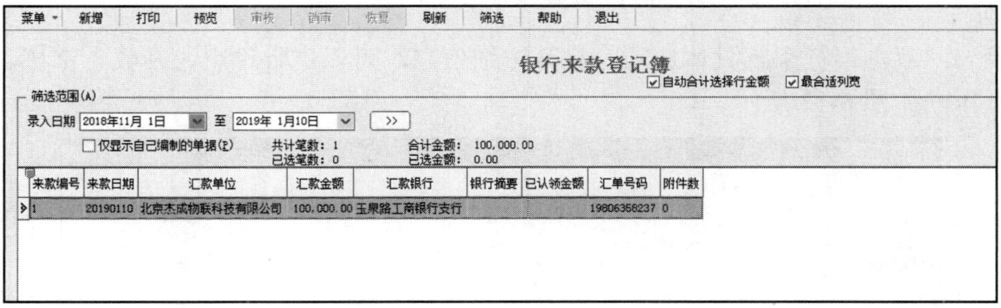


图 6-9　刷新银行来款录入

## 6.3.2　银行来款认领

步骤 1：在系统菜单“来款管理”中找到“银行来款认领登记簿”选项，如图 6-10 所示，单击进入界面。

步骤 2：选择筛选条件，单击“刷新”按钮，查询符合条件的来款认领数据，如图 6-11 所示。

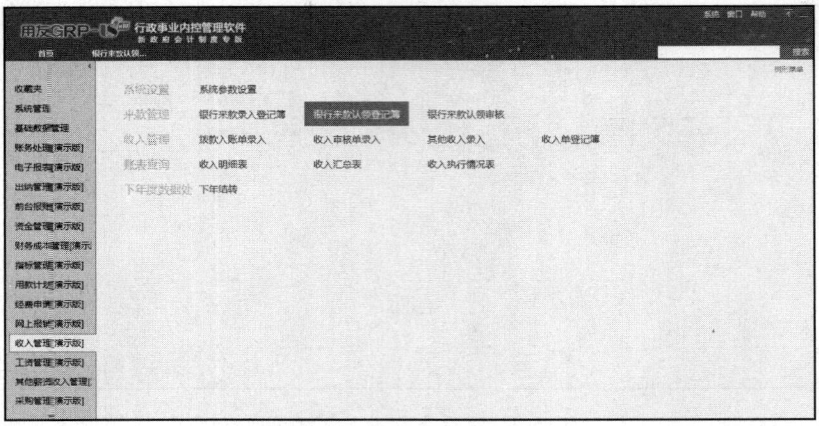

图 6-10　找到“银行来款认领登记簿”选项

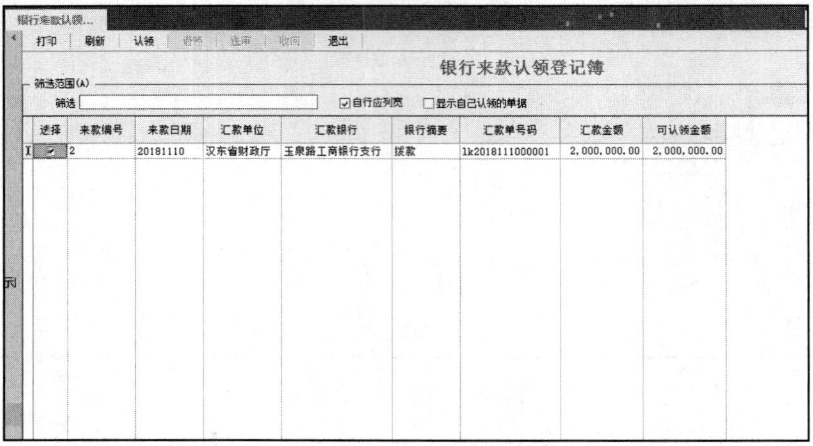

图 6-11　刷新银行来款认领登记簿

步骤 3：双击银行来款具体选项，打开详细信息，可以进行送审、回收、审核、销审、认领等操作，如图 6-12 所示。

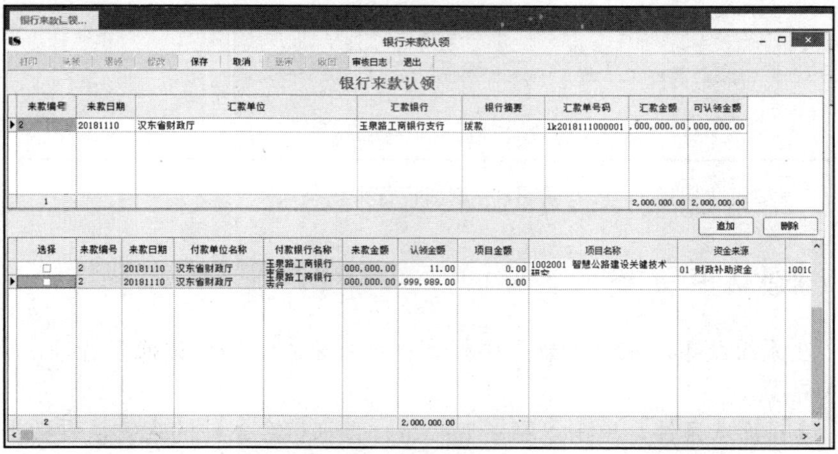

图 6-12　“银行来款认领”界面

## 6.4 收入管理

收入管理主要是出纳依据银行到账通知书对不同类型单据的录入，包括拨款入账单的录入、收入审核单的录入、其他收款单的录入、收入单登记薄的录入。

### 6.4.1 拨款入账单

#### 1．拨款入账单的录入

步骤 1：在系统菜单“收入管理”中找到需要编制的单据类型，即“拨款入账单”，单击进入业务单据编制界面，如图 6-13 所示。

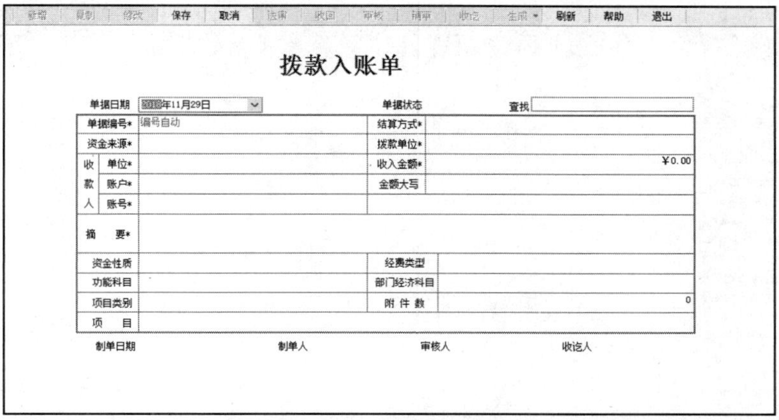

图 6-13 “拨款入账单”界面

步骤 2：填写相关数据（带*的为必填项目），单击上方的“保存”按钮，完成业务单据的编制，如图 6-14 所示。

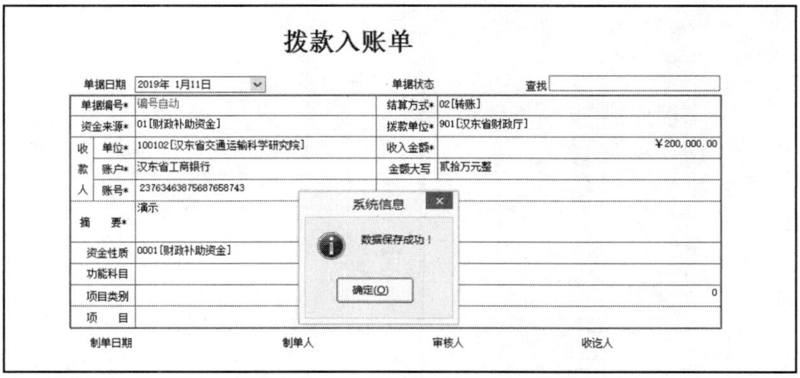

图 6-14 保存拨款入账单

系统显示“数据保存成功！”后则说明拨款入账单录入成功，可以对单据做以下操作：

（1）单据编制→单据送审→审核流审核（如果设置并启用）→财务审核。

（2）单据编制完成，可以进行“修改”“取消”“送审”操作。

编制完成后，需要注意以下几点：

（1）当审核流程设置并启用时，送审后的单据将进入审核流程；其中单据会根据节点条件优先确定当前审核的节点位置，当某个节点条件不满足当前单据时，将会跳过该节点，进入下一审核节点，如此反复，直至搜索到当前应该所处的审核位置。

（2）当确定审核节点位置后，再根据不同的审核人条件进行二次检查，哪些操作员能审核或者退回该单据。

（3）全部审核通过后，需要收讫处理。

（4）收讫之后的单据，可以生成收款单、凭证、指标等。

### 2．生成指标

步骤 1：单击“生成|指标”按钮（在送审、审核、收讫之后），进入“拨款入账单”界面，如图 6-15 所示。

图 6-15 “拨款入账单”界面

步骤 2：选择预算方案，填写预算方案要素，注意：如果指标系统已经勾选“同一纬度允许生成重复指标”，则“查找指标”按钮变成灰色，如图 6-16 所示。

图 6-16 生成预算方案

步骤 3：其余信息根据保存时的提示，完成相应操作即可，如部门信息必填，否则会有如图 6-17 所示的提示。

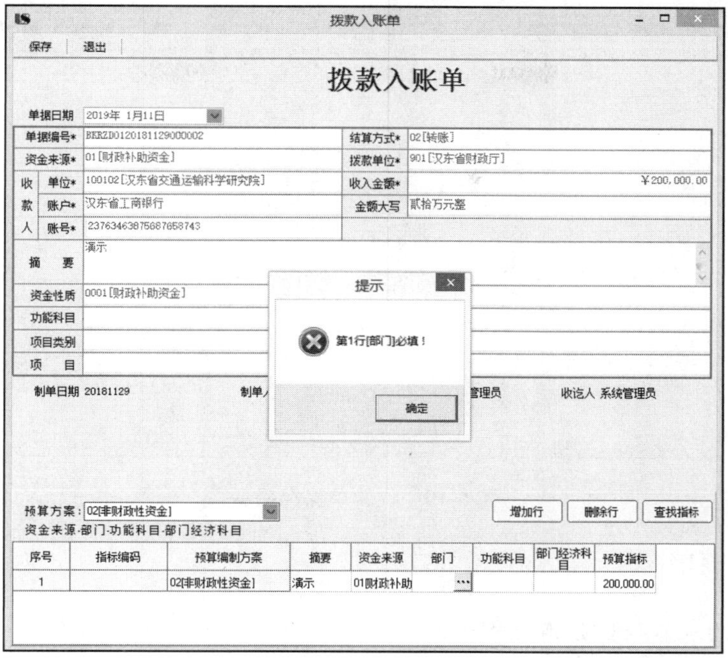


图 6-17　填全部门信息

### 3．生成收款单

步骤 1：单击“生成|收款单”按钮，如图 6-18 所示，进入“生成收款单”界面；默认已经将相关的辅助项信息填入了相应数据列中，包括默认的结算方式、摘要、金额等信息。

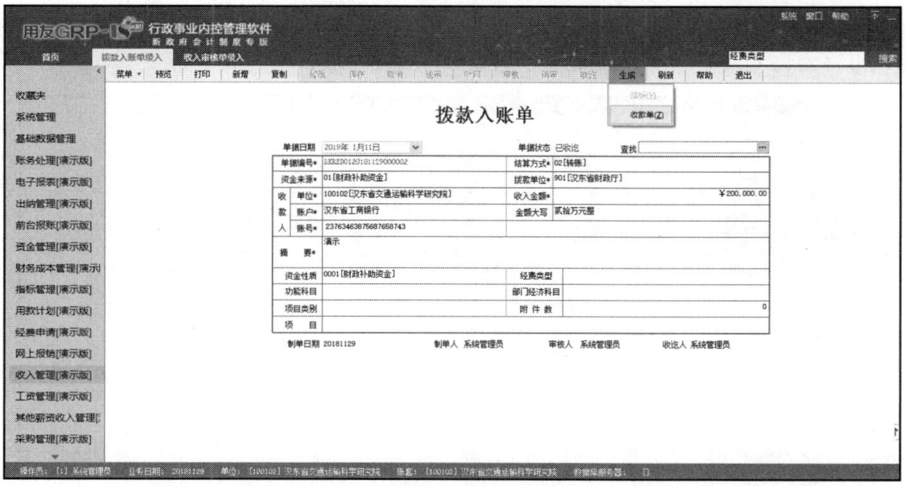


图 6-18　由拨款入账单生成收款单

步骤 2：其余信息根据保存时的提示，完成相应操作即可，如图 6-19 所示。

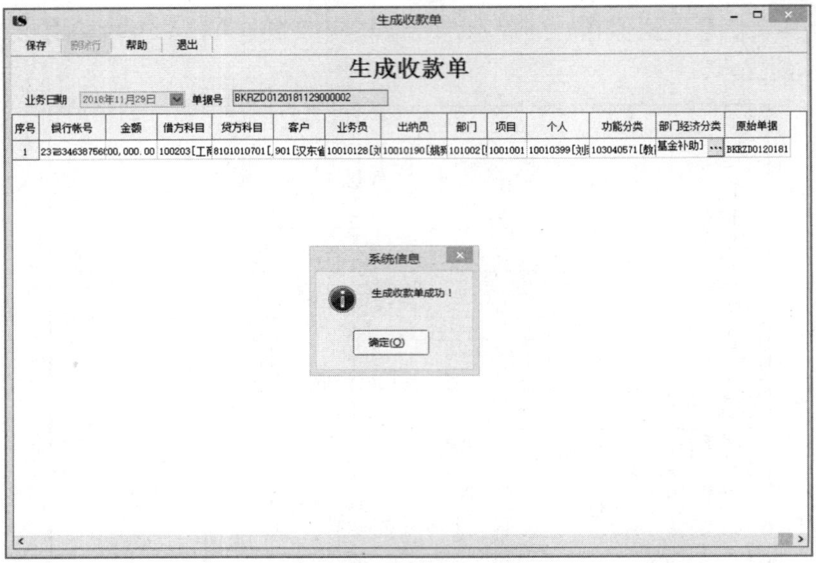

图 6-19 收款单保存提示

## 6.4.2 收入审核单

收入审核单的录入与拨款入账单的录入类似，可参照 6.4.1 中的介绍。

## 6.4.3 其他收款单

其他收款单的录入与拨款入账单的录入类似，可参照 6.4.1 中的介绍。

## 6.4.4 收入单登记簿

步骤 1：根据单据类型、单据日期范围、相关辅助项条件以及单据状态查询收入单列表，如图 6-20 所示。

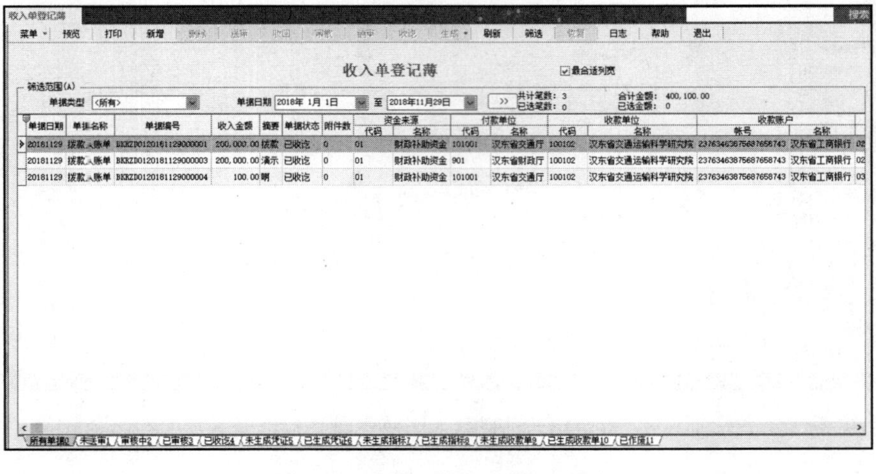

图 6-20 “收入单登记簿”界面

步骤 2：双击一条记录，即可查看收入单明细，也就是每张拨款入账单，如图 6-21 所示。

图 6-21　收入单明细界面

# 6.5　账表查询

账表查询模块包括收入明细表、收入汇总表、收入执行情况表三个模块，分别用于查阅相关收入单信息、查询收入单的汇总数据及统计收入单生成指标的使用情况。

## 6.5.1　收入明细表

收入明细表模块用于查看相关收入单信息，并进行处理。

在系统菜单“账表查询”中找到“收入明细表”选项，单击进入“收入明细表”界面。

根据单据类型、单据日期范围、相关辅助项条件以及单据状态获取收入明细表，如图 6-22 所示。

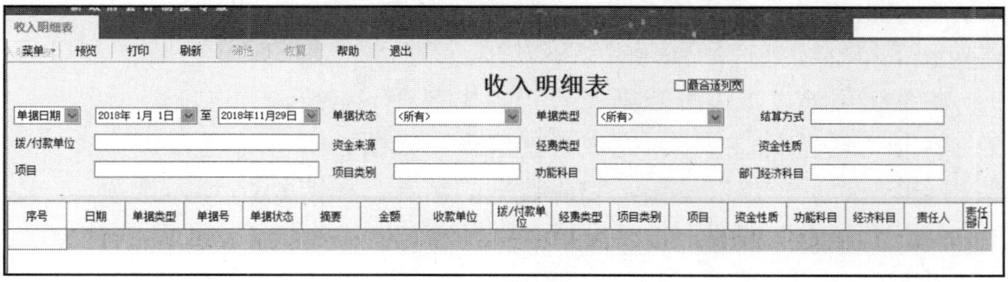


图 6-22　“收入明细表”界面

## 6.5.2　收入汇总表

收入汇总表模块用于查询收入单的汇总数据。

在系统菜单“账表查询”中找到“收入汇总表”选项，单击进入“收入汇总表”界面。

从单据日期、单据类型、单据状态等选项中选择筛选条件，如图 6-23 所示。

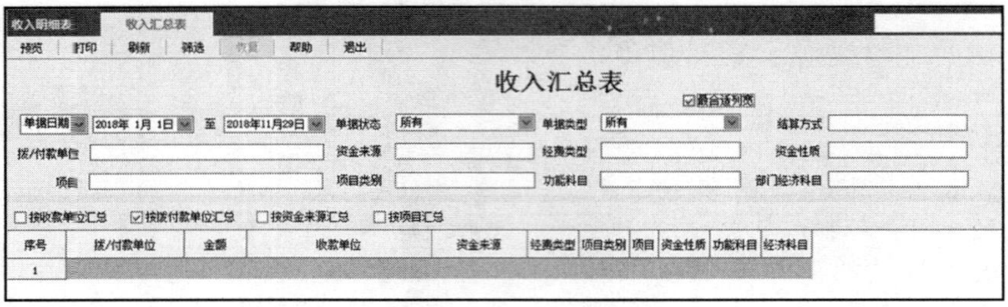


图 6-23 “收入汇总表”界面

### 6.5.3 收入执行情况表

收入执行情况表模块用于统计收入单生成指标的使用情况。

在系统菜单“账表查询”中找到“收入执行情况表”选项，单击进入“收入执行情况表”界面，从单据日期、单据类型、单据状态等选项中选择筛选条件，如图 6-24 所示。

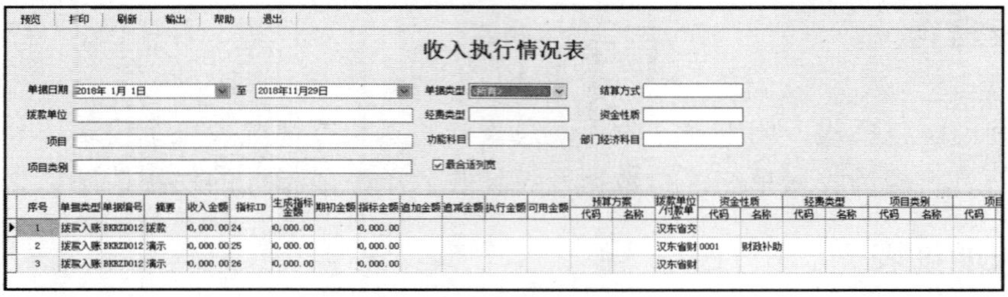


图 6-24 “收入执行情况表”界面

## 6.6 下年结转

下年结转模块主要对经费认领、收入单据等数据进行检验，将满足条件未使用完的银行来款数据结转到下年继续处理，具体有如下几步。

步骤 1：在系统菜单“下年度数据处理”中找到“下年结转”选项。

步骤 2：单击“下一步”按钮，完成数据检查，如图 6-25 所示选项。

步骤 3：再单击“下一步”按钮，完成数据的结转，如图 6-26 所示选项。

步骤 4：单击“关闭”按钮，结转完成，关闭窗口。

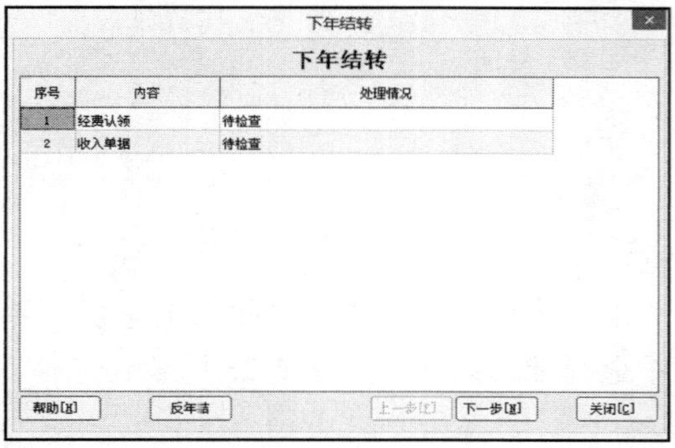


图 6-25 下年结转（1）

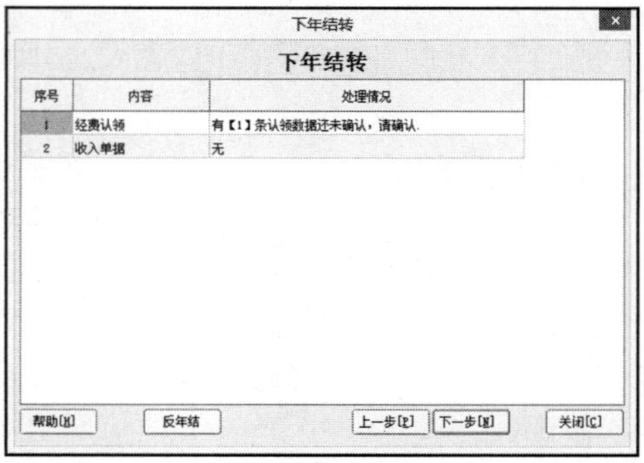


图 6-26 下年结转（2）

## 6.7 实践题

1．2018 年 5 月 1 日，收到代理银行转来的“财政授权支付到账通知书”，收到财政专户核拨返还的学费、住宿费收入 6 000 000 元。

| | |
|---|---|
| 财务会计分录 | 借：银行存款——基本账户存款　6 000 000<br>　　贷：事业收入——财政专户返还收入　　6 000 000 |
| 预算会计分录 | 借：资金结存——货币资金——银行存款　　6 000 000<br>　　贷：事业预算收入——财政专户返还收入　　6 000 000 |

业务处理流程如下。

步骤 1：在系统菜单“来款管理”中找到“银行来款录入登记簿”选项，如图 6-27 所示，单击进入界面。

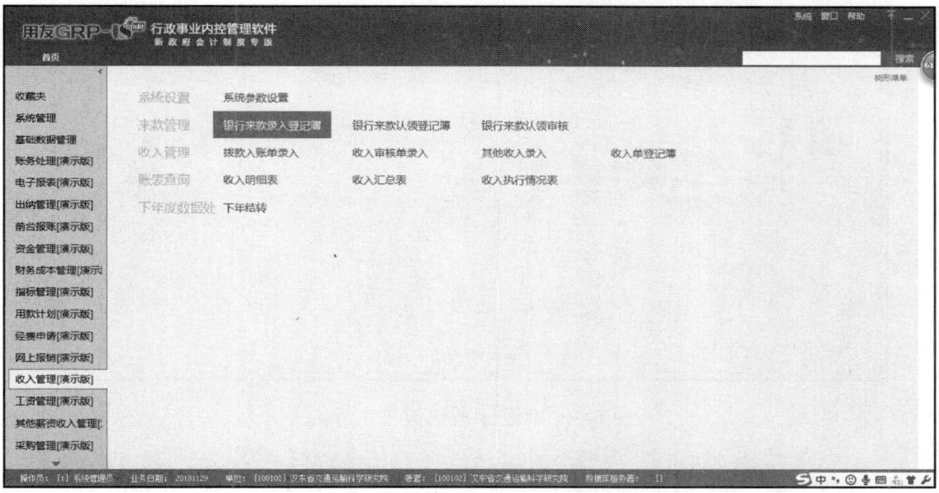


图 6-27　找到“银行来款录入登记簿”选项

步骤 2：单击左上角的“新增”按钮，如图 6-28 所示。

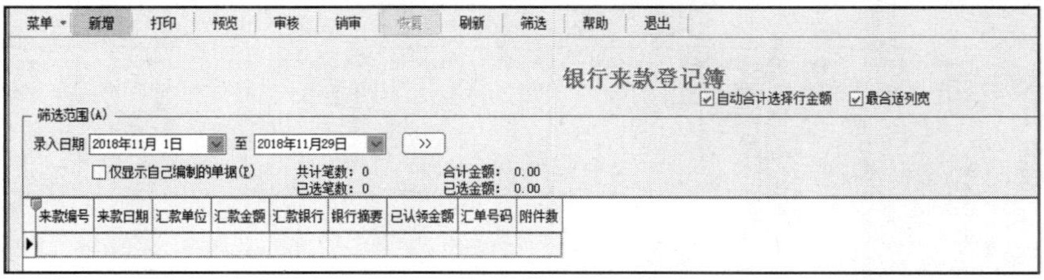


图 6-28　新增银行来款录入（1）

步骤 3：依次录入来款日期、汇款单位、汇款金额、汇款银行、银行摘要、汇单号码、来款编号，如图 6-29 所示，然后单击“保存”按钮。

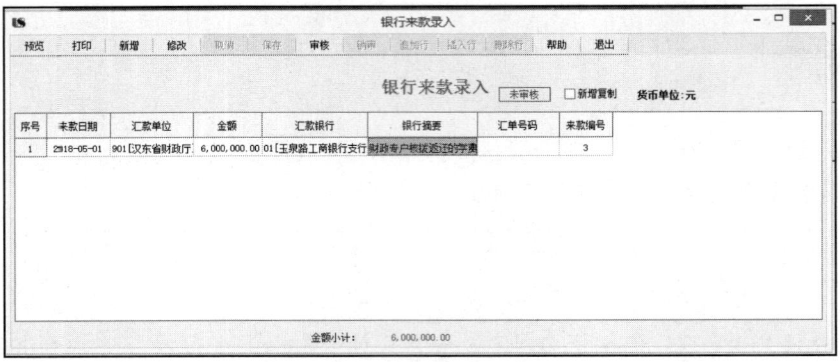


图 6-29　新增银行来款录入（2）

步骤 4：认领录入的银行来款。在系统菜单“来款管理”中找到“银行来款认领登记簿”选项，单击进入“银行来款认领”界面，如图 6-30 所示。

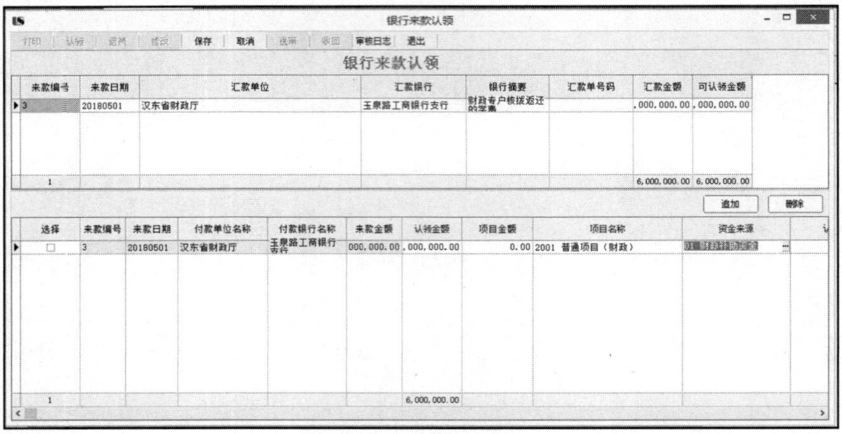


图 6-30　“银行来款认领”界面

步骤 5：审核录入的银行来款。在系统菜单“来款管理”中找到“银行来款认领审核”选项，单击进入界面，如图 6-31 所示。

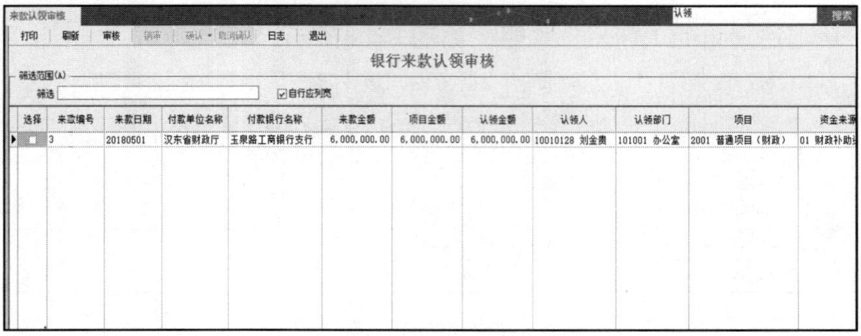


图 6-31　银行来款认领审核（1）

步骤 6：审核意见填写同意，如图 6-32 所示。

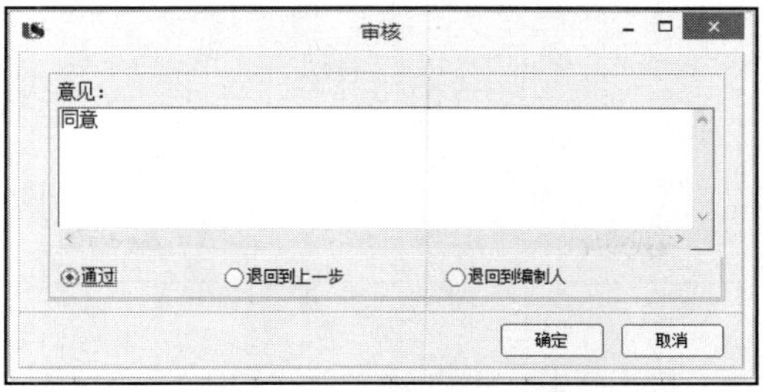


图 6-32　银行来款认领审核（2）

2．2018 年 5 月 31 日，收到宏大公司交来的 5 月份房屋租金 10 000 元，现金支票号 52180808233456。假设该房租收入不需要上缴财政，且暂不考虑增值税问题。

| | |
|---|---|
| 财务会计分录 | 借：银行存款——基本账户存款　　10 000<br>　贷：租金收入　　10 000 |
| 预算会计分录 | 借：资金结存——货币资金——银行存款　　10 000<br>　贷：其他预算收入——租金预算收入　　10 000 |

业务处理流程：

单击“收入管理”界面中的“拨款入账单录入”按钮，进入如图 6-33 所示的界面，填写相关信息。

图 6-33　拨款入账单录入

# 第7章

# 政府物资管理

## 7.1 政府物资管理概述

存货是指政府会计主体在开展业务活动及其他活动中为留用或出售而储存的资产，如材料、产品、包装物和低值易耗品等，以及未达到固定资产标准的用具、装具、动植物等。

政府物资管理主要是针对存货进行的相关管理。加强存货管理应注意以下 3 个方面。

（1）设置存货管理机构，确定管理主体

存货的管理通常由后勤部门负责，并配备专职或兼职的存货计划人员、采购人员和保管人员，做好存货的采购、入库、保管等工作。会计部门对存货管理工作要进行指导和监督，协助存货管理部门管理好存货。

（2）设计存货管理制度，明确管理责任

在存货计划、采购、验收、保管、领发等环节设计相应的责任制度，明确相关人员的权限和责任，做到各司其职、各负其责。

（3）定期实施存货清查，保全国有资产

存货清查至少每年进行一次，以保证存货的安全和完整，做到账实相符。如发生盘亏、盘盈，应当查明原因，分清责任。

（4）完善存货定额管理，提高国有资产使用效率

为了实现存货的合理储备和节约使用，应当逐步完善存货的储备定额，尤其应对重点存货实施定额消耗管理。

用友物资管理系统包含建立系统基础资料（物资目录、客户资料等）的基础操作和日常业务处理操作（采购管理、应付账款、库存管理和存货核算），其中，采购管理流程图如图 7-1 所示，库存管理流程图如图 7-2 所示。

## 7.2 存货管理系统的初始设置

用户在正式使用用友政务 GRP-U8 前，需要对有关数据和原有的工作方法进行调整，同时必须为系统运行准备必要的数据，包括：物资资料、部门及人员、仓库资料、往来单位资料、核算单位信息、外币及汇率信息和一些其他资料（如计量方式、出入库类型、物资用途和重要程度）等。另外还应整理系统启用前的原始数据。

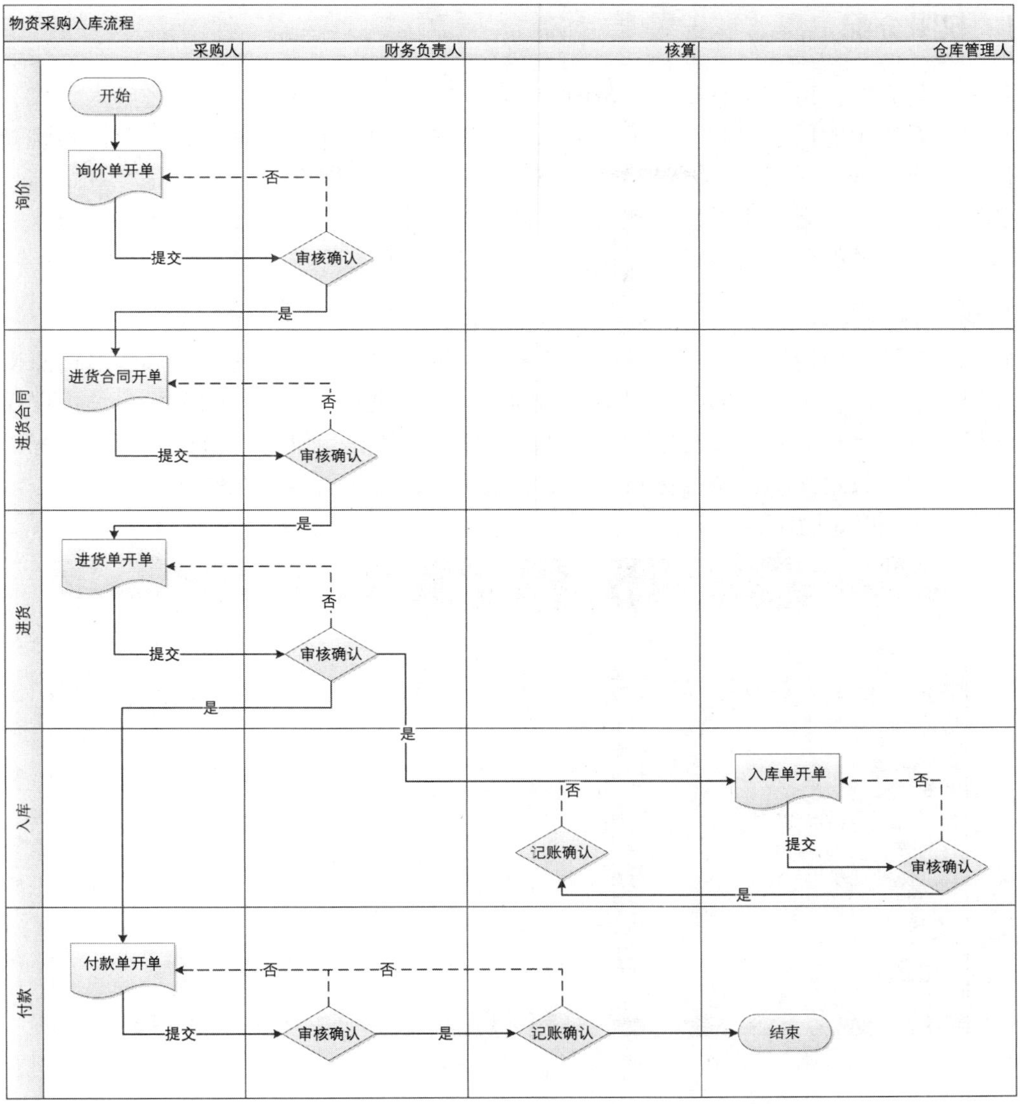


图 7-1 采购管理流程图

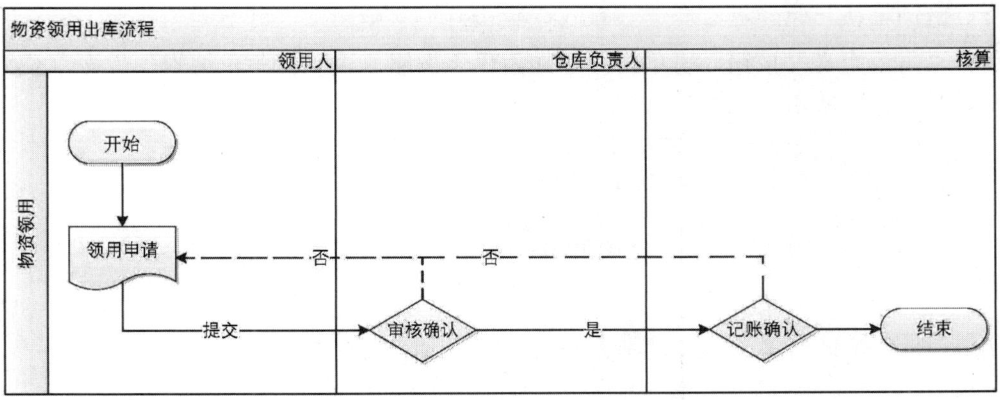


图 7-2 库存管理流程图

## 7.2.1 权限分配

系统安装完毕，可以用系统管理员的身份进入，默认的系统管理员的密码为“1”。系统管理员拥有系统中的所有权限。为了安全起见，正式启用购销链管理系统之前，系统管理员应该修改这个密码。修改密码的工作在系统菜单项“系统管理|操作员管理”中完成。其他人员若使用本系统，必须由系统管理员将其设置为操作员，并赋予相应的操作权限。

本节主要讲解如何通过系统对操作员进行管理和分配权限。

### 1. 操作员管理

操作员管理功能用于设置角色及每个角色下的操作员。在本系统中，操作员按照操作权限分成若干角色，每个角色的操作权限是相同的。因此进行授权时只需对每个角色授权。

选择系统菜单项“系统管理|操作员管理”，打开“操作员管理”窗口。窗口中有“角色定义”和“操作员定义”两个标签页，可以通过单击标签页对操作员和角色进行操作，操作员管理界面如图 7-3 所示。

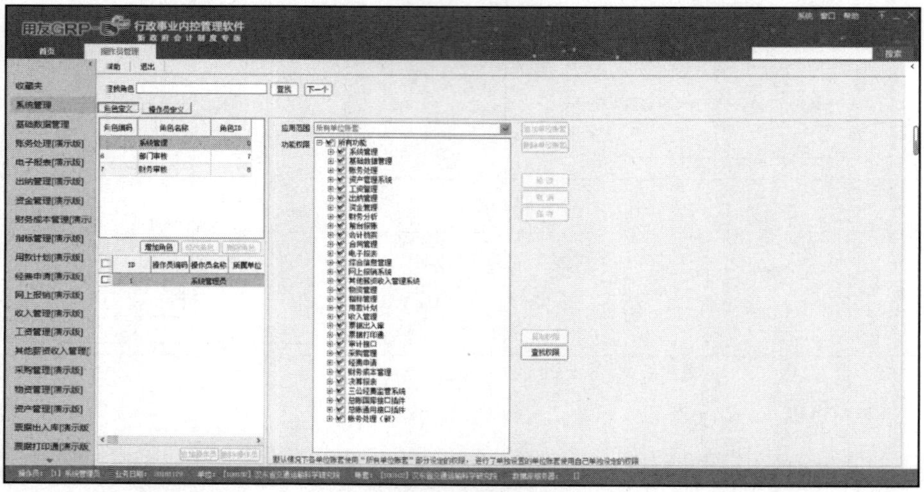

图 7-3 操作员管理界面

### 2. 对角色进行操作

（1）增加角色

单击“角色定义”按钮，再单击“增加角色”按钮，进入“角色编辑”界面，录入角色名称和说明信息后单击“保存”按钮，如图 7-4 所示。

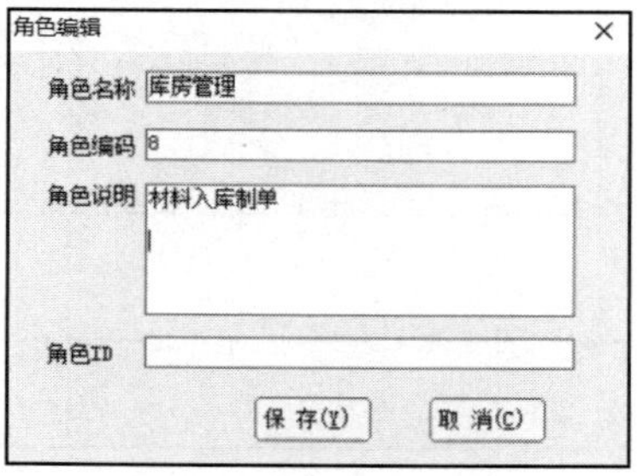


图 7-4 增加角色

（2）删除角色

单击“角色定义”按钮，选中需要删除的角色，如图 7-5 所示，再单击“删除角色”按钮。

**注意**：当角色中有操作员时不能删除。

（3）修改角色

单击“角色定义”按钮，选中需要修改的角色，如图 7-6 所示，单击“修改角色”按钮即可对角色说明信息进行编辑修改。

图 7-5　删除角色

图 7-6　修改角色

### 3. 对操作员进行操作

（1）增加操作员

单击“操作员定义”按钮，选择增加操作员所在的部门，如图 7-7 所示，单击“增加操作员”按钮。进入“编辑操作员”界面，录入操作员姓名和密码，并确认密码，如图 7-8 所示，最后单击“保存”按钮。

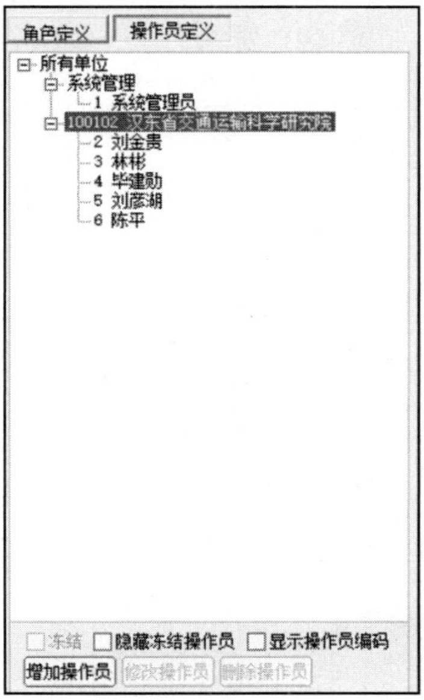


图 7-7　增加操作员

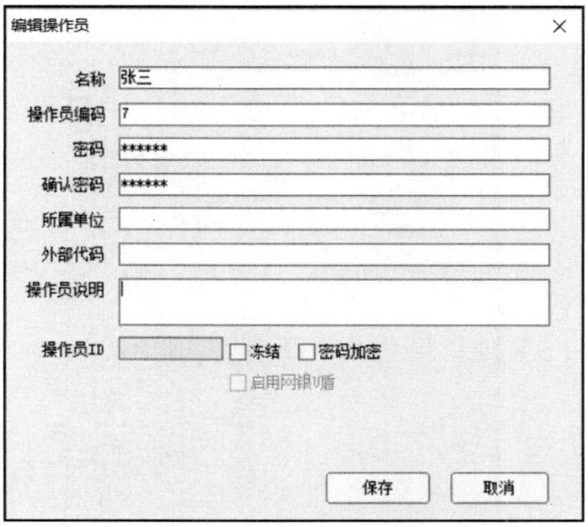


图 7-8　编辑操作员信息

（2）删除操作员

单击“操作员定义”按钮，选择需要删除的操作员，单击“删除操作员”按钮即可，如图 7-9 所示。

图 7-9　删除操作员

## 7.2.2　权限管理

权限管理功能模块用于对操作员的权限进行设置和管理。系统中操作员权限分为功能使用权限和数据使用权限两个层次。功能使用权限决定该操作员能否操作某功能以及是否具有完全操作权。

选择系统菜单项“系统管理|操作员管理”，打开“权限管理”窗口，在窗口中可以进行授权。选择角色，单击窗口右边功能权限进行权限设置，如图 7-10 所示。

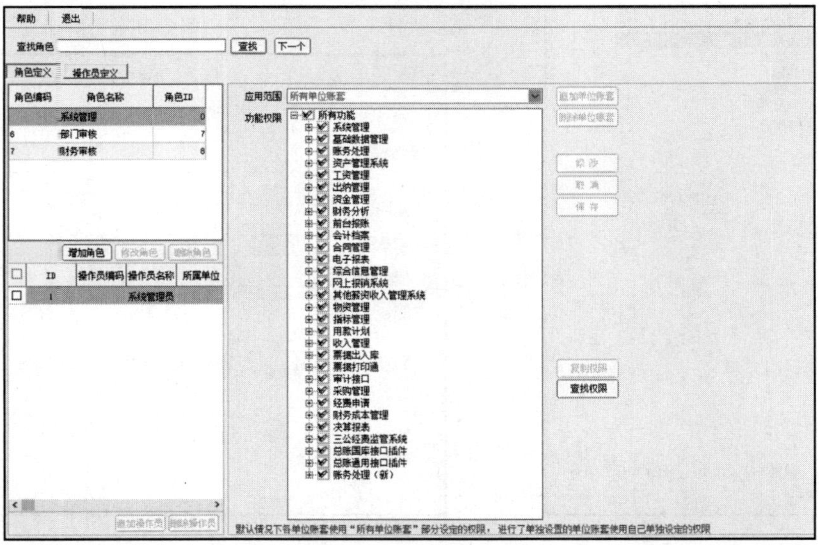

图 7-10　“权限管理”窗口

## 7.2.3 物资信息的建立

在系统中，物资信息的建立指的是以下两个方面的内容：

- 物资类别与物资目录的建立；
- 物资期初数据的建立。

本节将详细介绍如何编制和录入物资类别和物资信息，以及如何正确地导入物资期初数据。

### 1. 物资类别与物资目录的建立

物资类别与物资目录是在“物资资料”功能中建立的。“物资资料”功能主要是对核算单位经营的所有物资进行分类管理。通过它可以完成物资类别及类别下属物资信息的录入、修改、删除、查询和打印。在正式使用系统之前，需先确定类别的编码方案。只有正确地设置好物资类别及归属于该类别的物资信息，计算机才能正确地进行分类查询统计。

选择系统菜单项“基础数据管理|物资资料”，打开“物资目录”窗口，如图 7-11 所示。

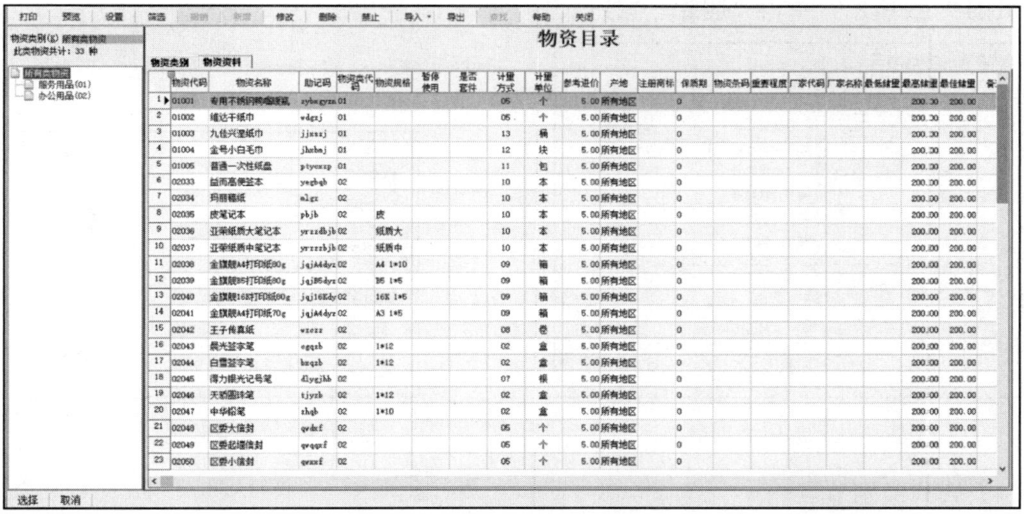


图 7-11 “物资目录”窗口

（1）创建子类别

在类别树中选中需要创建子类别的节点。

单击右键，弹出功能菜单，在菜单项中选择“创建子类别”后，系统打开“增加子类别”窗口，如图 7-12 所示。在“增加子类别”窗口中录入新增类别代码及类别名称并确认后，系统增加一条类别信息，同时新增的类别节点自动加到类别树中。在窗口右边的编辑区选择“物资类别”项，录入新增类别的其他信息，如图 7-13 所示，录入完毕单击“保存”按钮保存。

（2）编辑类别信息

在类别树中选中需要编辑的类别节点，在窗口右边的编辑区选择“物资类别”项，选中的类别信息自动显示出来，进行物资类别编辑，如图 7-14 所示，编辑操作完成后单击“保存”按钮。

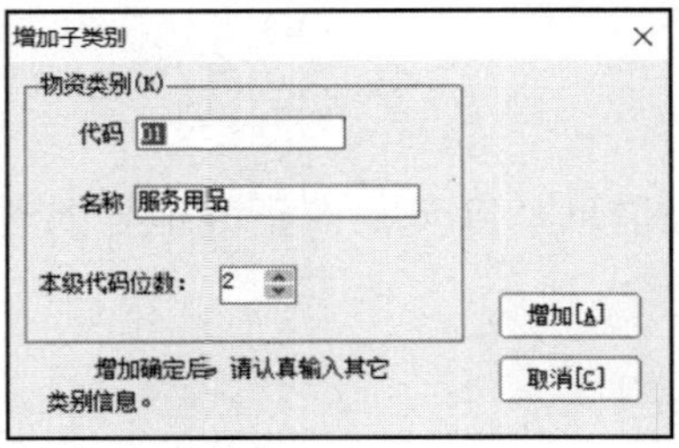


图 7-12 “增加子类别”窗口

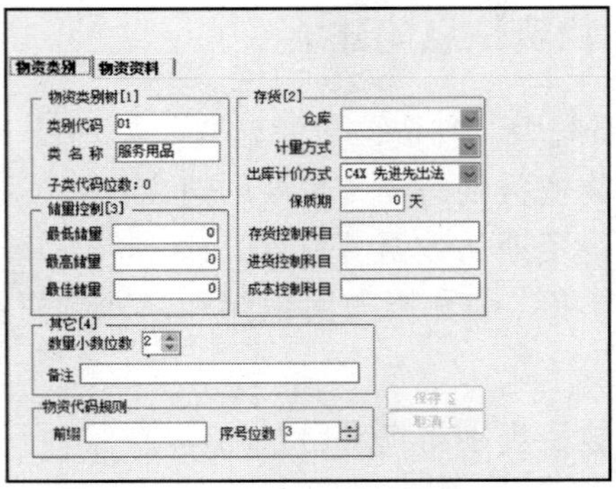


图 7-13 录入新增类别信息

（3）删除类别

在类别树中选中需要删除的类别节点，单击右键，弹出功能菜单，在菜单项中选择“删除当前类别”项，系统打开“删除当前类别”窗口，并在窗口中显示将要删除类别的主要信息，如图 7-15 所示，单击“删除”按钮。

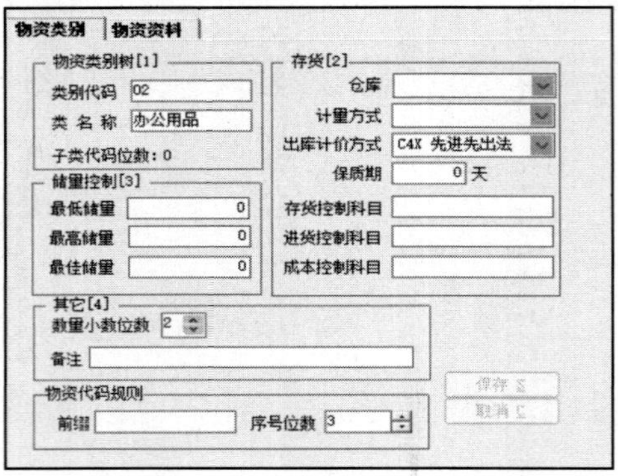


图 7-14 编辑类别信息

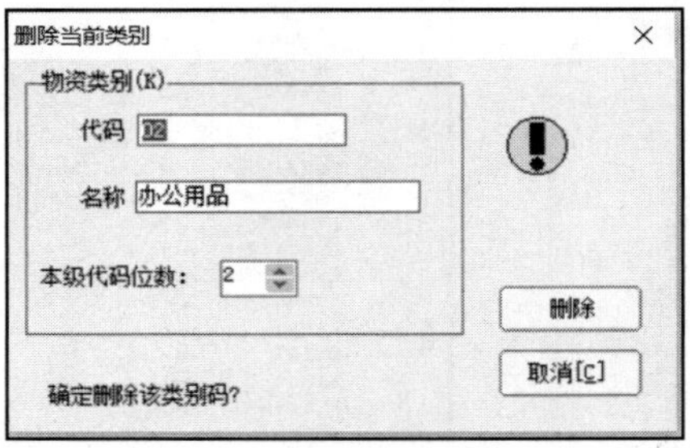


图 7-15 “删除当前类别”窗口

（4）查找类别节点

单击右键，弹出功能菜单，在菜单项中选择“查找类别节点”项，打开“类别查找”窗口，如图 7-16 所示。类别查找根据类别代码进行，需要录入完整准确的代码。在窗口中录入查找的类别代码后单击“查找”按钮。若找到该类别，系统自动定位到类别树中的对应节点。若找不到，则显示“没有该节点”信息。

（5）增加物资信息

在类别树中选定新增物资所归属的类别。单击“增加”按钮，系统调出一张空白的物资信息卡片（如图 7-17 所示），在卡片中录入物资信息，录入完毕单击“保存”按钮进行保存。

（6）编辑物资信息

如果用户能够明确物资所在的类别，则可在类别树中选择该类别对应的节点；否则，可以在类别树中选择根节点“所有类别”。在窗口右边的编辑区选择“物资资料”项，并从编辑区显示的列表中选择需要编辑的物资信息，如图 7-18 所示。

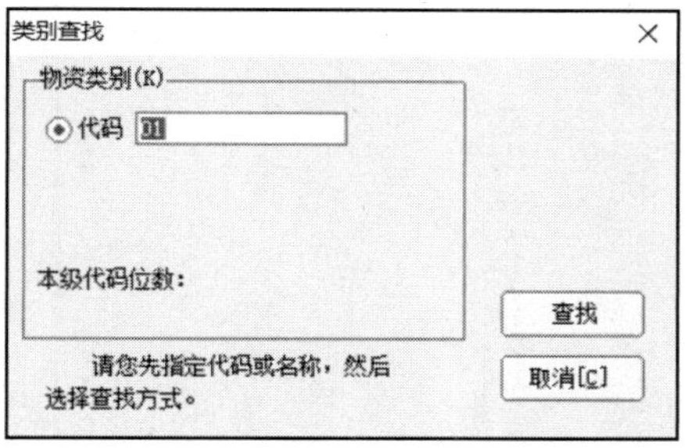


图 7-16 “类别查找”窗口

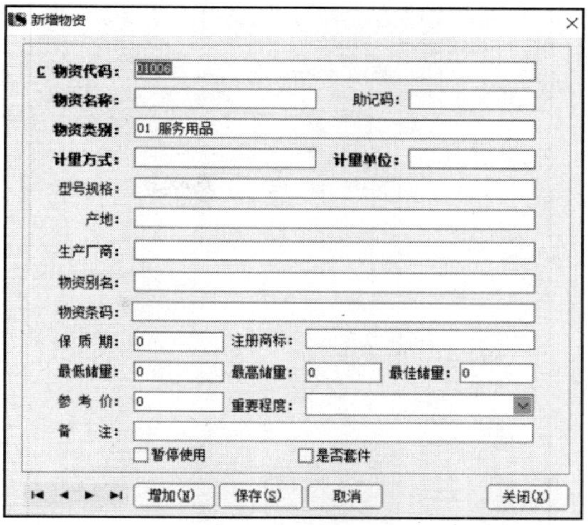


图 7-17 “新增物资”窗口

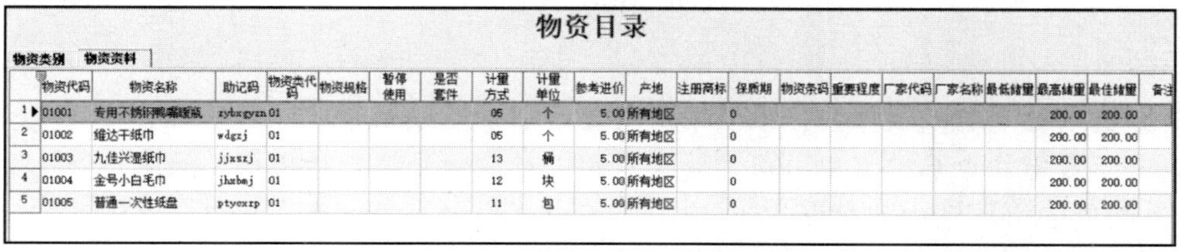


图 7-18 物资信息界面

选中物资信息后，双击调出该物资的信息卡片，在卡片中可以进行编辑，如图 7-19 所示。物资信息编辑完毕，单击信息卡片中的“保存”按钮。

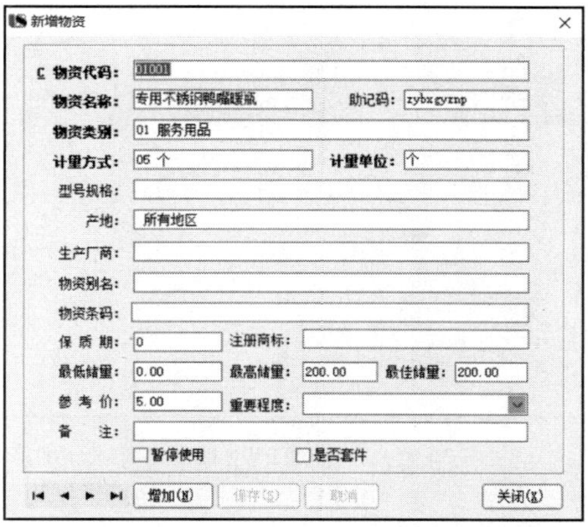


图 7-19 编辑物资信息

（7）删除物资信息

如果用户能够明确物资所在的类别，则可在类别树中选择该类别对应的节点；否则，可以在类别树中选择根节点“所有类别”。在窗口右边的编辑区选择“物资资料”项，并从编辑区显示的列表中选择需要删除的物资信息。选中物资信息后，单击工具栏中的“删除”按钮，所选物资即被删除，如图 7-20 所示。

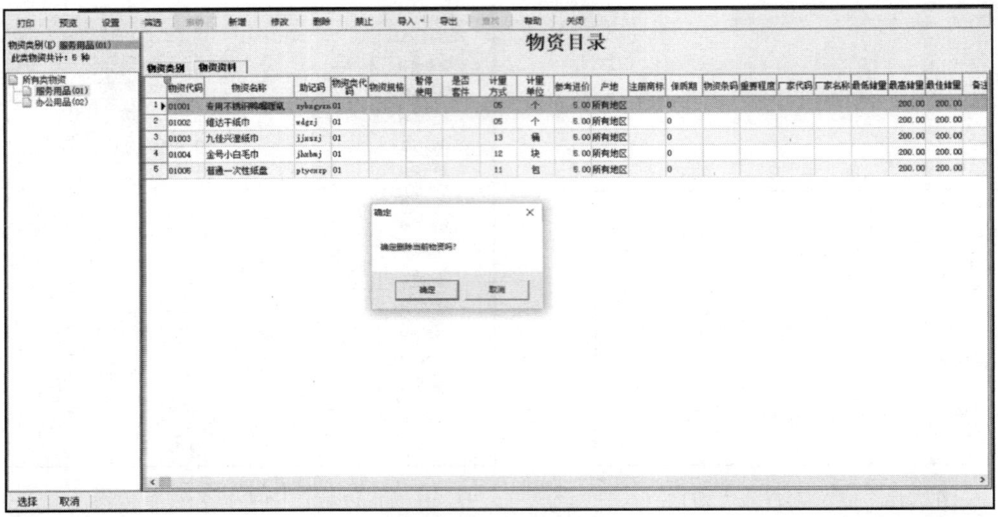

图 7-20　删除物资信息

**注意：**

① 若当前物资曾经被任何一张单据引用过，则不能被删除。

② 若不希望在今后单据中引用该物资，可以对该物资执行“禁止”操作。

（8）物资的引用禁止和允许

如果用户能够明确物资所在的类别，则可在类别树中选择该类别对应的节点；否则，可以在类别树中选择根节点“所有类别”。在窗口右边的编辑区选择“物资资料”项，并从编辑区显示的列表中选择需要禁止引用的物资信息。选中物资信息后，单击工具栏中的“禁止”按钮，所选物资即被禁止引用，如图 7-21 所示。

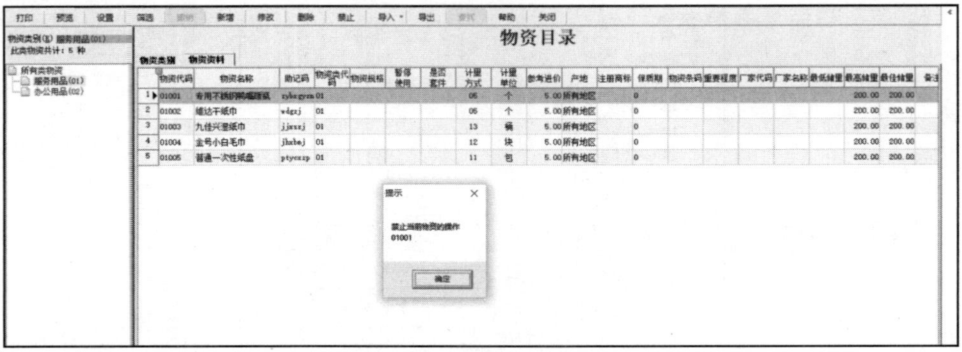

图 7-21　物资的引用禁止

“允许”操作是“禁止”操作的逆过程。对于禁止引用的物资，单击工具栏中的“允许”按钮即可恢复对该物资的引用，如图 7-22 所示。

（9）物资目录导入

单击工具栏中的“导入”按钮，再单击“…”按钮，填写生成的 XLSX 文件或根据规则自制的 XLS 文件，如图 7-23 所示。

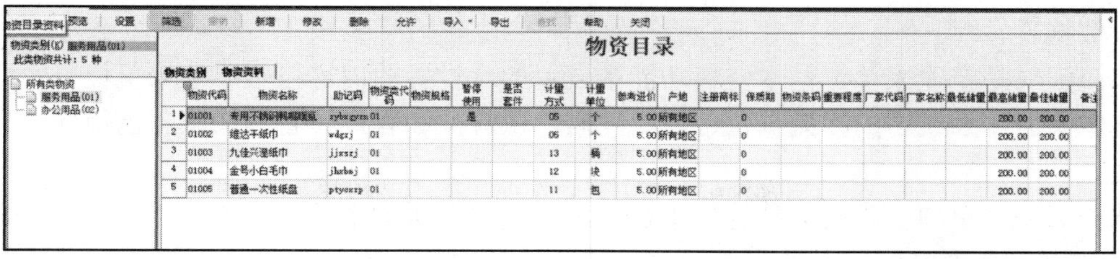


图 7-22 物资的引用允许

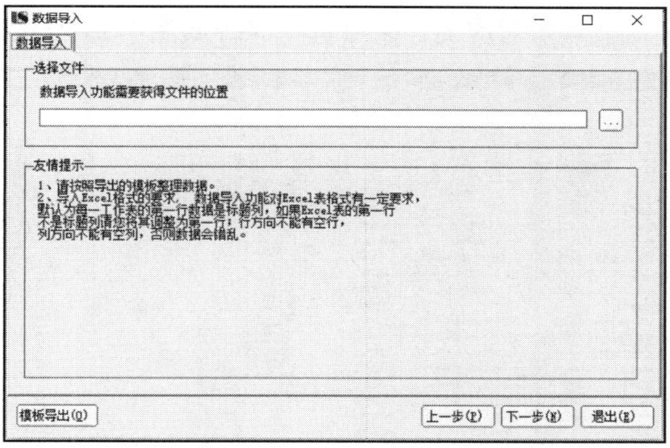


图 7-23 物资目录导入

## 2. 物资期初数据的建立

系统正式使用前，应当建立起正确的物资期初数据。这部分工作应该在物资类别和物资目录信息录入完毕后进行。物资期初数据可以采用期初入库的方式录入。

选择系统菜单项“物资管理 | 入库单”进入入库单登记簿，将编制好的入库单据录入，单据的业务类别请选择“期初入库”（如图 7-24 所示）。入库单录入完毕确认无误后保存。对以上所做的期初入库单据进行审核、记账，单据审核、记账后自动更新库存物资数据。

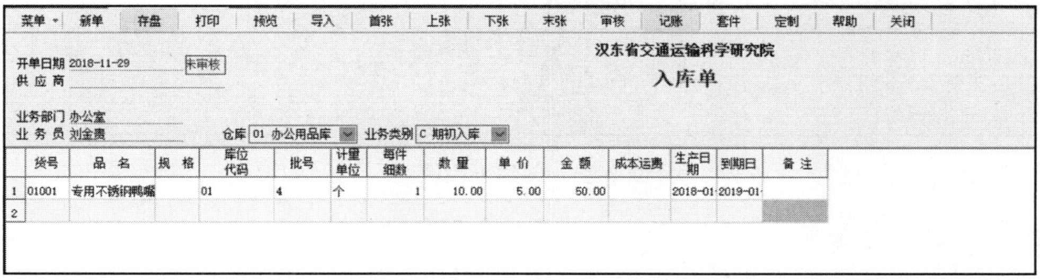


图 7-24 录入期初入库单

## 7.2.4 客商资料选取

在系统中，客商资料的建立包括以下两个方面的内容：

- 往来单位基本资料的建立；
- 期初应付和预付信息的建立。

本节将详细介绍如何编制和录入往来单位信息，以及如何正确地导入往来应收应付及预收预付数据。

客商资料是在往来单位基本资料功能中设置的。设置的内容包括：往来单位以及所属地区的基本信息。系统中的往来单位包括：厂商、供应商和客户。它们按照各自所属的地区进行分类。

选择系统菜单项“基础数据管理 | 往来单位资料”执行本功能。单击“往来单位资料”按钮后弹出“往来单位资料”窗口。这是一个目录窗口，左边的目录区中显示了一棵地区树。若系统中还没有设置过地区，则这棵地区树只有一个根节点“所有地区”。窗口右边的编辑区内显示选中地区树节点所对应的往来单位信息，如图 7-25 所示。

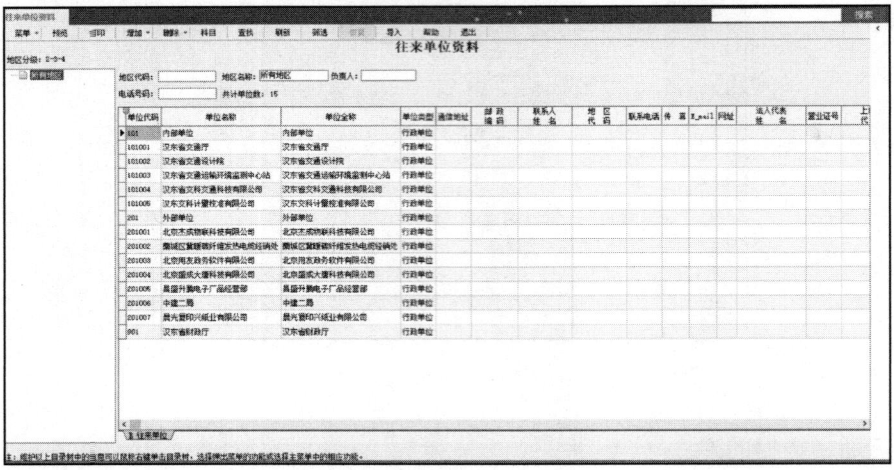


图 7-25 “往来单位资料”窗口

（1）创建下级地区

在地区树中选中需要创建下级地区的节点，单击右键，弹出功能菜单，在菜单项中选择“创建下级地区”选项，在编辑区内录入新增地区信息，单击“确定”按钮，系统增加一条地区信息，同时新增的地区节点自动加到地区树中，如图 7-26 所示。

图 7-26 创建下级地区

（2）编辑地区信息

在地区树中选中需要编辑的地区节点，单击右键，弹出功能菜单，在菜单项中选择“修改地区信息”选项，在编辑区内编辑地区信息，编辑完毕单击“修改”按钮，如图 7-27 所示。

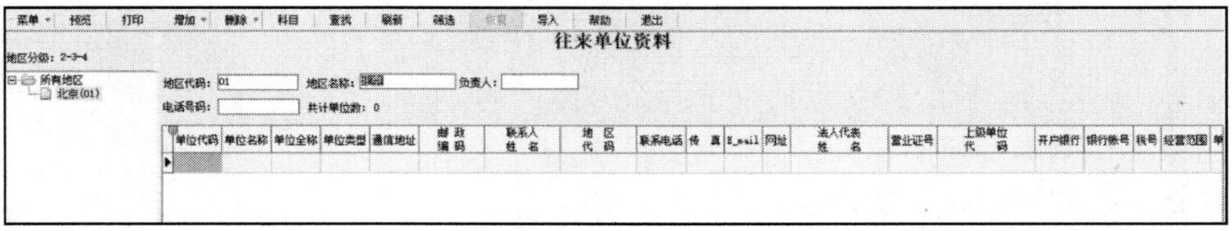


图 7-27 编辑地区信息

(3）删除当前地区

在地区树中选中需要删除地区的节点，单击右键，弹出功能菜单，在菜单项中选择“删除当前地区”选项，系统弹出“删除当前地区”窗口。单击“删除”按钮，弹出如图 7-28 所示的“警告信息”窗口，单击“确定”按钮，则删除选中的地区信息，同时在地区树中删除对应的地区节点。

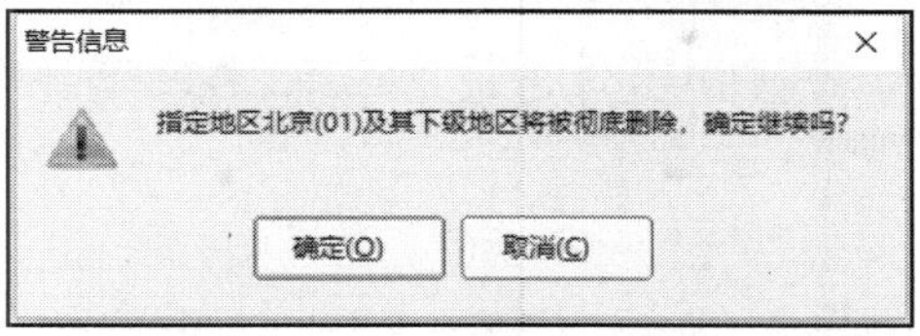


图 7-28　删除当前地区

(4）新增往来单位

在地区树中选定新增往来单位所属的地区后，单击“增加往来单位”按钮。这时弹出一张空白往来单位信息卡片。在往来单位信息卡片中录入单位信息后，单击“增加”按钮进行增加，如图 7-29 所示。

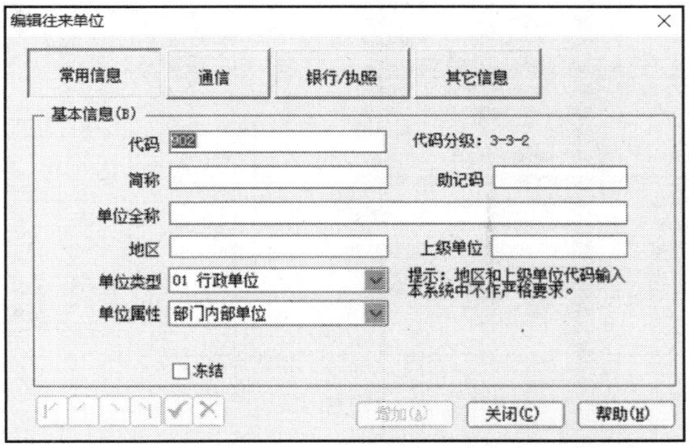


图 7-29　新增往来单位信息

(5）编辑往来单位信息

若知道往来单位所在的地区，在地区树中选择该地区对应的节点；若不知道往来单位所在的地区，在地区树中选择根节点“所有地区”。在窗口右边编辑区的往来单位信息列表中选择需要编辑的往来单位。(若列表中未找到需要选取的单位，则查看列表下面的标签页是否选对，或者选择“所有单位”页。）选中往来单位后双击调出对应的信息卡片，在卡片中进行编辑，如图 7-30 所示。往来单位信息编辑完毕，单击卡片中的“增加”按钮保存。

(6）删除往来单位

若知道往来单位所在的地区，在地区树中选择该地区对应的节点；若不知道往来单位所在的地区，在地区树中选择根节点“所有地区”。在窗口右边编辑区的往来单位信息列表中选择需要删除的往来单位。(如果列表中未找到需要选取的单位，则查看列表下面的标签页是否选对，或者选择“所有单位”页。）选中往来单位（如图 7-31 所示）后，单击“删除”按钮，所选单位信息即被删除。

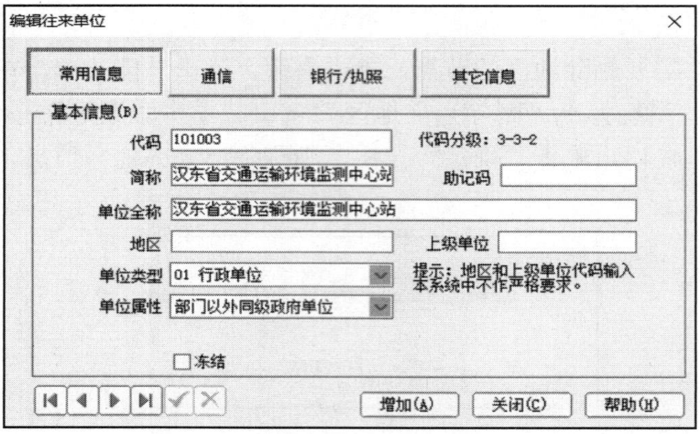

图 7-30　编辑往来单位信息

图 7-31　删除往来单位

## 7.2.5　期初应付、预付信息的建立

系统正式使用前，应当建立起正确的应收应付和预收预付期初数据。这部分工作应该在往来单位基本信息录入完毕进行。

### 1. 录入期初应付信息

将期初数据编制成若干张应收应付初始化单据。对期初应收应付信息进行整理，将未核销的部分挑选出来，按单据当时的日期制作成应收应付初始化单据。已核销的部分可以不予考虑。

选择系统菜单项“物资管理｜期初应付账款”，进入单据登记簿，将编制好的单据录入，如图 7-32 所示，录入完毕确认无误后保存。对以上所做的期初应付单据进行审核、记账，之后系统自动更新期初应付数据。

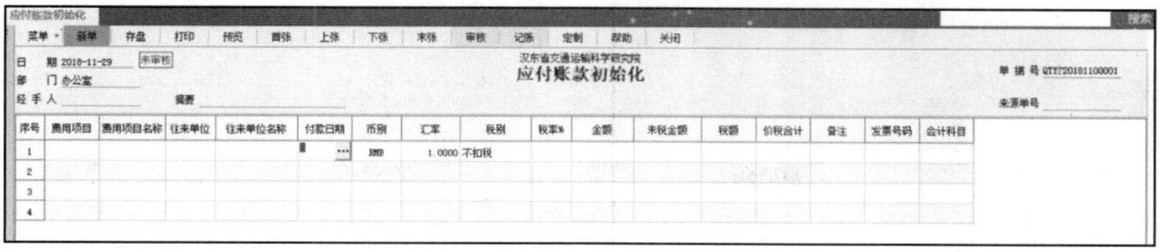


图 7-32　录入期初应付账款信息

### 2. 录入期初预付信息

将期初数据按付款的日期和不同供应商编制成若干张付款单据。选择系统菜单项“结算 | 付款单”进入单据登记簿，如图 7-33 所示，将编制好的单据录入，录入完毕确认无误后保存。录入预付款时，付款单的标识信息中应选中“是否预付账款”一项。对以上所做的付款单据进行审核、记账，之后系统自动更新期初预付款数据。

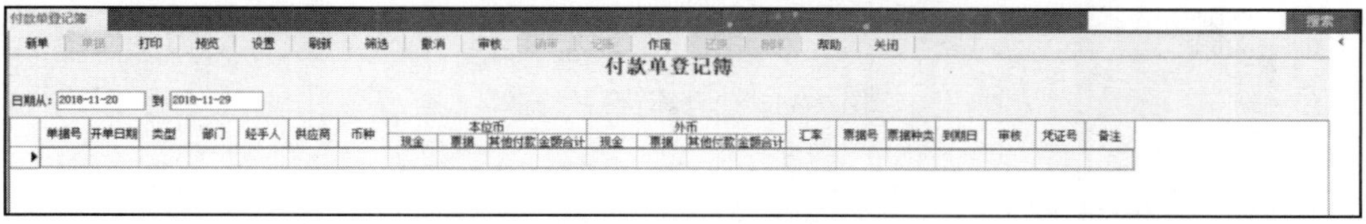


图 7-33　录入期初预付信息

## 7.2.6　其他基础信息设置

### 1. 仓库资料设置

在本系统中可以实现多个仓库的管理。要进行仓库管理，首先必须定义仓库和各级货位的基本信息，在“仓库资料”功能中可以完成这个任务。在系统中，仓库也可理解为一个货位，是一种特殊货位，包含更多的信息。系统的仓库及货位树中每个节点均对应一个货位，其中的一级货位被默认为仓库。仓库货位采用分级设置的方法，每个上级货位可以包含一个或多个下级货位，任何一个下级货位代码的前几位都必须是其上级货位代码。

选择系统菜单项“基础数据管理 | 仓库资料”执行本功能。单击“仓库资料”按钮后弹出“仓库资料”窗口。这是一个目录窗口，左边的目录区中显示了一棵仓库及货位树。这棵树的一级节点为设置的仓库，二级以上节点均指货位。若系统中还没有设置过仓库即货位，这棵仓库及货位树只有一个根节点“所有仓库”。窗口右边的编辑区内显示相应的仓库信息或货位信息，二者可以通过单击标签页进行切换，如图 7-34 所示。

（1）新增仓库

在仓库及货位树中选中根节点，单击右键，弹出功能菜单，在菜单项中选择“新仓库”选项，系统弹出“增加新仓库”窗口（如图 7-35 所示）。在“增加新仓库”窗口中录入新仓库代码及名称并确认后，系统增加一条仓库信息，同时新增的仓库节点自动加到仓库及货位树中。在窗口右边的编辑区选中“仓库”页，录入新增仓库的其他信息，录入完毕单击“增加”按钮。

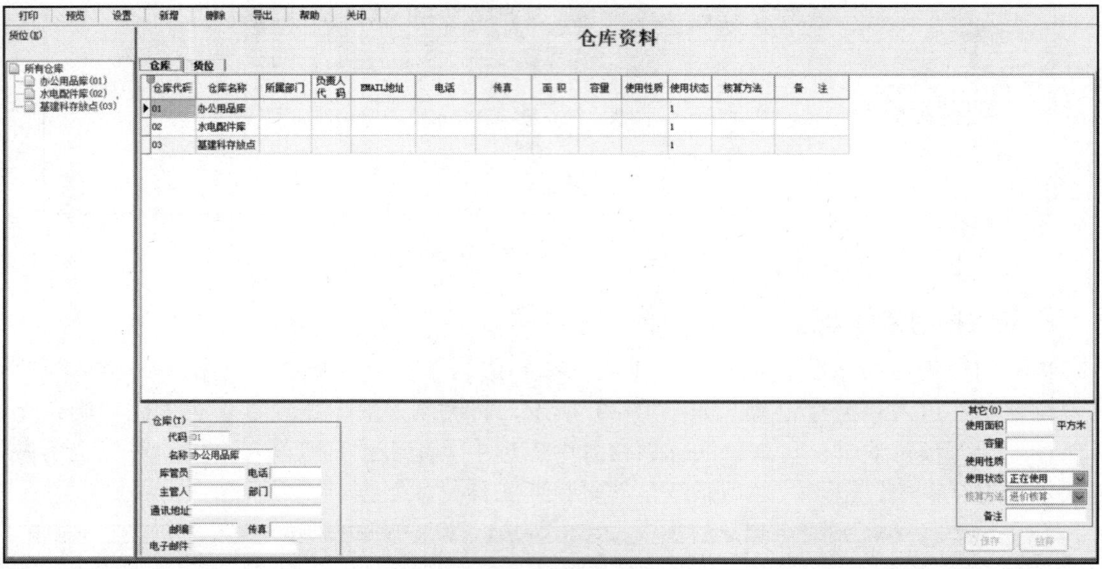


图 7-34 “仓库资料”窗口

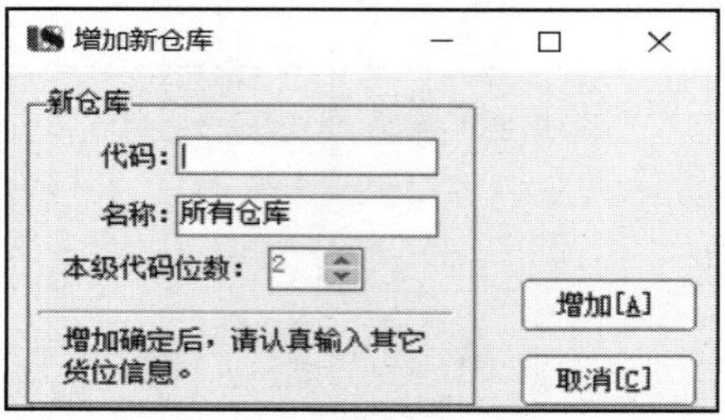


图 7-35 “增加新仓库”窗口

（2）编辑仓库信息

在窗口右边的编辑区选择“仓库”页，在上部的浏览区内选中需要进行编辑的仓库，相应的仓库信息自动显示在下部的编辑区内，用户可以进行编辑操作。编辑完毕单击“保存”按钮保存，如图 7-36 所示。

图 7-36 编辑仓库信息

（3）删除仓库信息

在仓库及货位树中选中需要删除的仓库节点，单击右键，弹出功能菜单，在菜单项中选择“删除当前仓库”选项，系统弹出“删除当前仓库”窗口，并在窗口中显示删除仓库的主要信息。用户可以根据显示信息判断是否确实删除所选仓库（如图 7-37 所示）。确认后单击“删除”按钮，系统删除仓库信息，同时在仓库及货位树中删除对应的节点。

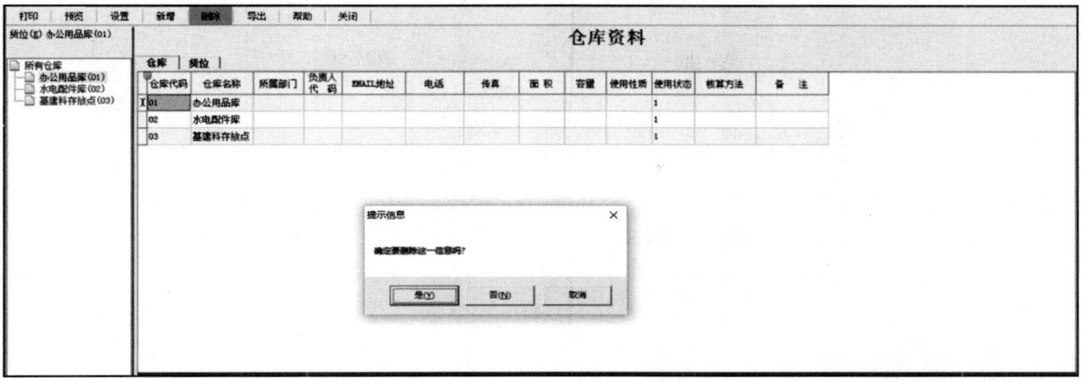

图 7-37　删除仓库信息

（4）新增货位

新增货位操作与新增仓库相似。在仓库及货位树中选中新增货位的上级节点，单击右键，弹出功能菜单，在菜单项中选择“创建下级货位”选项，系统弹出“增加下级货位”窗口（如图 7-38 所示）。在“增加下级货位”窗口中录入新货位代码及名称并确认，系统增加一条货位信息，新增的货位节点自动加到仓库及货位树中。在窗口右边的编辑区选中“货位”页，录入新增货位的其他信息，录入完毕单击“增加”按钮。

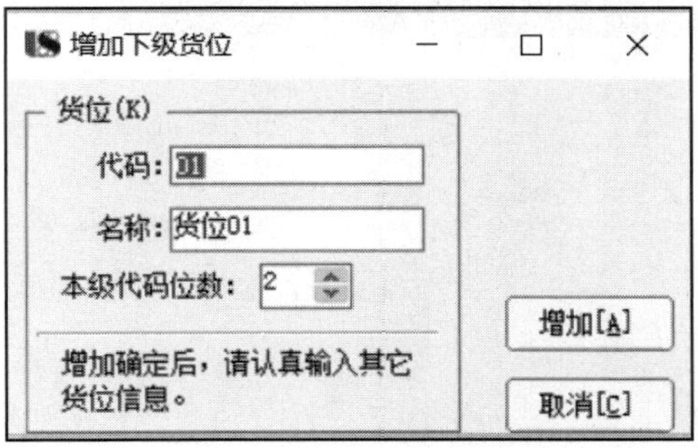


图 7-38　“增加下级货位”窗口

（5）编辑货位信息

在仓库及货位树中选中需要编辑的货位节点，在界面右边的信息栏内选择“货位”页，相应的仓库信息自动显示在下部的编辑栏内，用户可以进行编辑操作，如图 7-39 所示。

（6）删除货位信息

在仓库及货位树中选中需要删除的货位节点，单击右键，弹出功能菜单，在菜单项中选择“删除当前货位”选项，系统弹出“删除当前货位”窗口，并在窗口中显示删除货位的主要信息。用户可以根据显示信息判断是否确实删除所选货位。确认后单击“删除”按钮，系统删除货位信息，同时在仓库及货位树中删除对应的节点。

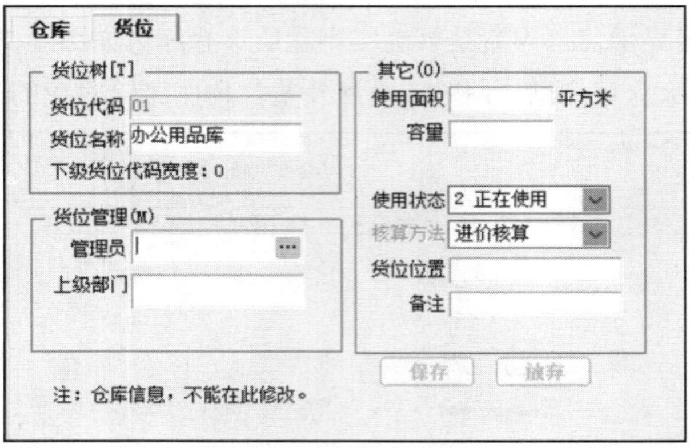


图 7-39　编辑货位信息

## 2. 部门及人员

“部门及人员”功能模块用于设置核算单位内各个部门的基本信息及各个部门下属的职员信息。系统中定义的部门和职员信息可以在单据中或其他需要录入部门职员信息的地方进行引用，同时还可以按部门和职员对各项业务及业绩进行汇总统计。

选择系统菜单项“基础数据管理｜部门职员信息”执行本功能。进入“部门职员信息”功能模块后弹出“部门职员信息”界面，这是一个目录界面，界面左边的目录区中显示一棵部门树。若系统中还没有设置过部门，则这棵部门树只有一个根节点“所有部门”。界面右边的编辑区内显示单击部门树中任一节点对应的部门信息或职员信息，如图 7-40 所示。

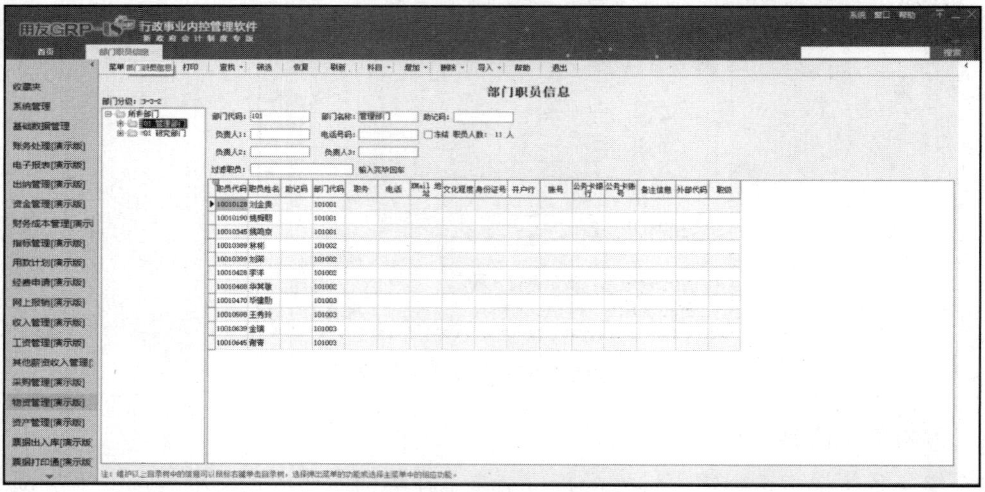


图 7-40　“部门职员信息”界面

（1）新增部门信息

在部门树中选择所需新增部门的节点，单击右键弹出功能菜单，在菜单项中，选择“增加部门”选项。在编辑区中录入新增部门信息，编辑完成后，单击“确定”按钮，系统增加一条部门信息，同时新增的部门节点自动加到部门树中，新增部门如图 7-41 所示。

图 7-41　新增部门信息

（2）编辑部门信息

在部门树中选中需要编辑的部门节点，选中的部门信息会自动显示出来，如图 7-42 所示，用户可以进行编辑操作。部门信息编辑完毕后单击“确定”按钮保存即可。

图 7-42　编辑部门信息

（3）删除部门信息

在部门树中选中需要删除的部门节点，如图 7-43 所示，单击“删除”按钮，系统弹出删除确认窗口，单击“确认”按钮则删除选中的部门信息，同时在部门树中删除对应的部门节点。

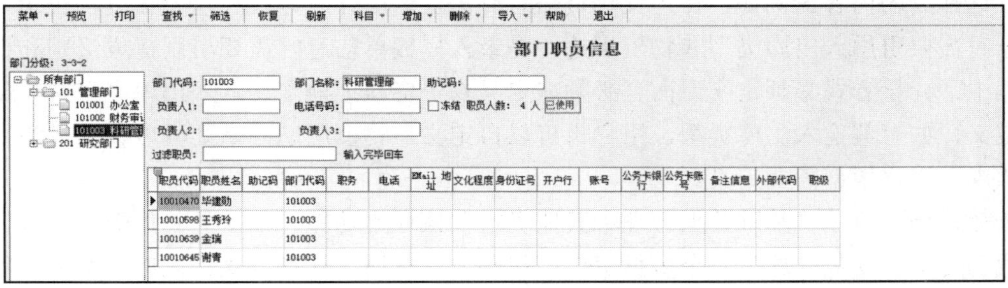


图 7-43　删除部门信息

（4）增加职员信息

在“部门职员信息”界面，单击“增加”按钮，系统调出一张空白职员信息卡片，在卡片中录入职员信息后单击“增加”按钮，如图 7-44 所示。

（5）编辑职员信息

若知道职员所在的部门，则可在部门树中选择该部门对应的节点；否则，可在部门树中选择根节点“所有部门”。从编辑区显示的列表中选择需要编辑的职员信息。选中职员信息后双击，系统调出该职员的信息卡片，这时可以对职员信息进行编辑，如图 7-45 所示。职员信息编辑完毕后单击“增加”按钮。

（6）删除职员信息

若知道职员所在的部门，则可在部门树中选择该部门对应的节点；否则，可在部门树中选择根节点“所有部门”。从编辑区显示的列表中选择需要删除的职员信息。选中职员信息后双击，系统调出该职员的信息卡片。单击卡片中的“删除”按钮，所选职员信息即被删除。

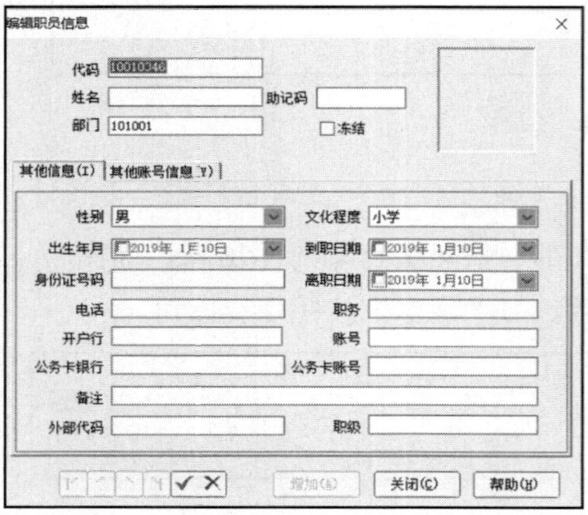


图 7-44　增加职员信息

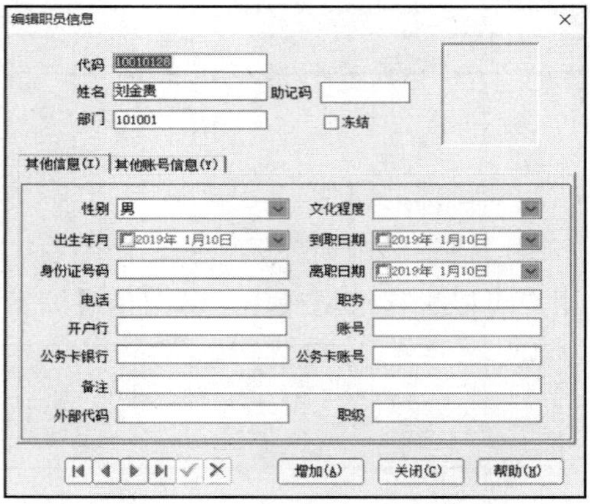


图 7-45　编辑职员信息

### 3. 代码定义

“代码定义”功能用于定义计量方式、入出库类型、物资用途、重要程度、提成级别、提成系数。由于这里所定义的各种代码会在其他功能中被引用，因此应在引用它们之前首先定义好这部分的内容。例如，在定义物资信息时需要引用计量方式和重要程度，在录入出入库单据时需要引用入出库类型和物资用途，在录入提成单信息时需要引用提成级别和提成系数。其中，计量方式必须定义，而且必须在定义物资资料之前定义。入出库类型有一部分由系统定义，如有其他入出库类型，用户也可以自定义。物资用途、重要程度、提成级别、提成系数则由用户根据需要定义。

选择系统菜单项“基础数据管理｜其他资料”执行本功能。单击“其他资料”按钮后弹出“代码定义”窗口。这是一个多页窗口。代码定义包括：计量方式、入出库类型、物资用途和重要程度四部分，因此在窗口中用四个不同的标签页对应这四个部分。可以通过单击标签页选择不同的页面进行操作。

（1）设置计量方式

选择“计量方式”选项，可以进行计量方式的设置，如图 7-46 所示。

（2）设置物资用途

选择“物资用途”选项，可以进行物资用途的设置。用户可以根据本单位管理的需要，自定义物资用途，如图 7-47 所示。

（3）设置入出库类型

选择“入出库类型”选项，可以查询和定义入出库类型。可以通过单选按钮选择“入库方式”或“出库方式”，选中后系统自动将对应的各种方式列示在窗口中，如图 7-48 所示。

（4）设置物资重要程度

选择“重要程度”选项，可以进行物资重要程度的设置，如图 7-49 所示。

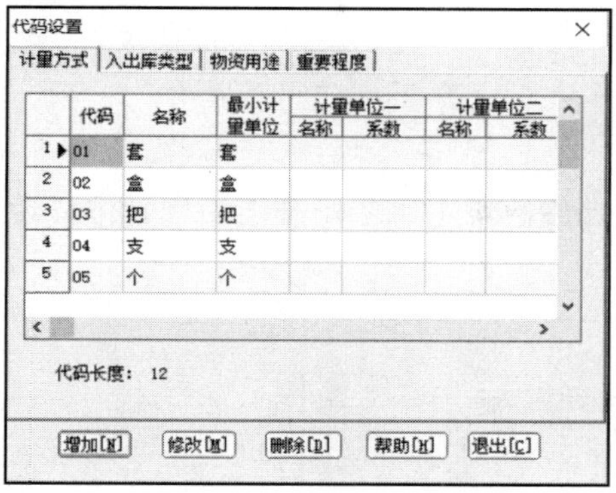


图 7-46　“计量方式”设置

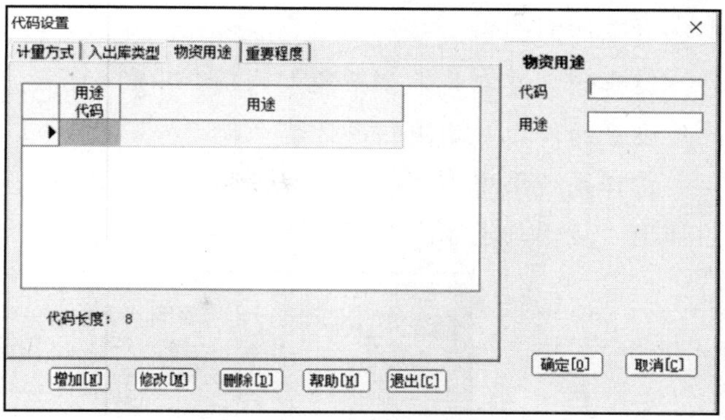


图 7-47　“物资用途”设置

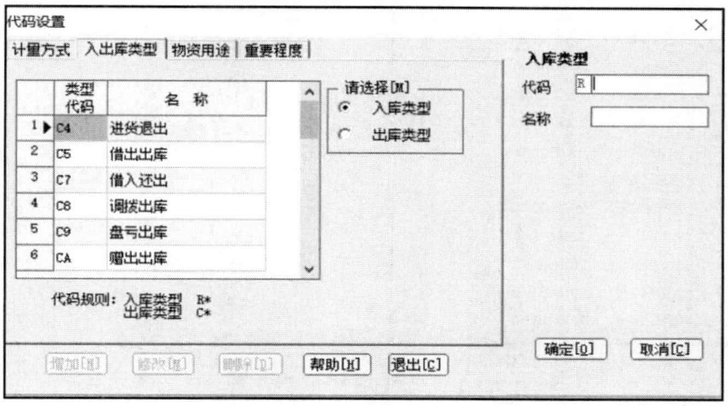


图 7-48　“入出库类型”设置

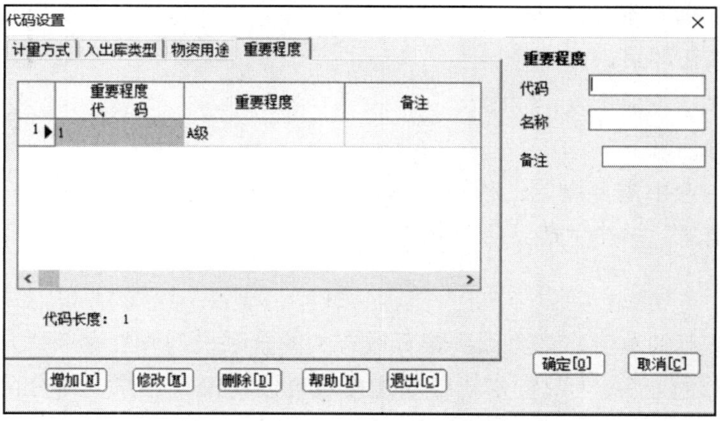


图 7-49　“重要程度”设置

### 4. 外币及汇率

“外币及汇率”功能模块用于录入和查询各种外币的记账汇率，同时还可以查询某种外币汇率的历史资料。对于没有外币核算的单位，可不用此功能。定义的外币及汇率信息可以在录入各种单据时引用。引用时系统根据汇率自动将外币折算成人民币。若单据中需要引用外币及汇率信息，应尽可能地在输入单据前将有关外币信息设置完毕。在单据录入时还可以根据实际情况编辑调整汇率。

**注意**：只有在菜单“系统 | 选项”中的“系统选项”页面选中了“使用多币种”一项，此处设置的外币及汇率信息才有效。

选择系统菜单项“基础信息 | 货币及汇率”执行本功能。单击“货币及汇率”功能模块后弹出“货币与汇率”窗口，如图 7-50 所示。

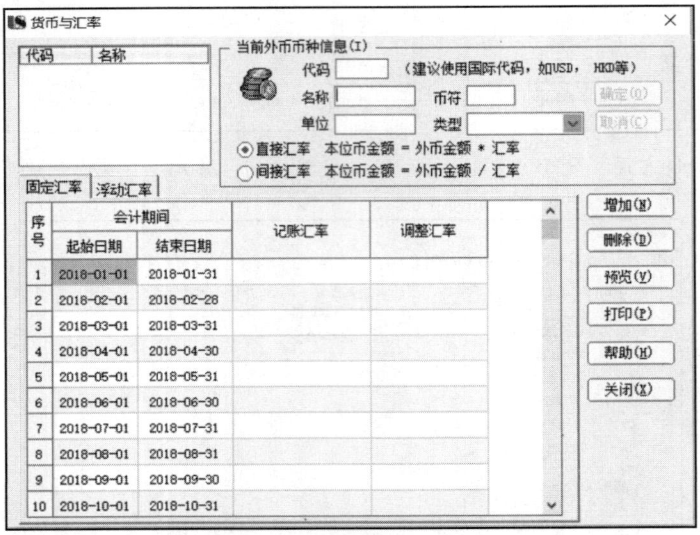


图 7-50 “货币与汇率”窗口

（1）增加新币种

在“货币与汇率”窗口，单击“增加”按钮，弹出“新币种录入”窗口，输入外币信息后单击“确认”按钮即可。

**注意**：币种代码不能重复。

（2）删除币和信息

在外币列表中选中需要删除的外币信息，单击“删除”按钮（或按键“Alt+D”），弹出窗口显示该币种信息，单击“确认”按钮即可删除。

### 5. 银行资料

每一个独立核算的单位，都必须到银行或有关的金融机构开立存款账户，以办理日常存取现金和转账结算的业务。“银行资料”功能模块可以将银行账户资料分门别类地建档。若与多家银行有业务往来，建立银行资料可以方便地查询、管理所有的银行资料。建立的账户资料可以在收付款时引用。

选择系统菜单项“基础信息 | 银行资料”执行本功能。单击“银行资料”模块后弹出“编辑银行资料”窗口，如图 7-51 所示。

（1）新增银行资料

在“银行资料”界面，单击“增加”按钮，弹出一个资料录入窗口，如图 7-52 所示，输入银行信息后单击“确认”按钮即可。

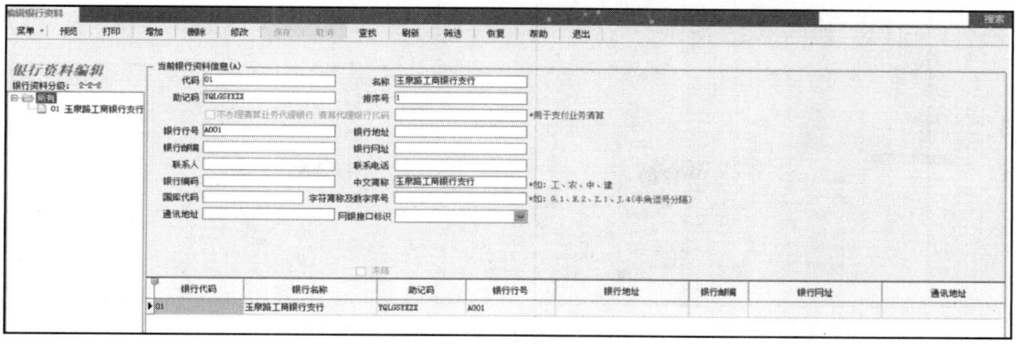


图 7-51 “编辑银行资料”窗口

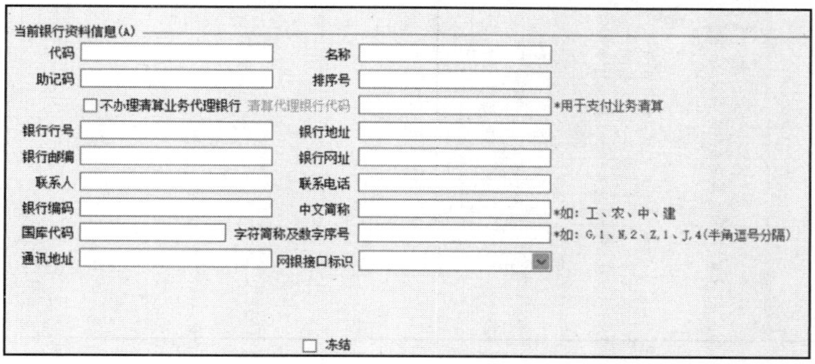


图 7-52 新增银行资料

（2）编辑银行资料

在银行资料列表中选中需要修改的银行信息后，单击“编辑”按钮（或按键“Alt+E”），弹出信息编辑窗口，如图 7-53 所示，编辑完毕单击“确认”按钮。

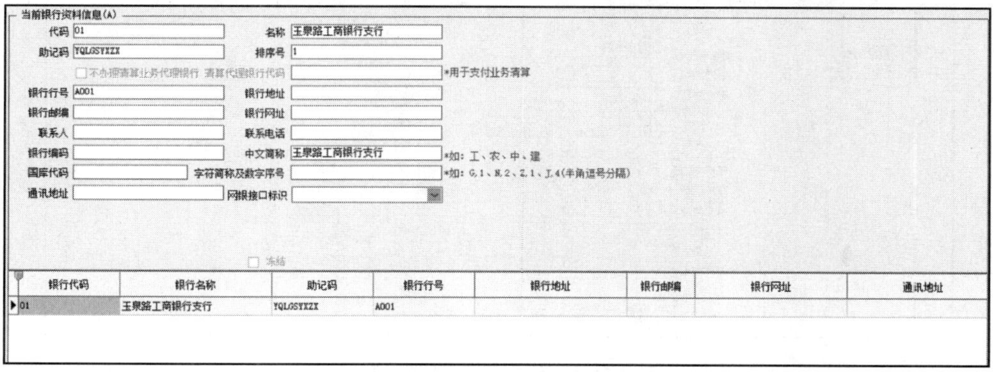


图 7-53 编辑银行资料

（3）删除银行资料

在银行资料列表中选中需要删除的银行信息后，单击“删除”按钮（或按键“Alt+D”），弹出的窗口中显示该银行信息，如图 7-54 所示，单击“确认”按钮即可删除。

### 6. 账户资料

选择系统菜单项“基础信息｜账户资料”执行本功能。单击“账户资料”选项后弹出

“账户资料”窗口，如图 7-55 所示。

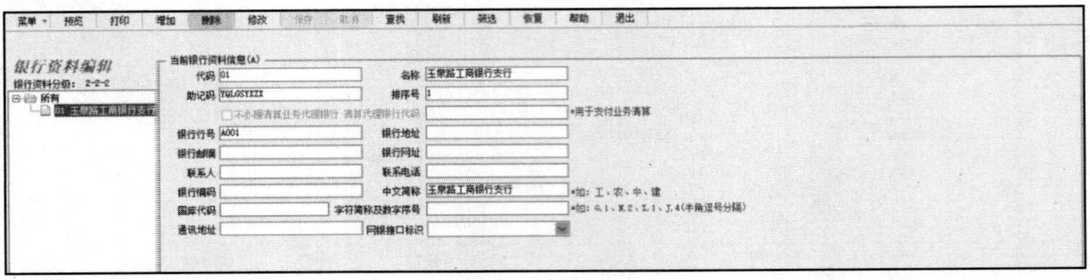


图 7-54　删除银行资料

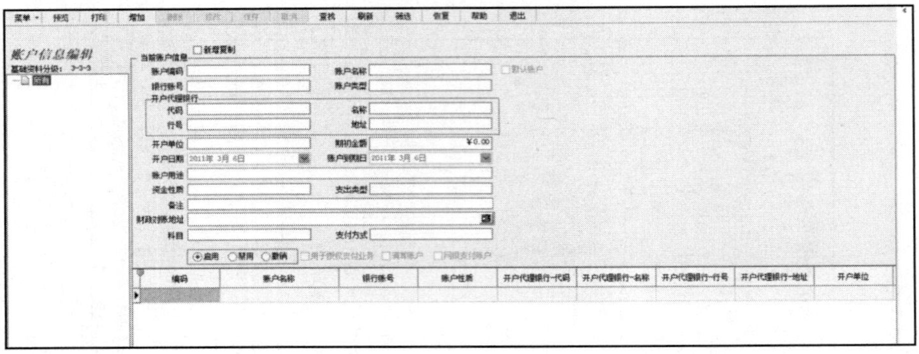


图 7-55　“账户资料”窗口

（1）新增账户资料

在“账户资料”窗口，单击“增加”按钮（或按键“Alt+A”），弹出“账户信息编辑”窗口，如图 7-56 所示，输入账户信息后单击“确认”按钮。

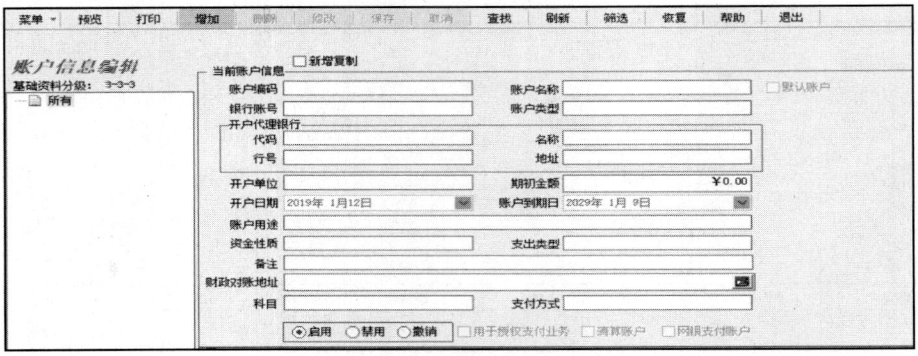


图 7-56 “账户信息编辑”窗口

（2）编辑账户资料

在账户资料列表中选中需要修改的账户信息后，单击“编辑”按钮（或按键“Alt+E”），弹出“信息编辑”窗口，编辑完毕后单击“确认”按钮。

（3）删除账户资料

在账户资料列表中选中需要删除的账户信息后，单击“删除”按钮（或按键“Alt+D”），弹出的窗口中显示该账户信息，单击“确认”按钮。

## 7.2.7 定义物资组装关系

选择系统菜单项“基础信息｜组件关系”执行本功能。“物资组装关系表”界面分为左右两部分：左面是套件物资的名称，单击右键选择增加套件物资，弹出选择物资的对话框，所列出的物资是在定义物资资料时设定为套件物资的物资。选择好需要组装的套件物资名称后，可以进行下一步。右面是组成套件的物资，也称之为子物资窗口，选择一种设定的套件物资后，可以为这种物资装配组件，如图 7-57 所示。

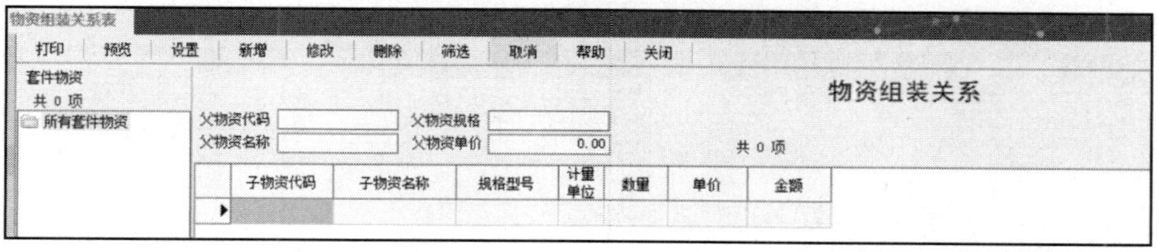

图 7-57 “物资组装关系表”界面

# 7.3 采购管理

## 7.3.1 进货询价

进货询价功能模块可以对生产厂商产品报价的各种状态进行操作和管理，包括：询价单的录入/修改、审核/销审、作废/还原。

对询价单进行管理，选择系统菜单“物资管理｜询价单”。单击“询价单”功能模块后，首先打开的是登记簿，登记簿中列出了系统现有的询价单信息。相关操作既可以通过登记簿或单据中的按钮实现，也可以通过单据菜单或快捷键实现。“询价单登记簿”界面如图 7-58 所示。

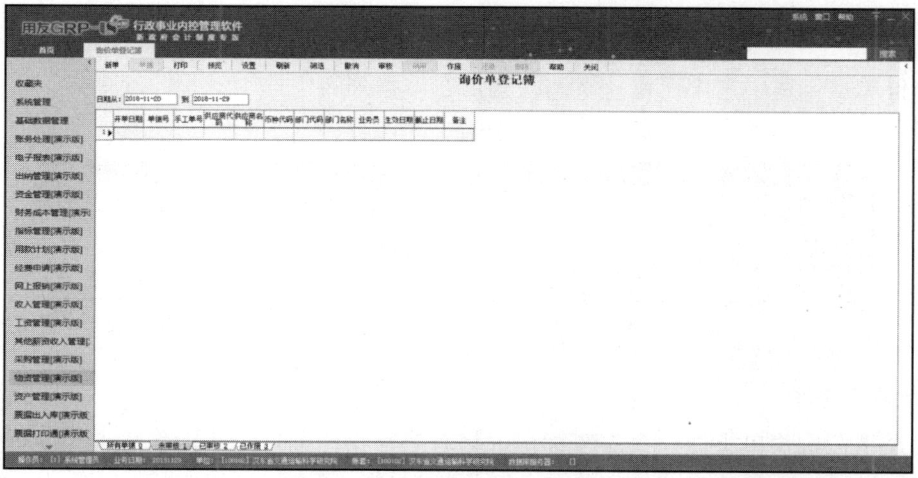

图 7-58 “询价单登记簿”界面

### 1. 录入/修改

若要新增询价单，则单击“新单”按钮，系统将调出一张空白询价单供用户录入相关信息。若要编辑现有询价单，在登记簿中选中需要编辑的询价单信息，双击后，系统将调出选定的询价单供用户编辑。新增询价单如图 7-59 所示，编辑询价单如图 7-60 所示。

图 7-59　新增询价单

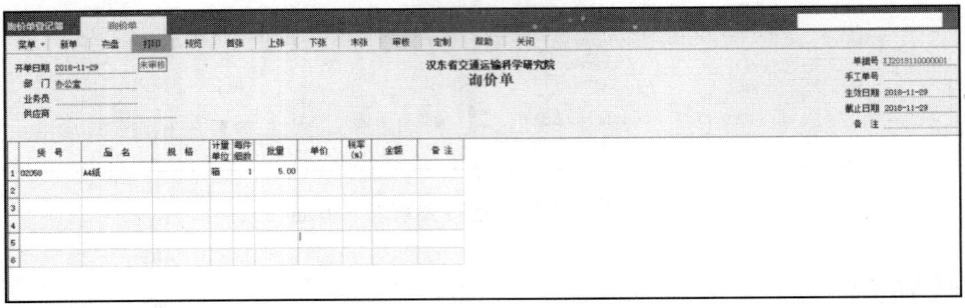


图 7-60　编辑询价单

## 2. 审核 / 销审

在询价单登记簿中选中未审核状态，在单据列表中选中一行，双击后调出对应的询价单，确认无误后单击“审核”按钮，如图 7-61 所示。

图 7-61　询价单审核

在询价单登记簿中选中已审核状态，然后在单据列表中选中一行，双击后调出对应的正式询价单，单击“销审”按钮，如图 7-62 所示。

图 7-62　询价单销审

## 3. 作废 / 还原

作废是指在询价单上做一个作废标记，只有未审核的询价单才能作废。作废询价单可以通过“还原”操作还原成未审核询价单。在询价单登记簿中选中未审核状态，然后在单据列表中选中一行，双击后调出对应的未审核询价单，单击“作废”按钮，如图 7-63 所示。

还原是指取消作废询价单上的作废标记，将其还原成未审核询价单。在询价单登记簿中选中作废状态，然后在单据列表中选中一行，双击调出对应的询价单，单击“还原”按钮即可。

图 7-63　询价单作废

4. 删除

删除是指从系统中删掉询价单。询价单只有在“作废”状态下才可以删除。在询价单登记簿中选中作废状态，然后在单据列表中选中一行，双击调出对应询价单，单击“删除”按钮，如图 7-64 所示。

图 7-64　询价单删除

## 7.3.2　合同订单管理

在采购所需的物资、材料、设备时，都可能会对客户提供报价，对供应商的产品进行询价，与供应商或客户签订合同。此处的合同是本单位在与往来单位接洽后，双方就物资、价格、结算方式、交货方式等达成的一种协议。合同正式签订后，就可以作为后续进货和销货业务的依据。

用友系统中的询价、合同管理功能有助于企业事前对市场情况做出判断。在对进货合同进行管理时，选择系统菜单“物资管理 | 进货合同单”。进入合同管理功能模块后，首先打开合同登记簿，登记簿中列出系统现有的合同信息。相关操作既可通过登记簿或单据中的按钮实现，也可通过单据菜单或快捷键实现。“进货合同登记簿”界面如图 7-65 所示。

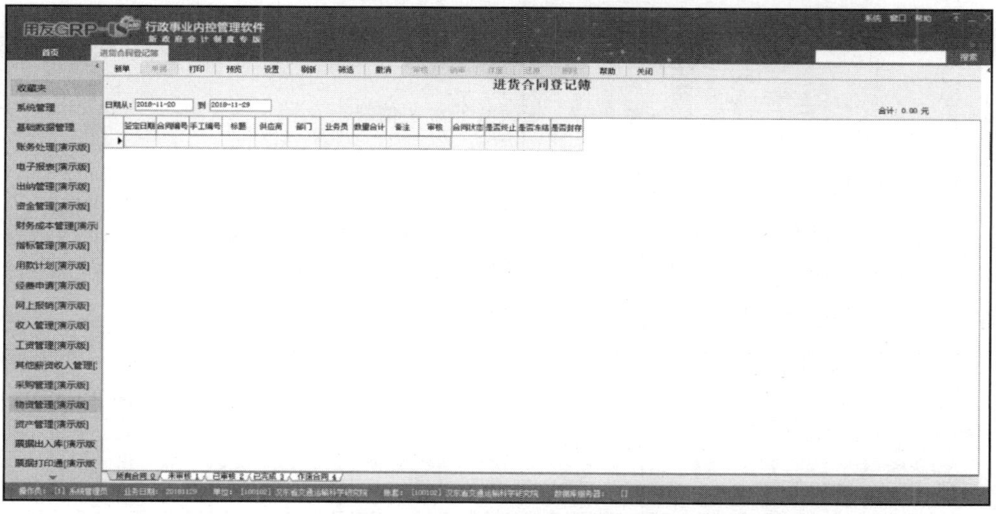


图 7-65　“进货合同登记簿”界面

### 1. 合同的各种状态及相互关系

合同登记簿中将系统现有的合同信息按合同状态分页显示。单击登记簿下方的不同状态的页面，列表中显示相应的合同信息。不同状态下的合同可以执行的操作不同。

### 2. 录入/修改

若要新增合同，单击“新单”按钮，系统将调出一张空白合同供用户录入相关信息。若要编辑现有合同，在登记簿中选中需要编辑的草签合同信息，双击后，系统将调出选定的合同供用户编辑。录入进货合同的界面如图 7-66 所示。

图 7-66　录入进货合同的界面

修改“其他说明信息”时，单击“第二页”按钮弹出多页窗口，在窗口中录入合同中的付款说明、交货方式和结算方式及标准的信息如图 7-67 所示。结算方式及标准中的签订地点、双方签字人为必须输入的信息。审核单据时要对这几项进行检查，其余均属于备查信息，根据实际情况选择录入。

图 7-67　修改其他说明信息

### 3. 审核 / 销审

审核指确认合同准确无误并在合同上附上审核人员的签章。经审核的合同为正式合同。在合同登记簿中选中未审核状态，然后在单据列表中选中一行，双击后调出对应的草签合同，确认无误后单击“审核”按钮，如图 7-68 所示。

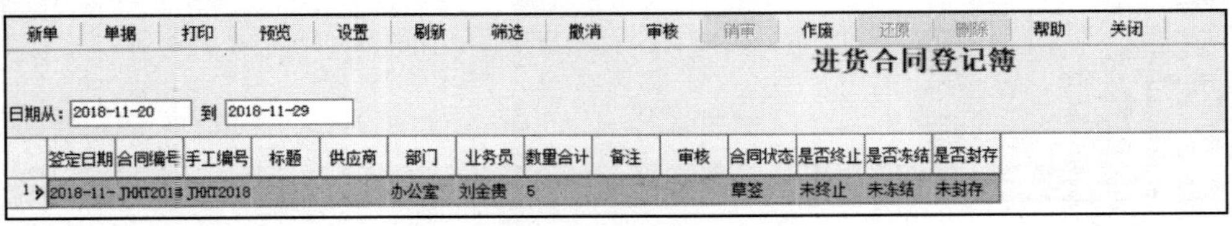


图 7-68　进货合同审核

销审是指取消合同上的审核人员签章。合同销审后成为草签合同，可以进行修改。在合同登记簿中选中已审核状态，然后在单据列表中选中一行，双击后调出对应的正式合同，单击“销审”按钮，如图 7-69 所示。

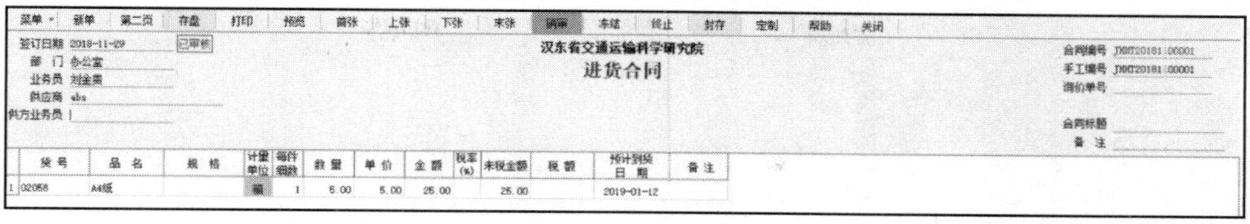


图 7-69　进货合同销审

### 4. 作废 / 还原

作废是指在合同上做一个作废标记，只有草签合同才能作废。作废合同可以通过“还原”操作还原成草签合同。在合同登记簿中选中未审核状态，然后在单据列表中选中一行，双击后调出对应的草签合同，单击“作废”按钮，如图 7-70 所示。

图 7-70　进货合同作废

还原是指取消作废合同上的作废标记，将其还原成草签合同。在合同登记簿中选中作废状态，然后在单据列表中选中一行，双击后调出对应的合同，单击“还原”按钮，如图 7-71 所示。

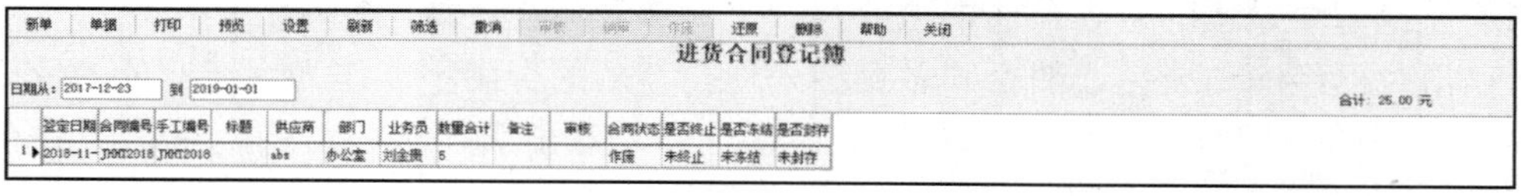


图 7-71　进货合同还原

### 5. 删除

删除是指真正从系统中删掉该合同。合同只有在“作废”状态下才可以删除。在合同登记簿中选中作废状态，然后在单据列表中选中一行，双击后调出对应合同，单击“删除”按钮，如图 7-72 所示。

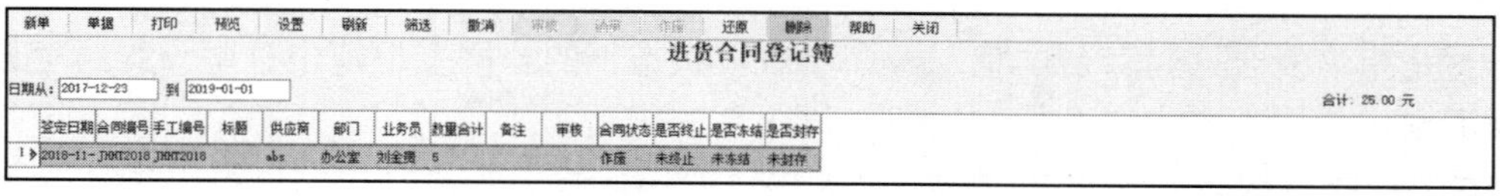


图 7-72　进货合同删除

### 6. 冻结 / 解冻

在合同登记簿中选中已审核状态，单击右键，弹出快捷菜单，在菜单项中选择“冻结状态”选项，弹出子菜单，子菜单有三项内容：A.全部 B.未冻结合同 C.已冻结合同。通过这三项的选择可以筛选登记簿中显示的内容。选中项前有一个“●”标志，默认选项为：A.全部。冻结是指暂停该合同的执行。冻结后的合同在解冻之前不能作为后续业务依据。在已审核状态下的合同登记簿中选中一张未冻结合同，双击后调出该合同，单击“冻结”按钮，如图 7-73 所示。

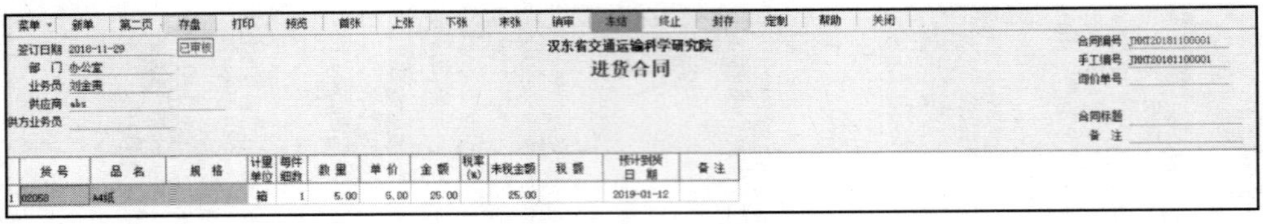


图 7-73　进货合同冻结

解冻是指解除合同的冻结状态。冻结合同经解冻操作后可以作为后续业务依据。在已审核状态下的合同登记簿中选中一张冻结合同，双击调出该合同，单击“解冻”按钮，如图 7-74 所示。

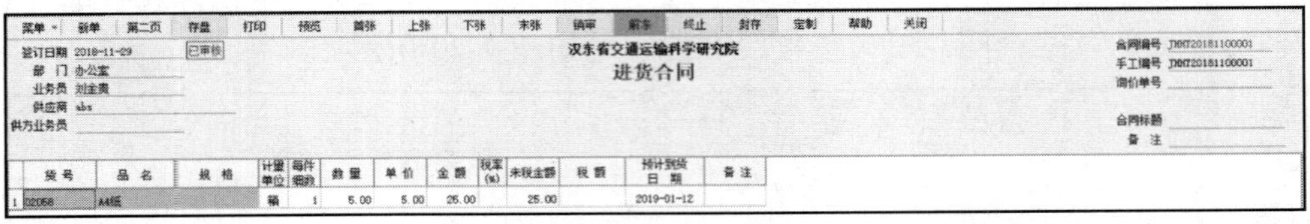


图 7-74　进货合同解冻

### 7. 封存 / 开封

在合同登记簿中选择已审核状态，单击右键，弹出快捷菜单，在菜单项中单击“封存”按钮，弹出子菜单，子菜单有三项内容：A.全部 B.未封存合同 C.已封存合同。可以通过这三项筛选登记簿中显示的内容。选中项前有一个“●”标志，默认选项为：A.全部。

封存指对已经冻结或完成的合同做存档处理。存档的合同不能作为后续业务的依据。在已审核状态下的合同登记簿中选中一张未封存合同，双击后调出该合同，单击“封存”按钮，如图 7-75 所示。

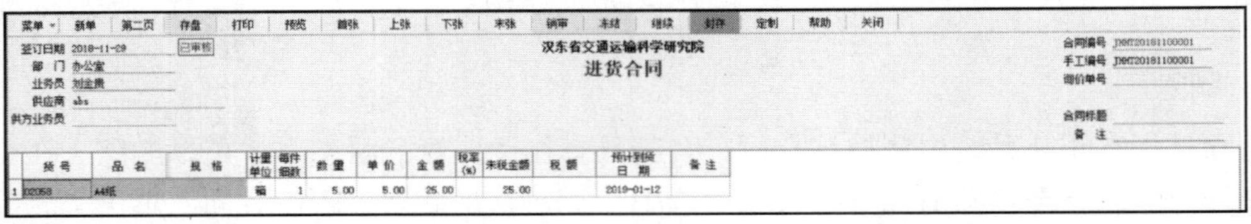


图 7-75　进货合同封存

开封是指恢复合同封存前的状态。在已审核状态下的合同登记簿中选中一张封存合同，双击后调出该合司，单击“开封”按钮，如图 7-76 所示。

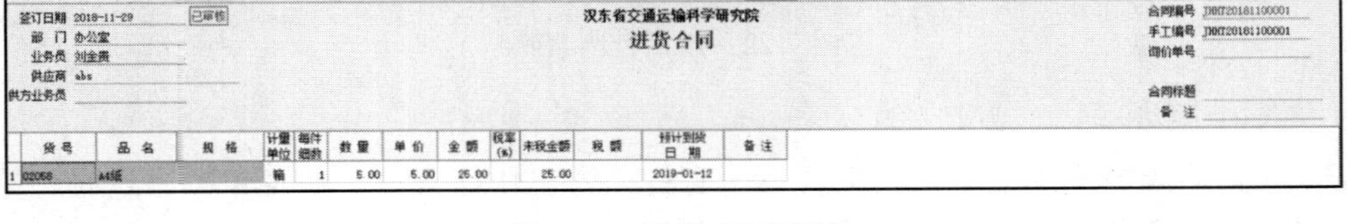


图 7-76　进货合同开封

### 8. 终止 / 继续

在合同登记簿中选择已审核状态，单击右键，弹出快捷菜单，在菜单项中单击“终止”按钮，弹出子菜单，子菜单有三项内容：A.全部；B.未终止合同；C.已终止合同。可以通过这三项筛选登记簿中显示的内容。选中项前有一个“●”标志，默认选项为：A.全部。

终止是指终止合同的执行。终止的合同不能作为后续业务的依据。在已审核状态下的合同登记簿中选中一张未终止合同，双击后调出该合同，单击“终止”按钮，如图 7-77 所示。

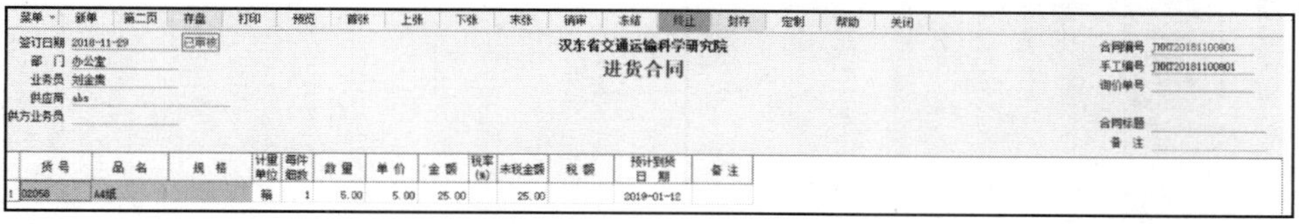


图 7-77　进货合同终止

继续是指取消合同的终止状态，使之能够继续作为后续业务的依据。一般情况下，合同一旦终止不应允许再继续，设置“继续”操作主要是为了防止误操作。因此，此项权限应该受到严格控制，一般仅赋予系统操作员。在已审核状态下的合同登记簿中选中一张终止合同，双击后调出该合同，单击“继续”按钮，如图 7-78 所示。

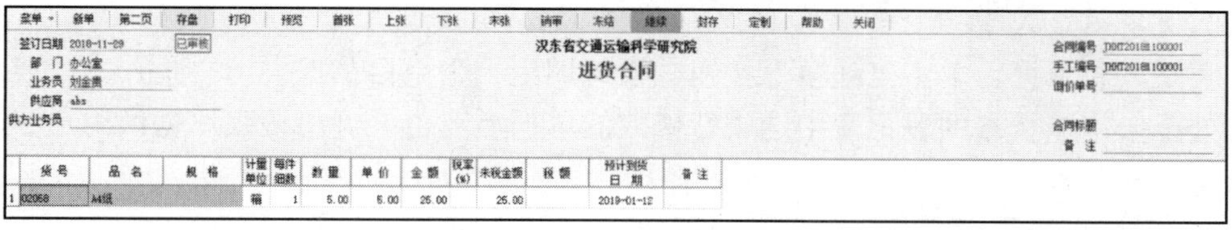


图 7-78　进货合同继续

### 9. 完成

完成就是确认某一合同执行完成。选中一张已经完成执行的（或者您认为已经执行完毕的）正式合同，单击“完成”按钮即可。

## 7.3.3　进货管理

进货管理包括：订单管理、进货合同管理、进货单管理、进货退货单管理和进退货情况查询。进货管理可以帮助采购部门通过计算机管理从网上订单开始（需有网上订单系统的支持），到签订进货合同，物资采购在途、入库的全过程，帮助业务员选择最佳的供应商，确保进货工作中的高质量、高效率及低成本。由于某些进货业务流程比较简单，可以不经过订单，直接从进货切入。

本节讲解的内容主要完成各项进货管理事务。以下将详细讲解如何完成进货单管理、进货退货单管理和进货查询。

### 1. 进货单管理

进货单是采购部门从供应商处采购了物资后所需要填制的单据，后续的入库操作、进货结算都是根据进货单进行的。

进货单管理功能主要完成进货单的录入/修改、审核/销审、查询输出等各种操作，从而实现对进货的管理。

选择系统菜单“物资管理 | 进货单”，进入“进货单”界面，首先打开进货单登记簿，登记簿中列出系统现有的进货单信息。相关操作既可通过登记簿或单据中的按钮实现，也可通过单据菜单或快捷键实现。“进货单登记簿”界面如图 7-79 所示。

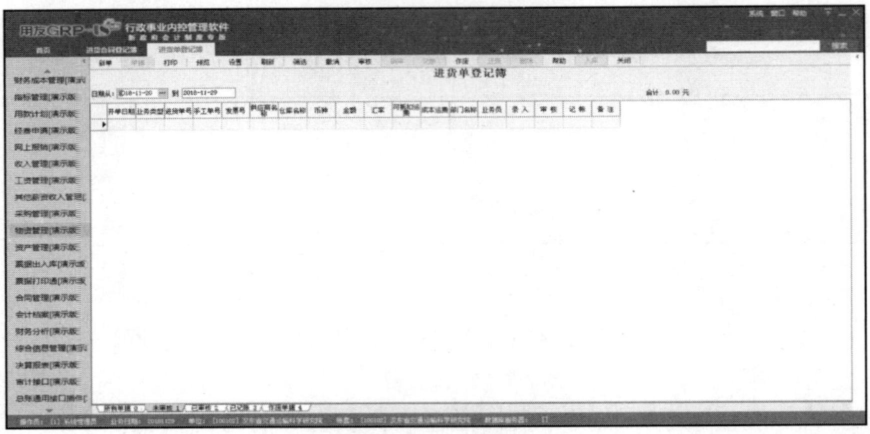


图 7-79 “进货单登记簿”界面

（1）进货单录入/修改

若要录入新单据，单击“新单”按钮，系统调出一张空白单据供用户录入。若要修改单据，在处于未审核状态的登记簿中选中待修改的单据后双击，调出该张单据供用户修改。录入进货单如图 7-80 所示。

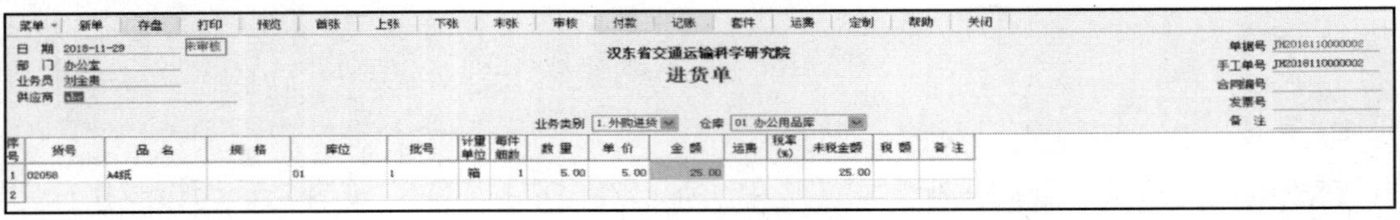


图 7-80 录入进货单

（2）进货单审核 / 销审

单据的审核是管理工作中的一项必要内容，用于确认单据的正确性并加上审核人员的签章。审核的目的在于防止录入人员有意或无意的错误操作。进货单一经审核，系统自动登记相应的物资进销存台账。建议单据审核功能由非单据录入人员使用，以形成牵制关系。

在进货单登记簿中选中未审核状态，然后在单据列表中选中一行，双击调出对应单据，核对无误后单击“审核”按钮，如图 7-81 所示。

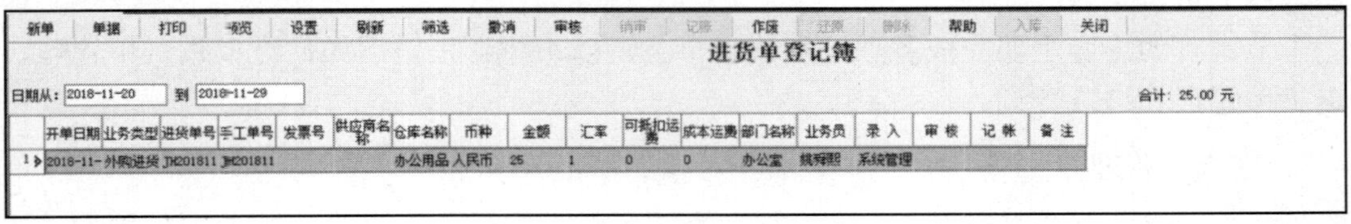


图 7-81 审核进货单

销审是审核的逆过程。由于经审核的单据不允许随意修改，若发现其中确有错误，可通过单据销审功能，取消审核签章，将其变成未审核单据后予以修改。进货单一经销审，系统自动将物资进销存台账中登记的相应记录去除。

**注意：**已经办理入库或结算的进货单不可以直接销审。因此，只有在登记簿结算选项选中“未结算”且入库选项选中“未入库”时，登记簿中的“销审”按钮才可用。这种情况下若发现进货单有错误，可采用以下两种处理方法：

① 将对应的入库单、付款单恢复到未审核状态，然后再对进货单销审、修改；

② 采用红字进货单进行冲销处理。

在进货单登记簿中选中已审核状态，然后在单据列表中选中一行，双击调出对应单据，单击“销审”按钮，如图 7-82 所示

图 7-82　进货单销审

（3）进货单记账

在进货单登记簿中选中已审核状态，然后在单据列表中选中一行，双击调出对应单据，单击“记账”按钮，如图 7-83 所示。

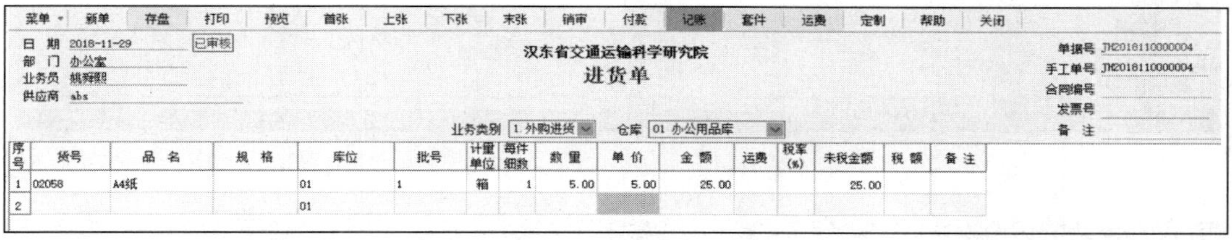


图 7-83　进货单记账

**注意：**若进货单为现结单据，应首先进行结算，然后在付款单处统一生成记账凭证。

记账过程由计算机在短时间内自动完成，不需要人工干预。记账操作也可以在系统菜单项“核算 | 单据记账”处集中进行。

（4）进货单结算

若已审核的进货单结算类型为“现付”，则调出付款单进行结算。

在进货单单据中单击“付款”按钮，调出付款单，录入相应的付款项及冲销项后保存并审核，进货单结算如图 7-84 所示。

图 7-84　进货单结算

## 2. 暂估结算单

物资已经在仓库中，但进货价格不能确定，这种业务模型就是进货单中的暂估进货类型。此功能主要针对暂估进货这种类型的进货单进行结算，并且生成相应的原单据的调整单，主要完成对于暂时估价的进货单的结算工作，有录入、审核、记账、查询等操作。

选择系统菜单“物资管理 | 暂估结算单”，进入暂估结算单登记簿，单击“新单”按钮或者按 F3 键开具一张新的单据，操作人员必须填好日期、部门、业务员等信息。当选择了供应商后，进入暂估进货未结算物资的选择单据，在这里要录入本次结算的数量和单价，检查无误后单击右上角的“选定”按钮进行确认，同时系统退出暂估进货未结算物资单据，回到暂估结算单中。此时的暂估结算单已经填制完成，可以对单据进行保存、审核、记账操作。暂估结算单界面如图 7-85 所示，录入暂估结算单的界面如图 7-86 所示。

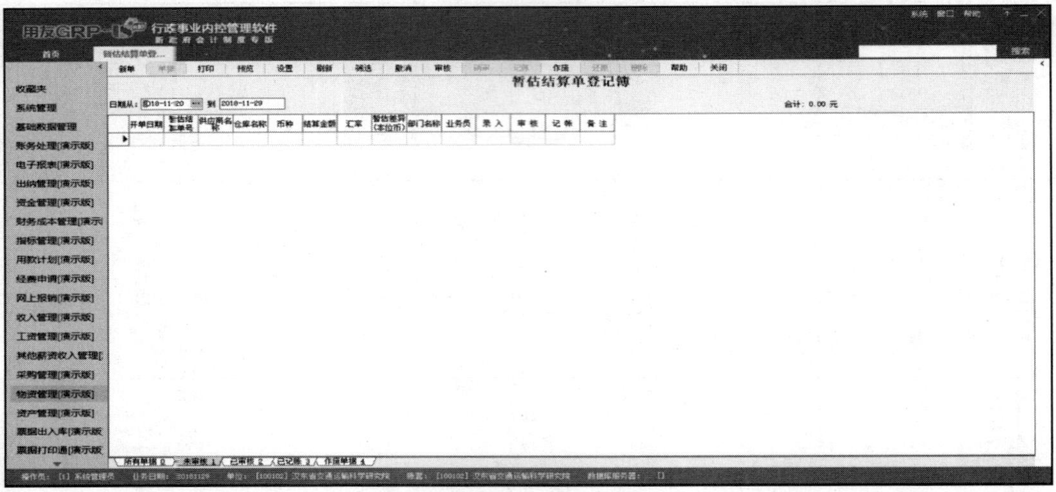


图 7-85 暂估结算单界面

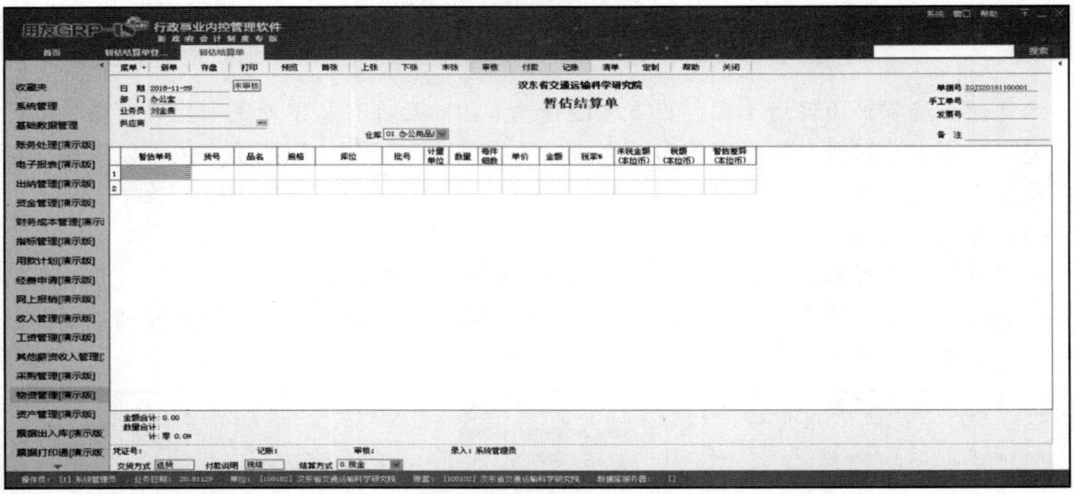


图 7-86 录入暂估结算单

### 3. 进货退货单

购进物资后，若发现物资存在规格或质量等方面的问题而决定退货，就会涉及进货退货业务。在系统中可以采用进货退货单对进货退货业务进行处理。进货退货单功能主要完成进货退货单的录入、修改、审核、记账和查询输出等各种操作，从而实现对进货退货的管理。

选择系统菜单“物资管理｜暂估结算单”，进入“进货退货单”功能模块，首先打开登记簿，登记簿中列出系统现有的进货退货单信息。相关操作既可以通过登记簿或单据中的按钮实现，也可以通过单据菜单或快捷键实现。“进货退货登记簿”界面如图 7-87 所示。

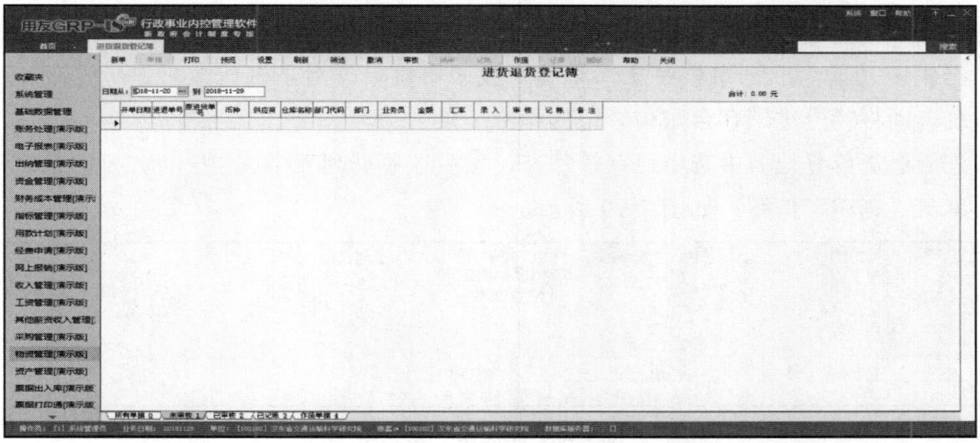


图 7-87 “进货退货登记簿”界面

**注意**：只有在购进的物资入库以后发生了退货时，才开具进货退货单办理退货。若物资尚未入库，只是希望冲销已经结算的款项，这种情况下不要开进货退货单，而应该通过红字进货单来实现。

（1）进货退货单录入/修改

若要录入新单据，单击“新单”按钮，系统调出一张空白单据供用户录入。若要修改单据，在未审核状态下的登记簿中选中单据后双击，系统调出该张单据供用户修改，进货退货单录入/修改界面如图 7-88 所示。

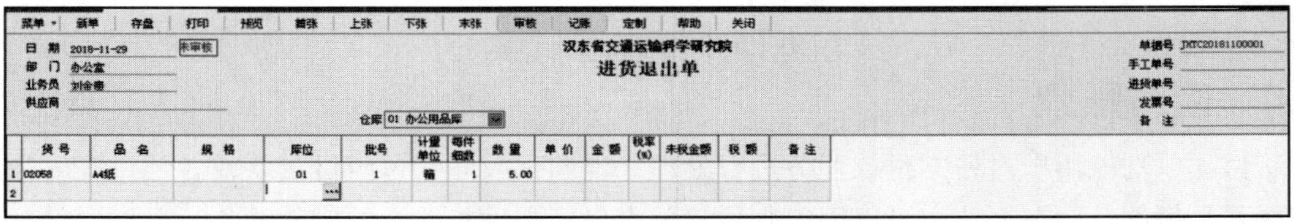


图 7-88 进货退货单录入/修改

（2）进货退货单审核 / 销审

单据的审核是管理工作中的一项必要内容，用于确认单据的正确性并加上审核人员的签章。审核的目的在于防止录入人员有意或无意的错误操作。进货退货单一经审核，系统会自动登记相应的物资进销存台账。建议单据审核功能由非单据录入人员使用，以形成牵制关系。

在进货退货单登记簿中选中未审核状态，然后在单据列表中选中一行，双击后调出对应单据，核对无误后单击“审核”按钮，如图 7-89 所示。

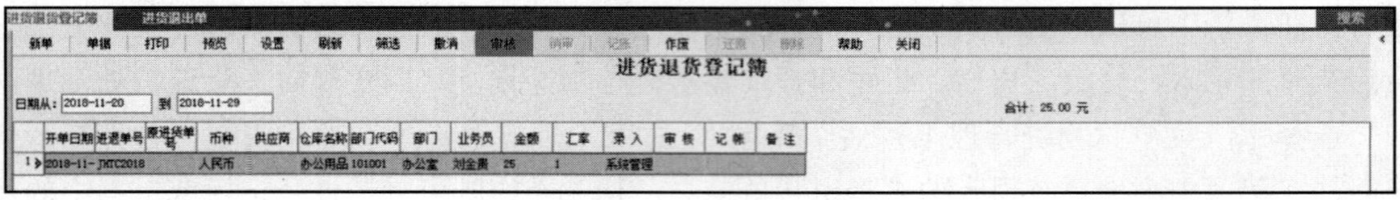


图 7-89　进货退货单审核

销审是审核的逆过程。由于经审核的单据不允许随意修改，若发现其中确有错误，可以通过单据销审功能，取消审核签章，将其变成未审核单据后予以修改。进货退货单一经销审，系统自动将物资进销存台账中登记的相应记录去除。

在进货退货单登记簿中选中已审核状态，然后在单据列表中选中一行，双击后调出对应单据，单击“销审”按钮，如图 7-90 所示。

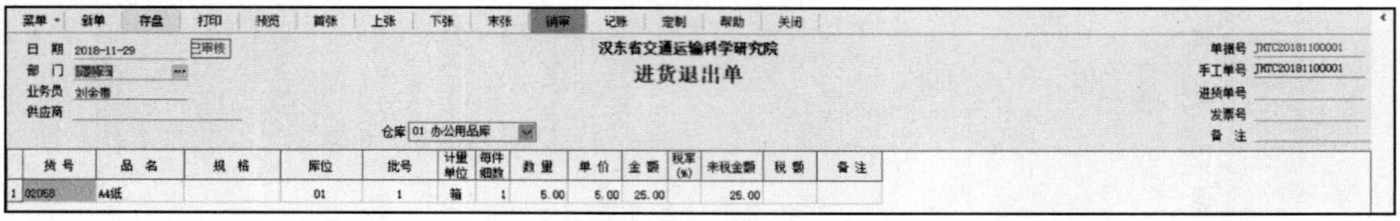


图 7-90　进货退货单销审

（3）进货退货单记账

在进货退货单登记簿中选中已审核状态，然后在单据列表中选中一行，双击后调出对应单据，单击“记账”按钮，如图 7-91 所示。记账操作也可以在系统菜单项“核算丨单据记账”处集中进行。

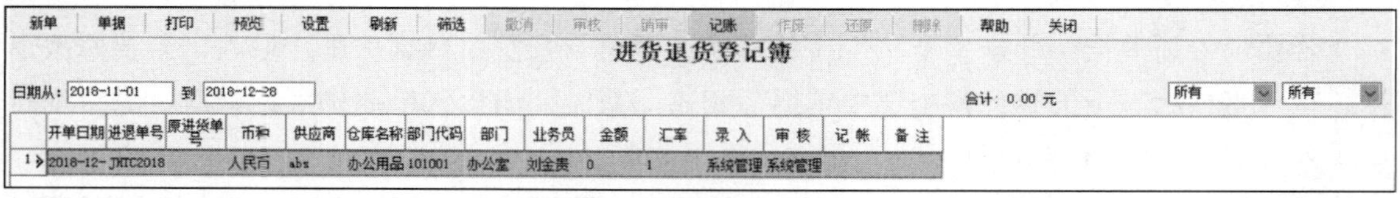


图 7-91　进货退货单记账

## 7.4　应付账款

付款单功能月于对日常付款业务进行处理。当向供应商偿付应付账款或者预付账款时，需要开具付款单。在系统中可以用一张付款单支付多张进货单上的付款业务。另外，付款单还可以处理应收抵应付、预付冲应付和支付预付款项等业务。

### 1. 付款单录入/修改

若要新增一张单据，单击“新单”按钮，系统将调出一张空白单据供用户录入。若要编辑现有单据，在登记簿中选中需要编辑的未审核单据信息，双击后，系统将调出选定的单据供用户编辑。付款单录入/修改界面如图 7-92 所示。

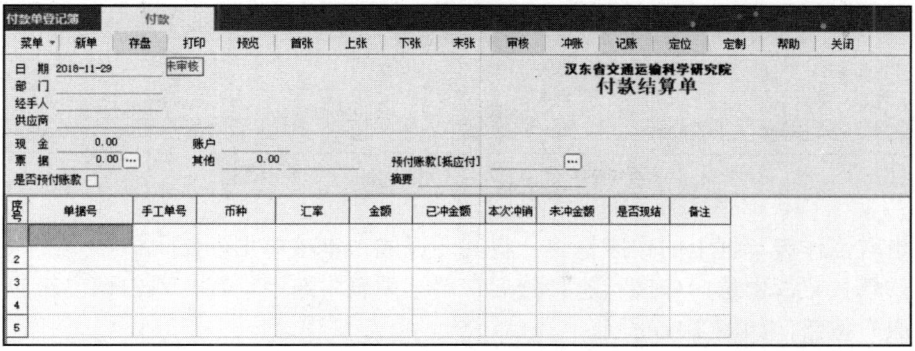


图 7-92　付款单录入/修改界面

## 2. 付款单审核 / 销审

审核指确认单据准确无误并在单据上附上审核人员的签章。经审核的单据为正式单据，可作为后续操作的依据。

在付款结算单登记簿中选中未审核状态，然后在单据列表中选中一行，双击调出对应单据，核对无误后单击“审核”按钮，如图 7-93 所示。

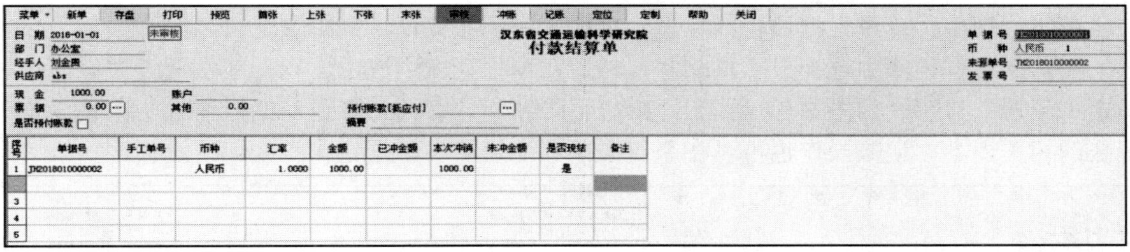


图 7-93　付款结算单审核

销审指取消单据上的审核人员签章。单据销审后成为未审核单据，可以对其进行修改。

在付款结算单登记簿中选中已审核状态，然后在单据列表中选中一行，双击调出对应单据，单击“销审”按钮，如图 7-94 所示。

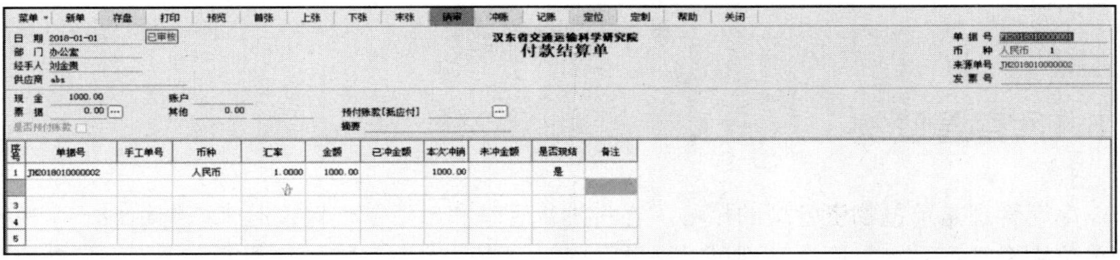


图 7-94　付款结算单销审

## 3. 付款单作废 / 还原

作废指在单据上做一个作废标记，作废单据可以通过“还原”操作还原成未审核单据。

在付款单登记簿中选中未审核状态，然后在单据列表中选中一行，双击调出对应单据，单击“作废”按钮，如图 7-95 所示。

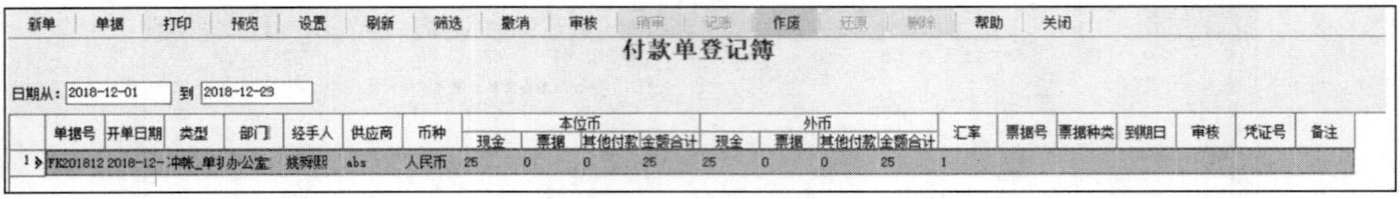


图 7-95　付款单作废

还原指取消作废单据上的作废标记，将其还原成未审核单据。

在付款单登记簿中选中作废状态，然后在单据列表中选中一行，双击调出对应该单据，单击“还原”按钮，如图 7-96 所示。

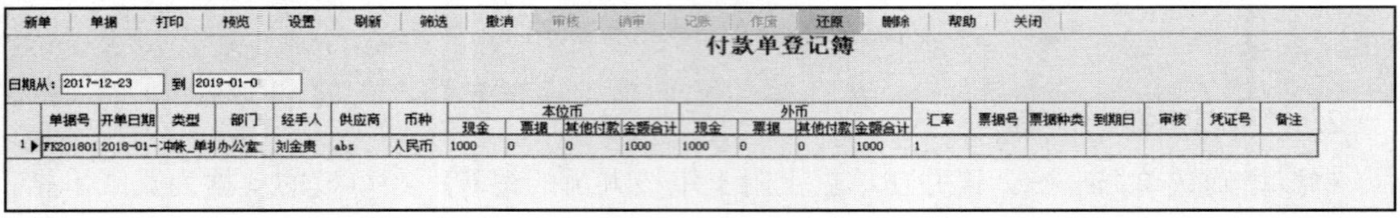


图 7-96　付款单还原

### 4. 付款单记账

记账过程中，系统根据该付款单自动生成一张记账凭证，同时登记付款明细账。

在付款单登记簿中选择已审核状态，然后在单据列表中选中一行，双击调出对应单据，单击“记账”按钮（如图 7-97 所示），弹出记账窗口。有关记账窗口的操作说明参见进货单记账的相关内容。记账操作也可以在系统菜单项“核算｜单据记账”处集中进行。

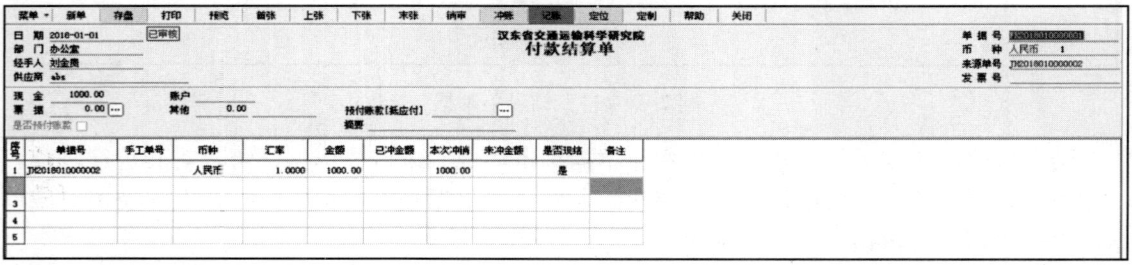


图 7-97　付款单记账

## 7.5　库存管理

库存管理是单位物资管理的核心，它将进货管理和出库管理链接起来共同组成一个完整的单位物资管理系统。库存管理可以帮助仓库管理人员对库存物品的入库、出库、调拨和盘点进行全面的控制和管理，以达到降低库存、减少资金占用、避免物品积压或短缺的目的。本节讲解的是采用计算机完成管理入库单、出库单、调拨单等一系列具体的库存管理事务。

### 7.5.1　入库单

入库单是记载物资验收入库的单据，一张入库单可登记多种物资的入库信息。物资入库时需要填制入库单，录入的入库单经审核才能成为正式单据，审核过程中自动登记库存物资台账。正式入库单可以执行记账操作，记账过程中自动生成相应的记账凭证，同时登记库存物资明细账。入库单功能主要完成对入库单进行的录入/修改、审核/销审和记账。

**注意：单据中的物资单价一律为未税本位币。**

### 1. 入库单录入/修改

若要录入新单据，单击“新单”按钮，系统调出一张空白单据供用户录入。若要修改单据，在登记簿处于未审核状态时选中待修改的单据信息，双击后系统调出该张单据供用户修改。入库单的录入界面如图 7-98 所示。

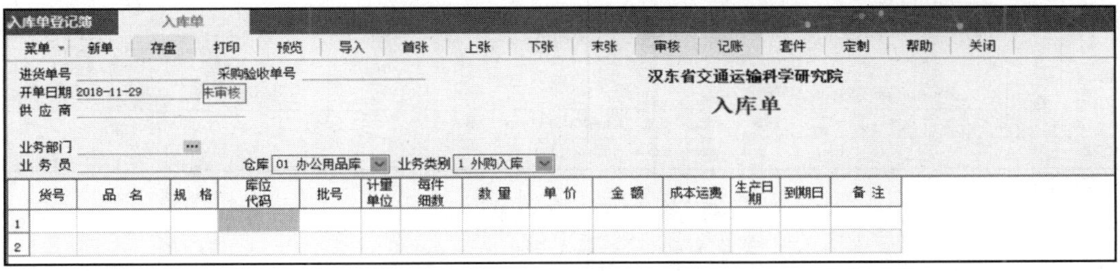


图 7-98　入库单录入

### 2. 入库单审核 / 销审

单据的审核是管理工作中的一项必要手续，用于确认单据的正确性并加上审核人员的签章。审核的目的在于防止录入人员有意或无意的错误操作。入库单一经审核，自动登记相应的库存物资台账。建议由非单据录入人员使用，以形成牵制关系。

在入库单登记簿中选中未审核状态，然后在单据列表中选中一行，双击调出对应单据，核对无误后单击“审核”按钮，如图 7-99 所示。

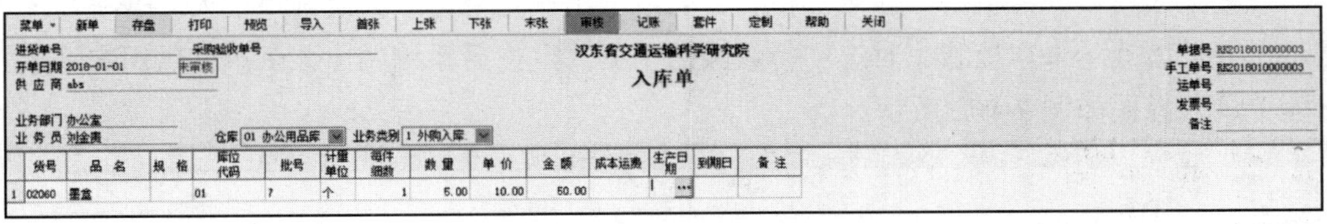


图 7-99　入库单审核

销审是审核的逆过程。由于经审核的单据不允许随意修改，若发现其中确有错误，可以通过单据的销审功能取消审核签章，将其变成未审核单据后予以修改。入库单一经销审，自动将库存物资台账中登记的相应记录去除。

在入库单登记簿中选中已审核状态，然后在单据列表中选中一行，双击后调出对应单据，单击“销审”按钮，如图 7-100 所示。

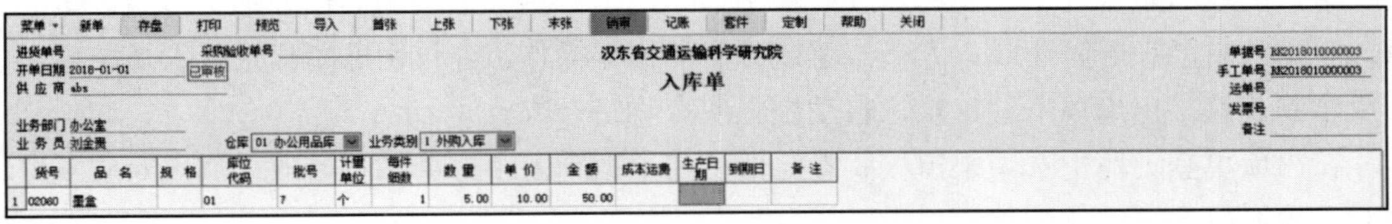


图 7-100　入库单销审

### 3. 入库单记账

正式入库单可以执行记账操作，记账过程中自动生成相应的记账凭证，同时登记库存物资明细账。

在入库单登记簿中选中已审核状态，然后在单据列表中选中一行，双击后调出对应单据，单击“记账”按钮（如图 7-101 所示），弹出记账窗口。有关记账窗口的操作说明参见进货单记账的相关内容。记账操作也可以在系统菜单项“核算丨单据记账”处集中进行。

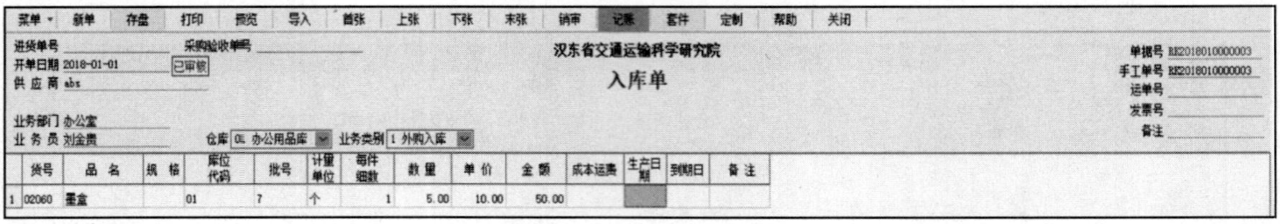


图 7-101　入库单记账

## 7.5.2　出库单

物资出库时需要填制出库单，一张出库单可登记多种物资的出库记录。录入的出库单经审核才能成为正式单据，审核过程中自动登记库存物资台账。正式出库单可以执行记账操作，记账过程中自动生成相应的记账凭证（或汇总记账凭证），同时登记库存物资明细账。

出库单功能主要完成对出库单进行的录入/修改、审核/销审和记账。

### 1. 出库单录入/修改

若要录入新单据，单击“新单”按钮，系统调出一张空白单据供用户录入。若要修改单据，在登记簿处于未审核状态时选中待修改的单据，双击后系统调出该张单据供用户修改。出库单录入界面如图 7-102 所示。

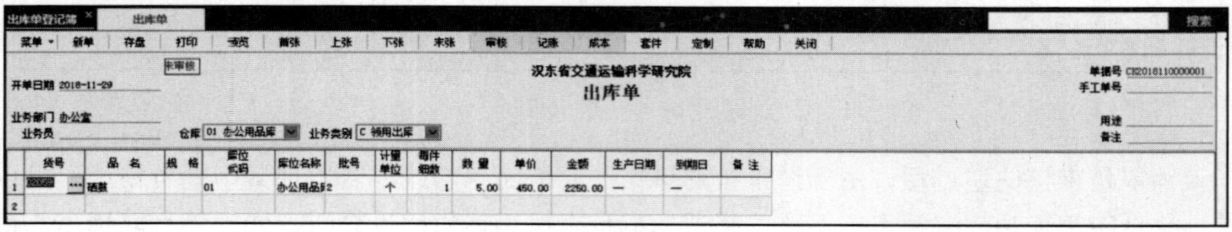


图 7-102　出库单录入

### 2. 出库单审核 / 销审

单据的审核是管理工作中的一项必要手续，用于确认单据的正确性并加上审核人员的签章。审核的目的在于防止录入人员有意或无意的错误操作。建议由非单据录入人员使用，以形成牵制关系。出库单一经审核，自动登记库存物资台账。

在出库单登记簿中选中未审核状态，然后在单据列表中选中一行，双击调出对应单据，核对无误后单击“审核”按钮，如图 7-103 所示。

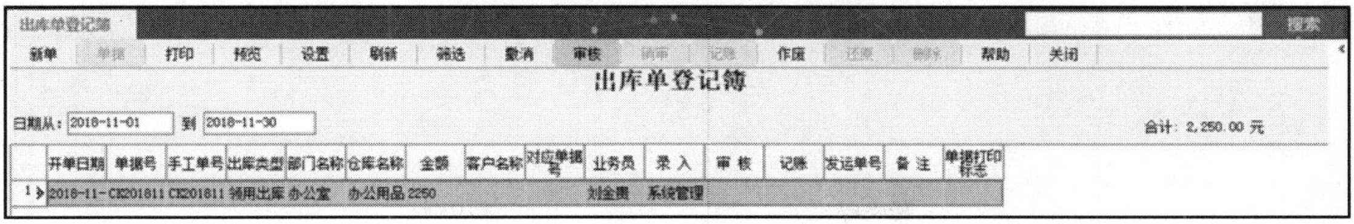


图 7-103　出库单审核

销审是审核的逆过程。由于经审核的单据不允许随意修改，若发现其中确有错误，可以通过单据销审功能，取消审核签章，将其变成未审核单据后予以修改。出库单一经销审，自动将库存物资台账中登记的相应记录去除。

在出库单登记簿中选中已审核状态，然后在单据列表中选中一行，双击调出对应单据，单击“销审”按钮，如图 7-104 所示。

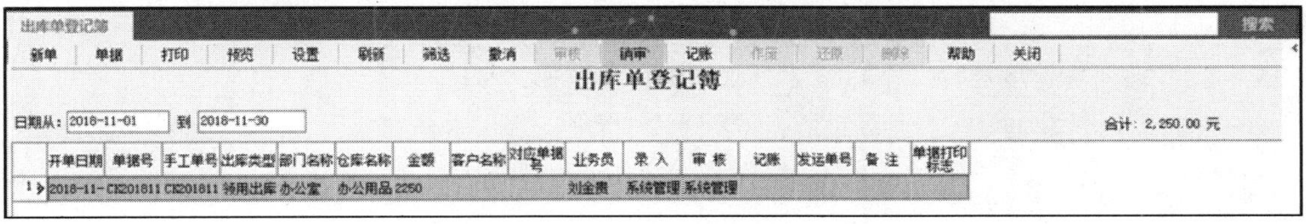


图 7-104　出库单销审

### 3. 出库单记账

已审核出库单可以执行记账操作，记账过程中自动生成相应的记账凭证，同时登记库存物资明细账。

在出库单登记簿中选中已审核状态，然后在单据列表中选中一行，双击调出对应单据，单击“记账”按钮（如图 7-105 所示），弹出记账窗口。有关记账窗口的操作说明参见进货单记账的相关内容。记账操作也可以在系统菜单项“核算 | 单据记账”处集中进行。

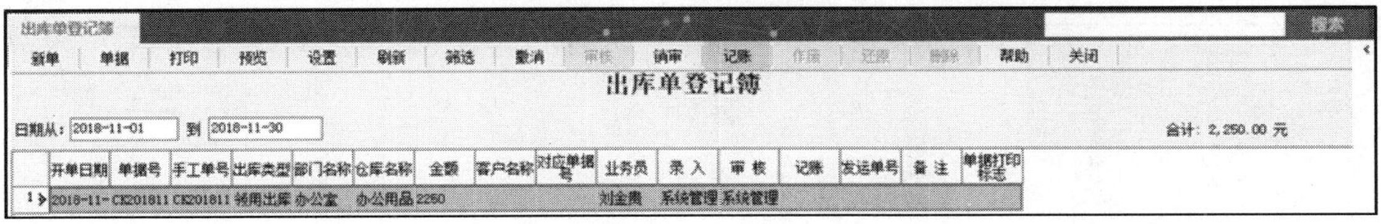


图 7-105　出库单记账

## 7.5.3　调拨单

在仓库之间调拨物资时需要填写调拨单。一张调拨单可登记多种物资的调拨记录。调拨单录入后经审核才能成为正式单据，审核过程中自动分仓库登记库存物资台账。

### 1. 调拨单录入修改

若录入新单据，单击“新单”按钮，系统调出一张空白单据供用户录入。若是修改单据，在登记簿处于未审核状态时选中待修改的单据后双击，系统调出该张单据供用户修改，如图 7-106 所示。

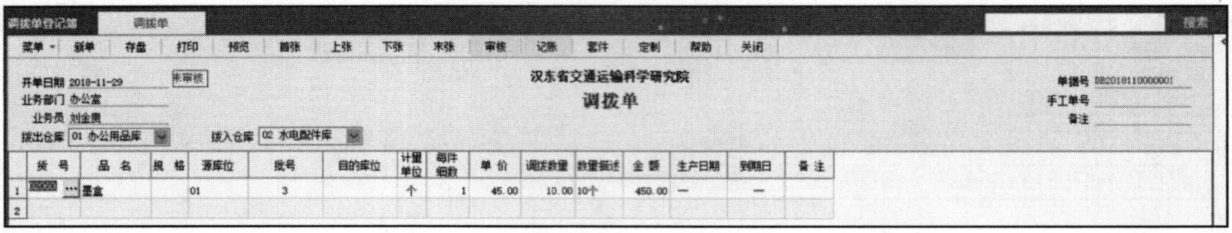


图 7-106 调拨单录入

## 2. 单据审核 / 销审

单据的审核是管理工作中的一项必要内容，用于确认单据的正确性并加上审核人员的签章。审核的目的在于防止录入人员有意或无意的错误操作。建议由非单据录入人员使用，以形成牵制关系。调拨单一经审核，自动登记库存物资台账。

在调拨单登记簿中选中未审核状态，然后在单据列表中选中一行，双击调出对应单据，核对无误后单击“审核”按钮，如图 7-107 所示。

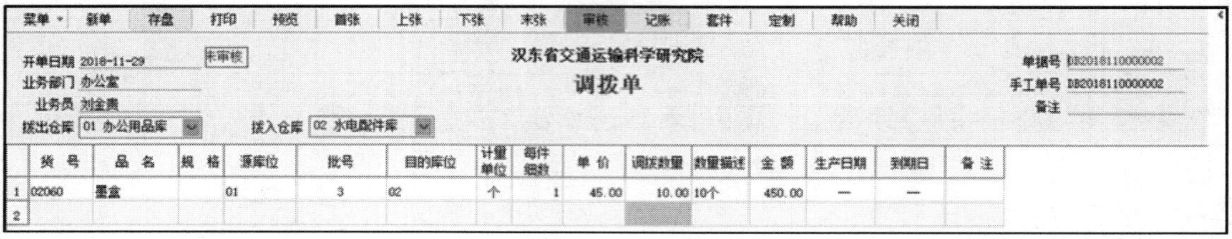


图 7-107 调拨单审核

销审是审核的逆过程。由于经审核的单据不允许随意修改，若发现其中确有错误，可以通过单据销审功能，取消审核签章，将其变成未审核单据后予以修改。调拨单一经销审，自动将库存物资台账中登记的相应记录去除。

在调拨单登记簿中选中已审核状态，然后在单据列表中选中一行，双击后调出对应调拨单，单击“销审”按钮，如图 7-108 所示。

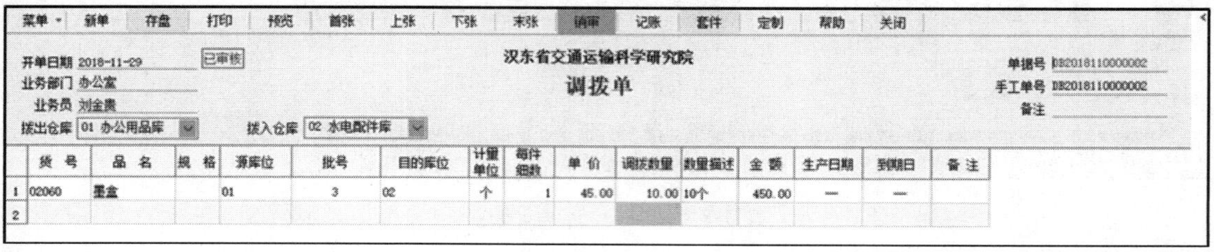


图 7-108 调拨单销核

# 7.5.4 移位单

若物资发生转移，就需要填写移位单或调拨单。移位单与调拨单的区别在于：物资在同一仓库不同货位间转移，填写移位单。物资在不同仓库间转移，则需填写调拨单。

## 1. 移位单录入修改

若是录入新单据，单击“新单”按钮，系统调出一张空白单据供用户录入。若是修改单据，在登记簿处于未审核状态时选中单据后双击，系统调出该张单据供用户修改，如图 7-109 所示。

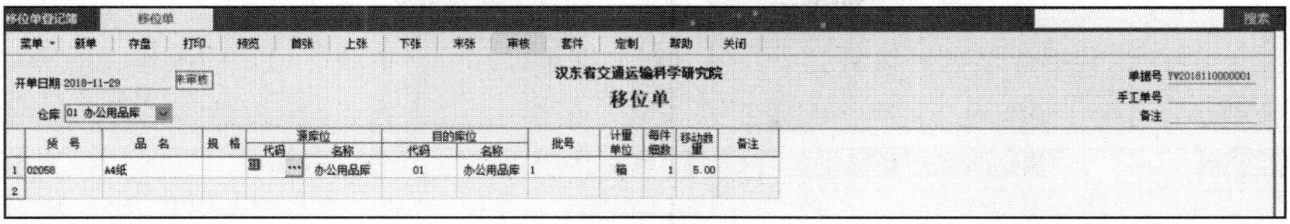


图 7-109　移位单录入修改

### 2. 移位单审核 / 销审

单据的审核是管理工作中的一项必要内容，用于确认单据的正确性并加上审核人员的签章。审核的目的在于防止录入人员有意或无意的错误操作。移位单一经审核，自动登记库存物资台账。建议单据审核功能由非单据录入人员使用，以形成牵制关系。

在移位单登记簿中选中未审核状态，然后在单据列表中选中一行，双击后调出对应单据，核对无误后单击“审核”按钮，如图 7-110 所示。

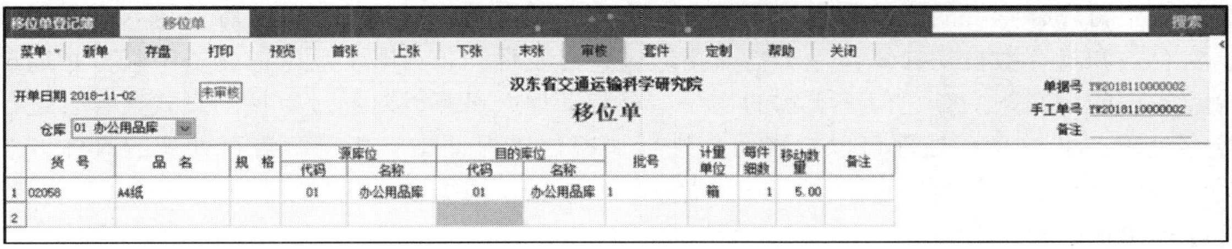


图 7-110　移位单审核

销审是审核的逆过程。由于经审核的单据不允许随意修改，若发现其中确有错误，可以通过单据销审功能，取消审核签章，将其变成未审核单据后予以修改。移位单一经销审，自动将库存物资台账中登记的相应记录去除。

在移位单登记簿中选中已审核状态，然后在单据列表中选中一行，双击后调出对应单据，单击“销审”按钮，如图 7-111 所示。

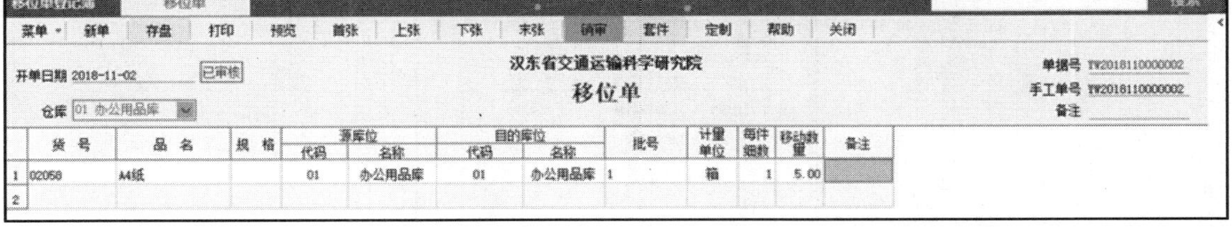


图 7-111　移位单销审

## 7.5.5　组装拆卸单

组装拆卸单主要完成的功能是对于零件组装的产品或者整件的拆卸成零部件的物资入库或者出库的业务工作，有录入、审核、记账、查询等操作。

进入组装拆卸单登记簿，单击“新单”按钮或者按 F3 开一张新的单据，操作人员必须填好日期、部门、业务员等信息，然后选择业务类别（组装还是拆卸），类型直接影响填写单价的方式。物资的选择是通过单击“套件”按钮来实现的，检查无误后单击“确认”按钮。此时的组装拆卸单已经填制完成，可以对单据进行存盘、审核、记账的操作，如图 7-112 所示。

图 7-112　组装拆卸单的填制

## 7.5.6　盘点表

每当月末或年末，企业通常都要进行仓库盘点。此时，可以利用本功能生成一张空盘存表，表中将库存物资的账面数量列示出来，仓库管理人员可以将盘点的实存数录入，系统根据实存数和盘存数自动计算盈亏。盘盈指通过盘点发现的未在账上反映的物资。盘亏指通过盘点发现的已在账上登记但无实物的物品。仓库管理人员可以对经过审核的正式盘存表进行盘存处理，通过盘存处理可以对账面数进行调整，以保证账实相符。盘存处理的具体方法为：根据盘盈的物资情况自动生成一张盘盈入库单据，根据盘亏的物资情况自动生成一张盘亏出库单据。

### 1. 生成盘点表

选择“物资管理 | 盘点表”，进入盘点表登记簿，单击“新单”按钮，弹出新盘点表窗口，填写新盘点表，如图 7-113 所示。

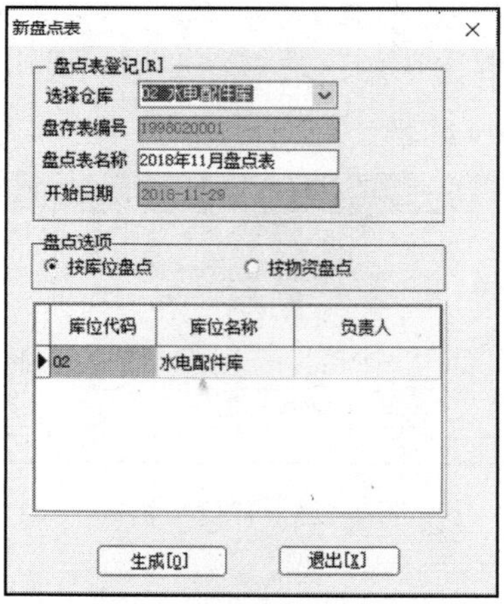

图 7-113　生成新盘点表

### 2. 盘存处理

根据已审核的盘点表对盘存情况进行处理，根据盘盈盘亏情况生成相应的盘盈入库单据和盘亏出库单据。审核盘点表如图 7-114 所示，盘存结果处理如图 7-115 所示。

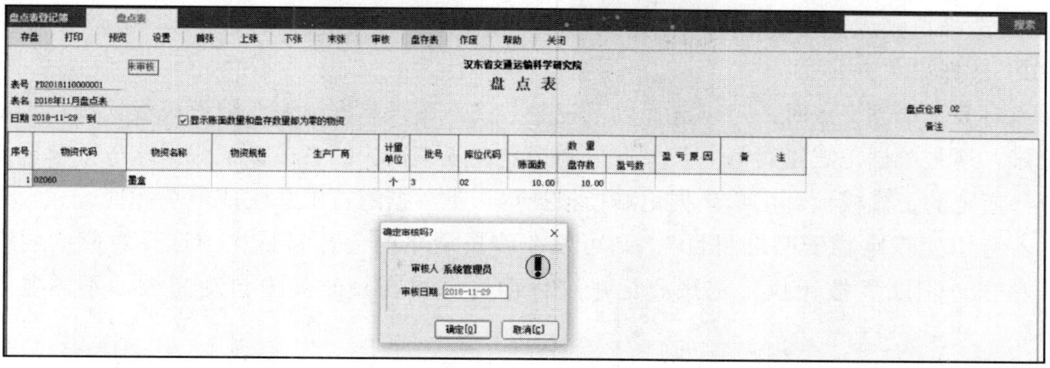


图 7-114　审核盘点表

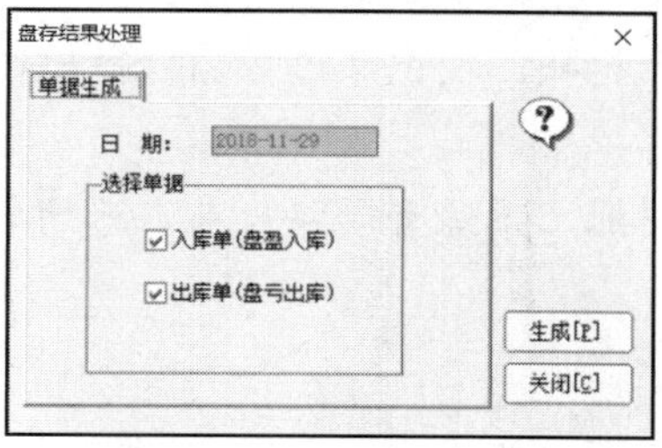


图 7-115　盘存结果处理

## 7.5.7　单据记账

单据记账是指对已审核签章的正式单据记账。在记账过程中，系统将根据已审核单据自动生成一张记账凭证，若该单据影响系统的应收应付和会计库存，还同时登记相关的应收应付明细账或库存物资明细账。单据反记账是对已记账的单据做一个与记账相反的动作，将已经生成的凭证从凭证库中删除，同时将该单据记账过程中可能影响的应收应付明细账或库存物资明细账恢复到单据记账之前的状态。单据反记账有一个前提：单据所在的会计期间没有结账。单据记账功能模块可以实现对单据的记账和反记账。为了更好地控制系统中的数据，应尽量将系统中所有单据的记账操作都集中到此处，由专人负责进行操作。

**注意**：*核算菜单下的应收应付账和库存账指的是会计账。只有在单据记账之后，对应的信息才能在这些账表中反映出来。*

在登记簿中选择记账单据：①单击下拉框筛选记账单据类型；②筛选记账单据日期范围；③在未记账单据状态下选中一条或多条单据信息，如图 7-116 所示。

图 7-116　选择记账单据

单击“记账”按钮弹出记账窗口，在记账窗口中进行以下操作：

① 选择记账凭证模板，单击“凭证模板”按钮选择记账凭证模板。

② 选择记账方式。

当对多张单据记账时，可以选择以下记账方式：逐张单据记账、缺省模板记账和汇总单据记账。逐张单据记账指对每一张单据分别指定记账模板。缺省模板记账指这一批单据均采用统一指定的记账模板。汇总单据记账指根据这一批单据进行汇总生成汇总凭证。

若选中“指定物资明细科目”，则可以在物资清单的会计科目栏中选择对应的明细科目。单击“记账”按钮执行记账。记账过程由计算机在短时间内自动完成，不需要人工干预。

在登记簿中选择反记账单据：①单击下拉框筛选记账单据类型，②筛选记账单据日期范围，③在已记账单据状态下选中一条或多条单据信息。

单击“反记账”按钮执行反记账。反记账过程由计算机在短时间内自动完成，不需要人工干预。

**注意**：汇总记账之后的反记账，系统自动将原来汇总的单据一同反记账。

### 7.5.8 成本计算

对所选日期范围内的选定物资计算成本。系统自动按照物资对应的成本计算方法计算成本。成本计算方法是在“基础资料｜物资资料”中定义的。计算成本时系统自动搜索，读出该种物资对应的明细级物资类别中定义的成本计算方法。

系统中提供的成本计算方法有：先进先出法、后进先出法、加权平均法、移动平均法、个别计价法、最近计价法、最后进价结存法。

参与物资成本计算的单据有：进货退出单、部分入库单（外购入库、盘盈入库、赠进入库、报溢入库、期初入库、调价入库、产成品入库、暂估入库）、部分出库单（进货退出、盘亏出库、赠出出库、报损出库、领用出库、调价出库、发货出库）、调拨单（分仓库核算时才进行成本计算）。

**注意**：若选定的日期范围内还有未记账的入库单、出库单，则系统试算出的成本可能不正确。这是因为参与成本计算的是库存明细账中的内容，而登记库存明细账是在上述单据记账过程中进行的。成本计算可以多次进行，不会影响成本的准确性。

（1）选择“物资管理|成本计算”选项，物资范围可以直接录入，也可以引导录入。物资范围设置为空时，认为是所有物资。

（2）选择会计年度和会计期间，会计年度和会计期间的默认值为进入系统时选择的业务日期所在的会计年度和会计期间，可以根据需要重新选择。

（3）选择是否调差。不管用哪种成本计算方法（除了个别计价外），最后都有可能出现某种物资库存为零，但是金额不为零的情况。这时可以通过这项进行调整。

（4）计算成本结束后可以通过查询相关的报表来确认计算结果是否正确。成本计算如图 7-117 所示。

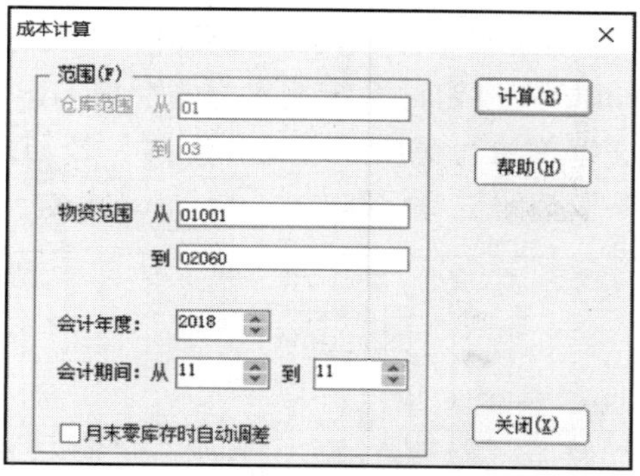


图 7-117　成本计算

# 7.6　实践题

2019 年 5 月 5 日，东湖医科大学从东湖雅月百货公司购入硒鼓 200 个，单价 69 元，已验收入库，但款项未付，暂不考虑增值税问题。5 月 6 日，党委办公室领用 50 个硒鼓。5 月 10 日，偿还上述货款。

业务处理流程如下：

步骤 1：购入物资，填写进货单。单击系统菜单“物资管理丨进货单”，进入“进货单登记簿”界面，单击“新单”按钮，系统调出一张空白的进货单，操作员录入进货数据，如图 7-118 所示。进货单填写完毕，单击“存盘”按钮进行保存，核对完成后单击“审核”按钮。

图 7-118　填写进货单

步骤 2：产品验收入库，应填写入库单。单击系统菜单“物资管理丨入库单”，进入“入库单登记簿”界面，单击“新单”按钮，系统调出一张空白的入库单，操作员录入入库产品数据，如图 7-119 所示。入库单填写完毕，单击“存盘”按钮进行保存，核对完成后单击“审核”按钮，再单击“记账”按钮进行记账。

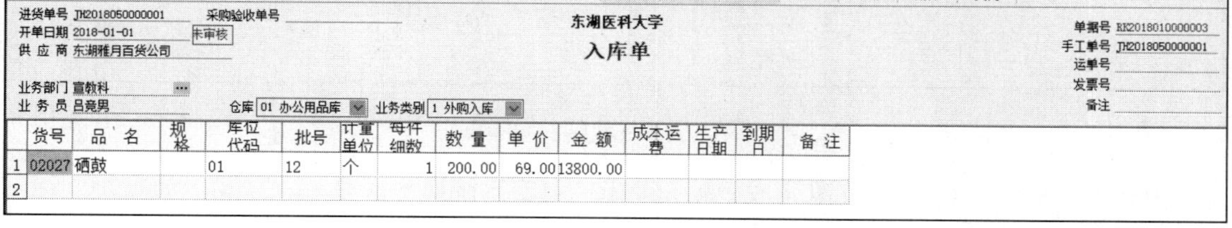


图 7-119　填写入库单

步骤 3：产品领用出库，填写出库单。单击系统菜单“物资管理 | 出库单”，进入“出库单登记簿”界面，单击“新单”按钮，系统调出一张空白的出库单，操作员录入出库产品数据，如图 7-120 所示。出库单填写完毕，单击“存盘”按钮进行保存，核对完成后单击“审核”按钮，再单击“记账”按钮进行记账。

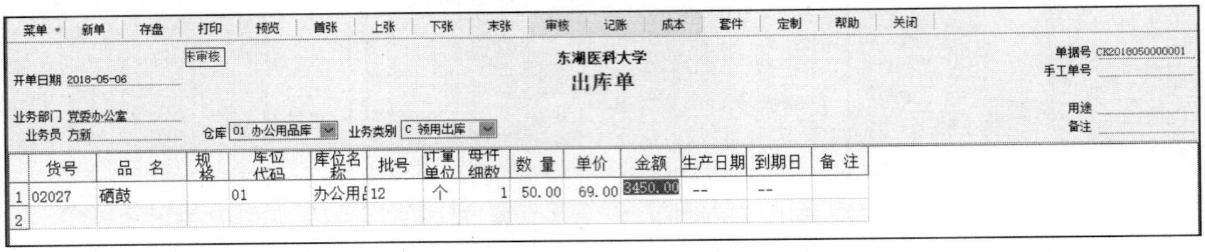


图 7-120　填写出库单

步骤 4：5 月 10 日，偿还上述东湖雅月百货公司货款。单击系统菜单“物资管理 | 进货单”，进入“进货单登记簿”界面，双击需要付款的进货单，进入进货单界面，再单击“付款”按钮进入付款结算单界面，付款后单击“存盘”按钮进行保存，如图 7-121 所示。

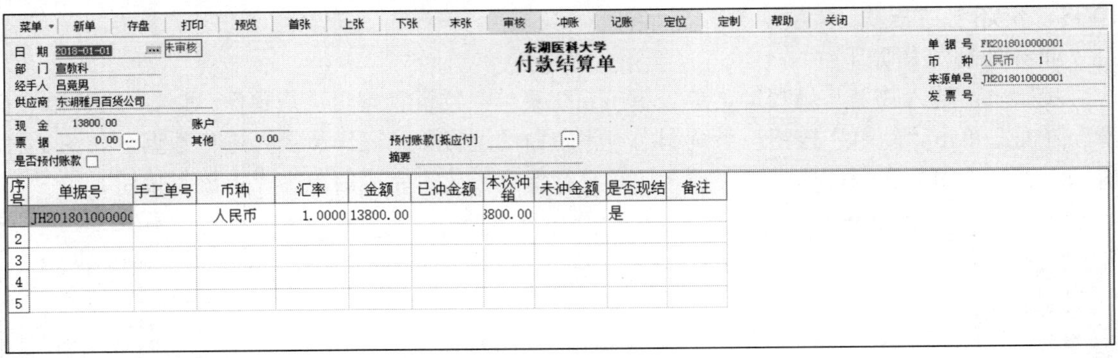


图 7-121　付款结算单

步骤 5：核对无误后单击“审核”按钮，如图 7-122 所示。

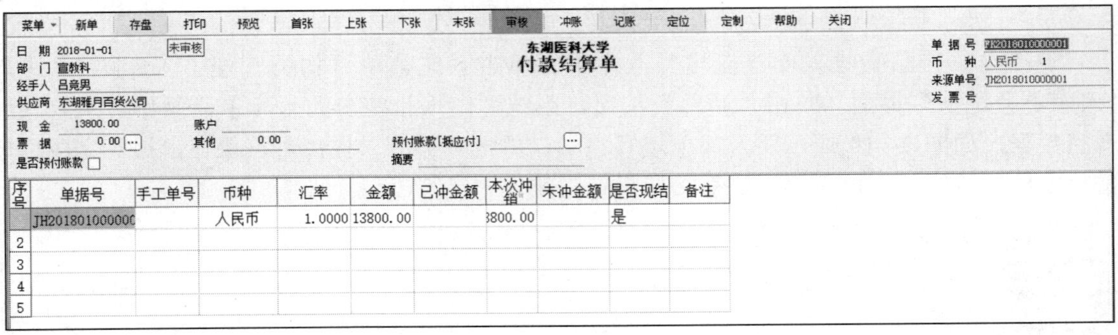


图 7-122　付款结算单审核

步骤 6：单击“记账”按钮完成记账，如图 7-123 所示。

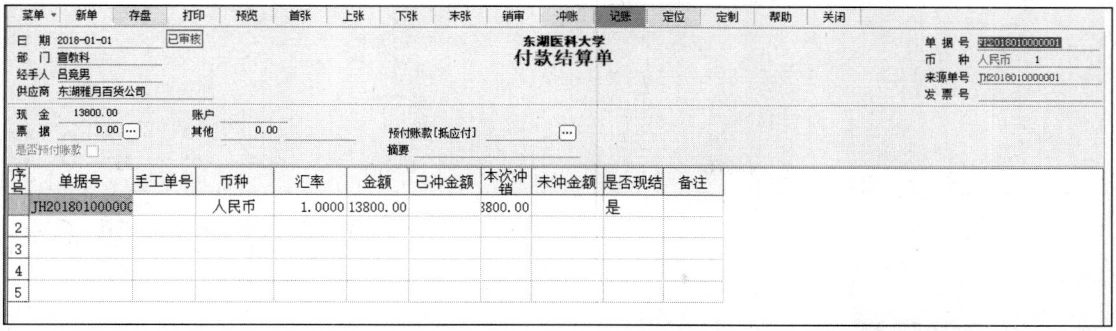


图 7-123　付款结算单记账

# 第 8 章
# 政府资产管理系统

## 8.1 政府固定资产管理概述

政府应当建立健全资产管理制度，强化对国有资产的配置、使用和处置的管控，主要内容包括：

（1）对资产实施归口管理。明确管理主体及其责任，明确资产使用和保管责任人，落实资产使用人在资产管理中的责任。贵重资产、危险资产、有保密等特殊要求的资产，应当指定专人保管、专人使用，并规定严格的接触限制条件和审批程序。

（2）按照国有资产管理相关规定，明确资产的调剂、租借、对外投资、处置的程序、审批权限和责任。

（3）建立资产台账，加强资产的实物管理。单位应当定期清查盘点资产，确保账实相符。财会、资产管理、资产使用等部门或岗位应当定期对账，发现不符的，应当及时查明原因，并按照相关规定处理。

用友资产管理系统对固定资产、无形资产、公共基础设施和保障性住房进行了统计、报告和分析工作，可以实现对资产的动态管理。资产管理系统总体操作流程如图 8-1 所示。

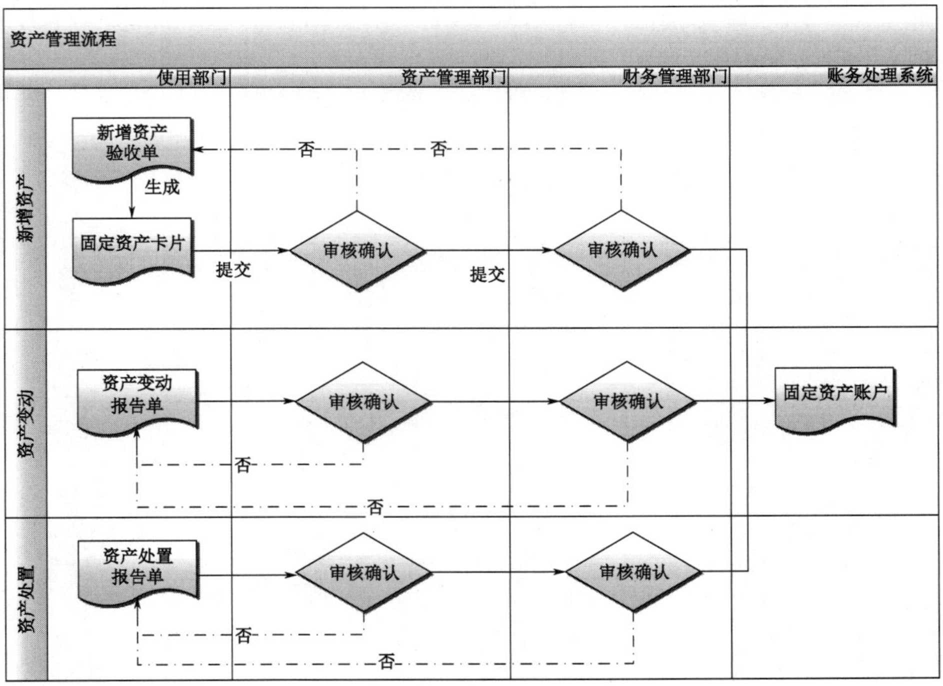


图 8-1 资产管理系统总体操作流程

## 8.2 资产管理系统的初始设置

在正式使用资产管理系统进行日常业务处理之前，需要完成系统初始化过程，建立必要的基础资料信息。包括：操作员权限分配、账套参数设置、部门信息定义、资产类别设置、增减方式设置、使用状况设置、资产代码输入设置、卡片项目设置、卡片样式设置等，以满足核算单位的需要，初始化流程如图 8-2 所示。

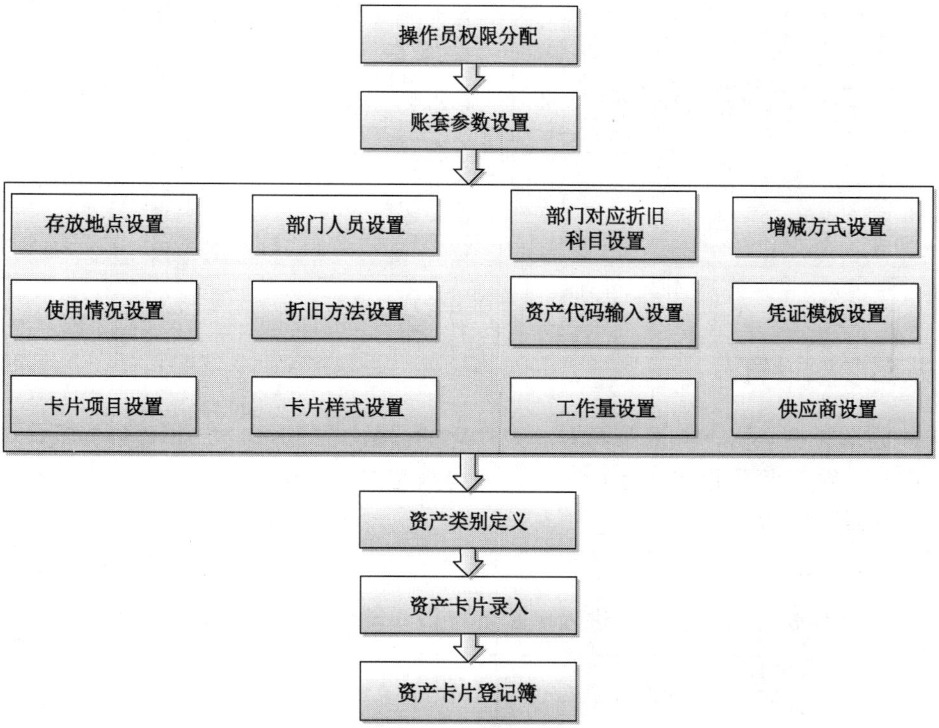


图 8-2　初始化流程

### 8.2.1　操作员权限分配

为了保证资产管理系统及数据的安全与保密，系统管理工具提供操作员权限设置功能，可供系统管理员或会计主管在计算机系统上进行操作分工及权限控制。通过对系统操作员的分工和权限管理，在明确各自职责、达到相互制约目的的同时，又可避免无关人员对系统的操作，保证系统的安全与保密。

使用时，必须以“系统管理员”身份登录系统管理工具，单击菜单“系统|操作员管理”按钮，打开“操作员管理”界面，如图 8-3 所示，进而建立操作组和操作员，并对操作员进行权限分配。角色权限的分配和软件其他模块的权限分配一致，操作员及其权限分派好后，各操作员就可以使用其各自的身份登录系统。

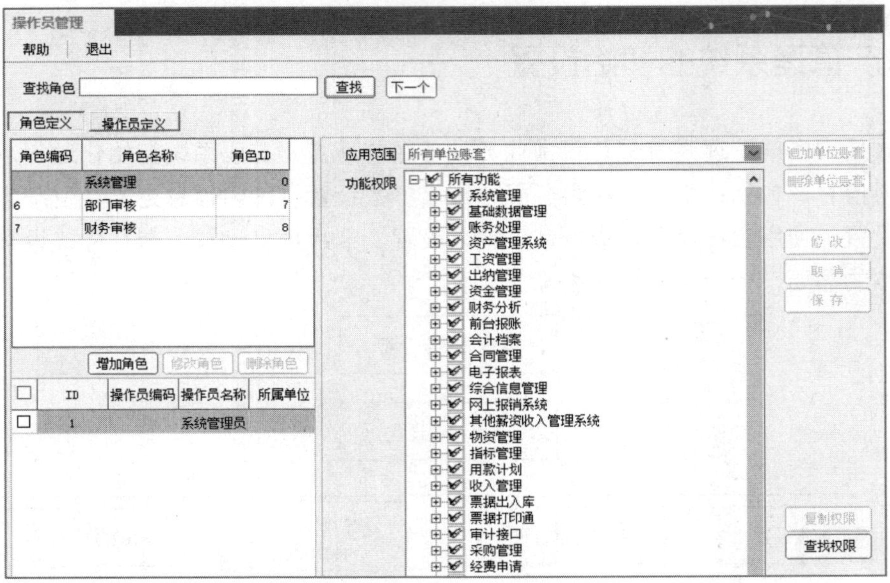


图 8-3 “操作员管理”界面

## 8.2.2 账套参数设置

账套参数指对整个资产账套都具有约束作用的参数，一旦设定，不需经常改动。在系统初始化时进行的账套参数设置，是针对当前使用账套的参数进行设置，其中部分信息在账套建立时已定义且不得改动。

### 1. 账务接口

打开“账套参数设置”窗口，进入“账务接口”界面，如图 8-4 所示。

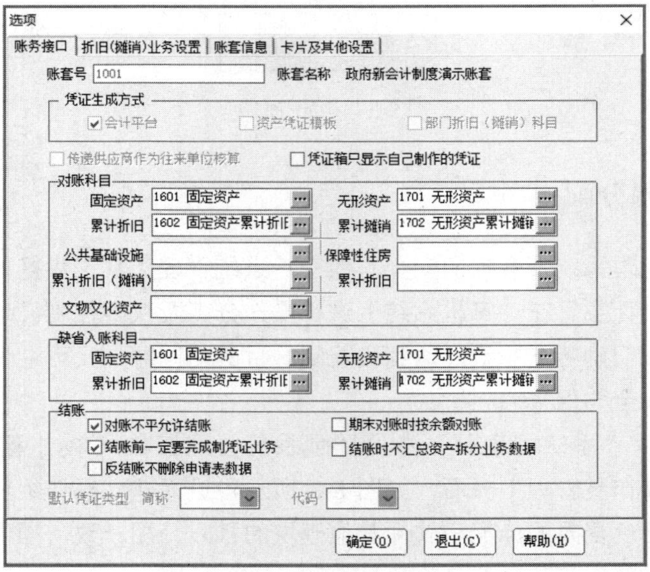


图 8-4 “账务接口”界面

有关本账务接口的基本信息包括：

（1）账套号设置对应的账务账套，以提取科目及传递凭证。

（2）对账科目即为与账务系统对账时，账务系统所对应使用的记账科目，可选择录入。

（3）缺省入账科目为资产系统制作凭证时，不启用凭证模板情况下所使用的对应折旧科目。科目代码在此处定义完毕，系统默认制作凭证。

（4）在结账时，系统提供选择条件，账不平不允许结账，结账前一定要完成制凭证业务。如要选择则单击选项前方的选择项，当出现“√”标志时代表已选中。

（5）选择凭证类型，单击简称选择框右侧的下拉按钮，在下拉式菜单中选择凭证类型即可。

### 2. 折旧业务设置

打开“账套参数设置”窗口，进入“折旧（摊销）业务设置”界面，如图 8-5 所示。

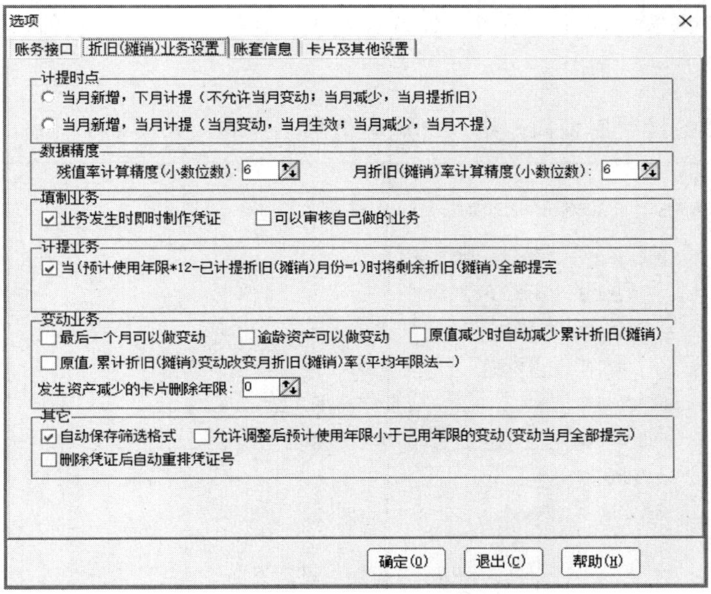


图 8-5 “折旧（摊销）业务设置”界面

有关折旧（摊销）业务设置的基本信息包括：

（1）残值率、月折旧率的计算精度，使用“”进行选择。

（2）选择“业务发生时即时制作凭证”选项，则每发生一笔业务就立即编制凭证。

（3）可以审核自己做的业务：在操作员管理中已经定义了审核的权限，未定义该功能权限的操作员没有审核的权利，但在账套参数中如果选择可以审核自己做的业务，则可以对自己做的凭证进行审核。

（4）如要定义“当（预计使用年限×12－已计提折旧月份=1）时将剩余折旧（摊销）全部提完”，则单击该项，当出现“√”标志时代表已选中。

（5）选择“最后一个月可以做变动”项，则在资产预计使用期限的最后一个月也可以进行相应的折旧变动。

（6）选择“逾龄资产可以做变动”项，则可以对超过预计使用年限的资产进行资产变动，否则在系统中，不允许对这部分资产进行业务变动。

（7）选择“原值减少时自动减少累计折旧（摊销）”项，则在进行原值减少变动时，系统自动根据减少的原值做一笔相应的累计折旧变动。不选择该项，则只进行原值减少的变动，而累计折旧不变。

（8）选择“原值，累计折旧（摊销）变动改变月折旧（摊销）率（平均年限法一）”项，则在进行原值或累计折旧变动时，根据变化后的原值或累计折旧重新计算平均年限法（一）的月折旧率。不选择该项，则在原值或累计折旧变动时，月折旧率仍为按照原来的原值或累计折旧计算的结果，保持不变。

（9）选择“自动保存筛选格式”项，则在资产账表中筛选格式才能够自动保存，否则不自动保存筛选格式。

（10）选择“允许调整后预计使用年限小于已用年限的变动（变动当月全部提完）”项，则系统允许预计使用年限小于已使用年限，在保存时不再提示出错信息。

（11）选择“删除凭证后自动重排凭证号”这个选项只适用于凭证来源是资产的凭证，和账务的“自动重排”选项并无矛盾。勾选该选项，可以不按照最大凭证号删除凭证。

### 3. 账套信息

打开“账套参数设置”窗口，进入“账套信息”界面，如图 8-6 所示。

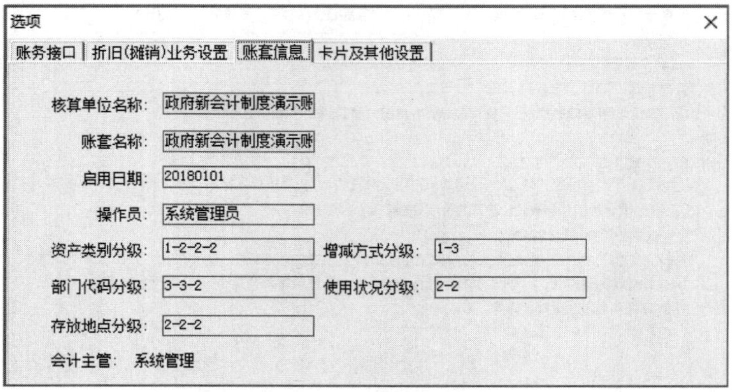


图 8-6 “账套信息”界面

有关账套的基本信息包括：

（1）核算单位名称：显示核算单位的简略名称。

（2）账套名称：显示当前使用账套的名称。

（3）启用日期：显示当前账套的启用日期。

（4）操作员：当前账套的操作员。

（5）编码分级情况包括资产类别分级、增减方式分级、部门代码分级、使用状况分级等，其中部门代码分级在新建账套时可以在账套参数中进行设置，资产类别分级可以在新建账套后在本系统中定义，而增减方式分级和适用状况分级系统会自动定义。

### 4. 卡片及其他设置

打开“账套参数设置”窗口，进入“卡片及其他设置”界面，如图 8-7 所示。

有关卡片及其他设置的信息包括：

（1）启用资产逾龄\转经营到期预警，到期前一个月预警，给出提示。

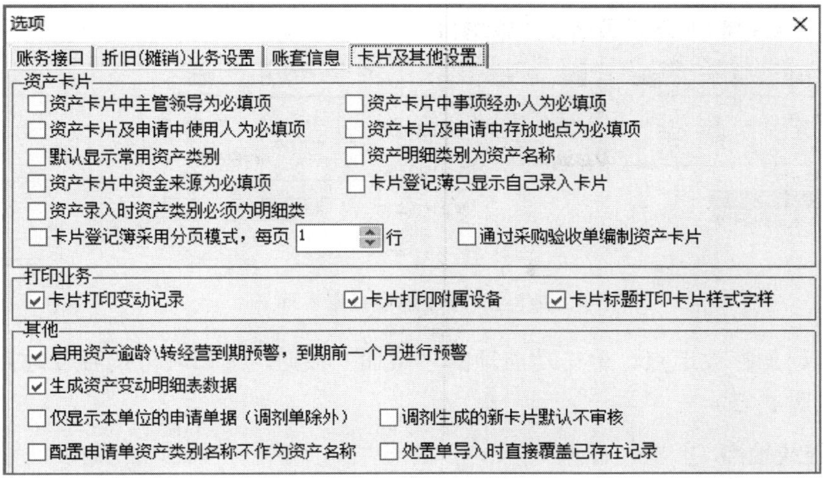


图 8-7 “卡片及其他设置”界面

（2）卡片打印附属设备：系统默认在打印卡片时只打印卡片内容而不打印卡片的附属设备信息。选择该项后，如果某一卡片有附属设备信息，则可在打印卡片的同时打印附属设备信息。

（3）卡片打印变动记录：选择该项，则在打印卡片时，如果该卡片发生过业务变动，则同时将变动信息打印出来。

## 8.2.3 存放地点设置

固定资产的存放地点设置是指设置存放地点信息，用于对资产预算表中“存放地点”信息的维护；存放地点代码默认采用“2-2-2”的代码分级方式，可在账套设置中定义分级方式，根据分级方式自行定义新的存放地点。

### 1. 增加存放地点

步骤 1：单击首页“资产管理”选项，进入资产管理文本菜单界面，单击“存放地点设置”选项，如图 8-8 所示。

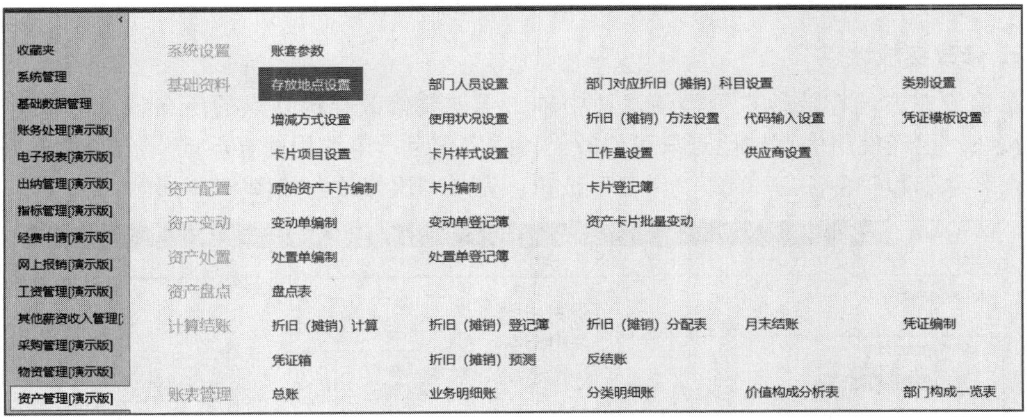


图 8-8 资产管理文本菜单界面

步骤 2：进入存放地点设置界面，如图 8-9 所示。

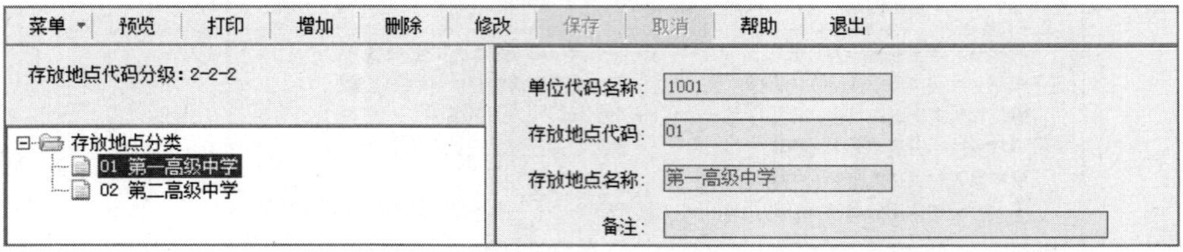


图 8-9　存放地点设置界面

步骤 3：增加存放地点，单击功能项的“增加”按钮，窗口右方的存放地点信息编辑区自动变为可编辑状态。

**2. 删除存放地点**

在窗口左方的存放地点分类信息树中单击当前要删除存放地点的所在节点，单击“删除”图标（已经使用的存放地点不可删除）系统弹出存放地点删除对话框，如图 8-10 所示，提示是否确认要删除，单击“取消”键终止当前操作，单击“是”键，则删除当前选择的存放地点项。

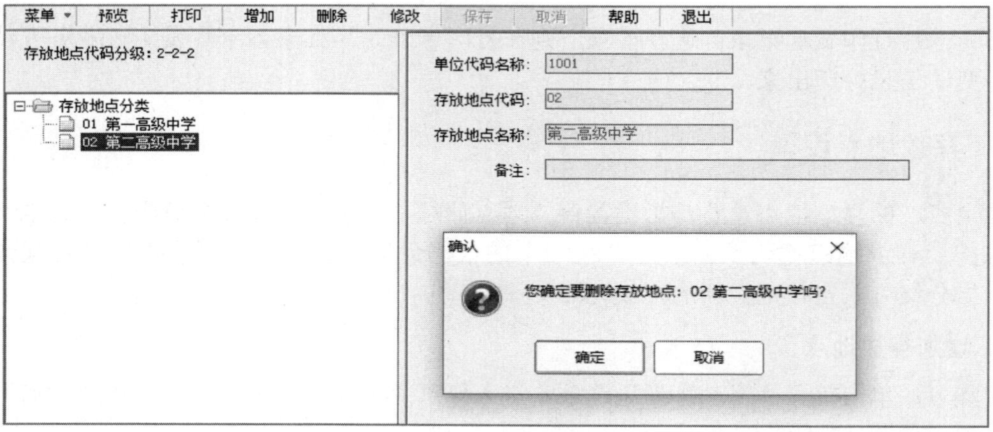


图 8-10　删除存放地点确认框

**3. 修改存放地点**

在窗口左方的存放地点分类信息树中单击当前要修改存放地点的所在节点，单击“修改”按钮，已经使用的存放地点只可修改“备注”信息；未使用的存放地点，只可修改“存放地点名称”和“备注”，单击“保存”按钮；完成本次修改，如图 8-11 所示。

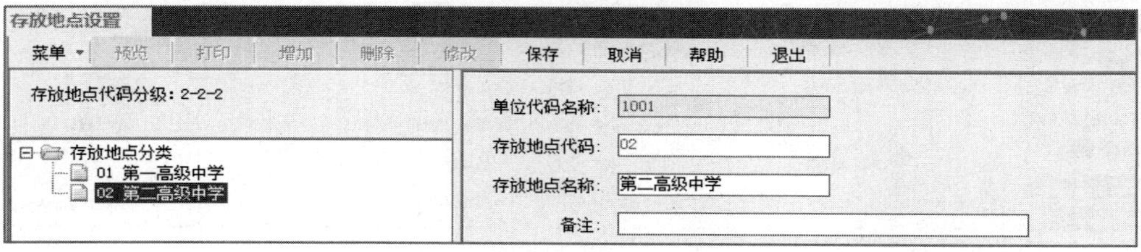


图 8-11　修改存放地点

## 8.2.4 部门人员设置

本模块主要定义涉及有关资产所属和使用部门的信息，它是资产所属部门和使用部门选择的基础，可实现部门及职员信息的增加、删除和修改操作。

### 1. 增加部门

单击“菜单|执行”，弹出“增加部门”选择项，如图 8-12 所示。

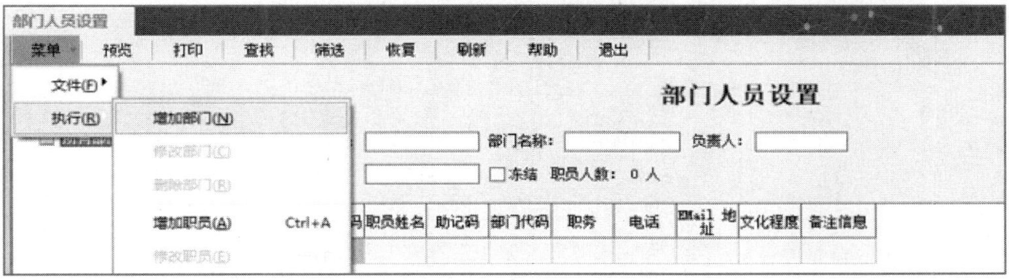


图 8-12 增加部门

### 2. 删除部门

在窗口左方的存放地点分类信息树中单击当前要修改存放地点的所在节点，单击“菜单|执行”，弹出“删除部门”选择项，如图 8-13 所示。

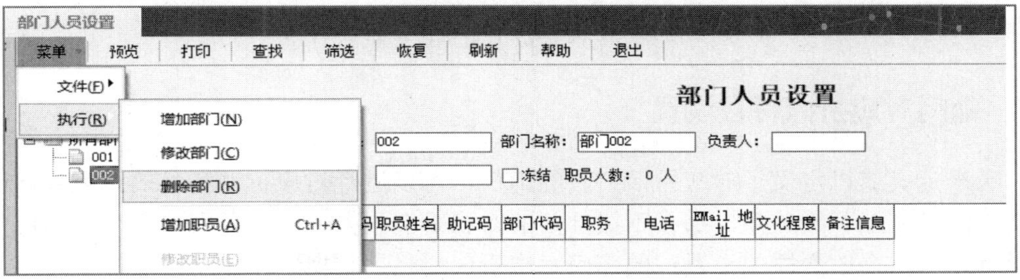


图 8-13 删除部门

### 3. 修改部门

在窗口左方的存放地点分类信息树中单击当前要修改存放地点的所在节点，单击“菜单|执行”，弹出“修改部门”选择项，如图 8-14 所示。

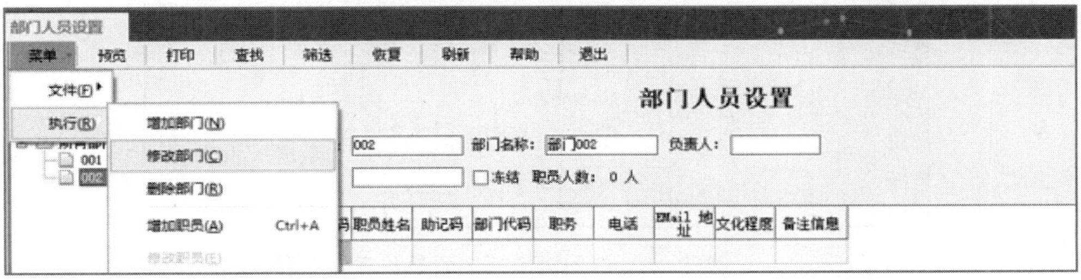


图 8-14 修改部门

### 4. 部门人员设置

增加人员，选择“菜单|执行|增加职员”，弹出“部门人员设置”界面，如图 8-15 所示。

删除人员、修改人员操作与增加人员操作相似，可以参考以上增加人员操作。

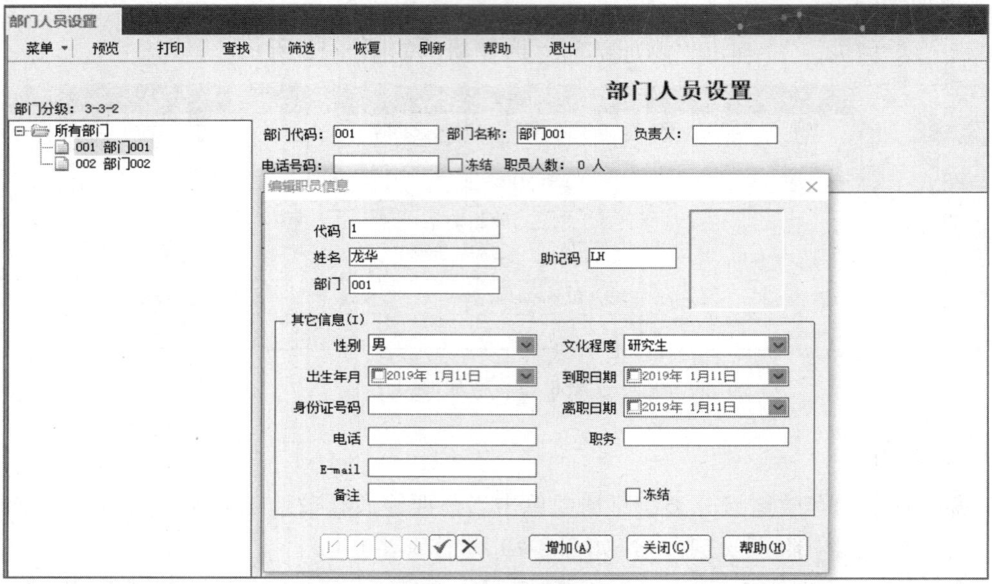


图 8-15 “部门人员设置”界面

## 8.2.5 部门对应折旧科目设置

对于未定义或已定义了对应折旧科目的部门，可以进行对应折旧科目的设置或修改；如果部门之间存在上下级关系，那么下级部门的对应折旧（摊销）科目默认为上级部门的对应折旧科目，但不会改变原先设置过的部门对应折旧科目。具体操作如下：

步骤 1：在窗口左方的部门信息树中单击当前要增加科目的部门节点，单击“菜单|执行”，弹出“修改”选择项，如图 8-16 所示。

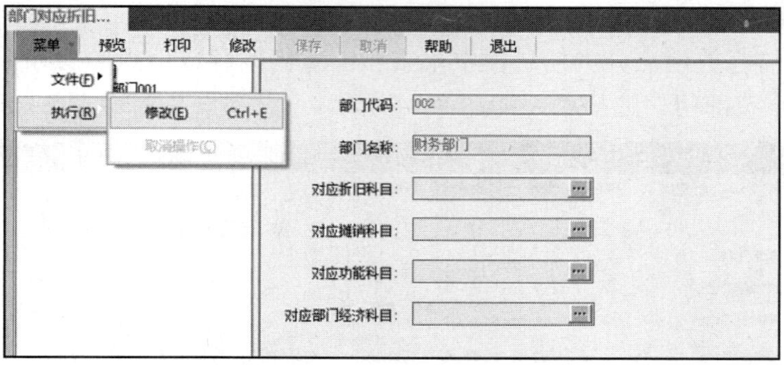


图 8-16 部门对应折旧科目设置

步骤 2：窗口右方的“对应折旧科目”自动变为编辑状态，可手工输入科目代码，或是单击“...”按钮，在弹出的“科目引导输入”窗口中选择科目，“确定”后返回带入该科目信息，如图 8-17 所示。

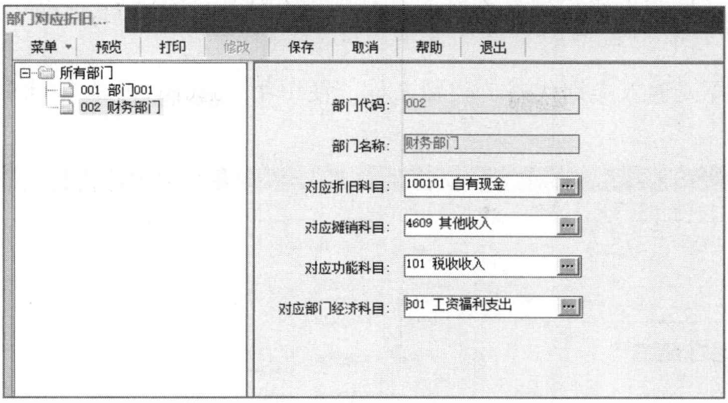


图 8-17 “部门对应折旧”界面

步骤 3：单击“保存”按钮，如科目代码存在，则存盘成功，否则提示“科目信息不存在，请重新输入!”；如果忽略此次的设置科目操作，则单击“取消”按钮，同时各个编辑栏退出转为非编辑状态。

**注意：**

除了设置部门对应折旧（摊销）科目，现在越来越多的折旧（摊销）金额还根据资金来源划分，在“基础资料|公共|资金来源”中增减修改。注意区分账务处理的辅助核算项中的资金来源，它在“辅助核算项”中设置。

## 8.2.6 类别设置

实现资产的科学分类，可为资产的核算和统计管理提供完整依据。系统提供该功能，可以帮助各单位根据自身特点和管理要求，定义一套资产的分类标准，同时为每种类别指定一种卡片样式以方便录入。

### 1. 增加资产类别

步骤 1：在“资产类别设置”窗口左侧的类别信息树中，选择当前要增加类别的节点，单击工具栏中的“增加”按钮，如图 8-18 所示 。

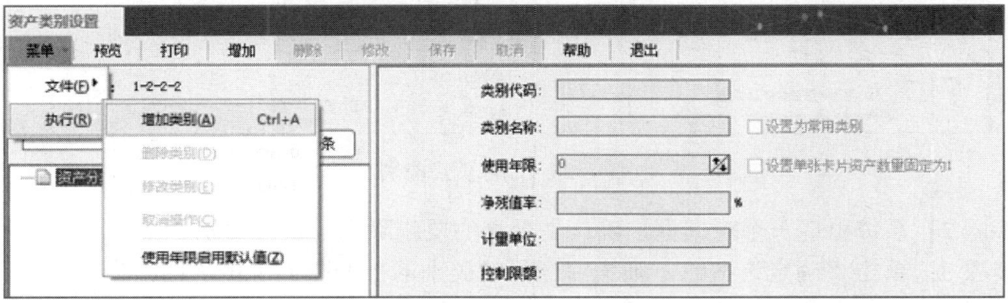


图 8-18 增加资产类别

步骤 2：在窗口右侧显示的“资产类别信息”变为可编辑状态，若没有在资产类别根节点上进行增加，则“类别代码”栏中默认显示当前类别的代码，如直接在其后添加下级代码，则新增的类别将作为当前所选类别的下级明细类别，亦可另外定义一个代码，但需保证其代码的合法性（如其上级代码是否存在，是否符合代码的分级规定等）。类别代码是唯一区分类别的标识。

步骤 3：选择或输入类别代码、类别名称、使用年限、净残值率、计量单位等信息，如图 8-19 所示。

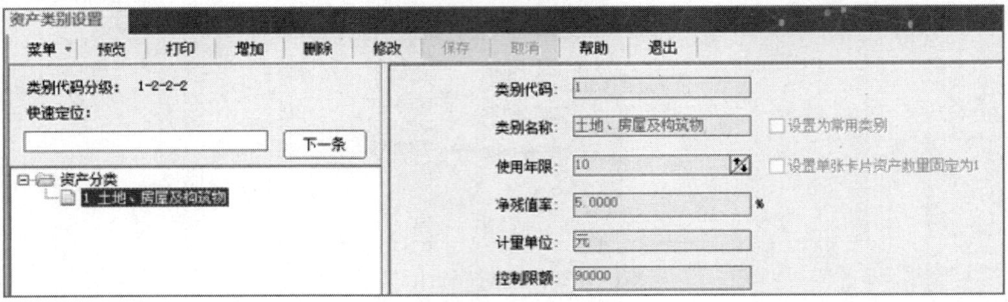


图 8-19　资产类别设置

步骤 4：所有类别信息定义完成后，单击“确定”按钮，进行存盘；或单击“取消”按钮，忽略此次操作。

**注意：**

（1）计提属性是指资产是否计提折旧的属性，在系统预置的“提折旧”和“不提折旧”两者之间选择。

（2）折旧（摊销）方式是指资产对应的计提折旧方法。

（3）卡片样式是指每种类别对应一种卡片样式，系统默认通用样式为缺省样式。

### 2. 删除资产类别

步骤 1：在“资产类别设置”窗口左侧的类别信息树中，选择当前要删除资产的节点，单击工具栏中的“删除”按钮，如图 8-20 所示。

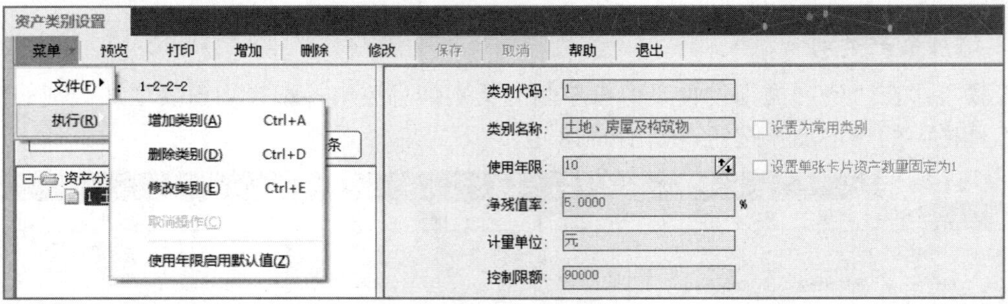


图 8-20　删除资产类别

步骤 2：系统出现一个对话框，确认是否真的要删除当前资产类别。

步骤 3：单击“确定”按钮，则当前选择的类别即被删除；单击“取消”按钮，则取消当前的删除操作，如图 8-21 所示。

### 3. 修改资产类别

步骤 1：在“资产类别设置”窗口左侧的类别信息树中，选择当前要修改类别的节点，单击工具栏中的“修改”按钮。

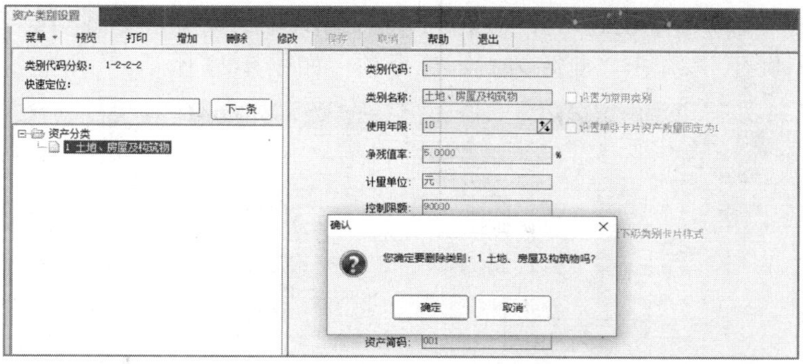


图 8-21　删除确认对话框

步骤 2：窗口右侧的资产类别信息变为可编辑状态，可进行除类别代码以外的类别信息的修改。

步骤 3：单击“保存”按钮，对修改后的类别信息进行保存；或单击“取消”按钮，忽略此次修改操作。

## 8.2.7　增减方式设置

增减方式是资产变动方式之一，具体包括资产增加方式和资产减少方式，每种方式下又分若干明细，可以具体反映资产实际增加或减少的情况；系统预置几种常见的增减方式，不允许对其修改；但可自定义新的明细增减方式，并可随时对其修改更新；每种增减方式定义一个对应科目，以便在编制凭证时自动将数据带入分录；系统默认的增加方式对应科目的方向为贷方，减少方式对应科目的方向为借方。

### 1. 增加增减方式

步骤 1：打开“增减方式设置”窗口，单击“菜单|执行”，弹出“增加方式”选择项。窗口右侧的增减方式信息区自动变为可编辑状态，如图 8-22 所示。

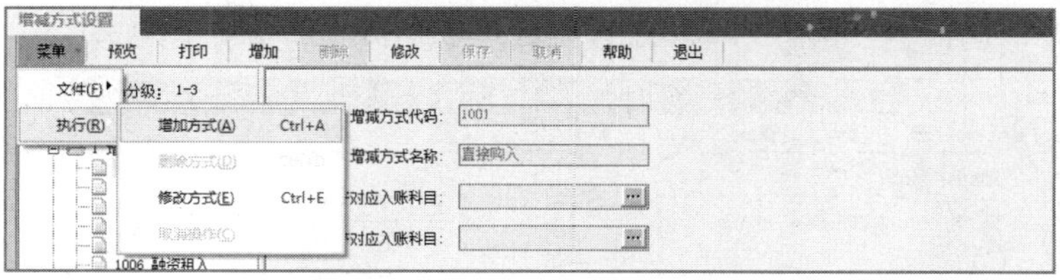


图 8-22　增加方式

步骤 2：编辑增减方式信息，“增减方式代码”由系统自动生成，以保证其连续性，只需定义增减方式名称和对应入账科目：增减方式名称需保证唯一；定义科目时，可手工直接在“对应入账科目”栏中输入科目代码，亦可单击右端的弹出键，在弹出的选择科目界面中，进行科目的选择。

步骤 3：定义完毕单击“保存”按钮，即可保存；或单击“取消”按钮，忽略此次操作。

### 2. 删除增减方式

步骤 1：在“增减方式设置”界面左侧的增减方式信息树中，选择当前要删除的增减方式，单击“菜单|执行”，弹出“删除方式”选择项，如图 8-23 所示。

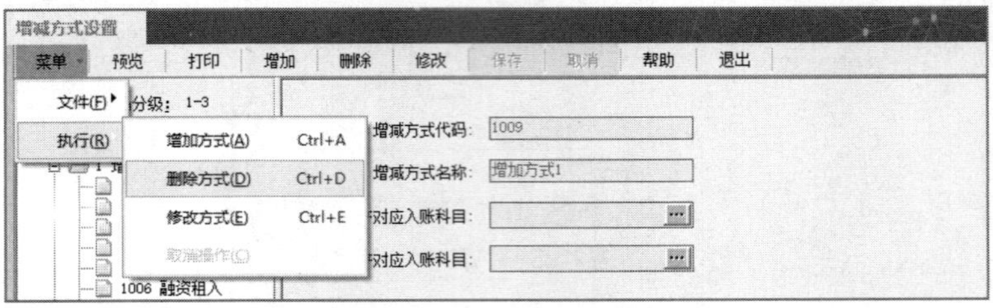


图 8-23 删除方式

步骤 2：系统提示是否确认本次删除操作，单击“确定”按钮，则删除当前选择的增减方式；单击“取消”按钮，则忽略当前删除操作，如图 8-24 所示。

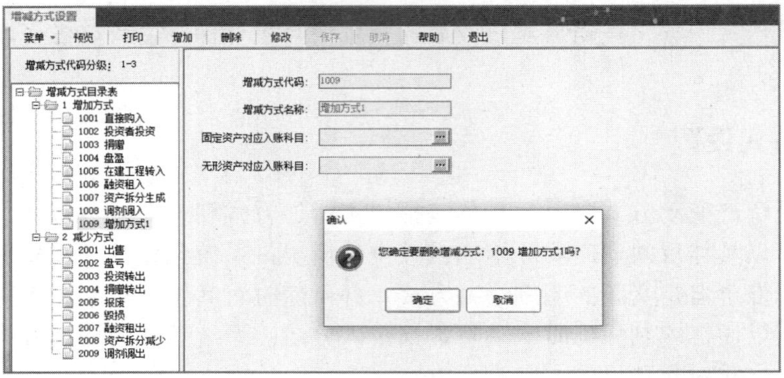


图 8-24 删除确认对话框

### 3. 修改增减方式

步骤 1：在“增减方式设置”界面左侧的增减方式信息树中，选择当前要修改的增减方式项，单击“菜单|执行”，弹出“修改方式”选择项，如图 8-25 所示。

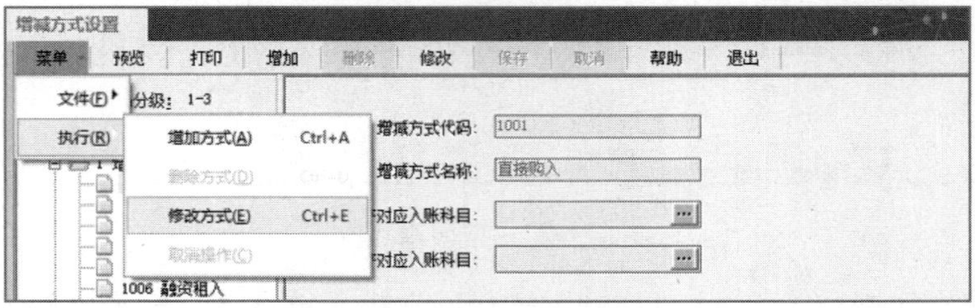


图 8-25 修改增减方式

步骤 2：修改项目名称及其对应科目，并保证录入的为有效信息。

步骤 3：修改完毕，单击“保存”按钮，即保存当前增减方式信息；单击“取消”按钮，则放弃本次修改操作。

### 8.2.8 使用状况设置

使用状况描述的是资产的使用状态信息。不同的使用状态对应不同的计提折旧属性，并直接影响计提折旧业务的范围。系统设定使用状况代码的分级方案为 1～3，且预置了三种使用状况。可在此基础上自行定义新的使用状况明细，但系统预置部分不得改动，亦不能改变代码分级方案。

#### 1. 增加使用状况

步骤 1：在“使用状况设置”界面左侧的使用状况信息树中，选择当前要增加新状况的节点（只能在三种使用状况下增加明细项），单击“菜单|执行”，弹出“增加状况”选择项，窗口右侧的使用状况信息编辑区变为可编辑状态，如图 8-26 所示。

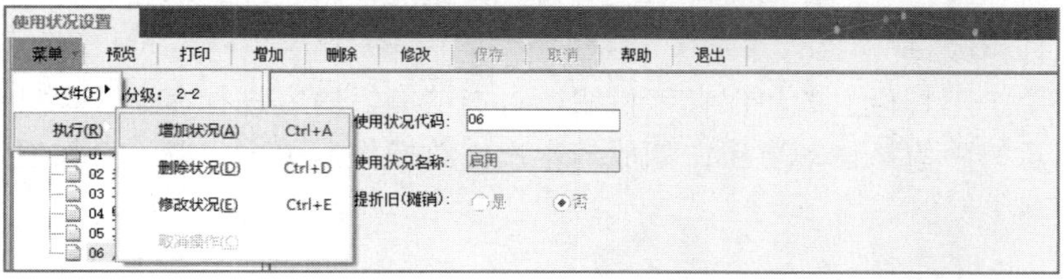


图 8-26　增加使用状况

步骤 2：系统自动生成使用状况代码，只需定义使用状况名称和选择是否计提折旧即可。

步骤 3：单击“保存”按钮，对当前编辑内容进行存盘，存盘成功后，该使用状况项会显示到窗口左方的状况信息树中；如忽略当前的新增使用状况操作，单击“取消”按钮，则关闭编辑状态。

#### 2. 删除使用状况

步骤 1：在“使用状况设置”界面左侧的使用状况信息树中，选择当前要删除的使用状况所在节点，单击工具栏中的“删除”按钮。

步骤 2：系统提示是否确认要删除的使用状况方式，单击“确定”按钮，删除当前选择的使用状况项；单击“取消”按钮则取消当前操作，如图 8-27 所示。

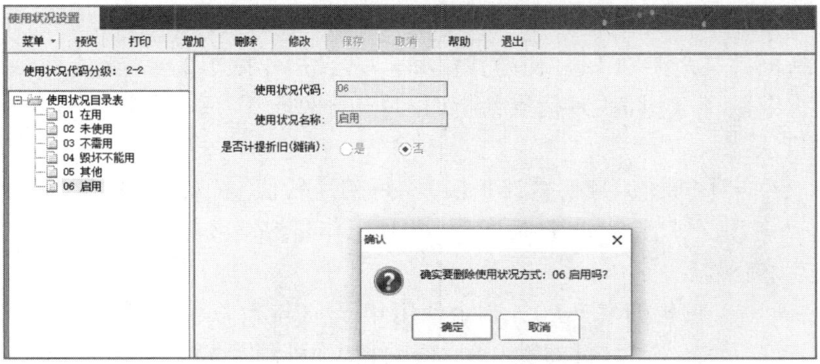


图 8-27　删除使用状况方式对话框

### 3. 修改使用状况

步骤 1：在“使用状况设置”界面左侧的使用状况信息树中，选择当前要修改的使用状况所在节点，单击“菜单|执行”，弹出“修改状况”选择项，如图 8-28 所示。

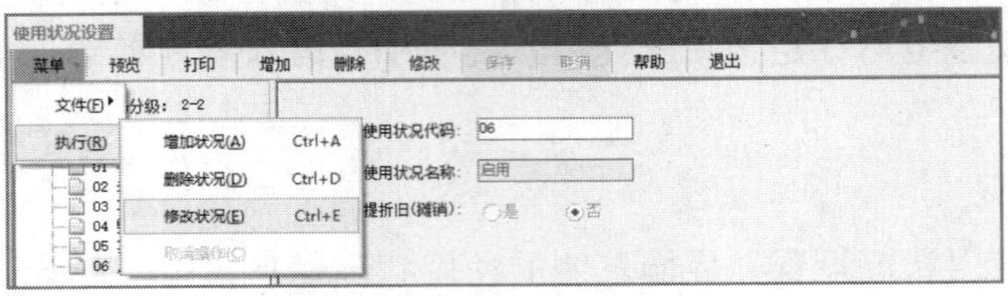


图 8-28　修改使用状况

步骤 2：可在窗口右侧使用状况信息编辑区内修改使用状况名称和是否计提折旧，使用状况代码不允许修改。

步骤 3：单击工具栏上的“保存”按钮，对当前编辑内容进行存盘，存盘成功后，窗口左方的状况信息树中信息自动更新；如放弃本次修改操作，单击“取消”按钮，不存盘且关闭编辑状态。

## 8.2.9　折旧方法设置

折旧方法设置是系统进行折旧计算的基础，系统预置了五种常见方法：不提折旧、平均年限法（一和二）、工作量法、年数总和法、双倍余额递减法，并分别带有不同的折旧计算公式，对其只可选用，不能删除和修改。

为了满足更多的需要，系统提供了折旧方法的自定义功能，可以利用系统预置的折旧项目及计算关系符号等定义出适合本单位业务的折旧（摊销）方法和计算公式。

系统预置折旧方法及计算公式

（1）不提折旧：

月折旧率（$R$）=月折旧额=0

（2）平均年限法（一）：

月折旧率（$R$）=（1–月初净残值率）/（使用年限*12）

月折旧额=原值*$R$

（3）平均年限法（二）：

月折旧率（$R$）=（1–月初净残值率）/（使用年限*12）

月折旧额 =（原值–月初累计折旧–月初净残值）/（使用年限*12–已用月份）

（4）工作量法：

单位折旧（$R$）= [（原值–月初累计折旧）–月初净残值] /（工作总量–累计工作量）

月折旧额=本月工作量*$R$

（5）年数总和法：

月折旧率（$R$）=剩余使用年限/（年数总和*12）

月折旧额=（原值–月初净残值）*$R$

（6）双倍余额递减法：

月折旧（摊销）率（$R$）=2/（使用年限*12）

月折旧额=期初账面余额*$R$

其中，残值率指资产残值的最终提取比例，介于 0～99%之间。

### 1. 增加方法

单击“增加”按钮，系统弹出“折旧（推销）项目”界面，在该界面中定义新折旧方法的名称、折旧率及折旧额的计算公式，如图 8-29 所示。

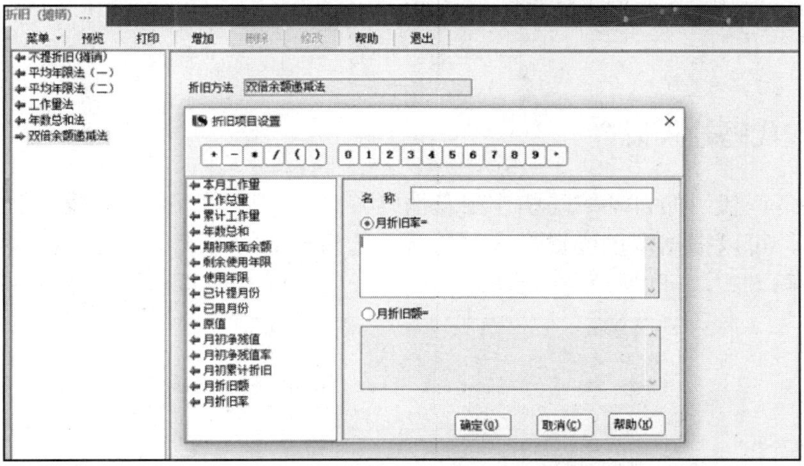

图 8-29　增加方法相关信息

### 2. 删除方法

在窗口左方的折旧方法列表框中单击当前需删除的折旧方法名称，单击“删除”按钮，系统提示是否真的删除该方法，单击“取消”按钮，则忽略当前操作；单击“确认”按钮，则删除该折旧方法，如图 8-30 所示。系统预置和已使用的折旧方法不能删除。

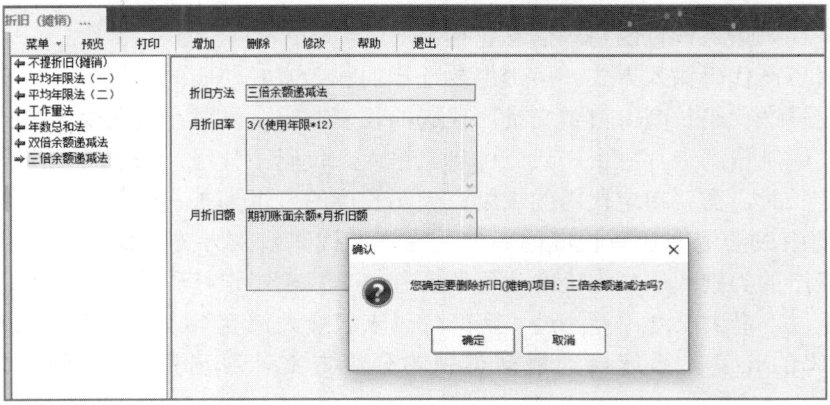

图 8-30　删除折旧方法对话框

### 3. 修改方法

在窗口左方的折旧方法列表框中单击当前要修改的折旧方法名称，选择“修改方法”选项，如图 8-31 所示。系统弹出“折旧（摊销）项目设置”界面，进行折旧方法的具体修改并保存生效；退回到主界面后，系统自动按修改后的内容更新界面左方的折旧方法列表框中的折旧方法名称。

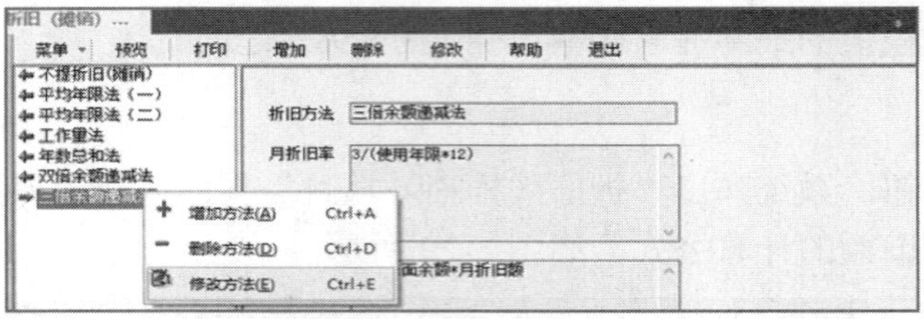

图 8-31　修改方法

## 8.2.10　资产代码输入设置

系统支持资产代码的自动编码和自定义编码方式。自动编码又分为按类别自动编码和按部门自动编码，可以根据本单位资产管理的需要选择合适的方式。同时，在编码输入设置中对应不同的编码方式，可以分别指定资产代码的长度。资产代码输入设置如图 8-32 所示。

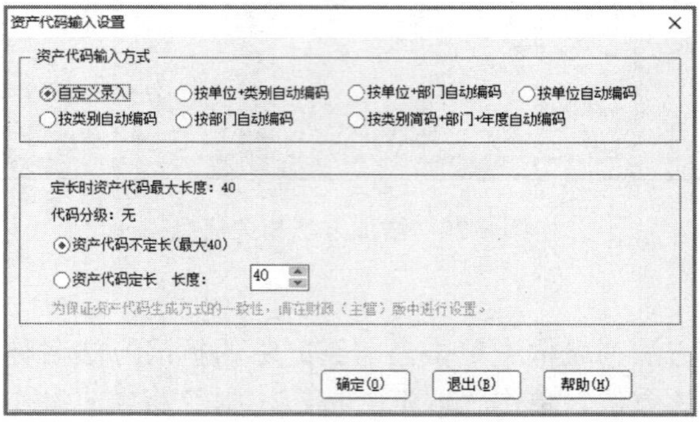


图 8-32　资产代码输入设置

有关资产代码输入设置的基本信息包括：

（1）选择资产代码输入方式：单击您要选择的输入方式前面的按钮。

（2）指定资产代码长度：自定义资产代码的长度确定，当资产代码输入方式选择“自定义录入”时，编制资产卡片时资产代码由自己输入。代码不分级，长度可以选择定长或不定长。当选择定长时，需要指定代码的长度，代码长度的范围为 1—20 位。

（3）自动生成的资产代码长度的确定：当资产代码输入方式选择“按类别自动编码”时，系统将资产的类别代码作为资产代码的前几位，只需指定代码的末级长度，末级代码的最小长度为 1 位，最大长度不能超过“资产代码末级最大长度”（末级最大长度=代码最大长度－类别代码的长度，系统自动根据类别的分级方案计算出资产代码的末级代码最大长度）。

（4）当资产代码输入方式选择“按部门自动编码”时，系统将资产所属部门代码作为资产代码的前几位，设置方法与“按类别自动编码”相同，在此不再重复叙述。

## 8.2.11　凭证模板设置

某种类别的资产记账总是相同的，通过模板设置为某类资产设置模板，能更方便、更快捷地做会计凭证。

### 1. 新增模板

在模板编号中输入模板的编号，若该编号模板已存在，则显示该模板；分别设置凭证类型和创建日期；同时选择模板类型，如图 8-33 所示。

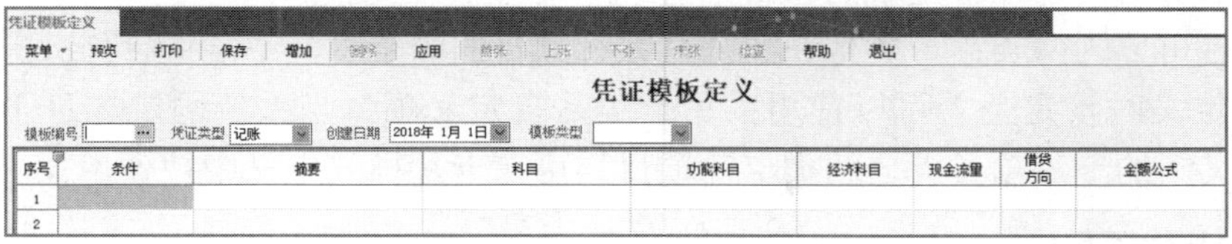


图 8-33　凭证模板定义

**注意：**

（1）模板类型有折旧类、资产增加、资产减少、原值增加、原值减少、累计折旧变动、减值准备变动几种类型，可根据需要设置。

（2）编制凭证模板时，请确认凭证类型，一旦启用凭证模板，无论后面的凭证选择什么类型，都以凭证模板设置的凭证类型为准。

（3）模板设置各个参数的具体解析如下：

条件：根据条件进行筛选，生成对应金额。条件项目有资产类别、使用部门、开始使用日期等。

摘要：在凭证的摘要部分插入部门或资产类别。单击“选择”按钮，在列表中有插入部门和插入资产类别两种情况。

科目：会计凭证的借贷方会计科目。可通过单击“选择”按钮在打开的窗口中选取会计科目。

功能科目、经济科目、现金流量：若科目挂钩了辅助核算类型，这边则需要填写。否则，则不用。

借贷方向：会计科目在凭证中的借贷方向。不能只有借方或只有贷方。

金额公式：会计凭证中金额的计算公式。单击“选择”按钮，有取发生额（业务实际发生额）和借贷平衡（试算）校验数两种公式。在资产减少的变动类型下，金额还可以取原值、累计折旧（摊销）和净值，根据需求设置。

### 2. 删除模板

打开要删除的模板，单击工具栏上的“删除”按钮，就可以删除当前模板。

### 3. 修改模板

打开要修改的模板，重新设置各项，单击工具栏上的“保存”按钮，即可完成修改。

### 4. 应用模板

打开某一模板，单击工具栏上的“应用”按钮，在打开的窗口中选择要应用该模板的某类或某几类资产，然后单击“确定”按钮即可。

### 5. 检查

检查公式是否合法，勾选“编辑|保存前检查公式”选项后，检查按钮不再浮起，保存时自动检查。

### 8.2.12 卡片项目设置

卡片项目是卡片上用来记录资产基本管理信息的条目。例如：原值、资产名称、使用年限、折旧方法等是卡片上最基本的项目。

卡片项目可分为两类：一类是在建账时系统预置的固定项，不能进行修改删除，但可以在卡片样式定义时设定是否可以使用；另一类是自定义项，当系统固定项目不能满足需要时，可自定义新的卡片项目。这两类卡片项目均可在卡片样式定义中被调用。

#### 1. 增加卡片项目

步骤 1：在“卡片项目设置”界面，单击自定义项标签，可以看到本界面工具栏上的“增加”“删除”“修改”三个按钮被激活，如图 8-34 所示。

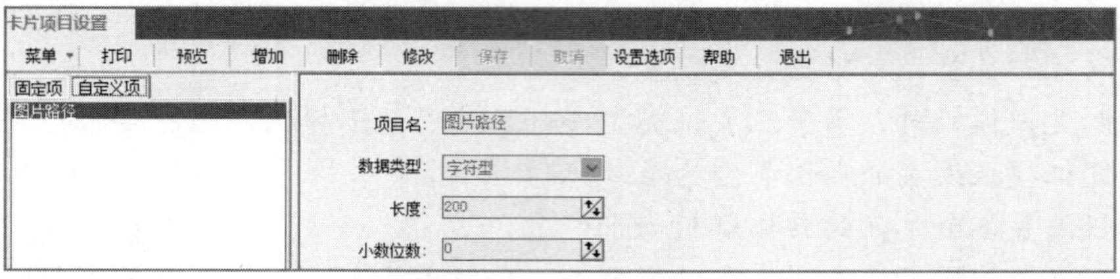


图 8-34 自定义卡片项目设置

步骤 2：单击“增加”按钮，窗口的右侧进入编辑状态，可以在卡片项目编辑框中输入项目名称、数据类型、数据长度等信息。

步骤 3：确认定义的卡片项目信息正确后，单击“保存”按钮，可以保存当前增加的卡片信息。如果想放弃当前编辑卡片项目的内容，可直接单击“取消”按钮，退出编辑状态。

#### 2. 删除卡片项目

步骤 1：在“自定义项”标签，选择要删除的卡片项目，单击“删除”按钮即可。

步骤 2：系统提示确认删除信息，单击“确定”按钮删除该卡片项目；单击“取消”按钮，则放弃本次删除操作，如图 8-35 所示。

**注意：**

*修改卡片项目，只是对数据长度的修改，而项目名称和数据类型不能修改。*

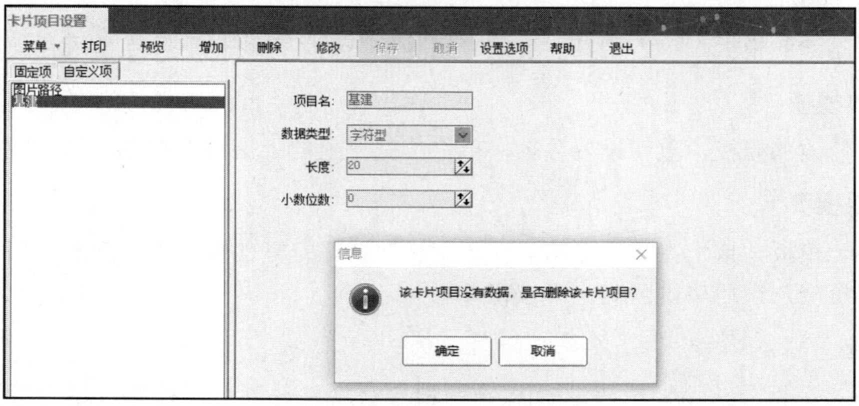


图 8-35 删除卡片项目对话框

### 3. 修改卡片项目

步骤 1：在“自定义项”标签，选择要修改的卡片项目，单击“修改”按钮，进入编辑状态，对卡片项目进行修改。

步骤 2：修改完毕，单击“保存”按钮，即保存修改后的数据；单击“取消”按钮，则放弃本次修改操作。

### 4. 设置选项

单击“设置选项”按钮，打开“设置卡片选择项”界面，单击“项目设置”标签用于设置卡片项目，如图 8-36 所示。单击“选择项设置”标签用于设置对应卡片项目的可选择的备选项内容，单击“保存”按钮用于保存当前的新增、修改操作，最后单击“退出”按钮退回到“卡片项目设置”界面。

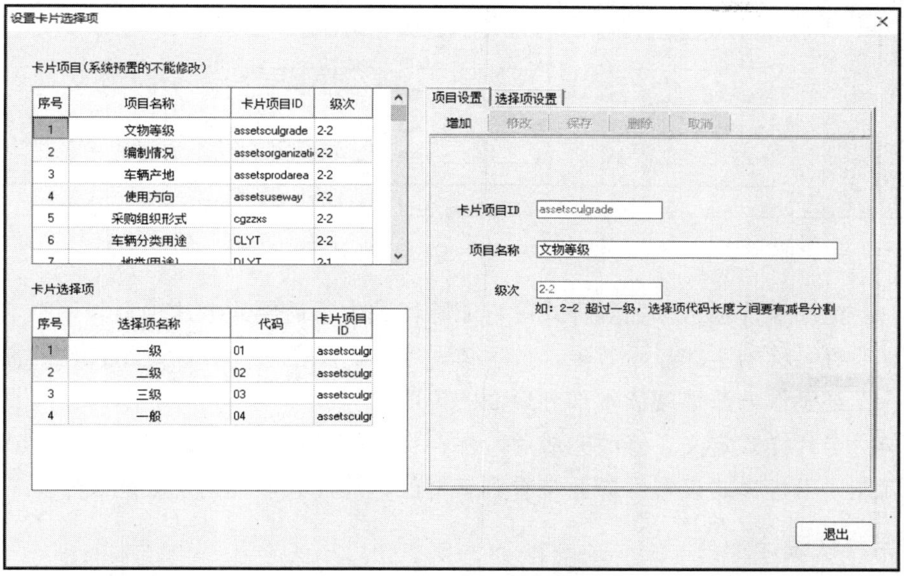


图 8-36　设置卡片选择项

### 5. 辅助说明

项目名称：自定义卡片项目的显示名称。

数据类型：可以定义为数字型、字符型、日期型和整型四种类型。

数据长度：不同数据类型的长度定义及限制：

字符型：最长 255 个字符，无小数位；

日期型：固定 8 个字符，无小数位；

数字型：最大长度 28 位，且包括小数位；

整型：最长 28 位，无小数位。

## 8.2.13　卡片样式设置

自定义卡片项目可以满足不同核算单位资产管理的需要，增强了系统的灵活性。卡片样式的设计采用所见即所得的方式，拖拽卡片项目可以实现样式的灵活设计，且可自由设计新定义卡片项目的显示位置和字体效果。

### 1. 增加卡片样式

步骤 1：在窗口左部的卡片样式名称列表中选中一项，作为当前新增卡片样式的模板。

步骤 2：单击工具栏上的“增加”按钮，打开卡片样式定义界面，如图 8-37 所示。

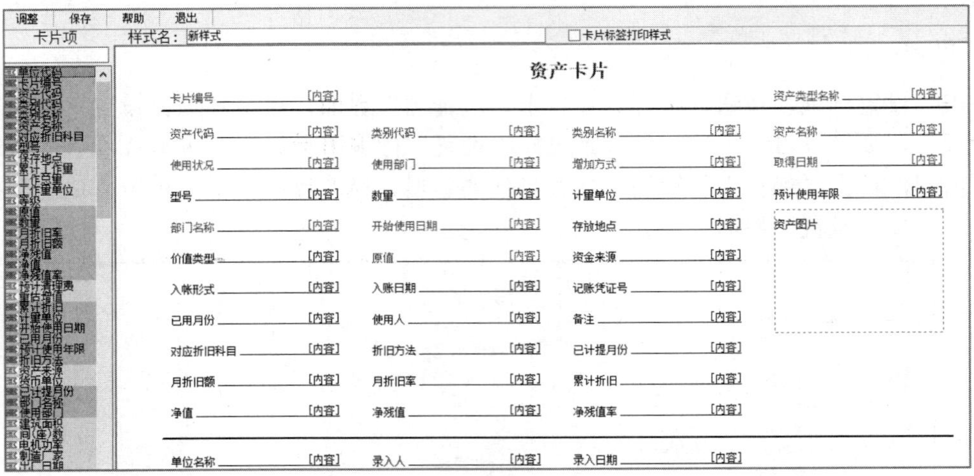


图 8-37　卡片样式定义界面

步骤 3：拖动卡片项目添加到样式中，删除样式中不需要的卡片项目。调整卡片项目摆放的位置及项目名称的字体显示效果，如字体、字号、颜色等，以满足个性化的需要（卡片样式设计的详细操作方法请阅读本部分后面的说明）。

步骤 4：卡片样式定义、修改完成后，保存当前的卡片样式，退出“卡片样式定义”界面，则可以在“卡片样式设置”界面中看到新增的卡片样式名称出现在列表中。

### 2. 卡片样式设计

（1）添加卡片项目

在窗口左方的项目列表中选择要往卡片样式中添加的卡片项目（注意该项目必须尚未出现在该卡片样式中，即标志为绿色的项目），单击左键不放，在将该项目拖至右边卡片样式设计区中满意的位置后松开左键，该项目将自动停留在所放位置；另外，窗口左方的项目列表中还提供了“粗线”等三个特殊项目，可利用它们进行卡片界面的细化，使其效果更接近于手工制作的资产卡片。

（2）删除卡片项目

当样式中某卡片项目不再需要时，单击该项目后，在弹出的菜单中选择“删除”项，即可将该项目从卡片样式中删除，窗口左方的项目列表中该项目自动恢复为绿色显示，以供再被选用。

（3）调整卡片项目的位置和宽度

调整显示位置：单击卡片项目，在按住左键不放的情况下拖动该项目，直至放置到满意的位置。

调整项目显示宽度：可在选中某项目后，按住左键不放并进行左右拖动，即可很方便地调整项目框的宽度。松开左键，项目框自动保持调整后的最新效果。

所有项目对齐：考虑手工调整的卡片项目位置不可能完全对齐，系统提供“调整”功能，可在将项目大致摆放整齐后，单击“调整”按钮，系统自动将所有项目按列进行右端对齐，但此功能仅限于左右方向的小距离微调，如项目间左右位置相差过大，则“调整”功能无效，且对上下对齐无调整效果。

（4）调整卡片项目字体

选择当前要编辑的卡片项目，右键单击，在弹出的菜单中选择“字体”项，系统提供一个字体编辑窗，在编辑框中对卡片项目的字体、字体样式、大小、效果、颜色、语系等进行调整；单击“确定”按钮，对编辑结果进行存盘，并返回“卡片样式定义”界面。

### 3. 删除卡片样式

步骤 1：在“卡片样式设置”界面的样式列表中选择要删除的样式名称，窗口右边自动显示该卡片样式，以供浏览核对。

步骤 2：如确认需要删除该卡片样式，单击工具栏上的“删除”按钮，系统自动做删除处理。

### 4. 修改卡片样式

步骤 1：在窗口左方的样式列表中选择要修改的卡片样式名称，单击执行菜单中的“修改样式”项或直接单击工具栏中的“修改”按钮，打开“卡片样式定义”界面。

步骤 2：可根据需要对卡片样式进行必要的修改并保存。

步骤 3：退回到主窗口后，单击该卡片样式名称，窗口将显示修改后的最新卡片样式。

### 5. 使用财政样式

单击“执行|使用财政样式”按钮，弹出对话框，如图 8-38 所示。

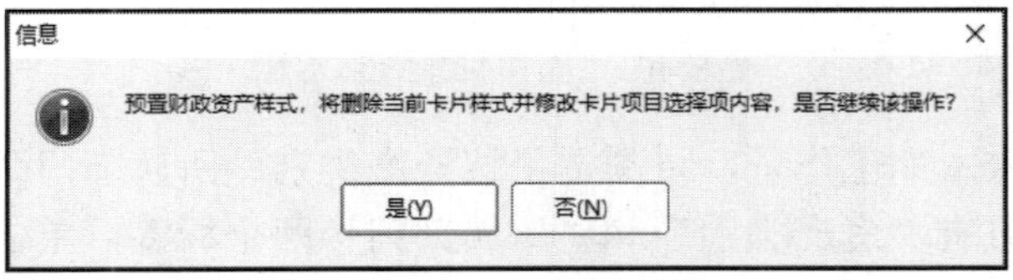


图 8-38　使用财政样式信息框

单击“是”按钮，将按照“财政资产软件”卡片样式重新预置全部卡片样式，并依照“财政资产软件”卡片项目选择项重新预置选择项，同时激活“财政资产对应字段设置”功能。（注：该过程不可逆，请谨慎选择。）

### 6. 财政资产对应字段设置

单击“字段对应”按钮，弹出“财政资产对应字段设置”界面，如图 8-39 所示，用于设置与财政资产卡片项目的对应关系。设置完成后单击“保存”按钮保存当前设置，关闭界面即可。

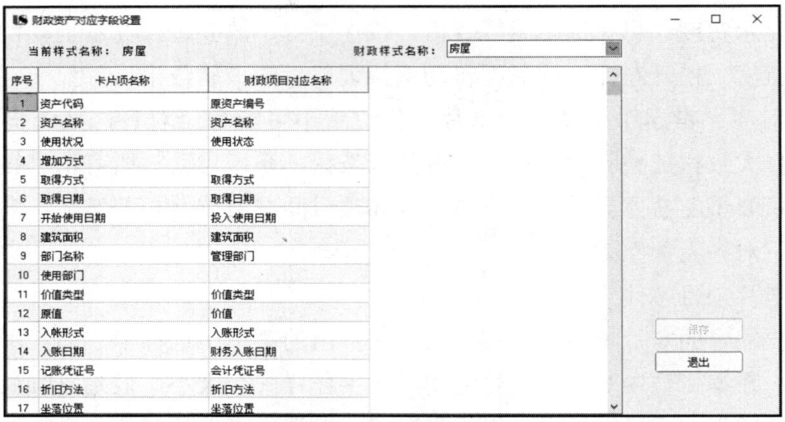


图 8-39 “财政资产对应字段设置”界面

## 8.2.14 工作量设置

工作量法是根据实际工作量计提折旧（摊销）额的一种方法。采用这种方法，对资产应计提折旧的总数，按该资产在预计使用年限完成的工作总量，先计算每单位工作量的折旧额，再根据每月实际完成工作量计算月折旧额。它适用于专业设备折旧额的计算，如企业的专业车队的客、货运输车辆，大型建筑施工机械和大型设备等。

系统要求在每月的计提折旧操作之前，将所有的折旧方法为“工作量法”的资产的当月工作量录入于此，以保证折旧计算的准确性。“工作量录入”界面如图 8-40 所示。

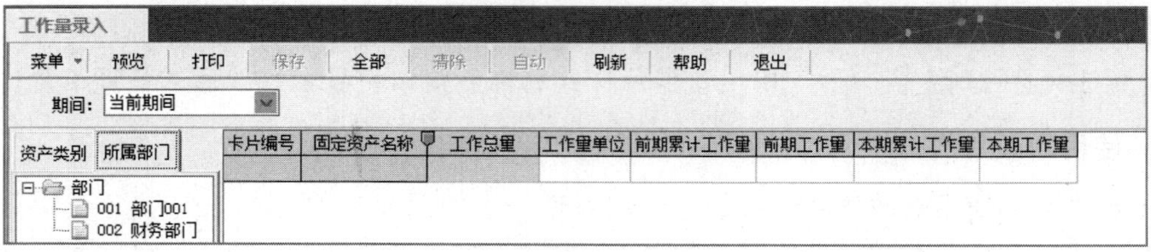


图 8-40 “工作量录入”界面

系统为了便于录入本期工作量，特制定了按资产类别、所属部门两种方式查找卡片。

（1）在窗口的左方有“资产类别”和“所属部门”两个标签，单击标签，标签下方将显示对应的信息目录树；在类别（或部门）目录树中选择具体某类别（或部门）项，窗口右方的工作量列表中自动显示所选类别（或部门）下所有资产的工作量相关信息，单击窗口中相应的类别；或单击窗口上方的“全部”图标。

（2）在工作量列表的“本期工作量”项下输入相应的数据，单击“保存”按钮，则系统自动重新计算本期累计工作量。

自动填入上期工作量：如本期工作量数据与上月工作量数据一致，则系统提供快捷的复制功能，单击窗口上方的“自动”按钮，则在本月本期工作量输入框中自动填入上期工作量。

清除本期工作量：单击工具条“清除”按钮，则所有卡片中的本期工作量自动清零。

## 8.2.15 资产供应商设置

该模块主要用于定义资产的供应商，供应商数据来自账务系统的外来单位基础资料。在生成凭证时按照此模块定义的资产和供应商关系将供应商作为外来单位核算项传递到账务系统，使得资产按照往来单位进行辅助核算。“卡片供应商”界面如图 8-41 所示。

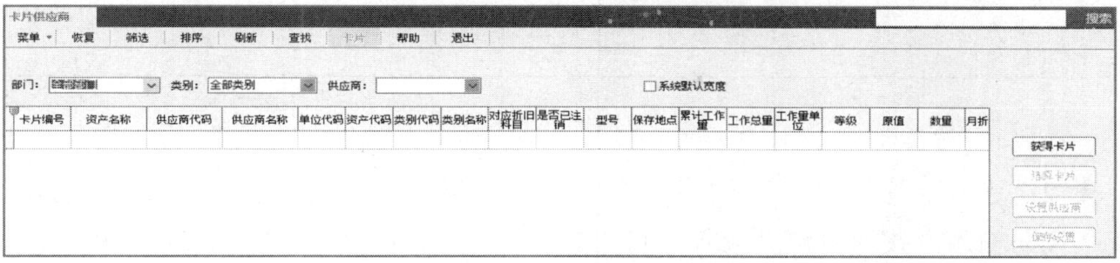

图 8-41 “卡片供应商”界面

1. 获得卡片

获得卡片数据，并在资产供应商对应关系表中显示。新增卡片后打开此模块是不显示新增加的卡片的，必须先执行此操作以获得新的卡片数据。

2. 选择卡片

选择要设置供应商的资产，支持多选。系统提供了全选、反选、全不选三种方式供使用。

3. 设置供应商

打开选择窗口选择供应商。关闭窗口后，将所选的供应商相关信息写入被选资产行的供应商代码、供应商名称列。

4. 保存设置

将前几步设置好的资产供应商信息保存到数据库。

# 8.3 资产配置管理

资产配置是对资产的动态管理过程，系统主要包括资产卡片编制及资产卡片登记簿。

## 8.3.1 资产卡片编制

资产卡片编制分为“卡片编制”和“原始卡片编制”。卡片编制，即开始使用日期与业务日期月份相同时，伴随“资产增加”的变动。原始卡片编制，适用于系统启用前单位已经购入或使用的、已经有部分折旧（摊销）的资产。

1. 新增资产

新增资产的具体操作步骤如下。

步骤 1：单击“资产管理”界面中的“卡片编制”按钮，如图 8-42 所示。

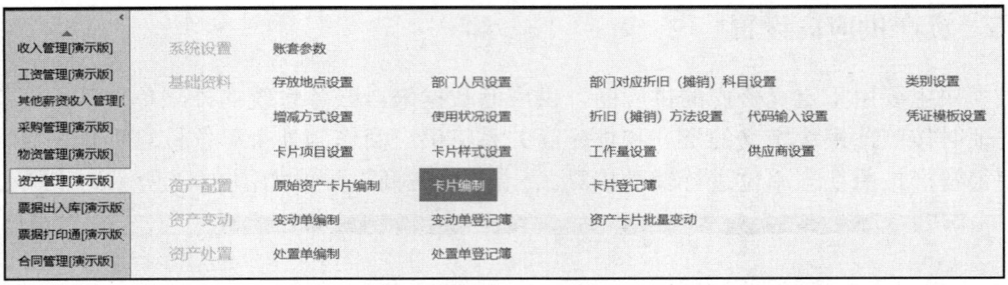


图 8-42 进入资产卡片

步骤 2：进入卡片编制界面，如图 8-43 所示。输入卡片项目信息，如果在初始设置中选择资产代码输入方式为自定义录入，则需要手工录入资产代码；输入资产名称，若您想只使用键盘快速录入，单击“Tab”键，则按照从左到右、从上到下的顺序自动导航到下一个录入项，依次输入各项目。

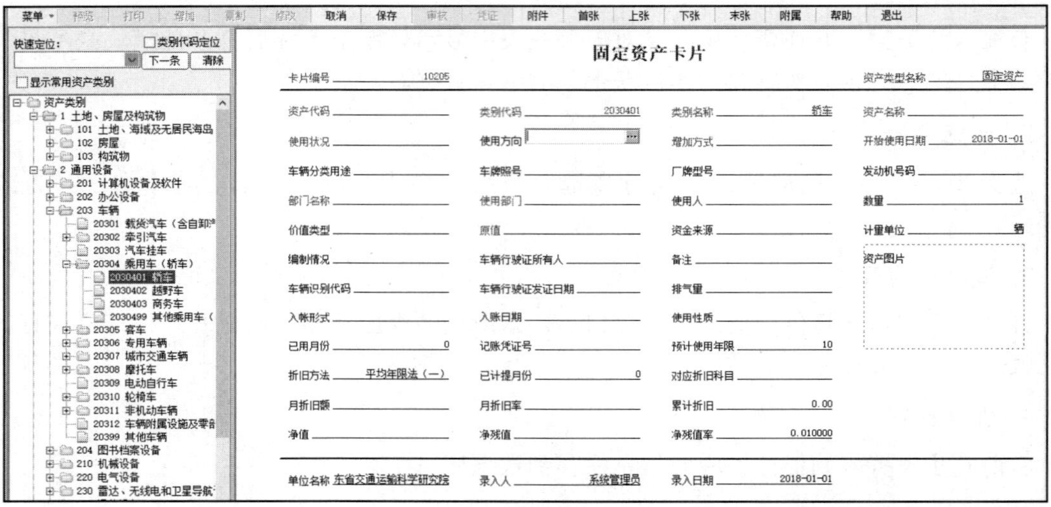


图 8-43 编辑资产卡片

步骤 3：对于增加方式、使用状况、部门名称、使用部门、项目这五项，可通过单击栏中右端的图标“···”，在弹出的选择窗口中选择需要输入的项目。例如，“使用状况”编辑如图 8-44 所示，双击或单击“确定”按钮即可选入该栏中。

步骤 4：单击窗口上方的“图片”按钮，显示保存在指定位置的资产照片，如图 8-45 所示。

步骤 5：输入附属设备信息。单击工具栏中的“附属”按钮，卡片下方将出现附属设备列表，如图 8-46 所示，可在此录入该资产的附属设备信息。

步骤 6：卡片信息输入完毕，单击“保存”按钮，录入过程中单击卡片编辑区以外的区域，系统将提示“新增卡片的数据没有存盘，是否放弃？”，如选择“是”则放弃存盘，选择“否”则不放弃，继续录入卡片信息。

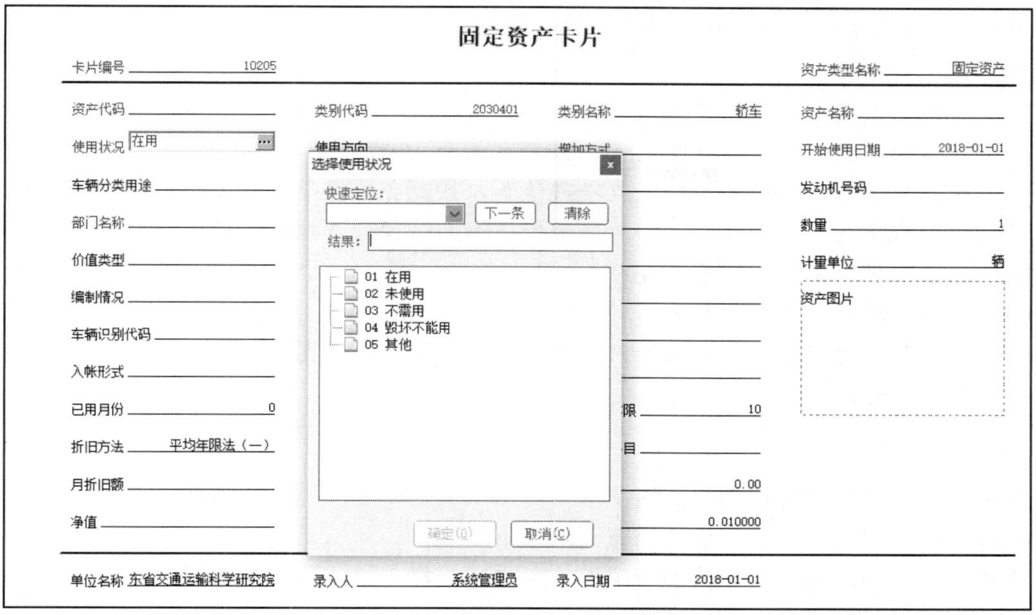


图 8-44　使用状况选择项

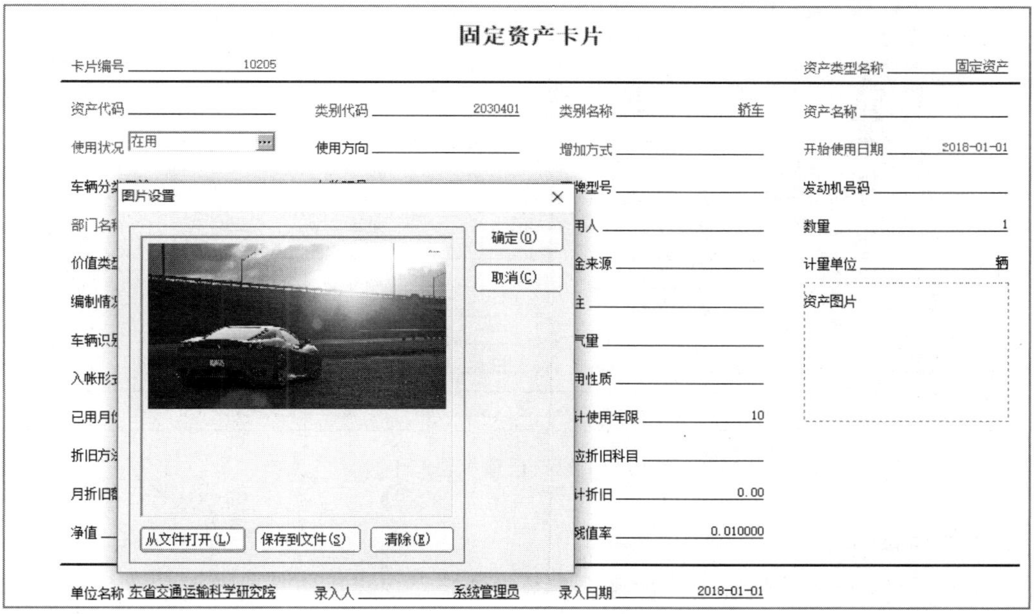


图 8-45　资产图片设置框

图 8-46　附属设备列表

步骤 7：保存后的数据可在卡片登记簿中查阅。

**注意：**

（1）原值录入的一定是卡片录入月月初的价值，否则将会出现计算错误

（2）净残值率只可在 0 ~ 100%之间，且不可等于 100%。

（3）输入原值前不得输入净残值或净残值率，系统会根据原值与净残值率推算净残值。净残值指资产报废时，预计可以收回的残余价值和扣除预计清理费用后的数额。净残值率指资产残值的最终提取比例，介于 0 ~ 99%之间。

（4）资产新增时，已计提月份不可以输入。

（5）资产新增时，还可以存储资产图片。注意：要想存储图片，需要在卡片样式设置中将资产图片放入资产卡片中。

## 2. 卡片修改

步骤 1：在当前卡片未审核的情况下，单击工具栏中的“修改”按钮，可对卡片中除卡片编号和资产代码以外的信息进行修改。

步骤 2：在当前卡片已审核的情况下，单击工具栏中的“修改”按钮，可对卡片中的资金来源、规格型号、保存地点、制造厂家信息进行修改，如图 8-47 所示。

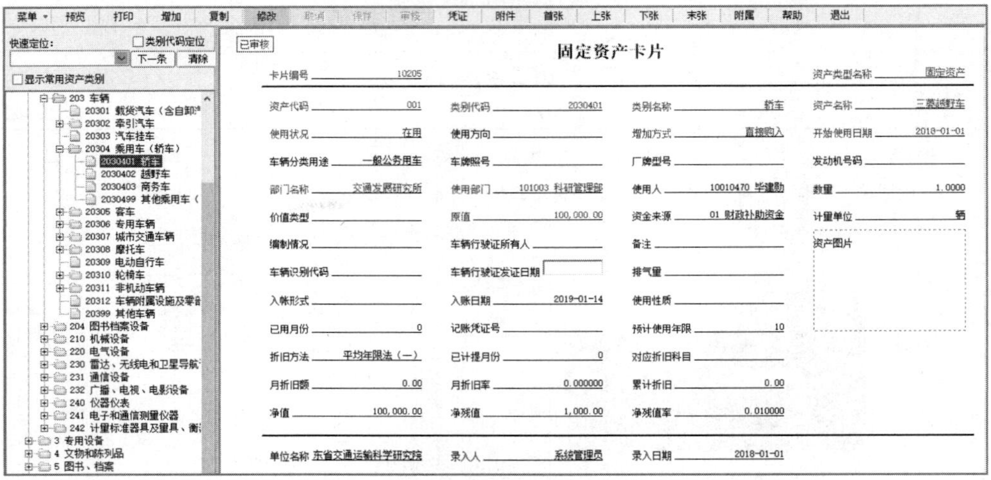


图 8-47　修改已审核资产卡片

## 3. 卡片审核

在当前卡片未审核的情况下，如账套参数中选择了“可以审核自己做的业务”项，则此时的“审核”功能为激活状态，可单击“审核”按钮或单击执行菜单中的“审核卡片”项，对当前资产进行审核操作，操作完成后系统直接激活凭证按钮。

如账套参数中未选择“可以审核自己做的业务”项，则此时的“审核”功能不可用，只有其他操作员可在此（利用卡片浏览选中该资产）或卡片登记簿中对该张卡片执行审核操作。

**注意：**

只可对当前期间的未审核卡片进行审核操作，并且只有审核成功的当月新增资产在资产变动登记簿中才可见。

4. 凭证编制

对审核完毕的卡片进行凭证编制，单击界面上方的“凭证”按钮，备选信息是在账务处理系统中的凭证类型设置中定义的。选择账套参数中的“即时生成凭证”选项，在一张审核后会自动生成这张卡片的凭证。统一生成凭证的功能，在“变动单登记簿”和“凭证编制”中实现。

**注意：**

如果已经定义好“资产增加”的模板并且启用了凭证模板项，那么单击凭证，系统自动按照凭证模板中的凭证类型来生成。

5. 卡片浏览

步骤 1：在资产类别目录树上单击当前要查询的卡片类别，界面右侧将显示该类别对应的空白卡片，系统自动生成一个最新卡片编号，类别信息亦自动填入；

步骤 2：此时如不在卡片中录入数据，而是利用首张、下张、上张、末张选项，即可自由翻转查看该类别下所有的卡片信息，如图 8-48 所示。

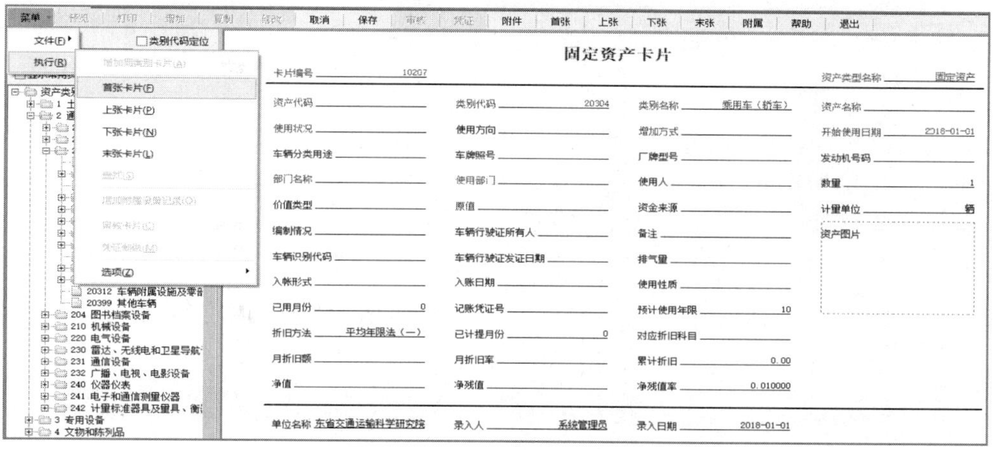

图 8-48 自由翻转卡片信息

## 8.3.2 资产卡片登记簿

卡片编制完成后，可在登记簿中查询。每类资产卡片都可分为“已审核卡片”和“未审核卡片”两种状态，客户此时想对卡片进行部分修改的，可对未审核的资产卡片进行修改；同时，可实现已审核卡片的销审，未审核卡片的审核、删除等功能。

“资产卡片登记簿”界面如图 8-49 所示，界面中分已审核卡片和未审核卡片两个标签显示资产卡片：已审核的资产卡片不允许修改，但对资产的附属设备可进行修改和增加；未审核的资产卡片可以修改，同时对资产的附属设备也可以进行修改和增加。

1. 定义查询范围

进入卡片登记簿界面，系统默认的卡片查询范围为“全部部门”和“全部类别”，显示的为空白列表。

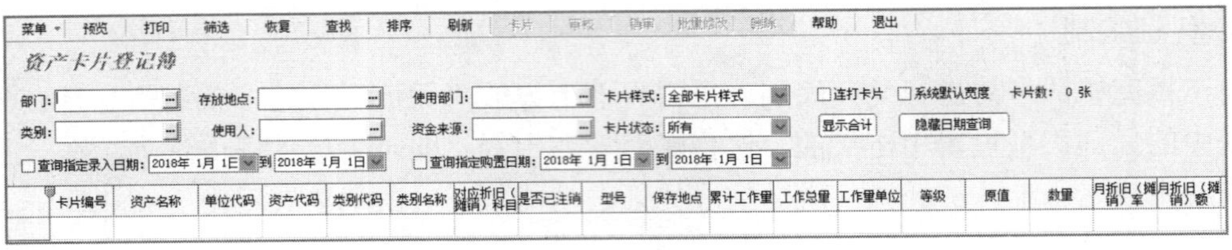


图 8-49 “资产卡片登记簿”界面

## 2. 定义查询方式

（1）按所属部门：指当前查询的资产所属部门范围。在“部门”下拉框中，显示系统中已定义的所有明细和非明细的部门，可以在部门列表中选择当前要查询的部门名称，单击工具栏中的“刷新”按钮，则显示出该部门下的所有资产卡片，如图 8-50 所示。

图 8-50 按部门查询

（2）按资产类别，指当前查询的资产所属类别范围。在“资产类别”的下拉框中，列出了系统中已定义的所有资产类别，选择所要查询的资产类别，单击工具栏中的“刷新”按钮，则显示出该类别的所有资产卡片，如图 8-51 所示。

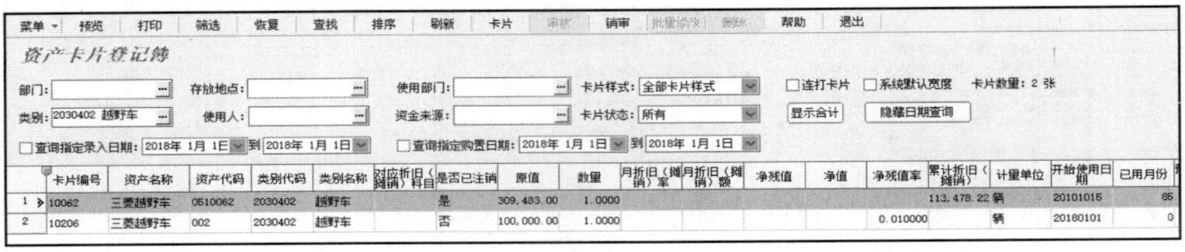


图 8-51 按类别查询

## 3. 业务操作

在卡片登记簿界面中按审核属性分类列示了当前定义查询范围内所有卡片的基本信息，可通过切换“已审核资产”和“未审核资产”两个标签来具体查看不同审核状态下的卡片信息。

（1）联查资产卡片内容

在卡片列表中双击记录行，或使用界面上方的“卡片”按钮，即可调出该资产的卡片界面，如图 8-52 所示，且系统默认显示为当期数据，关闭该界面可回到主界面。

（2）卡片修改与操作

① 在“未审核卡片”标签的列表中，选中一行卡片记录，单击工具栏中的“修改”按钮，可对卡片中除卡片编号和资产代码以外的信息进行修改。

② 在“已审核卡片”标签的列表中，选中一行卡片记录，单击工具栏中的“修改”按钮，可对卡片中的信息进行修改，如图 8-53 所示。

③ 在“未审核卡片”标签的列表中，选中一行或几行卡片记录，单击工具栏中的“删

除”按钮，从后台数据库中删除选中的未审核卡片信息。

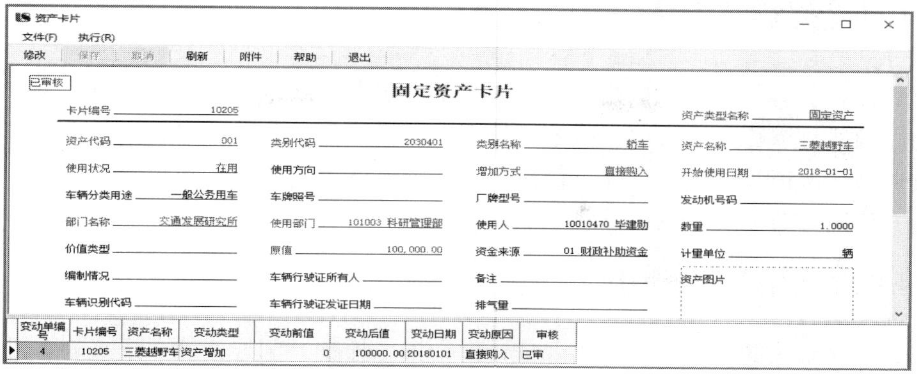


图 8-52　某资产卡片信息

图 8-53　修改资产卡片

（3）卡片的审核与销审

① 在“未审核卡片”界面的列表中，选中一行或几行卡片记录，单击工具栏中的“审核”按钮，在“卡片审核”界面提供了三种卡片审核范围，如图 8-54 所示。可以根据需要进行单个资产卡片、部分资产卡片和全部未审核卡片的审核。选择一种审核范围后，系统开始进行审核，审核结束后系统提示审核完成信息。同时审核后的卡片记录自动进入“已审核”标签下，而在“未审核标签”下不再可见。

② 在“已审核卡片”界面的列表中，选中一行或几行卡片记录，单击工具栏中的“销审”按钮，在“卡片销审”界面也提供了三种卡片销审范围，如图 8-55 所示，即销审显示的已审核卡片、销审选定的已审核卡片、销审所有的已审核卡片，可根据需要选择。选择一种销审范围后，系统开始进行销审，销审后的卡片记录自动进入“未审核标签”下，而在“已审核标签”下将不再可见。

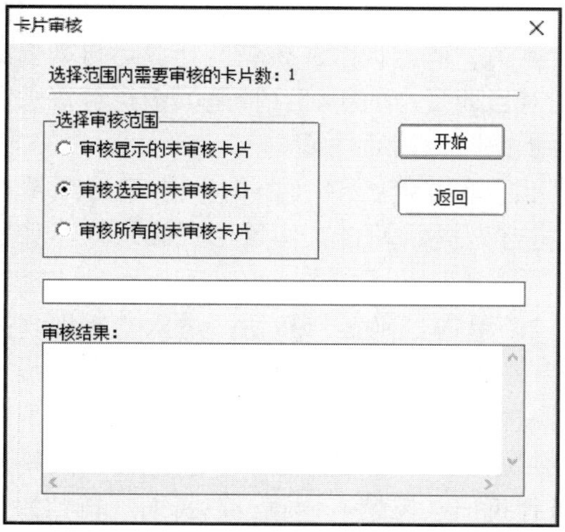


图 8-54　三种审核范围

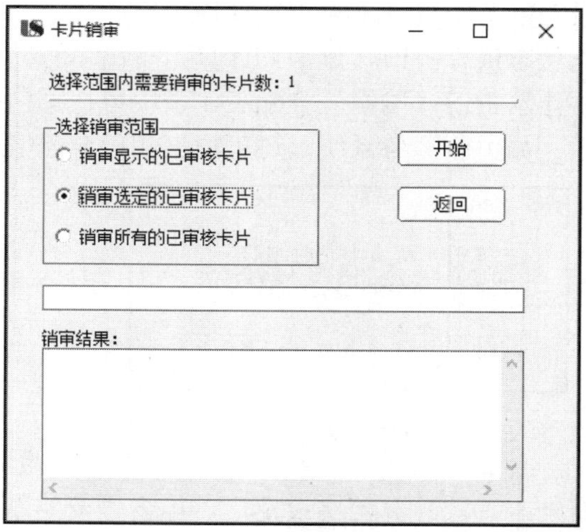


图 8-55　三种销审范围

## 8.4 折旧（摊销）计算

编制卡片完成后，对于要折旧（摊销）的单位账套，就要开始进行折旧（摊销）计算。本系统设计为每月进行一次折旧（摊销）计算，计提的资产范围可自定义，折旧（摊销）计算后生成折旧（摊销）分配表，并可在折旧（摊销）登记簿生成相关折旧（摊销）凭证。不计提折旧（摊销）的单位账套可以跳过这部分。

### 8.4.1 折旧（摊销）计提原则

（1）对于新录入的原始卡片，为保证计提折旧（摊销）的连续性，录入的本月即开始计提折旧（摊销）。

（2）对于新增加的资产，如果是固定资产，增加当月不提折旧，从增加的下月开始计提折旧；如果是无形资产，增加当月开始计提摊销。

（3）对于注销的资产（即资产减少），如果是固定资产，在注销本月仍需计提折旧；如果是无形资产，在注销本月不需计提摊销。

**注意：**

（1）本系统计算折旧（摊销）采用未来适用法，不自动调整以前的累计折旧（摊销），采用追溯适用法的企业只能手工调整累计折旧（摊销）；

（2）本系统在一个期间内可以多次计提折旧（摊销），每次计提折旧（摊销）后，只是将计提的折旧（摊销）累加到月初的累计折旧（摊销），不会重复累计。

（3）如果由于数据的错误导致计算出的折旧（摊销）金额或折旧（摊销）率出现负数，则系统自动忽略该资产本次计提折旧（摊销）操作，其折旧（摊销）数据保持计提前状态。

### 8.4.2 计提折旧（摊销）操作

本功能旨在完全替代传统复杂的手工折旧（摊销）计算过程，在保证数据精确性的同时大幅提高该项工作的执行效率；系统允许自定义本次计算折旧（摊销）的资产范围，并根据设定的范围过滤出需进行计提折旧（摊销）的资产卡片，然后根据本期变动业务和具体的数据状态进行折旧（摊销）计算，得出本月的折旧（摊销）额；折旧（摊销）计算后自动生成并显示折旧（摊销）分配表，表中可按部门或类别对当期资产的折旧（摊销）额进行汇总显示，如关联账务系统，还可根据部门分配情况编制折旧（摊销）凭证。

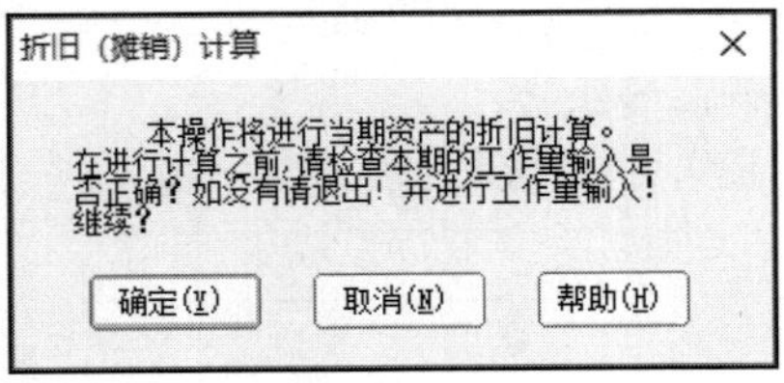


图 8-56 “折旧（摊销）计算”对话框

步骤 1：单击“折旧（摊销）计算”菜单命令，系统将首先提示是否工作量已正确录入，如图 8-56 所示。

步骤 2：单击“确定”按钮，进入“折旧（摊销）计算”界面，如图 8-57 所示。在该界面中提供了可以按照部门和资产类别设定要计算的资产卡片的范围，并确定计算时是否包含下级部门和类别的资产卡片。计算范围设定后，单击“开始”按钮进行折旧（摊销）计算。在折旧（摊销）计算的过程中，系统提示选择范围内计算的卡片张数及计算完成的卡片数量，界面中部的进度条显示当前折旧（摊销）计算的进行情况。

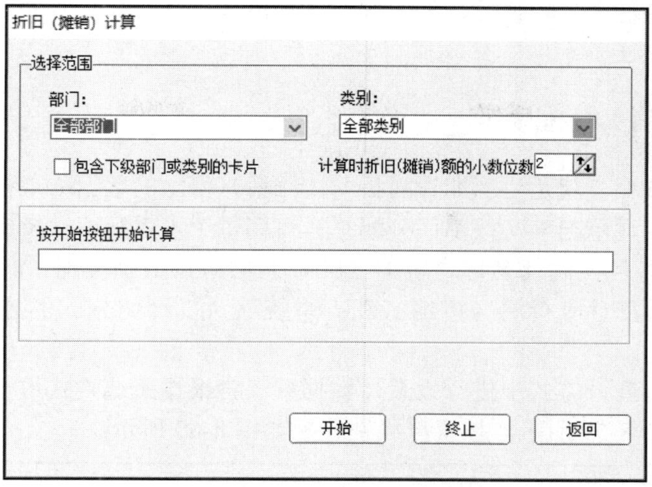


图 8-57 “折旧（摊销）计算”界面

步骤 3：当因数据错误导致计算出现异常时（如折旧（摊销）金额和折旧（摊销）率为负数），系统将弹出提示窗，可在其中查看错误发生的具体信息，包括资产名称、出现异常错误的数据项等。

单击“忽略”按钮，系统将跳过此错误，继续下面的折旧（摊销）计算；

单击“中止”按钮，系统将结束本次的计算操作，所有计算数据都将无效；

单击“全部忽略”按钮，则以后再发现错误系统不再提示；

全部资产计算完毕，如计算过程中有错误发生，则显示一个汇总错误信息窗，显示本次折旧（摊销）计算发生的所有错误；

对于出现数据错误的资产，系统自动保留其上次的折旧（摊销）数据，本次折旧（摊销）计算数据无效。

步骤 4：折旧（摊销）计算完毕，如图 8-58 所示，系统自动打开“折旧（摊销）分配表”界面，可在此表中进行折旧（摊销）数据的查询及在本部门分配方式下编制凭证（如果设定了凭证模板，则在折旧（摊销）登记簿中生成凭证）。

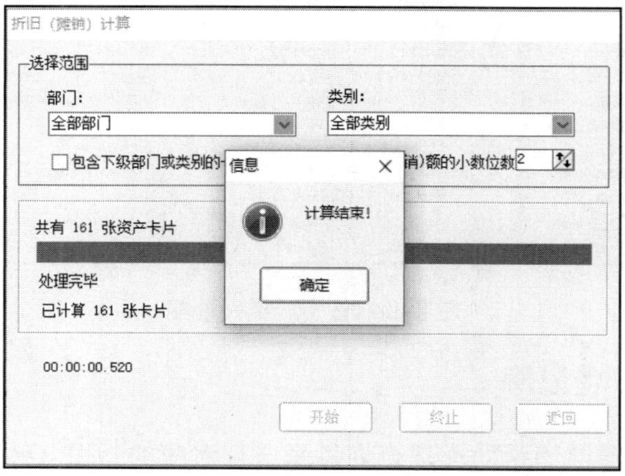


图 8-58 计算结束信息框

**注意：**

对于网络版，在折旧（摊销）计算之前，应暂停其他工作站的所有操作，以确保数据计算的顺利进行与正确性。

## 8.4.3 折旧（摊销）分配表

折旧（摊销）分配表就是将当期计提折旧（摊销）得出的数据结果按部门或类别进行分类，并以列表的形式显示出来。按部门分配：具体到每个发生折旧（摊销）的明细部门、对应的折旧（摊销）科目代码及名称、折旧（摊销）额；按类别分配：具体到每个发生折旧（摊销）的资产类别及对应折旧（摊销）额；系统默认以部门分配的方式编制当月的折旧（摊销）凭证。

可在表外的分配展开方式中进行设置，数据列表将根据所选方式进行数据的即时更新；按使用部门分配如图 8-59 所示，按资产类别分配如图 8-60 所示。

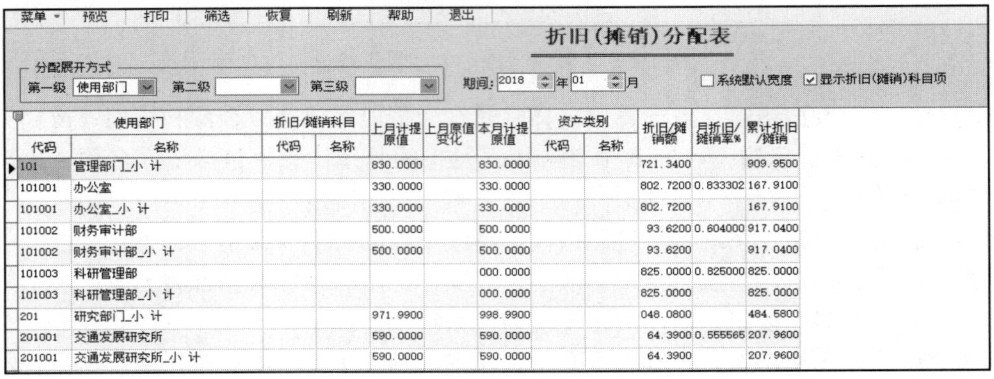


| 使用部门 | | 折旧/摊销科目 | | 上月计提原值 | 上月原值变化 | 本月计提原值 | 资产类别 | | 折旧/摊销额 | 月折旧/摊销率% | 累计折旧/摊销 |
|---|---|---|---|---|---|---|---|---|---|---|---|
| 代码 | 名称 | 代码 | 名称 | | | | 代码 | 名称 | | | |
| 101 | 管理部门_小 计 | | | 830.0000 | | 830.0000 | | | 721.3400 | | 909.9500 |
| 101001 | 办公室 | | | 330.0000 | | 330.0000 | | | 802.7200 | 0.833302 | 167.9100 |
| 101001 | 办公室_小 计 | | | 330.0000 | | 330.0000 | | | 802.7200 | | 167.9100 |
| 101002 | 财务审计部 | | | 500.0000 | | 500.0000 | | | 93.6200 | 0.604000 | 917.0400 |
| 101002 | 财务审计部_小 计 | | | 500.0000 | | 500.0000 | | | 93.6200 | | 917.0400 |
| 101003 | 科研管理部 | | | | | 000.0000 | | | 825.0000 | 0.825000 | 825.0000 |
| 101003 | 科研管理部_小 计 | | | | | 000.0000 | | | 825.0000 | | 825.0000 |
| 201 | 研究部门_小 计 | | | 971.9900 | | 998.9900 | | | 048.0800 | | 484.5800 |
| 201001 | 交通发展研究所 | | | 590.0000 | | 590.0000 | | | 64.3900 | 0.555565 | 207.9600 |
| 201001 | 交通发展研究所_小 计 | | | 590.0000 | | 590.0000 | | | 64.3900 | | 207.9600 |

图 8-59 按使用部门分配

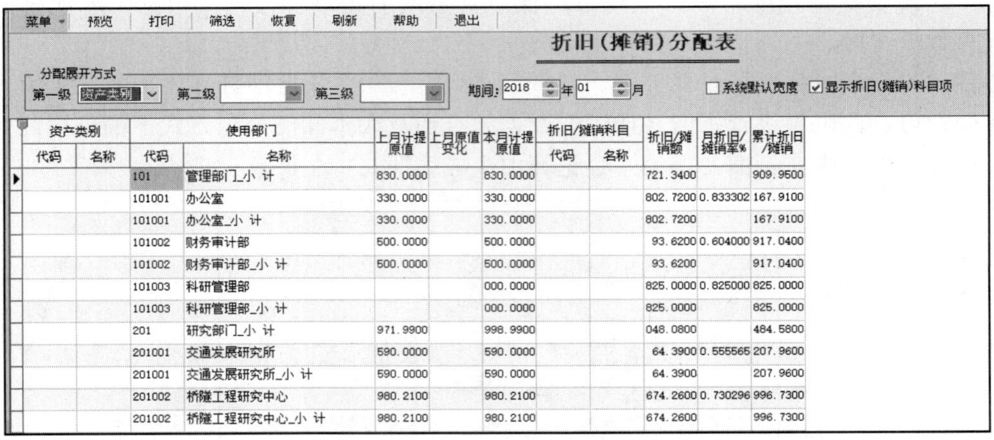


| 资产类别 | | 使用部门 | | 上月计提原值 | 上月原值变化 | 本月计提原值 | 折旧/摊销科目 | | 折旧/摊销额 | 月折旧/摊销率% | 累计折旧/摊销 |
|---|---|---|---|---|---|---|---|---|---|---|---|
| 代码 | 名称 | 代码 | 名称 | | | | 代码 | 名称 | | | |
| | | 101 | 管理部门_小 计 | 830.0000 | | 830.0000 | | | 721.3400 | | 909.9500 |
| | | 101001 | 办公室 | 330.0000 | | 330.0000 | | | 802.7200 | 0.833302 | 167.9100 |
| | | 101001 | 办公室_小 计 | 330.0000 | | 330.0000 | | | 802.7200 | | 167.9100 |
| | | 101002 | 财务审计部 | 500.0000 | | 500.0000 | | | 93.6200 | 0.604000 | 917.0400 |
| | | 101002 | 财务审计部_小 计 | 500.0000 | | 500.0000 | | | 93.6200 | | 917.0400 |
| | | 101003 | 科研管理部 | | | 000.0000 | | | 825.0000 | 0.825000 | 825.0000 |
| | | 101003 | 科研管理部_小 计 | | | 000.0000 | | | 825.0000 | | 825.0000 |
| | | 201 | 研究部门_小 计 | 971.9900 | | 998.9900 | | | 048.0800 | | 484.5800 |
| | | 201001 | 交通发展研究所 | 590.0000 | | 590.0000 | | | 64.3900 | 0.555565 | 207.9600 |
| | | 201001 | 交通发展研究所_小 计 | 590.0000 | | 590.0000 | | | 64.3900 | | 207.9600 |
| | | 201002 | 桥隧工程研究中心 | 980.2100 | | 980.2100 | | | 674.2600 | 0.730296 | 996.7300 |
| | | 201002 | 桥隧工程研究中心_小 计 | 980.2100 | | 980.2100 | | | 674.2600 | | 996.7300 |

图 8-60 按资产类别分配

## 8.4.4 折旧（摊销）登记簿

折旧（摊销）登记簿能够帮助用户查询每张卡片对应的折旧（摊销）额，或者以卡片为单位查询对应的使用部门、资金来源对应的折旧（摊销）额。工作界面如图 8-61 所示。

| 资产代码 | 卡片编号 | 资产名称 | 部门名称 | 资产类别 | | 期末原值 | 计提原值 | 折旧(摊销)率 | 本期折旧(摊销) | 累计折旧(摊销) | 本期工作量 | 累计工作量 |
|---|---|---|---|---|---|---|---|---|---|---|---|---|
| | | | | 代码 | 名称 | | | | | | | |
| 001 | 10205 | 三菱越野车 | 交通发展研究所 | 2030401 | 轿车 | 100,000.0000 | 100,000.0000 | 0.0083 | 825.0000 | 825.0000 | | |
| 0010001 | 10040 | 空调 | 交通发展研究所 | 2101905 | 空调机组 | 5,000.0000 | 5,000.0000 | 0.0056 | 27.7800 | 2,388.9100 | | |
| 0010002 | 10043 | 空调 | 交通发展研究所 | 2101905 | 空调机组 | 6,590.0000 | 6,590.0000 | 0.0056 | 36.6100 | 2,819.0500 | | |
| 002 | 10206 | 三菱越野车 | 交通发展研究所 | 2030402 | 越野车 | 100,000.0000 | 100,000.0000 | 0.0083 | 825.0000 | 825.0000 | | |
| 0110001 | 10061 | 东风汽车 | 桥隧工程研究中心 | 2030401 | 轿车 | 291,127.3100 | 291,127.3100 | 0.0056 | 1,617.5000 | 169,825.4000 | | |
| 0110002 | 10102 | 无线应变仪 | 桥隧工程研究中心 | 24099 | 其他仪器仪表 | 70,400.0000 | 70,400.0000 | 0.0083 | 586.6400 | 5,279.7600 | | |
| 0110003 | 10188 | 莱卡条码尺 | 桥隧工程研究中心 | 2420199 | 其他长度计量标准器具 | 8,200.0000 | 8,200.0000 | 0.0083 | 68.3300 | 273.3200 | | |
| 0110004 | 10195 | 预应力混凝土梁多功能检测仪 | 桥隧工程研究中心 | 24099 | 其他仪器仪表 | 183,760.6800 | 183,760.6800 | 0.0083 | 1,531.2800 | 4,593.8400 | | |
| 0110005 | 10196 | 反拉式有效预应力检测仪 | 桥隧工程研究中心 | 24099 | 其他仪器仪表 | 123,931.6200 | 123,931.6200 | 0.0083 | 1,032.7200 | 3,098.1600 | | |
| 0110006 | 10198 | 台式机 | 桥隧工程研究中心 | 2010104 | 台式机 | 3,530.0000 | 3,530.0000 | 0.0083 | 29.4200 | 29.4200 | | |
| 0110007 | 10199 | 台式机 | 桥隧工程研究中心 | 2010104 | 台式机 | 3,530.0000 | 3,530.0000 | 0.0083 | 29.4200 | 29.4200 | | |
| 0110008 | 10200 | 台式机 | 桥隧工程研究中心 | 2010104 | 台式机 | 3,530.0000 | 3,530.0000 | 0.0083 | 29.4200 | 29.4200 | | |
| 0410001 | 10183 | 台式电脑 | 道路工程研究中心 | 2010104 | 台式机 | 4,300.0000 | 4,300.0000 | 0.0083 | 35.8300 | 214.9800 | | |

图 8-61 “折旧（摊销）登记簿”界面

列表上方有查询条件栏，可根据日期、部门、类别等条件随意组合查询相应的折旧（摊销）数据；定义完成后，或在日期的月份栏中回车，或是直接执行“刷新”功能，系统将根据当前查询的条件，自动更新列表中折旧（摊销）的数据供查阅；如果客户需要显示该张卡片带的使用部门或资金来源对应的卡片折旧（摊销）额，则可以点开显示方式的下拉列表，如图 8-62 所示，选择需要的方式后，再次单击“刷新”按钮，即可查看。默认汇总显示。

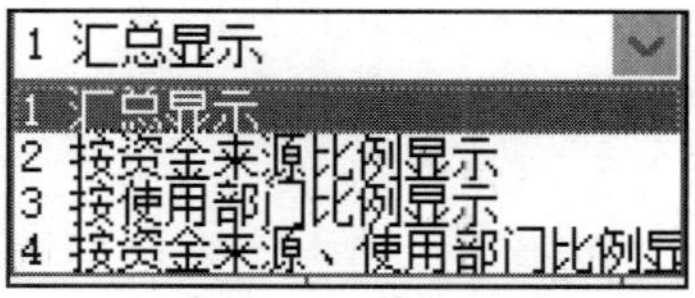



图 8-62 显示方向下拉列表

## 8.5 资产变动管理

资产变动管理对资产的变动情况进行管理，系统主要包括资产变动单编制及资产变动单登记簿。

### 8.5.1 资产变动单编制

资产变动单编制适用于已用资产发生的变动，包括原值增加 / 减少、所属部门转移、使用部门转移、使用状况变动、折旧（摊销）方法调整、使用年限调整、累计折旧（摊销）调整、工作总量调整、净残值调整、净残值率调整、类别调整、减值准备、数量变动、使用人变动、存放地点变动、资产转经营 17 项业务。

资产变动单编辑界面如图 8-63 所示，说明如下：

（1）左侧界面以页方式显示了资产类别信息和所属部门信息（系统默认进入时显示为类别页），可以在两者中任选一个作为查询条件进行资产的查找定位。

（2）右侧界面以列表方式显示了当前类别或当前部门资产的卡片信息。

图 8-63 资产变动单编辑界面

### 1. 增加变动业务

步骤 1：打开“卡片变动”界面，在“类别”或“部门”选项中进行选择，直到“卡片列表”中出现当前要增加变动业务的资产；

步骤 2：选定要进行业务变动的资产所在行；

步骤 3：单击工具栏中的“增加”按钮，在右下变动业务列表的表尾将出现一空记录行，即可开始进行变动业务的录入工作，变动编号由系统自动生成，如图 8-64 所示。

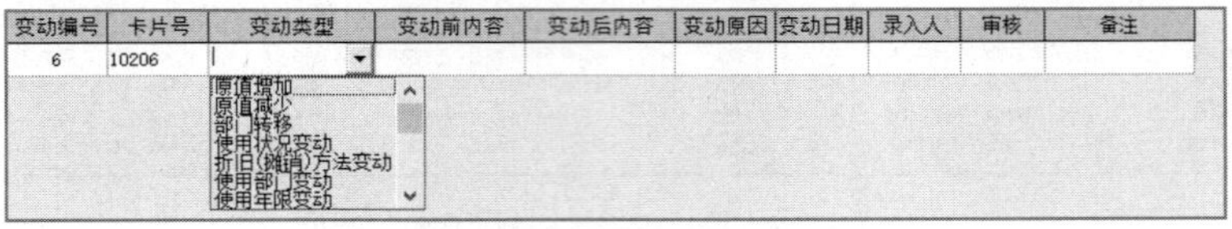


图 8-64　增加变动业务

步骤 4：单击“变动类型”单元格右侧的“▼”按钮，在弹出的下拉列表中选择变动类型，系统将根据具体的变动类型，将卡片当前该项的对应值自动带入“变动前内容”单元格中，同时将当前业务日期和操作员姓名分别写入“变动日期”“录入人”单元格中，且此两项内容不允许修改。

步骤 5：需在“变动后内容”单元格中根据具体变动类型选择或手工输入具体数值，注意输入内容的类型（字符型或数字型等）应与当前变动类型相对应。“变动原因”单元格为手工必须输入项，如图 8-65 所示。

图 8-65　手动输入变动原因

步骤 6：单击“保存”按钮，对当前的变动业务存盘。

### 2. 删除变动业务

步骤 1：在变动业务列表中，点选已保存但尚未审核的变动业务（“审核”单元格的内容为“未审核”）。

步骤 2：单击右键，在弹出的菜单中选择“删除未审核变动记录”或单击执行菜单中的“删除未审核变动记录”项或直接单击工具栏中的“删除”按钮，该业务记录自动消失，且不可再恢复，如图 8-66 所示。

图 8-66　删除变动业务

### 3. 审核变动业务

步骤 1：在变动业务列表中，点选保存但未审核的变动业务（“审核”单元格的内容为“未审核”），如图 8-67 所示。

| 变动编号 | 卡片号 | 变动类型 | 变动前内容 | 变动后内容 | 变动原因 | 变动日期 | 录入人 | 审核 |
|---|---|---|---|---|---|---|---|---|
| 2 | 1 | 资产减少 | 10000.00 | 8000 | 已使用 ... | 20100114 | 统管理员 | 未审核 |

图 8-67　审核变动业务

步骤 2：单击“审核”按钮，如审核成功，系统将自动在该记录行的“审核”单元格内写入“已审核”，否则提示审核出错，且维持原数据状态不变，可修改数据，存盘后继续审核。

**注意：**

1. 已审核的变动业务不再允许修改与删除。

2. 对于任何一种变动业务，如当前业务未审核，不得继续同业务类型的下一笔变动记录，以确保数据的严谨性与正确性。

3. 如在账套信息中选定“业务发生时即时制作凭证”，则每审核成功一笔业务，系统都将对该业务自动编制一张凭证。

## 8.5.2　资产变动单登记簿

统计、管理系统中已存在的所有变动业务，并可在此对变动业务进行分类查询及其他操作。在卡片变动登记簿中，将所有业务分不同状态显示，针对变动业务的不同状态，系统提供不同的后续功能操作。变动单登记簿界面上方有四个标签，分别表示资产四种审核变动情况：“未审核_变动记录”“已审核_其他变动”“已审核_待制凭证”“已审核_已制凭证”，如图 8-68 所示。

图 8-68　四种审核变动情况

### 1. 未审核–变动记录

该选项中列示的数据均为所有已保存但尚未审核的变动业务。

单击该界面显示选择范围内所有未审核卡片的列表，选择其中的一条记录，双击该记录条或单击“卡片”按钮，可显示该条记录的原始卡片内容；如要对该未审核记录进行审核，则单击界面上方的“审核”按钮，此时系统弹出“资产变动审核”界面，确认审核完毕，该条记录自动转入“已审核_其他变动”或“已审核_待制凭证”选项列表中。在“未审核_变动记录”选项列表中，系统提供删除功能，选择要删除的记录，单击界面上方的“删除”按钮，则可将该条记录删除。

选择范围内“未审核_变动的记录”数，确认则单击“开始”按钮，单击“退出”按钮则退出当前的操作。如有业务未能通过审核，系统将即时给出提示，最后系统将给出审核报告，显示本次审核操作的最终结果，如图 8-69 所示，单击“返回”按钮可关闭“资产变动审核”界面。

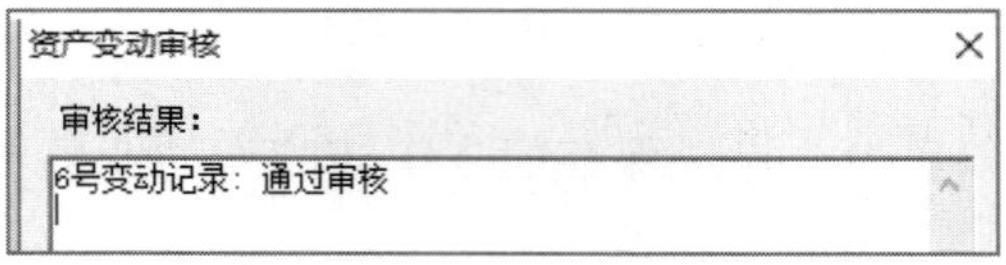


图 8-69　审核结果

对于通过审核的业务，一类需要进一步编制凭证，这类业务包括：原值增减、累计折旧（摊销）变动、资产增减，这类业务在审核后自动移入“已审核_待制凭证”列表中显示，其他业务不需编制凭证，在审核通过后移入“已审核_其他变动”列表中显示。

### 2. 已审核_变动记录

该选项中列示的数据均为已审核但不需编制凭证的变动业务。

单击该界面，显示选择范围内所有“已审核_其他变动”卡片的列表，选择其中的一条记录，双击该条记录或单击界面上方的“卡片”按钮，可显示该条记录的原始卡片内容；如要修改，先单击“销审”按钮，此时系统弹出“变动记录销审”界面，取消销核记录，方可修改。

### 3. 已审核_待制凭证

该选项中列示的数据均为已审核尚未编制凭证的变动业务。

单击该界面，显示选择范围内所有“已审核_待制凭证”卡片的列表，选择其中的一条或几条记录，双击该记录或单击“卡片”按钮，可显示选中记录的原始卡片内容；如要修改，先单击“销审”按钮，此时系统弹出“变动记录销审”界面，取消审核记录，方可修改。如需要制作凭证，则单击需要制作凭证的记录条，单击界面上方的“凭证”按钮，在“凭证制作”界面（如图 8-70 所示）中选取待制凭证变动记录，选择制作的凭证类型，单击“确定”按钮则自动编制凭证，在“凭证制作”界面中勾选“显示（修改）凭证”选项，在制作凭证过程中打开“凭证编制”界面对凭证内容进行修改，修改完毕单击“保存”按钮，按修改后内容保存凭证，并将编制完毕的凭证记录切换入“已审核_已制凭证”选项列表内，不勾选“显示（修改）凭证”选项，则直接将凭证记录切换至“已审核_已制凭证”选项列表内。

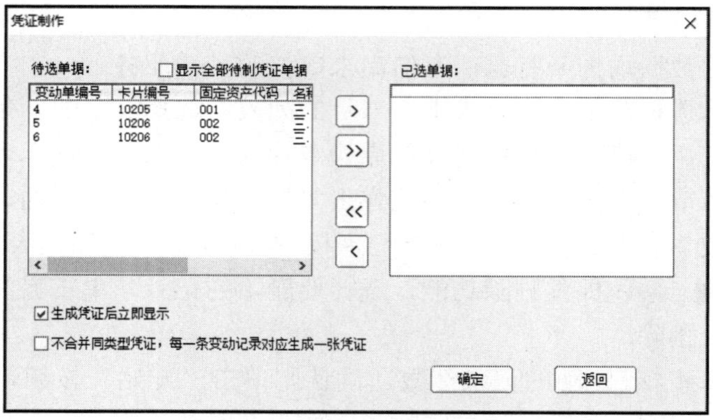


图 8-70　凭证制作

**注意：**

此标签内列示的变动业务记录均为涉及凭证编制的变动业务，卡片需经审核后方可编制凭证。变动单登记簿中的所有单据也可以在凭证编制中完成。

#### 4. 已审核_已制凭证

该选项中列示的数据均为已编制完凭证的变动业务。

单击该界面，显示选择范围内所有“已审核_已制凭证”卡片的列表，选择其中的一条记录，双击该记录或单击“卡片”按钮，可显示该条记录的原始卡片内容。

## 8.6 资产变动管理

一笔资产经过使用后最终要作废、丢弃或变卖处理，这时候就需要记录资产的丢弃状况，不丢弃的资产要做资产减少——也就是资产变动。

### 8.6.1 资产处置单编制

资产处置针对资产减少的业务，对于任何一种变动业务，如当前业务未审核，不得继续同业务类型的下一笔变动记录，以确保数据的严谨性与正确性。

资产处置单编辑界面如图 8-71 所示，说明如下：

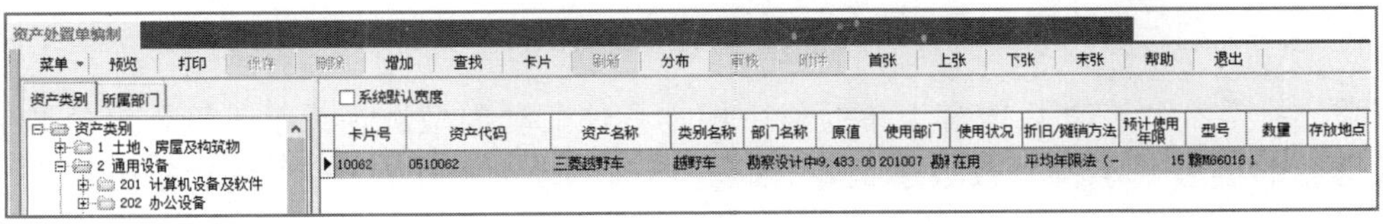

图 8-71 资产处置单编辑界面

（1）左侧界面以页方式显示了资产类别信息和所属部门信息（系统默认进入时显示为类别页），可以在两者中任选一个作为查询条件进行资产的查找定位。

（2）右侧界面以列表方式显示了当前类别或当前部门资产的卡片信息。

（3）可拖动界面间的分隔框随意调整左右界面和上下界面的大小。

（4）当在左界面中选定“资产类别”选项或“所属部门”选项时，系统将会在下方显示资产类别或所属部门的信息树，单击其中任一节点，如选定的为非明细节点，则右界面中无变化；如选定的为明细节点，则右界面中的卡片列表中将会显示当前选定资产类别或界面所属部门的所有资产卡片的基本信息，下方的处置业务列表中默认显示卡片列表中第一项资产的所有处置业务记录。

（5）可在卡片列表中选定某行，则下方处置业务列表中将即时显示该资产的所有处置业务记录。

（6）此时如单击工具栏中的“卡片”按钮，则出现该资产当前期间的卡片界面，以方便将卡片中的详细信息与下方的处置业务信息进行对照浏览，同时可以对卡片附属设备信息进行编辑操作。

（7）可实现在当前资产卡片范围内的前后跳转，且处置业务列表中的数据时能自动根据当前卡片记录的改变而更新，由列表左端的黑色小三角停留的行位置判断当前选定的具体记录行。

### 1. 增加变动业务

步骤 1：打开“资产变动编制”界面，在“资产类别”或“所属部门”选项中进行选择，直到资产列表中出现当前要增加变动业务的资产。

步骤 2：单击要进行变动业务的资产所在行。

步骤 3：单击工具栏中的“增加”按钮，在右下界面变动业务列表的表尾将出现一空的记录行，即可开始进行变动业务的录入工作，变动编号由系统自动生成，如图 8-72 所示。

| 变动编号 | 卡片号 | 变动类型 | 变动前内容 | 变动后内容 | 变动原因 | 变动日期 | 录入人 | 审核 | 备注 |
|---|---|---|---|---|---|---|---|---|---|
| 7 | 10062 | | | | | | | | |

图 8-72　增加变动业务

步骤 4：单击“变动类型”单元格右侧的“▼”按钮，在弹出的下拉列表中选择变动类型，如图 8-73 所示，系统将根据具体的变动类型，将资产当前的对应值自动带入“变动前内容”单元格中，同时将当前业务日期和操作员姓名分别写入“变动日期”“录入人”单元格中，且此两项内容不允许修改。

| 变动编号 | 卡片号 | 变动类型 | 变动前内容 | 变动后内容 | 变动原因 | 变动日期 | 录入人 | 审核 | 备注 |
|---|---|---|---|---|---|---|---|---|---|
| 7 | 10062 | 资产减少 | 309483.00 | 0 | | 20180101 | 系统管理员 | 未审核 | |

图 8-73　选择变动类型

步骤 5：需在“变动后内容”单元格中根据具体变动类型选择或手工输入具体数值，注意输入内容的类型（字符型或数字型等）应与当前变动类型相对应；“变动原因”为手工必须输入项。

步骤 6：单击“保存”按钮，对当前的变动业务存盘。如数据有误，系统会弹出数据错误的对话框，并且中止本次存盘操作。

**注意：**

*资产系统在正常的进行业务变动时，资产计提折旧（摊销）的最后一个月不允许做变动。如果要对这部分资产增加变动记录，则首先应在账套参数中选择“最后一个月可以进行做变动”的选项。*

### 2. 删除业务

步骤 1：在业务列表中，单击某已保存但尚未审核的业务（“审核”单元格的内容为“未审核”）。

步骤 2：单击右键，在弹出的菜单中选择“删除未审核变动记录”，如图 8-74 所示，或单击执行菜单中的“删除未审核变动记录”项或直接单击工具栏中的“删除”按钮，该业务记录自动消失，且不可再恢复。

### 3. 审核业务

步骤 1：在业务列表中，单击保存但未审核的业务（“审核”单元格的内容为“未审核”）。

步骤 2：单击“审核”按钮，如审核成功，系统将自动在该记录行的“审核”单元格内写入“已审核”，如图 8-75 所示。否则提示审核出错，且维持原数据状态不变，可修改数据，存盘后继续审核。

图 8-74　删除未审核变动记录

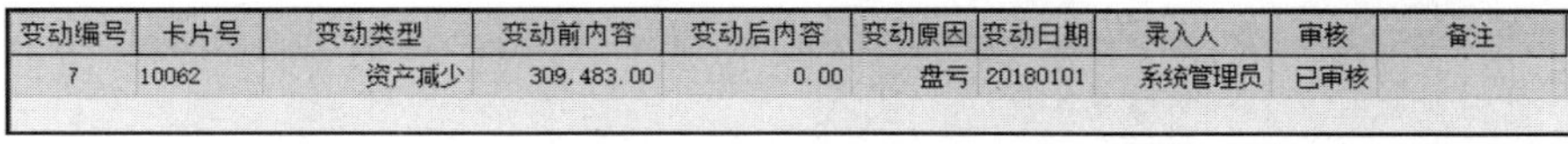


图 8-75　审核业务

**注意：**

已审核的变动业务不再允许修改与删除。

## 8.6.2　资产处置单登记簿

完成资产变动单编制后，在此记录已存在的所有变动业务，并可在此对变动业务进行分类查询及功能操作。

资产处置单登记簿工作界面如图 8-76 所示，卡片变动登记簿界面上方有四个选项，分别表示资产变动的四种不同状态："未审核_变动记录""已审核_变动记录""已审核_待制凭证""已审核_已制凭证"，如图 8-77 所示。

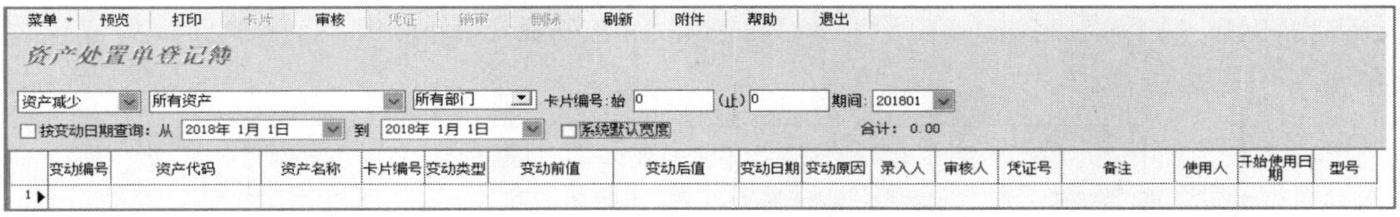


图 8-76　资产处置单登记簿工作界面

图 8-77　四种处置单状态

### 1. 未审核_变动记录

单击该界面，显示选择范围内所有未审核卡片的列表，选择其中的一条记录，双击该记录条或单击"卡片"按钮，可显示该条记录的资产变动内容；如要对该未审核记录进行审核，则单击界面上方的"审核"按钮，此时系统弹出"资产变动审核"的窗口，如图 8-78 所示。确认审核完毕，该条记录自动转入"已审核_其他变动"或"已审核_待制凭证"列表中。在"未审核_变动记录"列表中，系统提供删除功能，选择要删除的记录，单击界面上方的"删除"按钮，则可将该条记录删除。

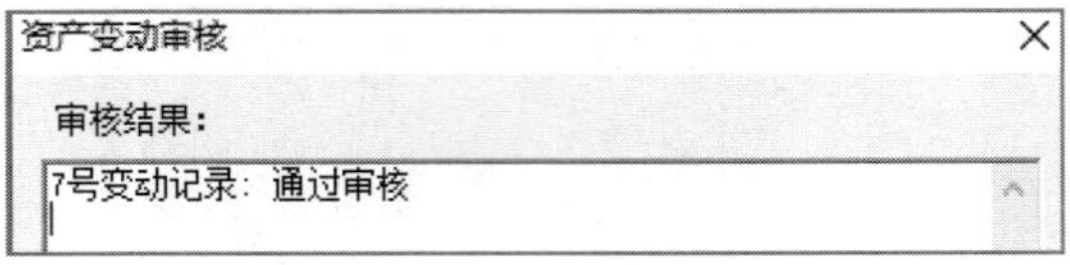


图 8-78　资产变动审核

### 2. 已审核_变动记录

单击该界面，显示选择范围内所有“已审核_其他变动”卡片的列表，选择其中的一条记录，双击该条记录或单击上方的“卡片”按钮，可显示该条记录的原始卡片内容；如要修改，先单击“销审”按钮，此时系统弹出“变动记录销审”界面，取消审核记录，方可修改，如图 8-79 所示。

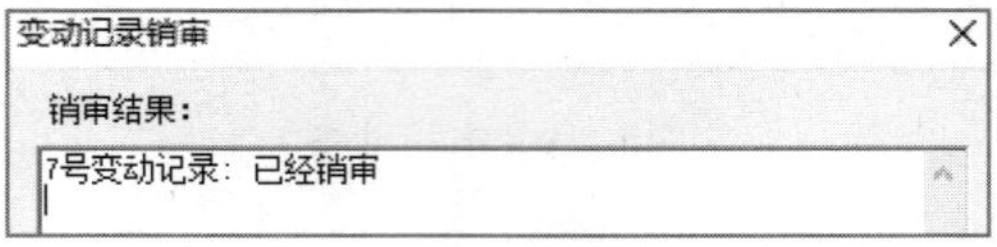


图 8-79　销审结果

### 3. 已审核_待制凭证

单击该界面，显示选择范围内所有“已审核_待制凭证”卡片的列表，选择其中的一条记录，双击该记录或单击“卡片”按钮，可显示该条记录的原始卡片内容；如要修改，先单击“销审”按钮，此时系统弹出“变动记录销审”界面，取消审核记录，方可修改。如需要制作凭证，则单击需要制作凭证的记录条，单击上方的“凭证”按钮，系统会跳出“凭证制作”界面（如图 8-80 所示），选择需要编制凭证的变动单，此时系统提示是否需要修改凭证，单击“NO”则自动编制凭证，并将已编制完凭证的记录条切换至“已审核_已制凭证”列表内；单击“YES”则进入凭证界面，可以查看核对金额部分，需要修改的，可以关闭当前界面，在账务中修改。

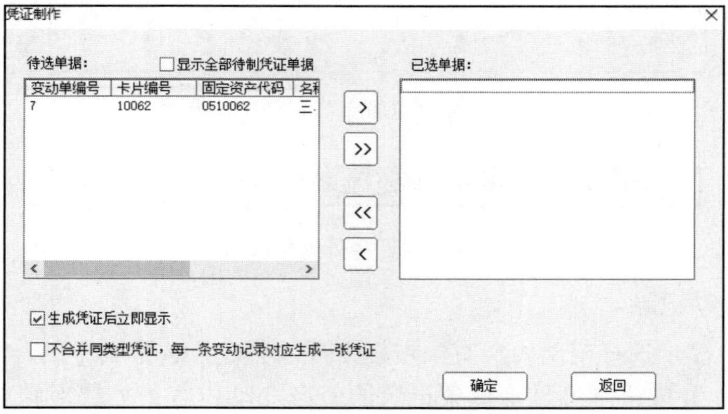


图 8-80　“凭证制作”界面

### 4. 已审核_已制凭证

单击该界面，显示选择范围内所有“已审核_已制凭证”卡片的列表，选择其中的一条记录，双击该记录或单击“卡片”按钮，可显示该条记录的原始卡片内容。

说明：系统提供五种查询卡片变动记录的方式：“变动类型”“资产类别”“所属部门”“卡片编号”和“期间”，如图 8-81 所示，此五种方式既可单独定义使用，亦可多个同时定义，进行条件的交叉查询，使用灵活方便。

图 8-81　五种查询方式

（1）变动类型：指当前查询的资产减少的方式。

（2）资产类别：指当前查询的资产所属类别范围。单击列表左上方“资产类别”栏中的“”键，系统弹出一树形下拉菜单，菜单中列示了当前系统定义的所有资产类别名称，其中包括“所有资产”项，可在此选择要定义的类别名称。选择后，列表中的数据将自动更新。

（3）所属部门：指当前查询的资产所属的部门。单击列表上方“部门”栏中的“”按钮，系统弹出一树形下拉菜单，菜单中列示所有系统已定义的部门名称，其中包括“所有部门”项，可在此选择其中一项。选择后，列表中的数据将自动更新。

（4）卡片编号：指当前查询的资产卡片的编号范围。在列表上方“卡片编号”栏中手工输入某具体编号的起始范围。输入后，列表中的数据将自动更新。

（5）期间：指当前变动业务的发生（业务）期间。单击列表右上方“期间”栏中的“”按钮，可在弹出的下拉菜单中选择某一具体业务期间（范围为当前数据库中存在数据的期间），其中包括“全部期间”项。选择后，列表中的数据将自动更新。

## 8.7　实践题

2018 年 5 月 11 日，重庆理工大学从 A 事业单位无偿调拨 1 台便携式传感器校准仪（规格型号：ECS-102PMF），对方账面记载价值 60 000 元，仪器已入库，并交由电气与电子学院使用。5 月 31 日，计提当月折旧，假设该设备预计使用年限为 5 年，采用年限平均法（通常不考虑预计净残值）。

| | |
|---|---|
| 5 月 11 日： | |
| 财务会计分录 | 借：固定资产——专用设备　　60 000<br>　　贷：无偿调拨净资产　　60 000 |
| 预算会计分录 | 无 |
| 5 月 31 日： | |
| 财务会计分录 | 借：业务活动费用　　1000<br>　　贷：固定资产累计折旧　1000 |
| 预算会计分录 | 无 |

业务处理流程：

步骤 1：单击“资产管理”界面中的“卡片编制”选项，如图 8-82 所示。

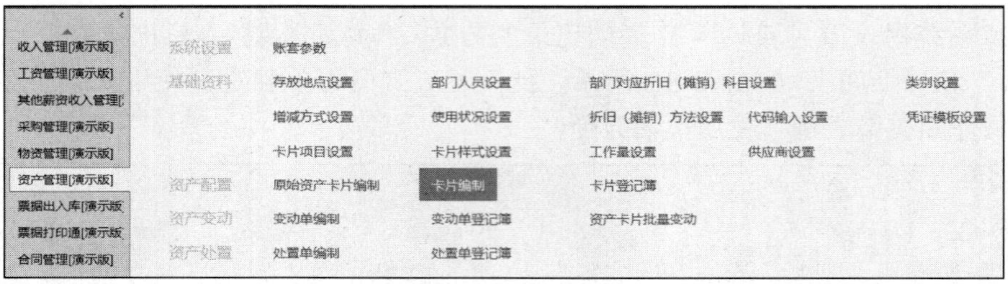


图 8-82　进入资产卡片

步骤 2：编辑固定资产卡片，如图 8-83 所示。

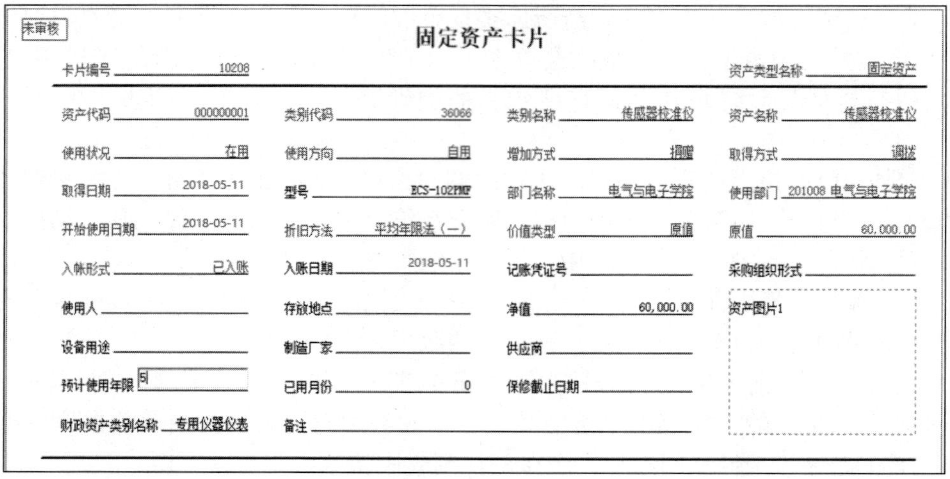


图 8-83　编辑固定资产卡片

步骤 3：审核固定资产卡片，单击“审核”按钮，如图 8-84 所示。

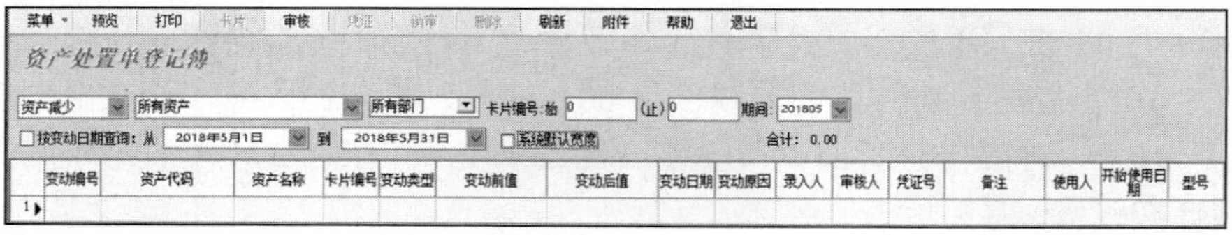


图 8-84　审核固定资产卡片

步骤 4：查看固定资产卡片状态，如图 8-85 所示。

| 变动单编号 | 卡片编号 | 资产名称 | 变动类型 | 变动前值 | 变动后值 | 变动日期 | 变动原因 | 审核 |
|---|---|---|---|---|---|---|---|---|
| 9 | 10208 | 传感器校准 | 资产增加 | 0 | 60000.00 | 20180511 | 捐赠 | 已审 |

图 8-85　固定资产卡片状态

# 第 9 章

# 政府工资管理系统

## 9.1　政府工资管理概述

政府工资管理是指政府根据国家劳动法规和政策，对职工工资的发放实行计划、组织、协调、指导和监督。其范围包括应发给职工的基本工资、国家统一规定的津贴补贴、规范津贴补贴（绩效工资）、改革性补贴、社会保险费用（如职工基本养老保险费、职业年金、基本医疗保险等）、住房公积金等。政府工资管理是政府机关、相关单位进行内部管理的重要组成部分，因为其涉及每位职工的切身利益，所以合理制定具有激励机制的工资方案，可以极大地调动职工的工作积极性，有效地降低单位的运行成本，更好地提高单位效率。

用友政府工资管理系统主要由基础资料设置、工资计算和工资期末结账等内容构成，具体业务处理流程如图 9-1 所示。

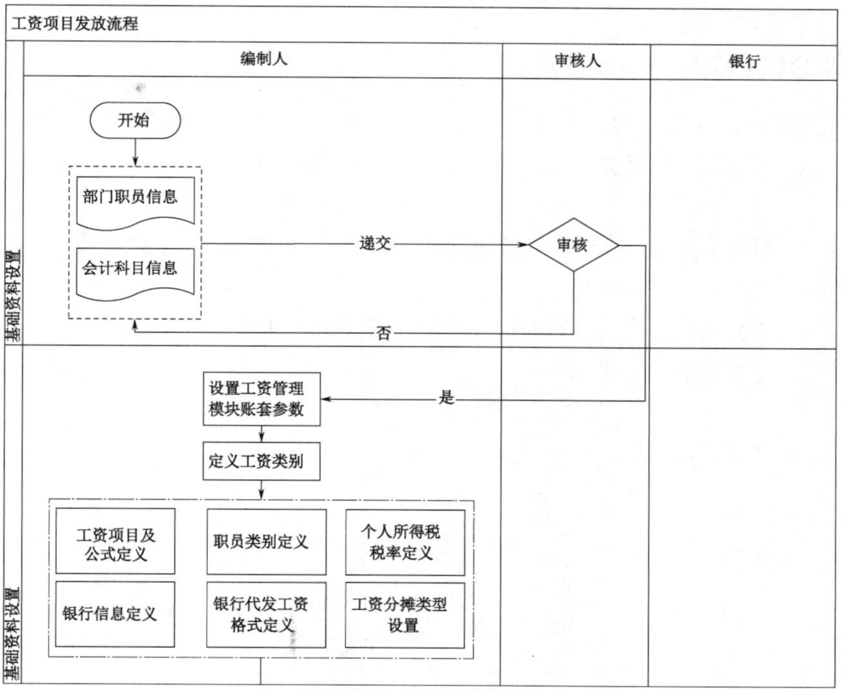


图 9-1　工资项目发放流程

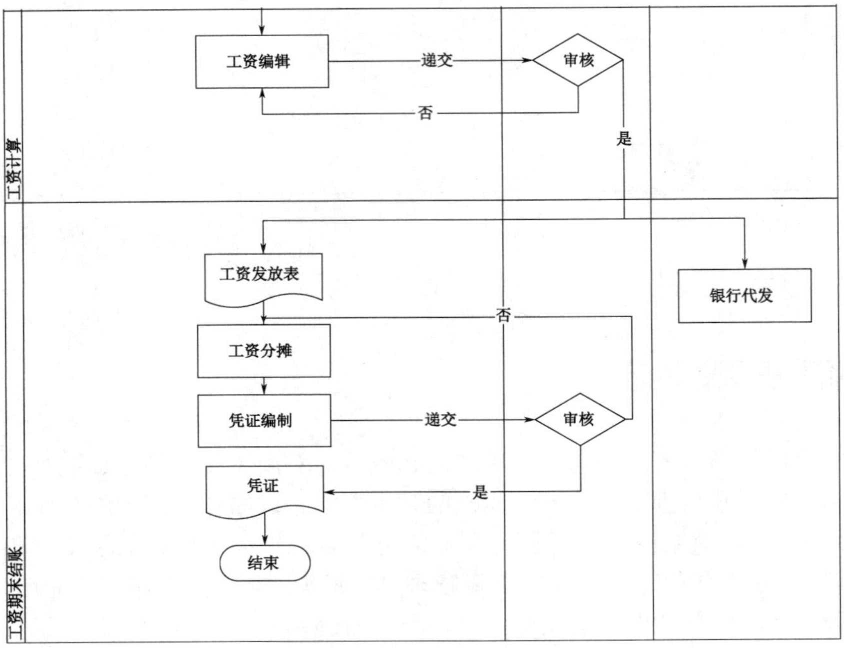


图 9-1　工资项目发放流程（续）

# 9.2　工资管理系统的初始设置

## 9.2.1　账套参数设置

当启动工资管理系统，注册登录成功后，如所选择的账套为首次使用，用户需首先进行账套参数的定义。账套参数是指对整个工资管理系统都具有约束作用的参数，一旦设定，不需经常改动。

单击“工资管理|系统设置|账套参数设置”选项，打开“账套参数设置”窗口，如图 9-2 所示。

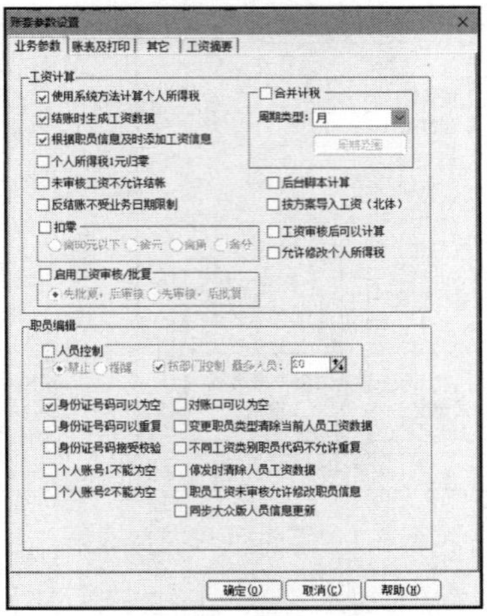


图 9-2　账套参数设置

账套参数分为四个选项："业务参数"选项、"账表及打印"选项、"其他"选项、"工资摘要"选项。主要参数设置是在"业务参数"选项完成的。具体说明见表 9-1。

**表 9-1　账套参数设置说明**

| | | |
|---|---|---|
| 1 | 扣零 | 每次发放工资时是否将本次工资数据按一定的扣零方式进行尾数扣除处理。具体控制如下：如选定该项，则还需指定一个具体计算扣零的工资项，且工资项中的"存零""补零"两项必须存在（如不存在，则需先将两项增加上再在此选定"扣零"项），且在计算工资时，自动按扣零数额存入相关工资项中 |
| 2 | 是否从工资中代扣个人所得税 | 指在计算工资时是否按个人所得税表直接将每个员工的个人所得税计算出来。具体控制如下：如选定"从工资中代扣个人所得税"项，则工资项目中"个人所得税"项不允许删除，编辑工资数据时，系统会自动按指定计税项计算出税额，并存入存税项中；如未选定"从工资中代扣个人所得税"项，则工资项目中的"个人所得税"项允许删除，且计算工资时将省略个人所得税的计算 |
| 3 | 银行代发工资 | 为由银行代发工资的单位所设。具体控制如下：如选定该项，在"职员信息编辑"时，应该输入"银行代发"与"个人账号"的信息；如未选定该项，则银行资料定义、银行代发工资表格可不输入任何信息 |
| 4 | 工资表中显示停发工资人员 | 如选定该项，在查询工资报表时，可以将停发工资的人员显示出来；如未选定该项，在工资报表的查询结果中不包含停发人员的信息 |
| 5 | 双层表头 | 如选定该项，工资报表的表头是以双层的形式显示的；如未选定该项，工资报表的表头使用系统默认的单层表头显示 |
| 6 | 工资项目值为零时 | 该参数用于控制在当工资项目为"0"时，是显示为"0"还是显示为空。打印和显示时一致，显示为"0"时，打印也为"0"；显示为空时，打印也为空 |
| 7 | 自动保存报表格式 | 如选定该项，则在退出报表查询窗口时，系统自动保存当前报表的报表项、报表列宽等设置，再次打开此报表时，自动显示为默认保存的报表格式；如未选定该项，系统不自动保存当前报表格式，再次打开此报表时，使用系统预置的默认格式 |
| 8 | 打印时输出数字千分位 | 该参数确定在打印工资报表时，工资数据中是否使用千分位符号 |
| 9 | 隐藏项目值为零的工资项 | 该参数确定在编辑工资时，是否显示数值为零的工资项目 |
| 10 | 身份证号码可以为空 | 在增加职员信息时，系统默认"身份证号码"一项为必输项。选择此参数，可以允许身份证号码为空 |
| 11 | 生成凭证默认类型 | 设置可以自动生成工资业务凭证及传递到账务处理系统的凭证类型 |
| 12 | 进入项目部门工资构成分析表时创建表 | 是指当部门、工资项目等信息发生变化时，重新构建项目部门工资构成分析表的结构 |
| 13 | 报表标题前是否打印账套名称 | 选中该项，打印报表时在报表标题前打印生成报表的账套名称，否则只打印报表标题不反映账套名 |
| 14 | 根据职员信息及时添加工资信息 | 选中该项，当职员信息发生改变时工资信息也随之改变，即在职员信息设置中增加职员工资信息，在工资表中刷新后立即反映该名职员的信息 |
| 15 | 结账时生成工资数据 | 此项只在财政版中出现，选中该项，结账时将原始工资数据自动清零 |
| 16 | 对账口可以为空 | 选中该项，在增加职员时可以不设置对账口信息，否则必须录入归口科室（即对账口）信息才能保存职员全部信息 |
| 17 | 人员控制 | 是对人员数量的控制，选中该项后，还将对控制方式进行选择——是否按部门进行控制，调整控制人数的最高限制。如果选择了"按部门控制"则"最多人员"是指部门内的最高人数限制，否则"最多人员"是指单位总人数；选择人员控制的提醒方式——禁止或提醒，禁止是指当职员人数超过最高人数限制时，使用无法新增职员方式来提示用户；提醒是指会出现提示窗口来提醒用户职员人数超额 |
| 18 | 选择进入系统时的默认工资类别 | 在下拉框中选择登录系统时默认使用的工资类别 |
| 19 | 公式设置时显示非数值型工资项 | 打开工资项公式定义窗口时，左边工资项列表显示所有类型的工资项。如果不选择此项，用户只能对数值型工资项进行公式定义，以避免在对非数值型工资项设置时出错 |
| 20 | 计算工资前清空已定义公式的工资项 | 计算前先清空已定义公式的工资项，应用场景：当某工资项定义了带条件的公式并且在计算时不符合已定义的条件时，计算结果保留计算前的值。设置此项可避免这种情况，将原值清零 |
| 21 | 后台脚本计算 | 设置此选项，可以选择通过前台程序或后台数据库执行脚本两种方式计算工资 |
| 22 | 按方案导入工资 | 在工资编辑界面，通过 Excel 表导入工资，可以先将 Excel 表保存成方案，在导入工资时按照选定的方案导入工资 |
| 23 | 账套信息 | 账套信息包括：工资类别名称、发放工资次数、核算单位名称、账套名称、操作员、启用日期、职工类型代码分级、部门代码分级。其中，职工类型代码分级和部门代码分级可以在系统管理系统中修改，其他信息在账套初始建立时就已经固定，不能再进行设置 |

具体扣零方式如下：

如选择“舍 50 元以下”的方式，则 50 元的票面额必选，50 元以下的票面额不可选。

如选择“舍元”方式，则拾元的票面额必选，拾元以下票面额不可选；

如选择“舍角”方式，则一元的票面额必选，一元以下票面额不可选；

如选择“舍分”方式，则一角的票面额必选，一角以下票面额不可选。

如参数中未选择“扣零”项，则一元、一角、一分必选，其他票面额均可选。如未选定该项，则无须指定扣零工资项，“本月扣零”和“上月扣零”项不用，且工资项中的“本月扣零”和“上月扣零”不为必有项，在计算工资时，忽略“扣零”项的计算。

## 9.2.2 工资类别设置

工资类别是指在一套工资账中，根据所包含工资项目的明显不同而分设的工资数据管理类别，相当于工资账中的二级账。例如，某单位的月薪分为固定月薪与浮动月薪，两者的发放依据不同，因此可以将两者分设为两个不同的类别。系统在新建时预置了“汇总工资类别”，用以执行汇总其他工资类别数据的功能。系统启用后，用户可根据具体业务随时新增普通工资类别（类别编码系统自动排序，用户只需保证工资类别的唯一性及标志的明确性）。工资管理系统是按工资类别进行核算与管理的。每个工资类别下都有职员信息、工资变动、工资数据、报税处理、银行代发等，有些项目是一次输入的，有些项目是每月录入的，有的可通过计算公式来实现。

### 1. 增加工资类别

选择“工资管理|基础资料|定义工资类别”选项，如图 9-3 所示。

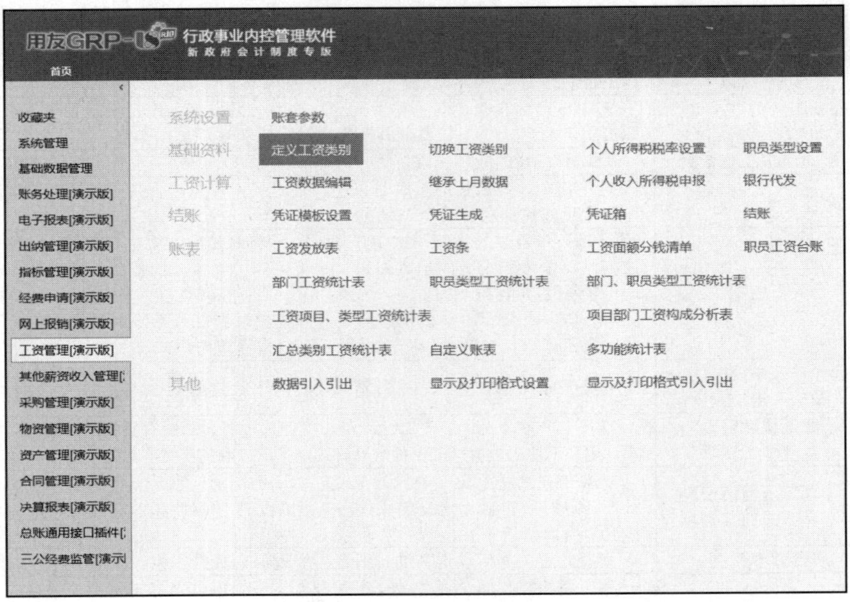


图 9-3　定义工资类别按钮

步骤 1：单击窗口中的“新增”按钮，此时，新建工资类别下的输入框自动置空，可在该工资类别输入框内输入新建工资类别的名称，如图 9-4 所示。

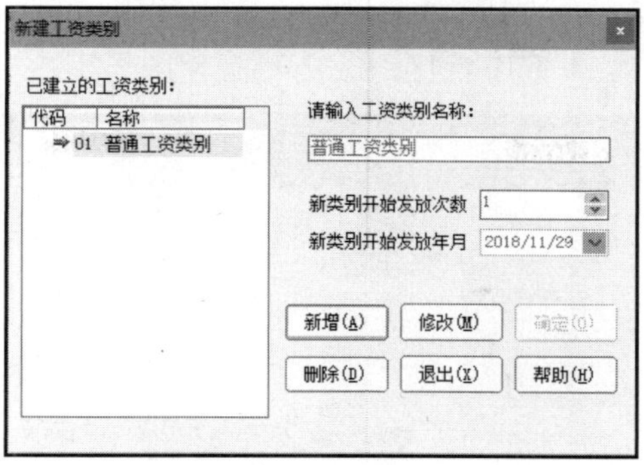


图 9-4　新建工资类别名称

步骤 2：在图 9-4 中，“新类别开始发放次数”通过“”按钮，定义新建的工资类别开始发放的次数，即初次使用时该类别从第几次开始发放。年度结账后，该工资类别发放次数仍然从第一次开始。

步骤 3：单击“确定”按钮，保存新建工资类别；单击“退出”按钮，则直接退出窗口。

### 2．删除工资类别

步骤 1：在窗口左方的工资类别列表中选择要删除的工资类别，如图 9-5 所示。

步骤 2：选择后单击“删除”按钮。

步骤 3：系统提示是否确定要删除该工资项目，单击“是”则表示确认，单击“否”则表示取消当前的操作（当前正在使用和已使用的工资类别不允许删除），如图 9-6 所示。

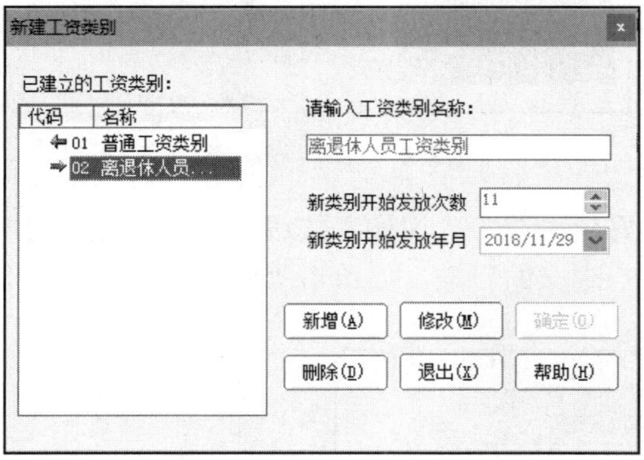


图 9-5　删除工资类别（1）

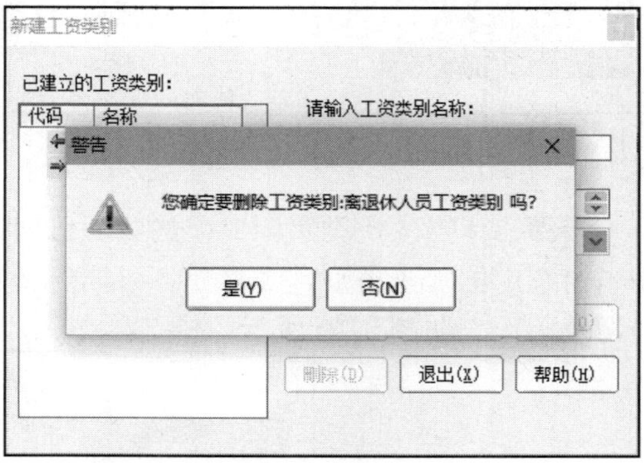


图 9-6　删除工资类别（2）

## 9.2.3　切换工资类别

选择“工资管理|基础资料|切换工资类别”选项，如图 9-7 所示。打开“切换工资类别设置”窗口。

步骤 1：单击“请选择工资类别”下输入框中的“”按钮，在弹出的下拉菜单中列示了系统中已设置好的所有工资类别，单击要切换的工资类别，如图 9-8 所示。

步骤 2：如新切换的工资类别的业务时间与系统给出的默认时间不同，单击“请选择业务日期”下输入框中的“ ”按钮，在弹出的日历中使用“ ”按钮选择业务日期的年和月，业务日期还可以在输入框中直接修改而不必使用日历，如图 9-9 所示。

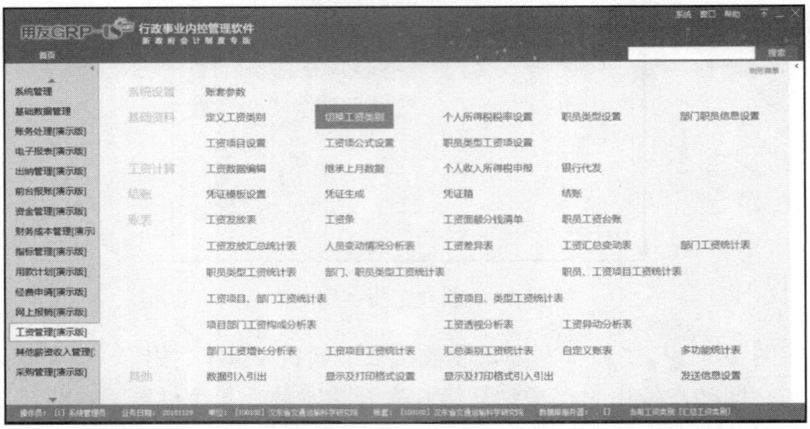


图 9-7 打开切换工资类别设置窗口

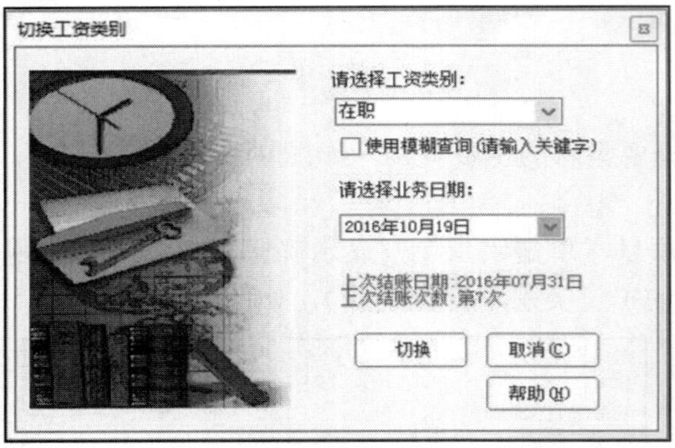


图 9-8 选择工资类别

图 9-9 选择业务日期

步骤 3：当工资类别和对应的业务日期设置好后，单击“切换”按钮，则系统自动切换到当前选定的工资类别，并将业务日期更新为用户定义的日期。如单击“取消”按钮，则取消切换操作，如图 9-10 所示。

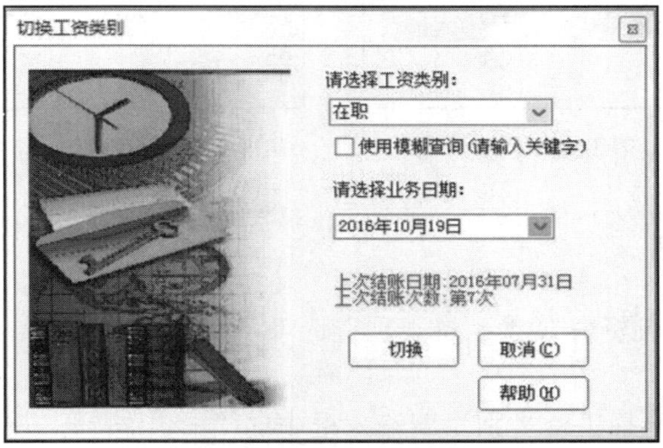


图 9-10 确定工资类别切换

步骤 4：主界面右下角的信息栏中会显示当前选定的工资类别，如图 9-11 所示。

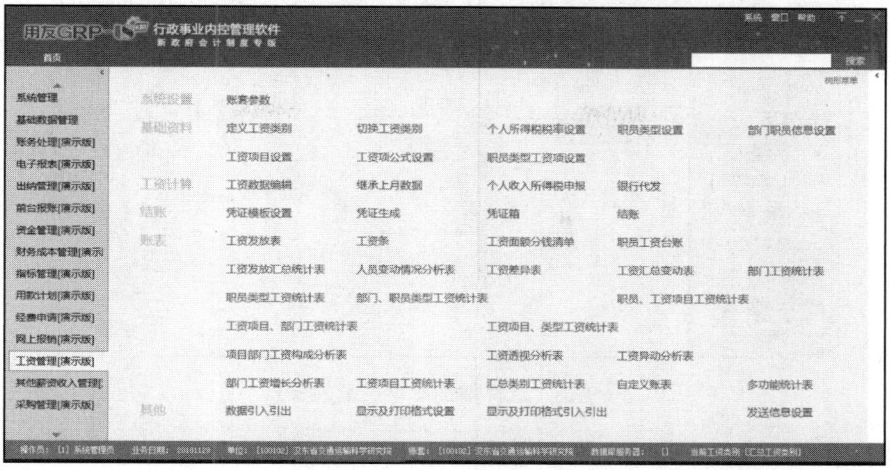


图 9-11　切换工资类别

## 9.2.4　职员类型设置

本功能用于定义系统中将要使用的职员信息。系统通过职员类型设置将职员分成若干类型，不同类型的人员的工资水平可能不同，划分职员类型，有助于实现工资多级化管理。在此定义的所有职员类别信息都将提供在职员信息定义中，供用户选择（数据权限范围内）。

选择“工资管理|基础资料|职员类型设置”选项，如图 9-12 所示。打开“职员类型设置”窗口。

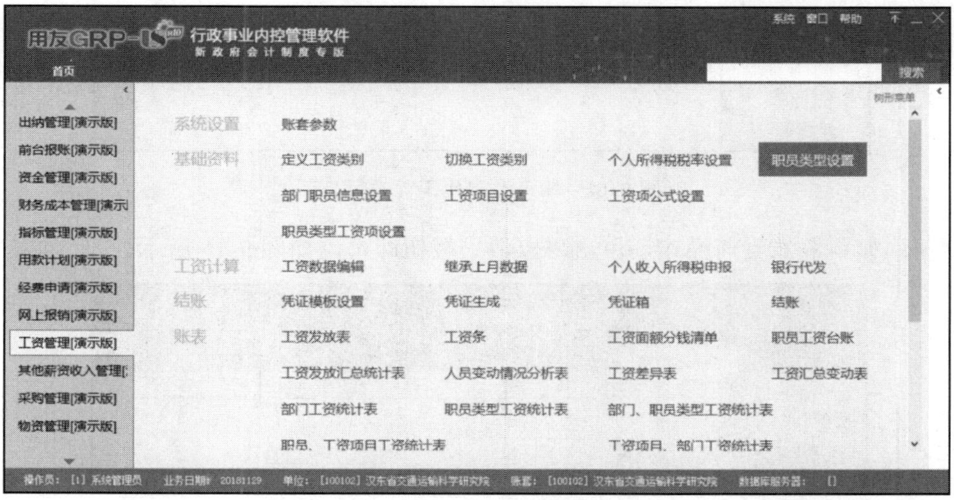


图 9-12　职员类型设置

### 1. 增加职员类型

步骤 1：在窗口左方的职员类型目录树中点选要增加职员类型的节点，如图 9-13 所示。

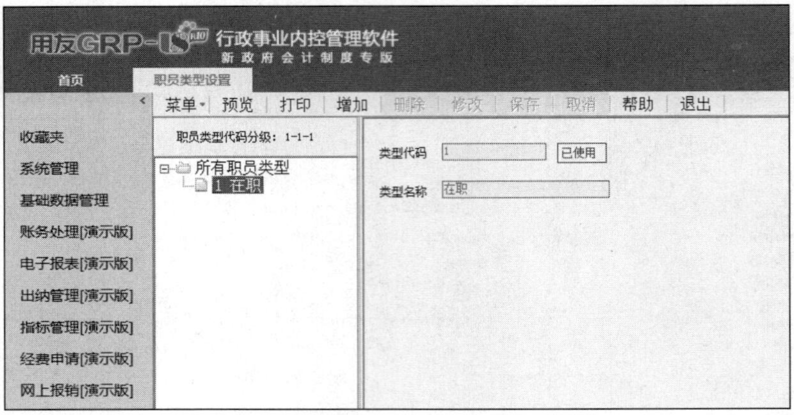


图 9-13　选择增加职员类型的节点

步骤 2：单击工具栏中的“增加”按钮。

步骤 3：输入类型代码、类型名称，单击工具栏中的“保存”按钮，系统保存增加的职员类型，如图 9-14 所示。

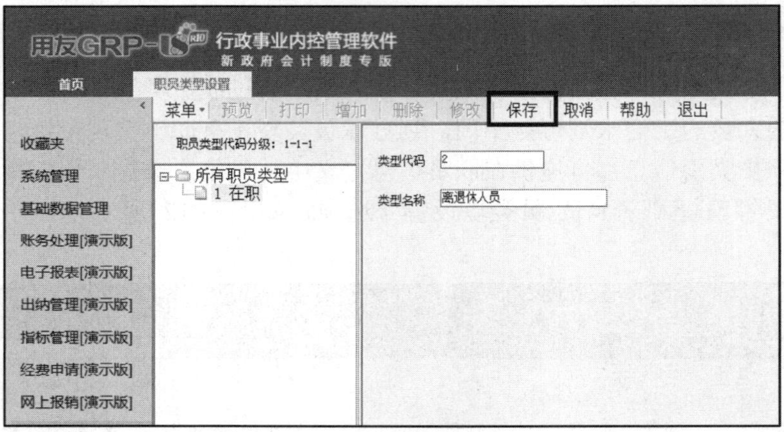


图 9-14　输入类型代码、类型名称

步骤 4：如要取消当前操作，单击“取消”按钮即可，如图 9-15 所示。

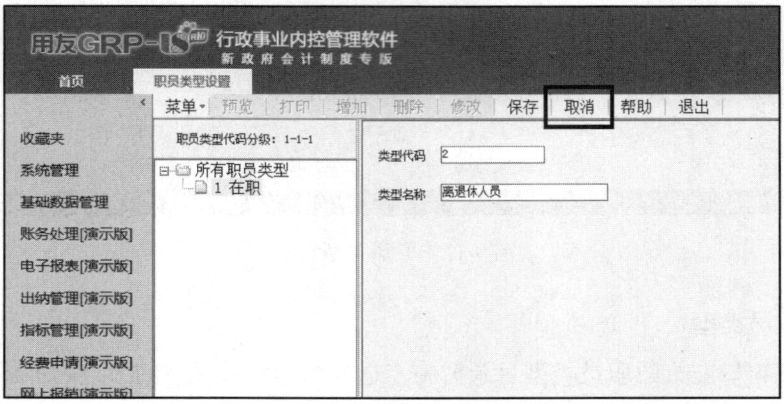


图 9-15　取消增加职员类型操作

**注意：**在账套参数中定义职员类型代码分级规则，系统启用后不再允许修改。

### 2．删除职员类型

步骤 1：在窗口左方的职员类型目录树中选择要删除职员类型的节点，单击工具栏中的“删除”按钮，如图 9-16 所示。

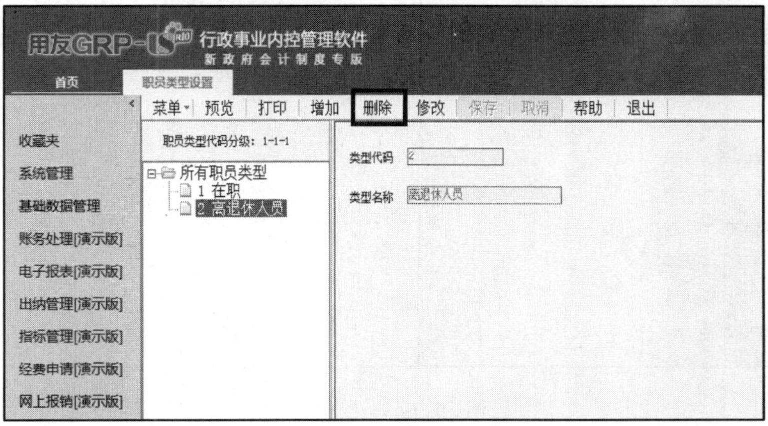


图 9-16　删除职员类型（1）

步骤 2：系统会给出提示，确认是否真的要删除当前职员类型，选择“是”则删除当前职员类型，选择“否”则取消删除操作。

**注意：**已使用的职员类型不允许删除。

### 3．修改职员类型

步骤 1：在窗口左方的职员类型目录树中选择要修改职员类型的节点，如图 9-17 所示。

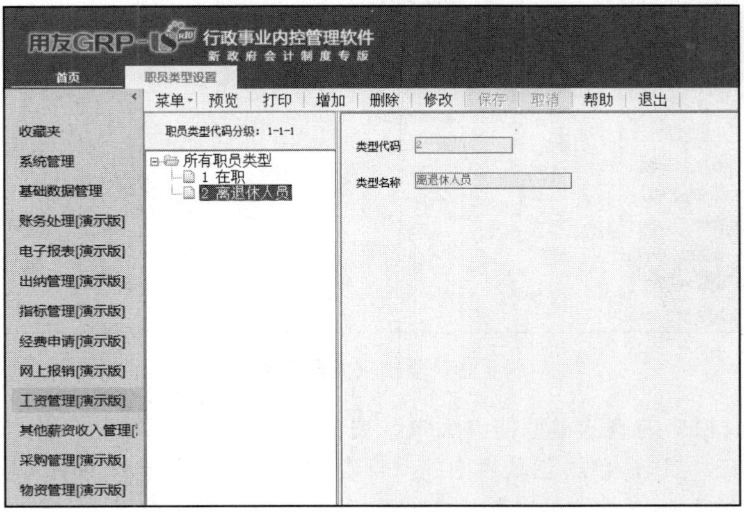


图 9-17　修改职员类型（2）

步骤 2：单击工具栏中的“修改”按钮，如图 9-18 所示。

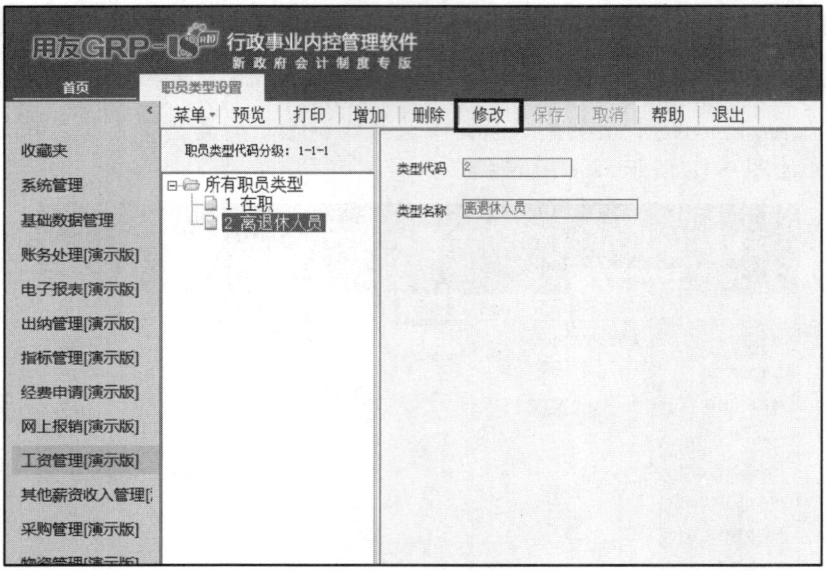


图 9-18　修改职员类型（3）

也可以通过选择要修改的职员类型并右键单击弹出菜单，在其中选择“修改职员类型”选项，如图 9-19 所示。

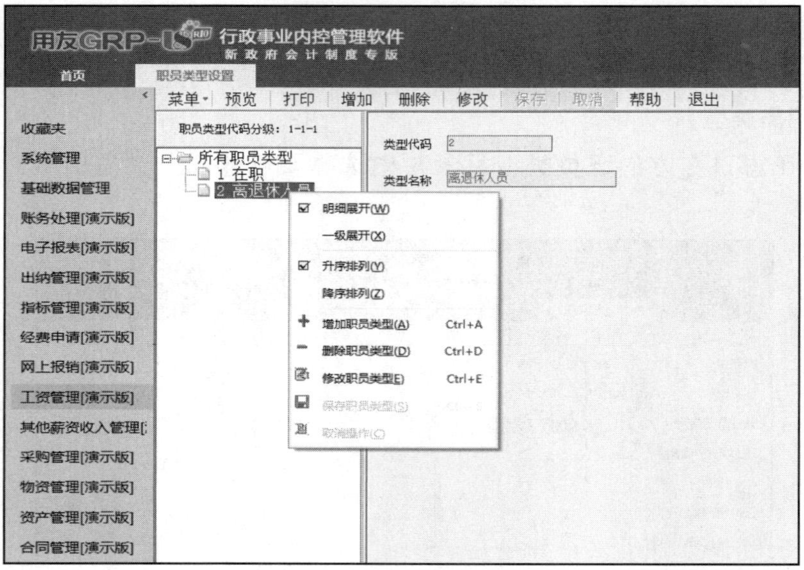


图 9-19　修改职员类型（4）

步骤 3：此时窗口右侧的类型信息编辑区被激活，可以进行类型名称的修改（类型代码不允许修改），修改完毕，单击工具栏中的“保存”按钮，如图 9-20 所示。

步骤 4：系统保存修改结果，若单击“取消”按钮，则忽略此次修改操作，如图 9-21 所示。

**注意：** 已使用的职员类型不允许修改。

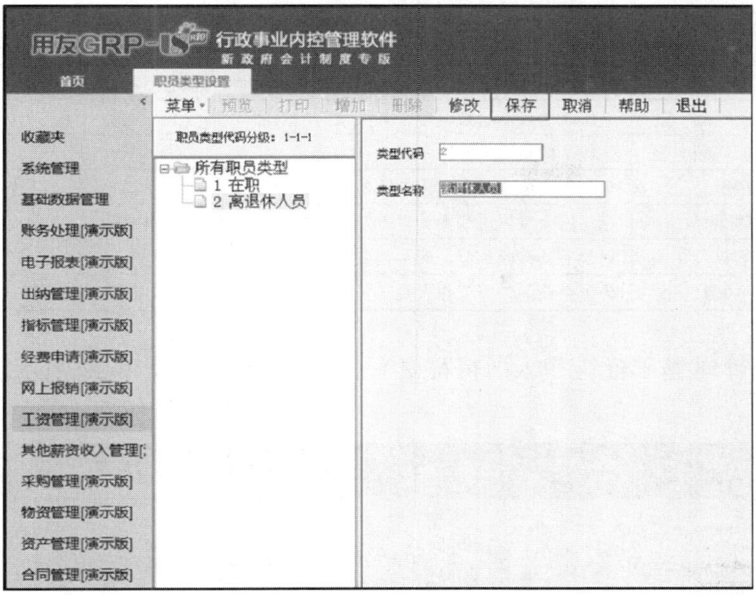


图 9-20　修改职员类型保存

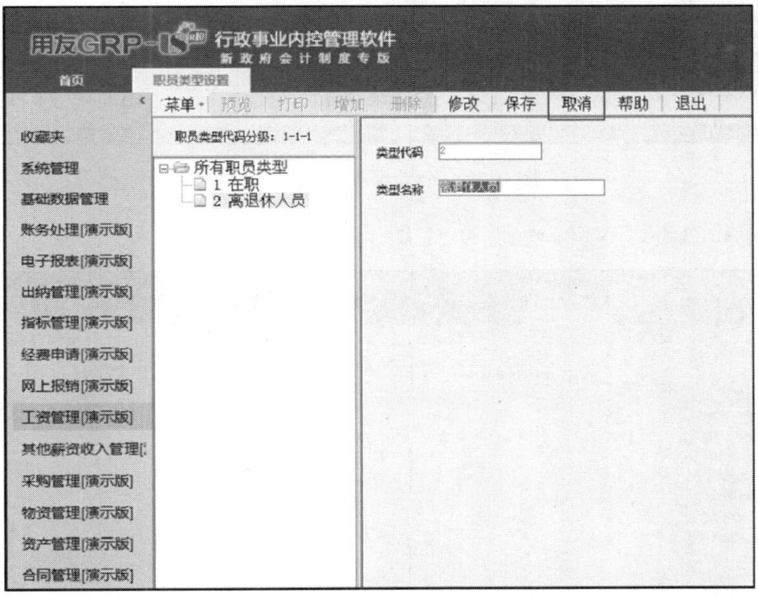


图 9-21　取消修改职员类型

### 9.2.5　个人所得税税率设置

个人所得税是根据《中华人民共和国个人所得税法》对个人的所得征收的一种税，系统已设定个人所得税的标准九级超额累进制计税方法中的级次设置，可实现对个人所得税计税方法的管理功能，同时，在系统默认的九级超额累进制计税方法的基础上，用户可以自由增加或减少级数，也可以改变应纳税基数、附加费数目、税率和速算扣除数等参数，（参数说明见表 9-2），具有增加、修改、删除、查阅级次、其他内容及打印等功能。

表 9-2　税率参数说明

| | | |
|---|---|---|
| 1 | 级次 | 即对系统已设定的个人所得税标准九级超额累进制计税方法中的级次设置 |
| 2 | 应纳税所得额下限 | 某级次的最低金额，等于其上限的上限额 |
| 3 | 应纳税所得额上限 | 某级次的最高金额，系统允许为空 |
| 4 | 税率 | 个人所得达到某级时应扣除的税率百分比 |
| 5 | 速算扣除数 | 指运用全额累进税率计算方法计算超额累进税率所需扣减的数额 |
| 6 | 基数 | 计税前的扣减部分，即不需归入纳税范围的费用扣除额 |
| 7 | 附加费 | 外资企业的外方工作人员工资应纳税的总基数与国内员工基数的差额 |

选择“工资管理|基础资料|个人所得税税率设置”选项，如图 9-22 所示，打开个人所得税税率设置窗口。

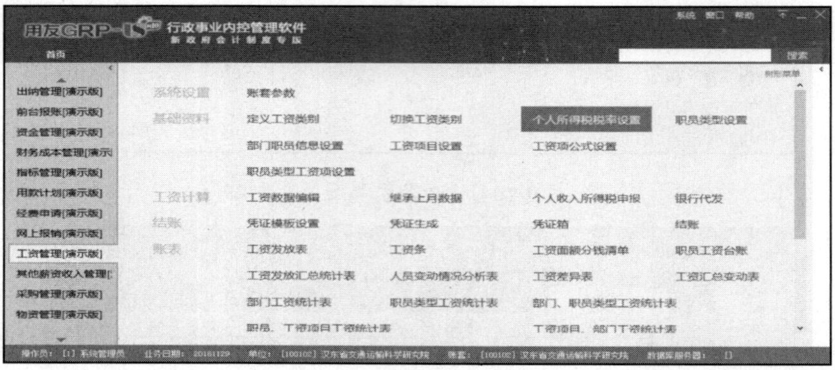


图 9-22　个人所得税税率设置

“个人所得税税率设置”窗口如图 9-23 所示。

图 9-23　个人所得税税率设置窗口

### 1. 增加个人所得税税率

步骤 1：单击窗口上方的“增加”按钮，如图 9-24 所示。

图 9-24　增加个人所得税税率（1）

或单击菜单选择“执行”→“增加信息”项，如图 9-25 所示。

图 9-25　增加个人所得税税率（2）

步骤 2：系统自动在个人所得税税率一览表的表尾增加一条记录，记录中的下限值直接取自上一级的上限值（如原上级次中无上限值，则系统自动将值定义为上级次的下限值+1），税率及速算扣除数为零。用户可在此基础上做进一步的修改调整，如图 9-26 所示。

图 9-26　增加个人所得税税率（3）

步骤 3：设置完毕的个人调税级次可以在个人所得税申报中显示。填写完毕单击“保存”按钮存盘生效，如图 9-27 所示。

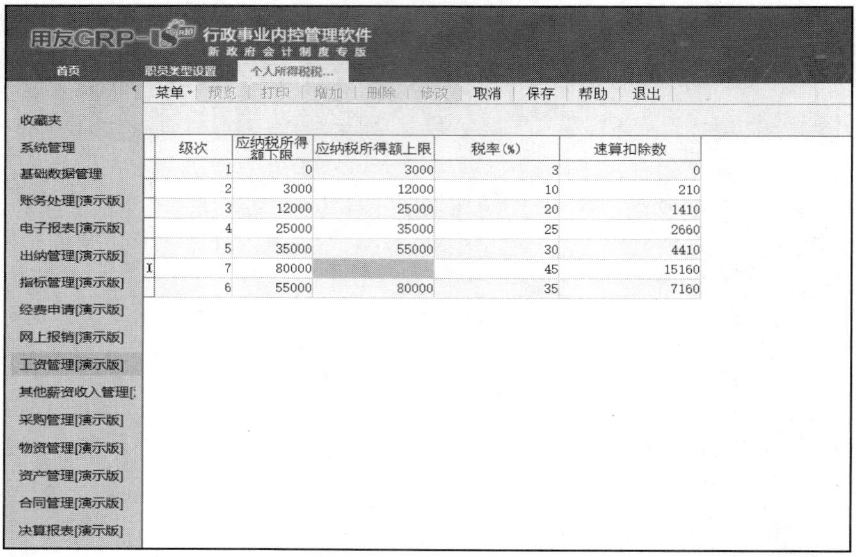


图 9-27　增加个人所得税税率（4）

与个人所得税税率相联系的系统有“首页｜工资计算｜工资数据编辑”及“首页｜工资计算｜个人所得税计算”功能板块，在这两个功能板块中通过“扣税”按钮，按照新增的个人所得税税率自动计算扣缴个人所得税额，并生成申报表。另外，设置完毕的个人所得税级次可以在个人收入调节税申报表中显示。

### 2．删除个人所得税税率

步骤 1：在“个人所得税税率一览表”中选中需要删除的信息项，单击窗口上方的“删除”按钮，如图 9-28 所示。

图 9-28 删除个人所得税税率（1）

步骤 2：选择菜单中的“删除信息”选项，也可调用“执行|删除信息”功能，如图 9-29 所示。

图 9-29 删除个人所得税税率（2）

系统提示“是否删除最末一级税率”，单击“确定”按钮，则删除最末一条记录；单击“取消”按钮，则忽略删除操作。

**注意：** 税率表只剩一级时将不允许再删除。同时，用户在删除时，不允许跨级删除，必须从末级开始删除。

### 3. 修改个人所得税税率

步骤 1：在“个人所得税税率一览表”中选中需要删除的信息项，单击窗口上方的“修改”按钮，如图 9-30 所示。

图 9-30　修改个人所得税税率（1）

步骤 2：选择“菜单|执行”并右键单击，弹出下拉菜单，选择“修改信息”项也可调用“执行|修改信息”功能，如图 9-31 所示。

图 9-31　修改个人所得税税率（2）

步骤 3：用户可以修改个人所得税税率一览表中应纳税所得额的上限、税率、速算扣除数三项的内容。在需要调整表中数据时，单击需要修改的数值进入编辑状态，如图 9-32 所示。

图 9-32　修改个人所得税税率（3）

步骤 4：用户可直接手工输入新数值，最终单击“保存”按钮，如图 9-33 所示。如要退出当前操作，单击“取消”按钮，即可退出当前操作。

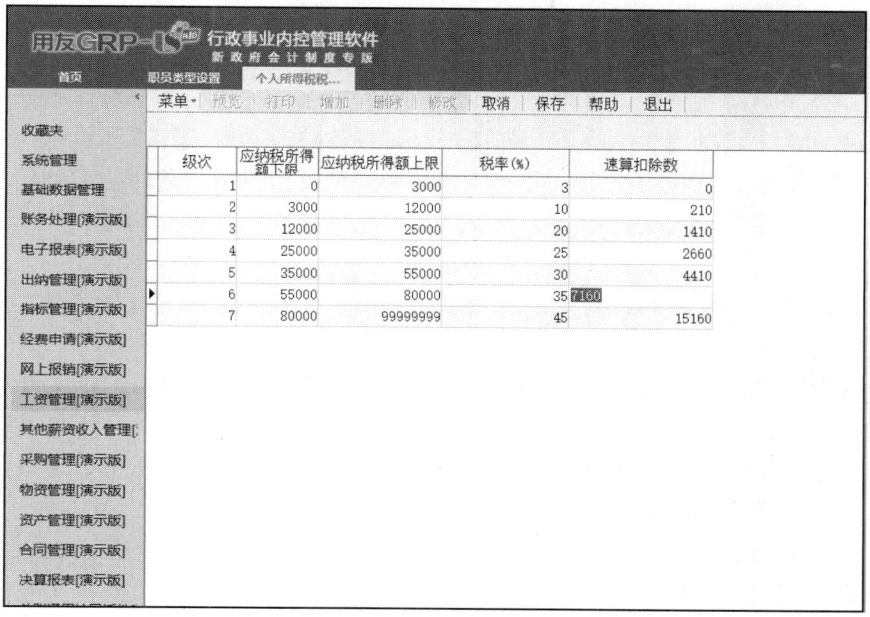


图 9-33　修改个人所得税税率（4）

## 9.2.6　工资项目设置

工资项目是职工工资的具体组成项，各单位可根据不同的企业管理形式定义自己的工资项目。本功能用于定义工资组成项目。除系统预置的若干固定工资项外，用户还能根据需要定义自己的工资项目，并能对大多数的工资项目进行即时的增加、修改、删除操作。

选择“工资管理|基础资料|工资项目设置”选项，打开“工资项目设置”窗口，如图9-34所示。

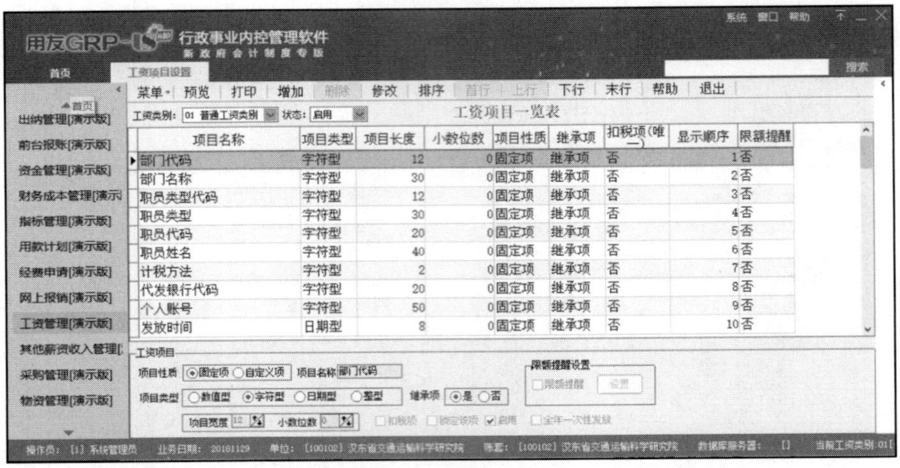

图 9-34　工资项目设置

窗口上端为工资项目一览表，显示出所有目前在用的工资项目；其下为工资项目信息，显示工资项目一览表中当前工资项的相关信息。当处于新增工资项状态时，下方为工资项信息编辑区。其中：

项目性质：项目性质分为固定项和自定义项，它们的含义如下介绍。

固定项：就是系统预置的工资项目。系统预置的工资项亦包括两部分。一部分在系统初始进入时已添加入工资项表中，且不允许用户对其进行修改和删除，具体包括：部门名称、职员类型、职员姓名、计税方法等；另一部分是系统预置后供用户随时选取使用的工资项，该部分用户只可决定是否选用，但不可修改，具体包括：基本工资、岗位工资、工龄工资、奖金等。

自定义项：就是由用户自己定义的工资项目，可以修改和删除。

项目类型分为数值型、日期型、字符型、整型。

项目宽度及小数位数：数值型，最长 28 位，小数位不得超过项目总长的 1/2；日期型，固定长度 8 位，无小数。

字符型：最长 255 位，无小数。

整型：固定长度 32 位，无小数。

项目名称：工资项目的显示名称，用以显著标识某一项工资类别的内容特征。固定项部分由系统预置自定义部分由用户自行定义。

是否继承项：决定该工资项数据在本期结账后是否自动带入下月。例如，独生子女费应为继承项，而病假扣款就不应为继承项。

### 1. 增加工资项目

步骤 1：单击窗口上方的“增加”按钮，如图 9-35 所示。

步骤 2：在“工资项目设置”界面中单击“菜单 | 执行 | 增加信息”，工资项信息编辑区如图 9-36 所示。

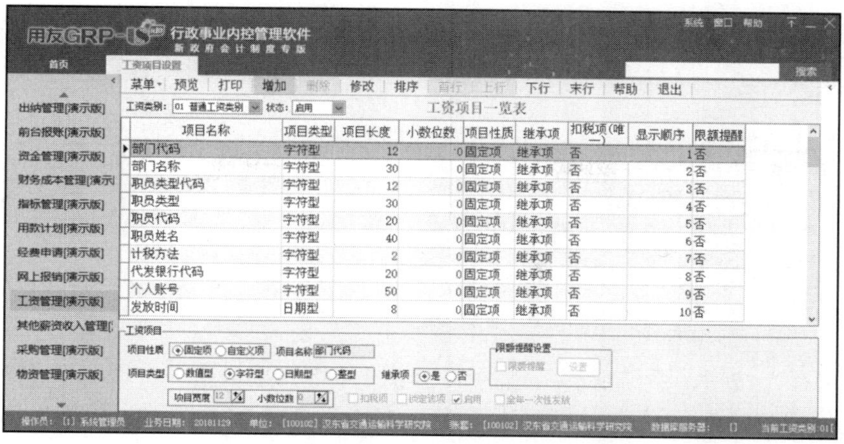


图 9-35　增加工资项目（1）

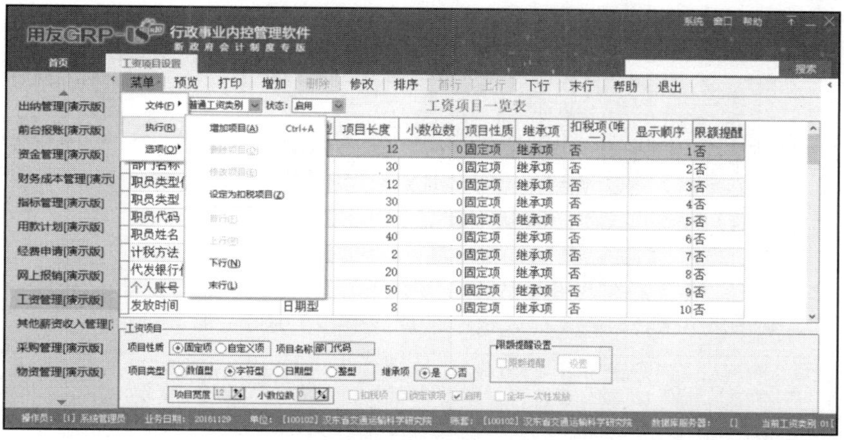


图 9-36　增加工资项目（2）

步骤 3：工资项目的增加分为增加固定项和增加自定义项两类，下面分别进行说明。

（1）增加固定项的操作：选择项目性质为“固定项”，如图 9-37 所示。

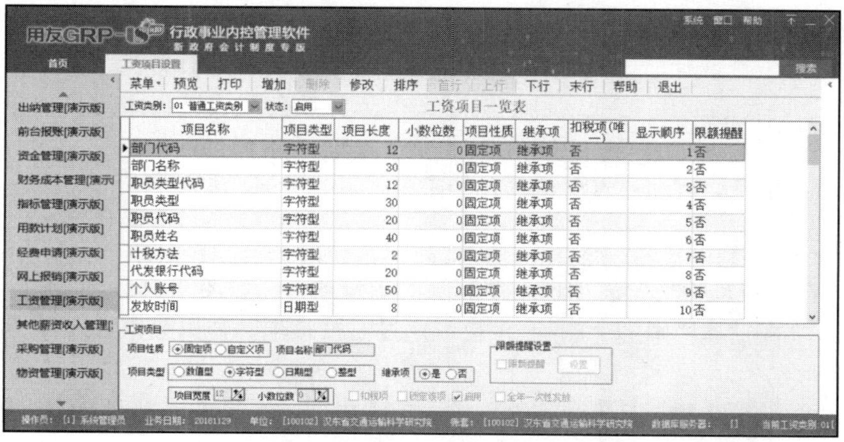


图 9-37　增加固定项工资项目（1）

单击项目名称输入框后的“▼”按钮，在弹出的菜单中选择要增加的固定项，其项目类型、项目宽度和小数位数等信息系统将自动带入，用户可以选择是否为“继承项”，如图 9-38 所示。

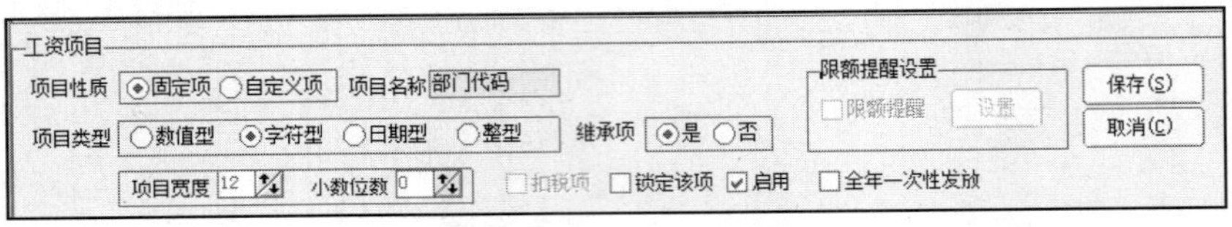


图 9-38　增加固定项工资项目（2）

单击“保存”按钮，系统保存新增的工资项，并将其显示在工资项目一览表中，工资项信息编辑区仍然处于激活状态，可以进行下一个工资项的新增工作。如要退出当前编辑操作，则单击“取消”即可。

（2）增加自定义项的操作：选择项目性质为“自定义项”，如图 9-39 所示。

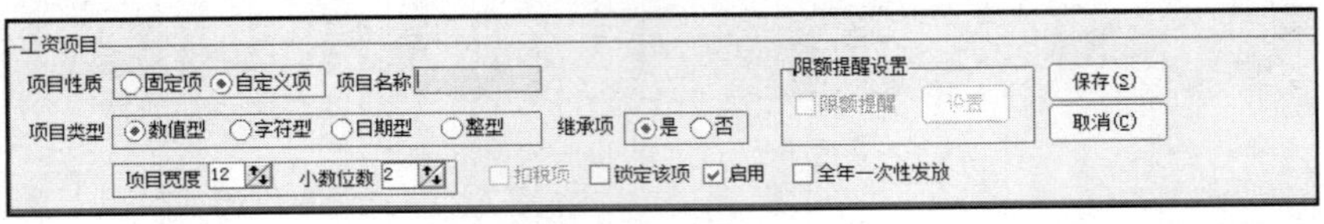


图 9-39　增加自定义项工资项目（1）

输入项目名称，设置项目类型、项目宽度、小数位数、是否继承项等信息。

步骤 4：单击“保存”按钮，系统保存新增的工资项，并将其显示在工资项目一览表中，工资项信息编辑区仍然处于激活状态，如图 9-40 所示。

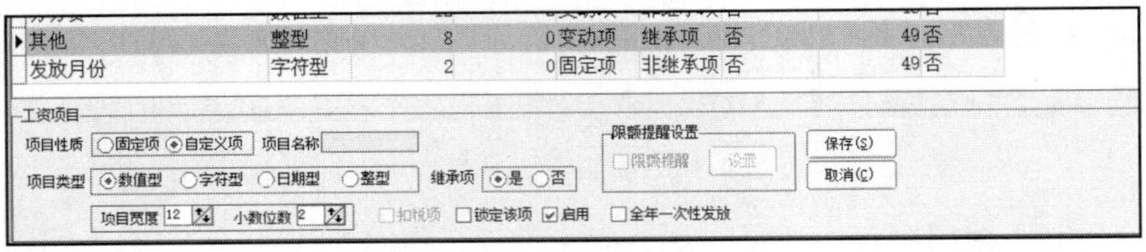


图 9-40　增加自定义项工资项目（2）

可以进行下一个工资项的新增工作。如要退出当前编辑操作，则单击“取消”即可。

如果是计件工资或计时工资，那么可以增加“单位计件（计时）工资”和“单位计件（计时）数”这两个自定义工资项目，然后在“工资项公式设置”中定义“单位计件（计时）工资”的计算规则。那么，在以后的工资计算时，用户只需输入“单位计件（计时）数”的数值，系统就会自动计算出该项目的工资数。

### 2. 删除工资项目

步骤 1：在工资项目一览表中选中要删除的工资项目，如图 9-41 所示。

步骤 2：单击工具栏中的“删除”，也可通过右击该项，弹出菜单后选择“删除项目”，如图 9-42 所示。

步骤 3：对于系统预置且不允许删除的固定工资项，系统不提供删除的功能（即选中不允许删除的工资项目后，“删除”不被激活），如图 9-43 所示。

步骤 4：系统会给出提示，确认是否真的要删除当前工资项目，选择“是”则当前工资项目被删除，选择“否”则取消删除操作。

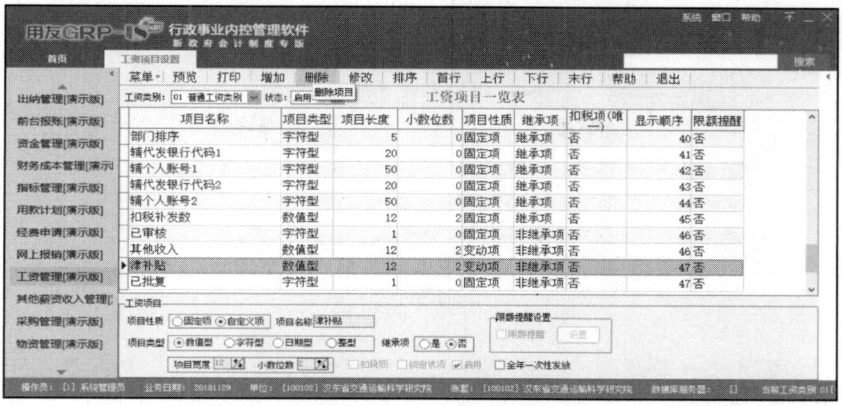

图 9-41　删除工资项目（1）

图 9-42　删除工资项目（2）

图 9-43　删除工资项目（3）

**注意：**对于已使用的工资项目不允许删除；对于系统预置但允许删除（不选用）的工资项，在用户删除后，该工资项仍存在于系统中，留待日后用户的再次增加选用。删除项目时一定要小心，因为被删除的项目很可能包含在其他的公式中，这样势必导致计算错误。

### 3. 修改工资项目

步骤 1：在工资项目一览表中选中要修改的工资项目，单击工具栏中的“修改”，如图 9-44 所示。

图 9-44　修改工资项目（1）

步骤 2：也可通过右击该项，弹出菜单后选择“修改项目”项，系统激活窗口下方的工资项目编辑区，可进行项目性质、项目类型、项目宽度等信息的修改，修改完毕，如图 9-45 所示。

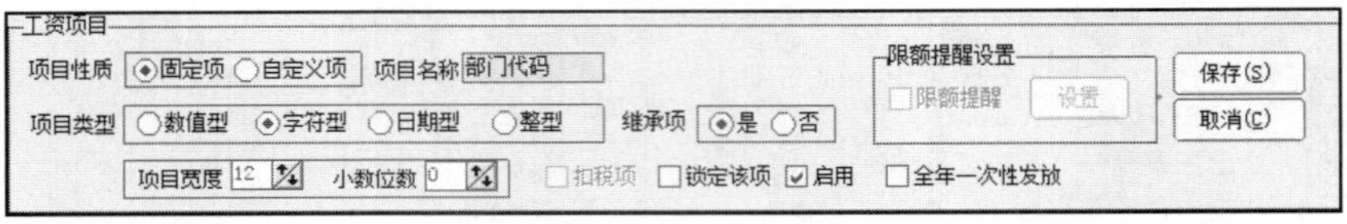

图 9-45　修改工资项目（2）

其中，固定项只能修改“是否为继承项”和“工资项目名称”，其他不允许修改。如在账套参数设置中选择了“扣零”项，则在工资项目中“存零”与“补零”项也是不可删除与修改的。对于在账套参数设置中选择了“从工资中代扣所得税”项，则“个人所得税”项也是不可修改与删除的；系统初始默认账套参数中的“扣零”与“代扣个调税”两项均不选，但对应的“扣零”“存零”与“个人所得税”三个工资项默认添加显示在工资项目列表中。

系统预置的工资项目分两部分：一部分为必有项，不论在何种情况下均不允许删除，包括：部门代码、部门名称……发放时间、发放次数，以及应发合计、扣款合计和实发合计。一部分为可选用项，共有 18 项，其中的“存零”“补零”和“个人所得税”三项在新建账套中已预置并显示在工资项目表中，并允许用户在未使用状态下进行删除；其他 15 项虽也预置在系统内，但未显示在工资项目表中，允许用户通过“增加工资项目”功能随时选用添加入工资项目表中，并可在不需要时有条件地进行删除。被删除的该部分工资项目只是不再在工资项目表中显示，但实际以备份方式保存在系统内，以备用户的随时再次选用。

步骤 3：单击“保存”，系统保存本次修改，单击“取消”则放弃消本次修改操作。

## 9.2.7　工资项公式设置

本功能将对具体的工资项目分别进行公式的定义，使系统能根据这些公式自动进行逻辑运算。系统提供强大的公式功能，实现工资发放中存在的部分复杂核算的问题。工资项公式在定义后允许随时修改，工资计算自动按最新的公式进行数据运算。

选择“工资管理|基础资料|工资项公式设置”，打开“工资项公式设置”窗口，如图 9-46 所示。

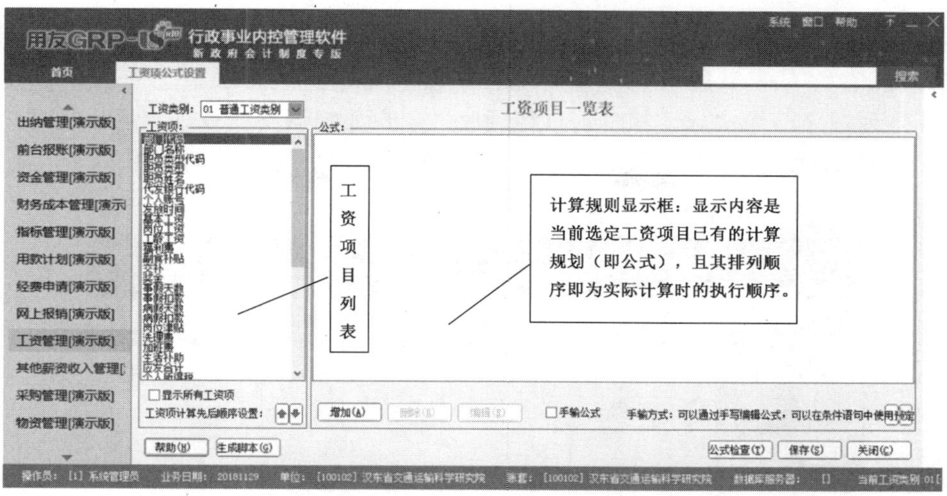


图 9-46　工资项公式设置

窗口左边为工资项目信息列表，右边为工资项目公式设置以后的计算规则显示框，显示内容是在当前选定工资项目已有的计算规则（公式），且其排列顺序即为实际计算时的执行顺序。

### 1．调整工资项计算顺序

在窗口的左方可以看到所有可定义公式的工资项目列表，列表中的排列顺序即为各工资项的计算先后顺序，在列表上选定要调整计算顺序的工资项，单击“⇧⇩”可以实现该工资项在列表中上下自由移动，如图 9-47 所示。

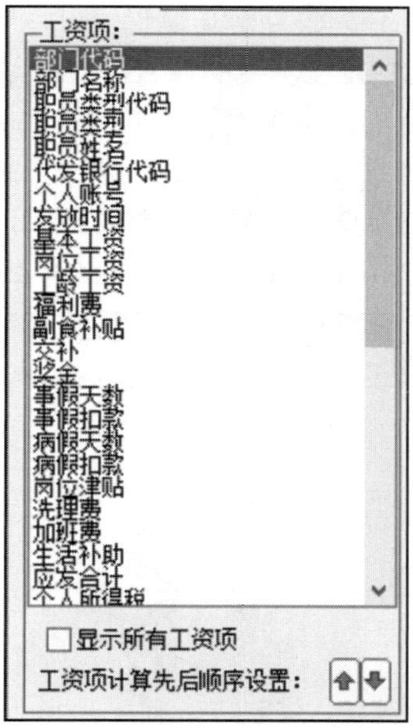


图 9-47　调整工资项计算顺序

## 2．调整计算规则顺序

在窗口的右方有一个显示框，显示内容是在当前选定工资项目已有的计算规则（公式），且其排列顺序即为实际计算时的执行顺序。用户如想调整计算规则的执行顺序，可在选定某一个规则后使用“⬆⬇”键，实现该项在规则列表中上下移动调整顺序，如图 9-48 所示。

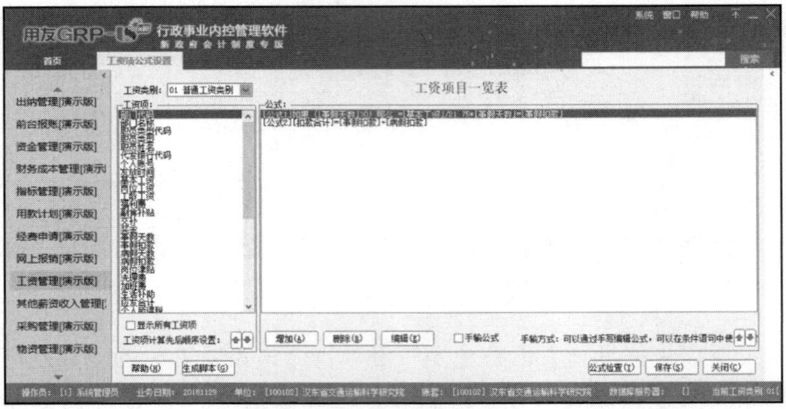


图 9-48　调整计算规则顺序

## 3．增加计算规则

步骤 1：在工资项公式设置窗口的左方选择要增加计算规则的工资项目，单击“增加”，系统自动切换到计算规则设置界面，用户可自行定义数据，本功能是对公式中所选工资项目数据的定义：包括数据的金额，取数的范围。

本窗口分上中下三部分，上部分为条件定义编辑窗口，用于对该工资项目当前计算规则的执行条件进行定义。通过下拉键选择工资项目的输入，在行尾使用 Tab 键增加一行。中间部分为关系表达定义窗口，条件定义完毕，系统提示该定义的项目金额与工资基本项之间的关系表达。另外，系统提供三种逻辑计算方式：增加方式、减少方式、乘系数方式。下部分为最终表达式，系统根据以上定义的规则信息归纳并显示最终表达式，即当前所定义的计算规则的完整表达式，该项目由系统自动显示，供用户浏览确认，如图 9-49 所示。

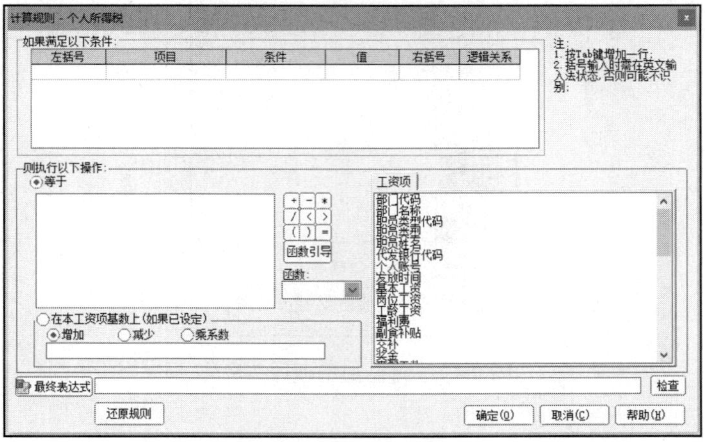


图 9-49　增加计算规则

步骤 2：条件定义窗口的上方是对该工资项目当前计算规则的执行条件进行定义，单击“项目”选项下的输入框，出现“▼”键，单击该键，如图 9-50 所示。

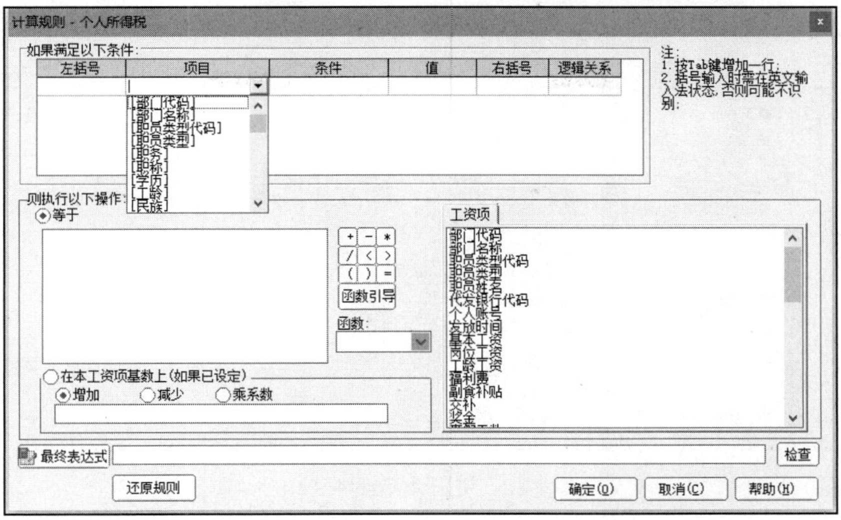


图 9-50　定义计算规则（1）

步骤 3：在下拉式菜单中选择工资项目；单击“条件”选项下的输入框，出现“▼”键，单击该键，在下拉式菜单中选择计算符号，如图 9-51 所示。

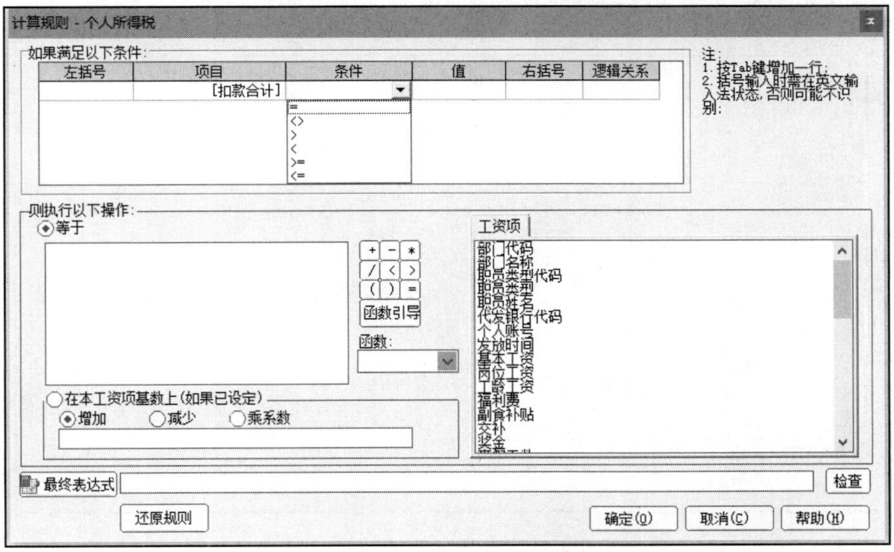


图 9-51　定义计算规则（2）

步骤 4：在“取值”选项下的输入框中，用户可根据不同的工资项目自行输入，如图 9-52 所示。

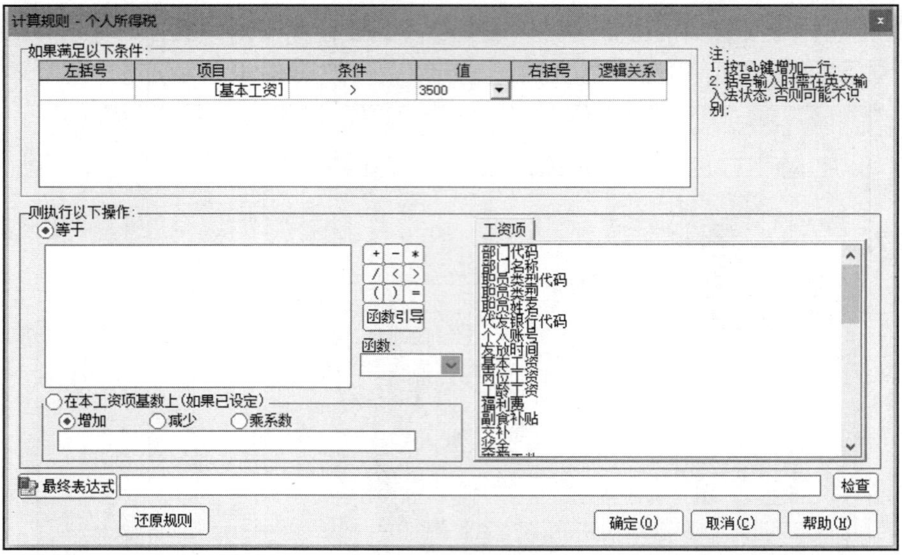


图 9-52　定义计算规则（3）

步骤 5：单击“逻辑关系”选项下的输入框，出现“”键，单击该键，在下拉式菜单中选择逻辑关系符，如图 9-53 所示。逻辑关系符包括“并且”和“或者”两项，“并且”表示并列关系，“或者”表示选择关系。

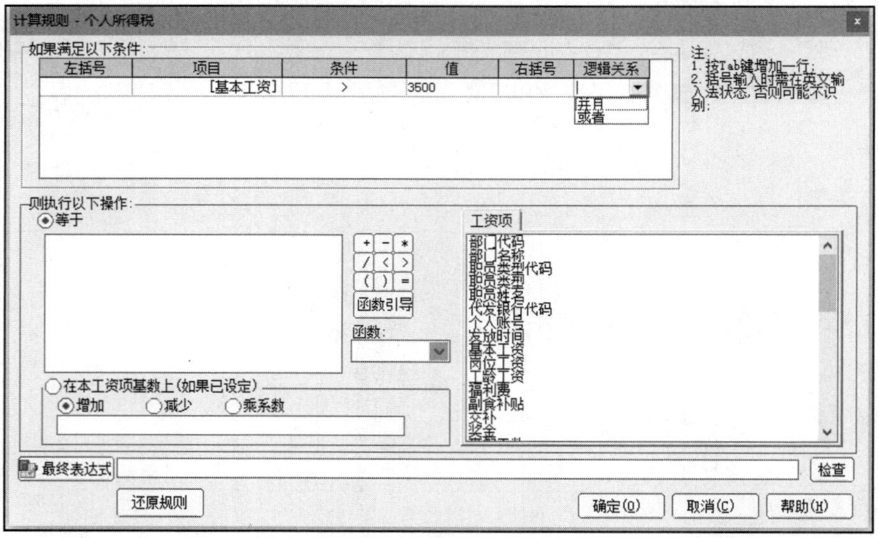


图 9-53　定义计算规则（4）

步骤 6：操作条件定义完毕，窗口的下方系统提示该定义的项目金额与工资基本项之间的关系。系统提供三种方式：增加方式、减少方式、乘系数方式，用户可根据需要选择，如图 9-54 所示。

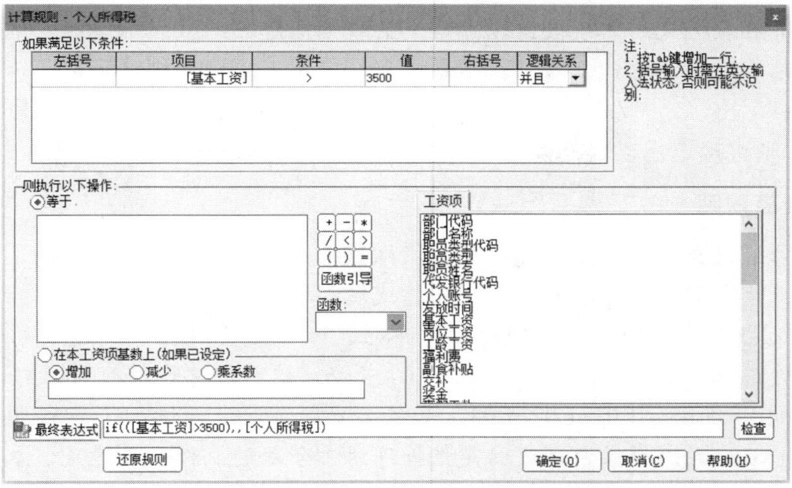


图 9-54　定义计算规则（5）

步骤 7：引导函数，如图 9-55 所示。本功能提供以下数据库语言常用函数：

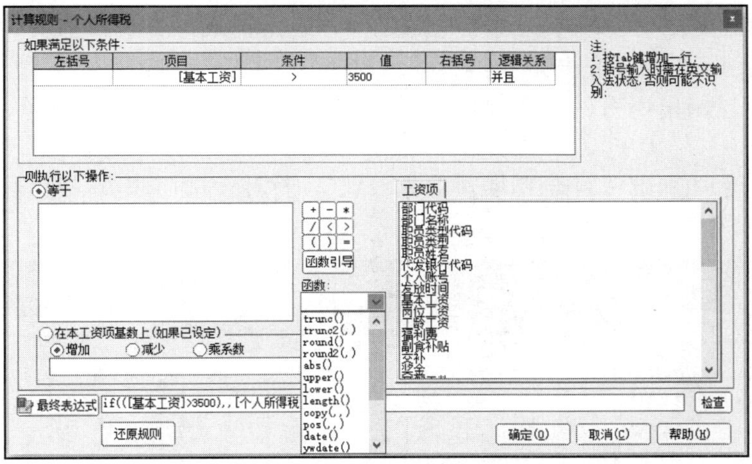


图 9-55　定义计算规则

trunc（）算数表达式：取算数表达式的整数部分。例：trunc（1231.23）=1231

round（）算数表达式：对算数表达式四舍五入。例：round（1231.53）=1232

abs（）算数表达式：求算数表达式的绝对值。例：abs（–1231）=1231

upper（）字符串：返回字符串的大写。例：upper（‘abcd’）= ‘abcd’

lower（）字符串：返回字符串的小写。例：lower（‘abcd’）= ‘abcd’

length（）字符串：返回字符串的长度。例：length（‘abcd’）=4

copy（）字符串、位置、个数：返回字符串某位置开始指定个数的字符串。例：copy（‘abcd’ ,2,2）= ‘b,c’

pos（）子串、字符串：返回子串在字符串内的位置（不区分大小写）。例：pos（‘bc’，‘abcd’）=2

if（）条件表达式、算数表达式 1，算数表达式 2：当条件表达式成立时，返回算数表达式 1 的值，否则返回算数表达式 2 的值。例：if（3＞2，1，0）=1

步骤 8：最终表达式。系统根据以上定义的规则信息归纳并显示最终表达式，即当前所定义的计算规则的完整表达式，该项目由系统自动显示，供用户浏览确认。

步骤 9 保存公式。定义完毕，单击“确认”，则保存定义内容并返回工资项公式定义；单击“取消”，则直接退出当前的操作。

**4．删除计算规则**

在工资项公式设置窗口的左方选择某工资项目，此时窗口的右方显示该工资项目的计算规则，在其中选定当前要删除的某行规则表达式后，单击“删除”即可删除计算规则。

**注意：** 定义公式时，因为数据间存在继承性，故一定要注意公式定义的顺序。例如，如公式的顺序定义为 L01=L02+L03，L02=L04+L05，这种顺序会导致计算错误，正确的顺序应该是 L02=L04+L05，L01=L02+L03。如果工资项目改变，增加了新项目或删除了旧项目，需要重新定义公式。公式内容可以是数据库语言合法的函数和表达式，本系统将进行有效性检验。如果发现错误，系统会提示用户及时修改。

## 9.2.8 部门职员信息设置

部门职员信息是工资系统中的主要信息之一，它是构成工资表的重要单位。“部门职员信息设置”功能用于定义部门与职员的具体信息。以“用友 GRP 财政管理软件”的核算中心单位登录，会显示出所有的下级单位，选择某一下级单位后会显示该单位的部门及职员信息。

选择“工资管理|基础资料|部门职员信息设置”，打开“部门职员信息设置”窗口，如图 9-56 所示。

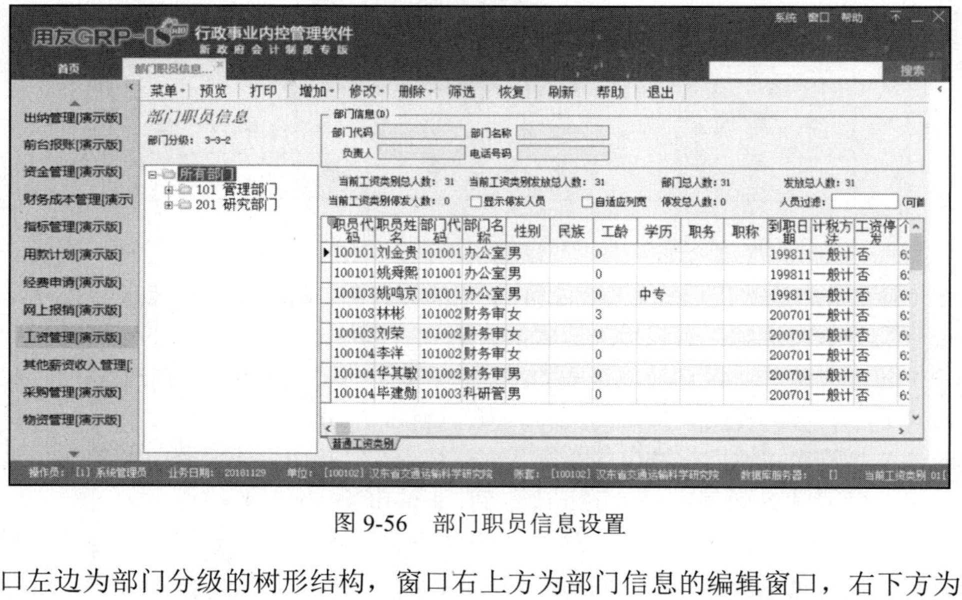


图 9-56　部门职员信息设置

窗口左边为部门分级的树形结构，窗口右上方为部门信息的编辑窗口，右下方为职员信息列表，每增加一个职员信息，职员信息列表就增加一条记录。按照设置的工资类别分别编辑部门职员信息，显示当前工资类别的总人数、发放工资总人数和停发工资人数。选择“显示停发人员”选项，则在当前工资类别职员列表中显示停发工资的职员信息，否则列表中只列出当前工资类别中发放工资的职员信息。

### 1．部门信息操作

步骤1：增加部门信息。在图9-57所示窗口中，左面的是部门分级树形结构图，选中需要新增下级部门的节点，(例如，需要新增的下级部门的节点为“所有部门”，则选中“所有部门”)，选择“增加|增加部门”项。

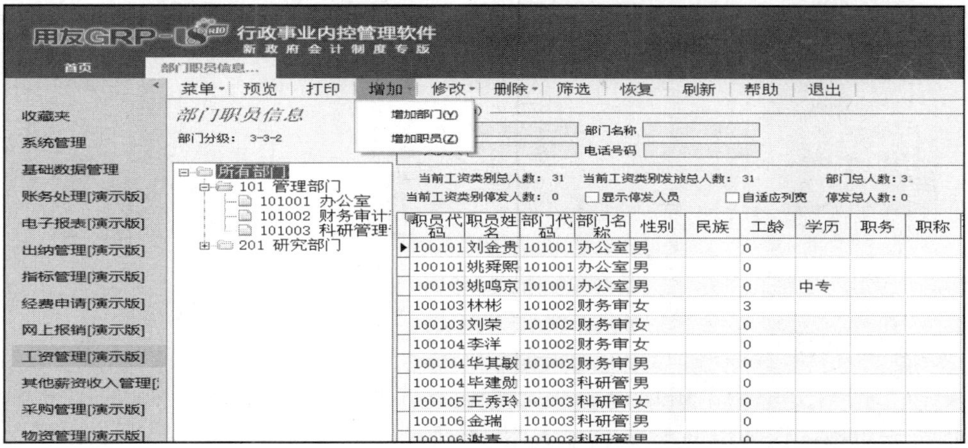


图9-57　新增部门信息（1）

或选中后右击，在弹出的菜单中选择“增加部门”选项，如图9-58所示。

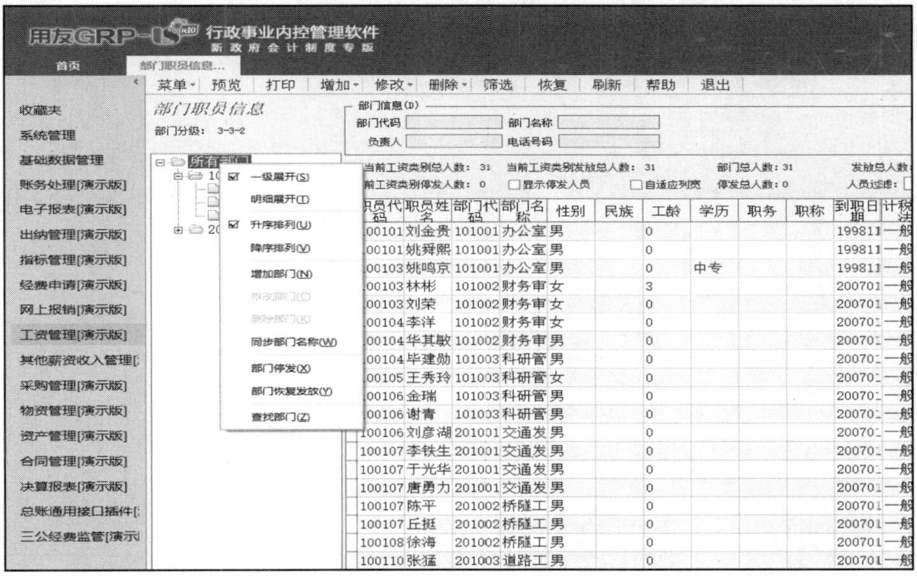


图9-58　新增部门信息（2）

步骤2：此时窗口右上方的部门信息编辑窗口被激活，在此输入部门代码、部门名称、负责人、电话号码，如图9-59所示。

步骤3：填写完毕，单击“确定”保存，窗口左面树形结构图中显示该新增部门，或单击“取消”放弃此次操作。

图 9-59　新增部门信息（3）

### 2. 删除部门信息

在窗口左面树形结构图中选中当前要删除部门所在节点，选择“删除|删除部门”选项；或选中后右击，在弹出的菜单中选择“删除部门”选项，系统提示是否真正删除，单击“确定”后实现删除操作，单击“取消”忽略此次删除操作，如图 9-60 所示。

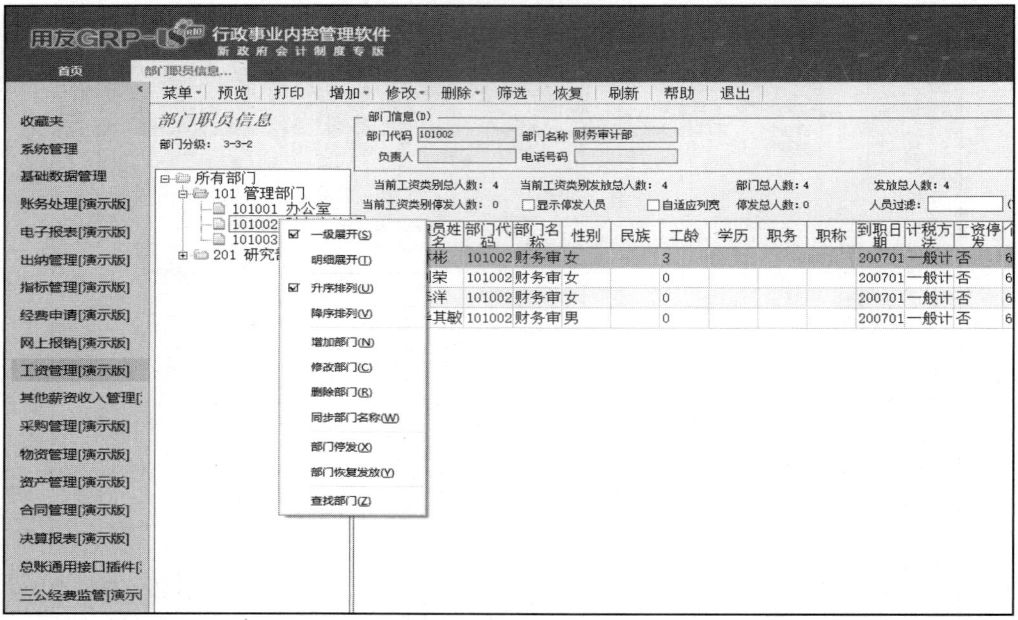

图 9-60　删除部门信息

注：已使用的部门信息不能删除，包含职员的部门即被视为已使用。

### 3. 部门信息修改

步骤 1：在部门职员信息设置窗口左面的树形结构图中选中当前要编辑的部门，或选中后右击，在弹出的菜单中选择“修改部门”选项，如图 9-61 所示。

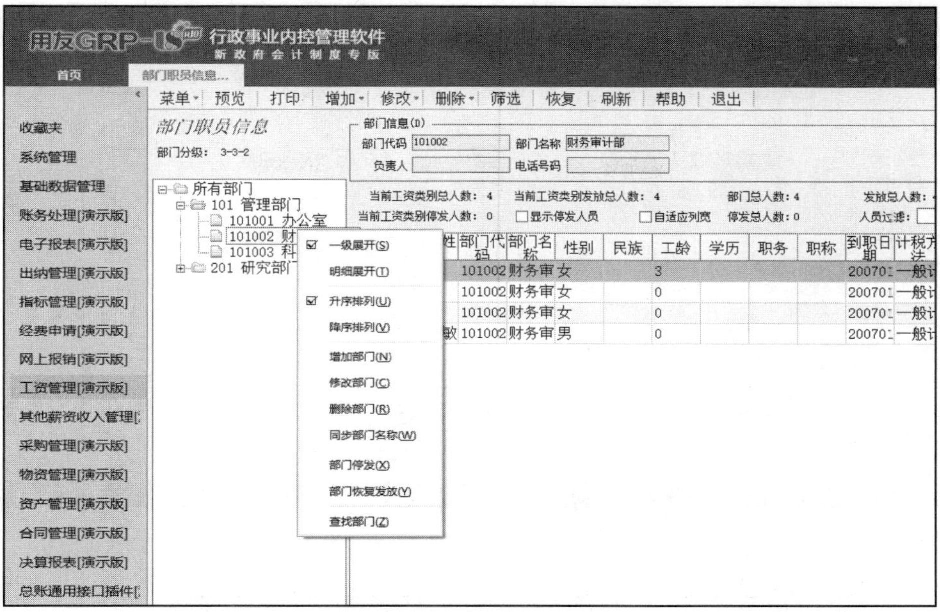


图 9-61　修改部门信息

步骤 2：在窗口右面的部门信息编辑窗口中修改除部门代码以外的信息，修改完毕，单击右方“确认”存盘，单击“取消”忽略此次操作。

### 4．部门信息信息显示

在窗口左侧的部门树形结构图中，选中一项后右键单击，选择“一级展开”选项，系统仅显示一级部门信息，选择“明细展开”项，系统按照部门结构图显示所有部门信息，项目前出现“√”，表明选中该项。信息排序：在窗口左侧的部门树形结构图中右键单击，选择“升序排列”选项，按照部门代码升序显示信息；选择“降序排列”选项，按照部门代码降序显示信息，项目前出现“√”，表明选中该项。

## 9.2.9　职员类型工资项设置

职员类型工资项设置模块主要用于设置各种职员类型的当前工资类别下的核算工资项目，使得当前工资类别下的工资项目按照职员类型进行分类。如果对某一职员设置了所属工资项目，则在打开账表时只显示条件窗口中所选职员类型的对应工资项。此功能主要适用于根据职员类型区分工资项目的情况。

选择“工资管理 | 基础资料设置|职员类型工资项目设置”，打开“职员类型工资项目设置”窗口，如图 9-62 所示。

步骤 1：根据业务选择对应职员类型，如图 9-63 所示。

步骤 2：选择该职员类型下的工资项目，如图 9-64 所示。

“»”选择所有工资项目；

“›”选择“待选工资项目”项目；

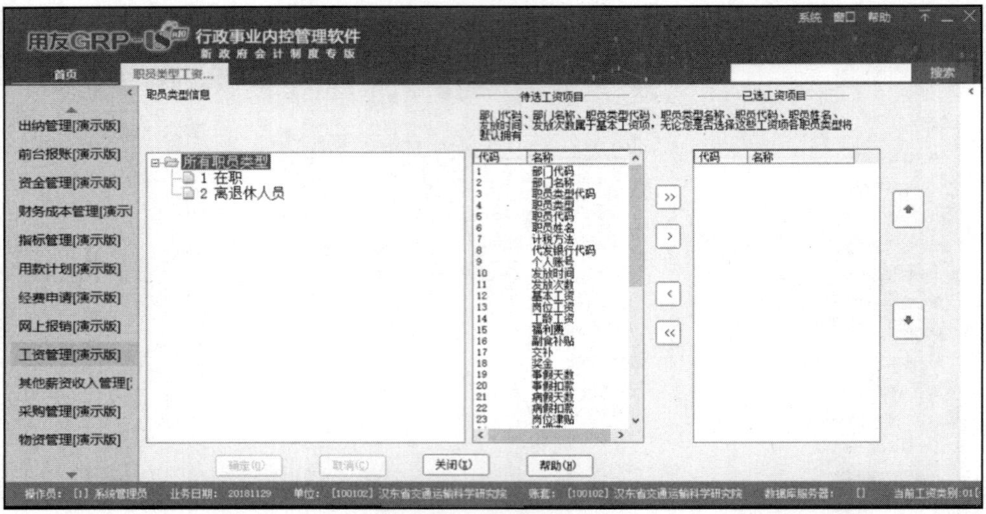


图 9-62 职员类型工资项目设置

图 9-63 选择职员类型

“<”取消“已选工资项目”项目选择；

“<<”取消全部“已选工资项目”项目选择；

“↑↓”上、下调整“已选工资项目”顺序。

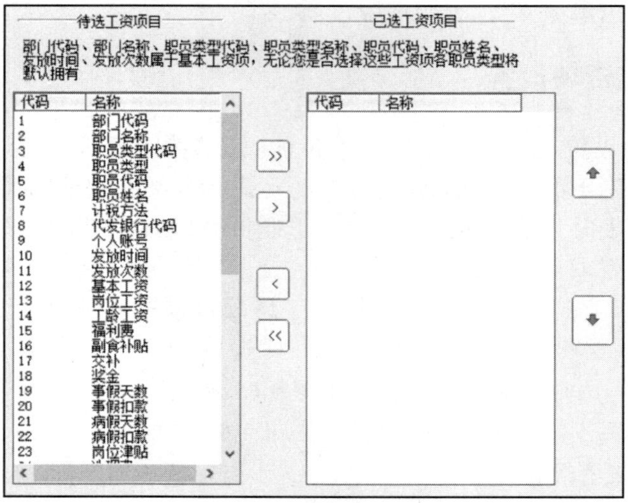


图 9-64 选择工资项目

## 9.2.10 其他收入项目设置

其他收入项目设置模块主要用于设置其他收入项目的增加、修改、删除、停用和启用。选择“其他薪资收入管理|基础资料|其他收入”，打开“其他收入项目设置”窗口，如图 9-65 所示。

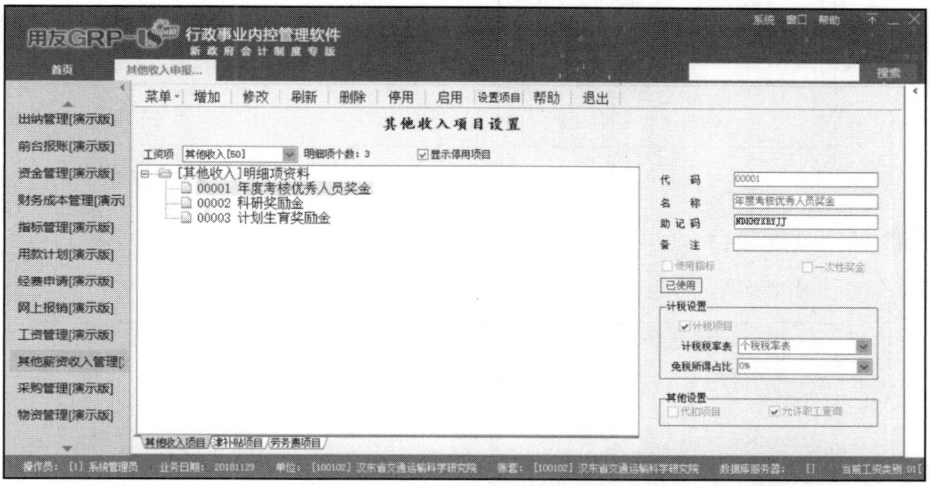


图 9-65 其他收入项目设置（1）

### 1. 增加其他收入项目

步骤 1：设置项目，单击菜单栏中的“设置项目”，在弹出的窗口单击“添加”选择其他收入项目，如图 9-66 所示。添加完毕，单击“确定”保存设置。

步骤 2：单击菜单栏中的“增加”，右侧编辑界面进入可编辑状态，填写新增的收入项目资料，如图 9-67 所示。

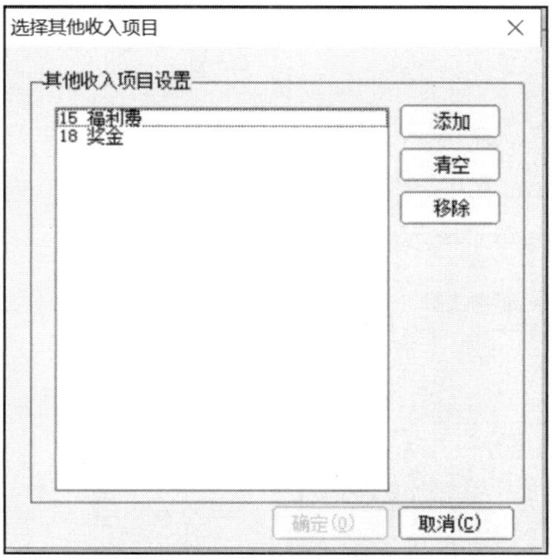


图 9-66 其他收入项目设置（2）

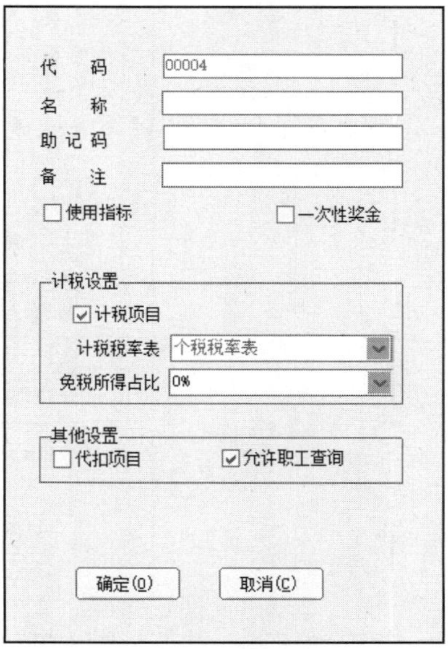


图 9-67 其他收入项目设置（3）

步骤 3：单击“确定”保存新的项目设置，左侧栏显示新增的其他收入项目，如图 9-68 所示。

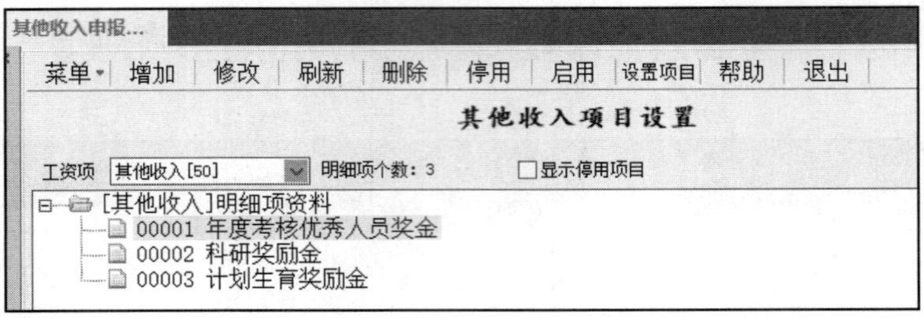


图 9-68　新增的其他收入项目

## 2．修改其他收入项目

步骤 1：单击需要修改的工资项，如图 9-69 所示。

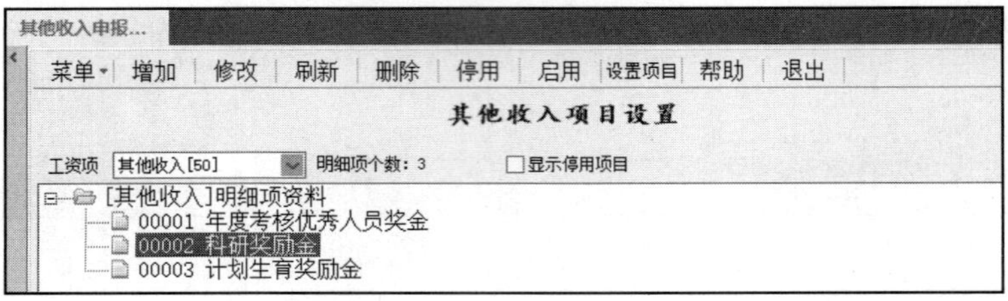


图 9-69　修改其他收入项目（1）

步骤 2：单击菜单栏中的“修改”，右侧编辑界面进入可编辑状态，对需要修改的项进行修改，如图 9-70 所示。

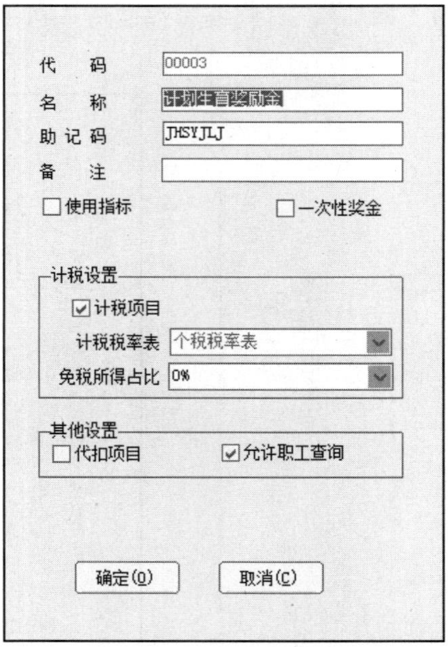


图 9-70　修改其他工资项目（2）

步骤 3：单击“确定”，保存修改。

### 3. 删除其他收入项目

步骤 1：单击需要删除的工资项，如图 9-71 所示。

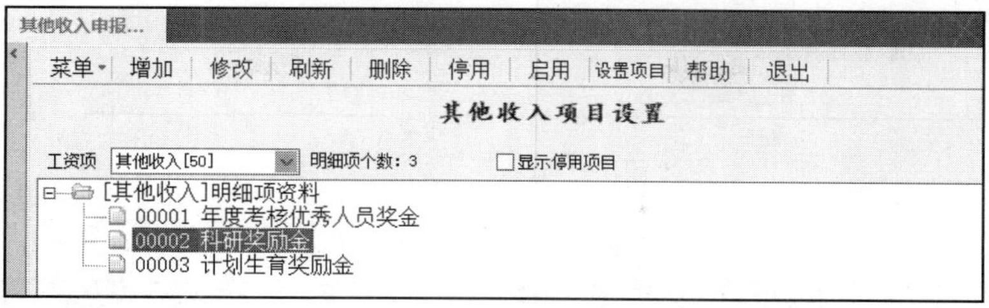


图 9-71　删除工资项目（1）

步骤 2：单击菜单栏中的“删除”，提示是否彻底删除该项，如图 9-72 所示。

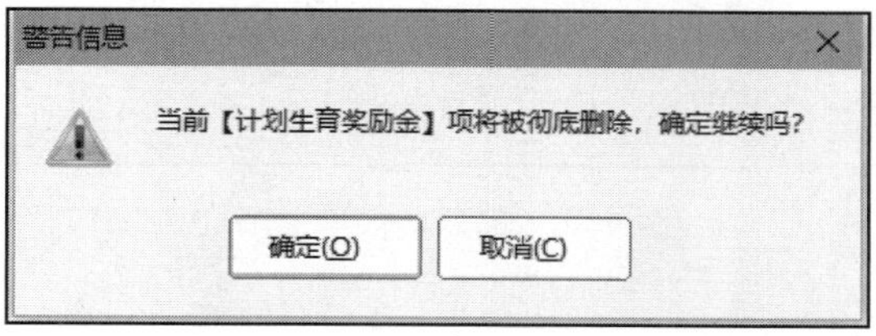


图 9-72　删除工资项目（2）

步骤 3：单击“确定”，删除该项。

**注意**：当前正在使用的项无法修改和删除。

### 4. 停用其他收入项目

步骤 1：单击需要停用的工资项，如图 9-73 所示。

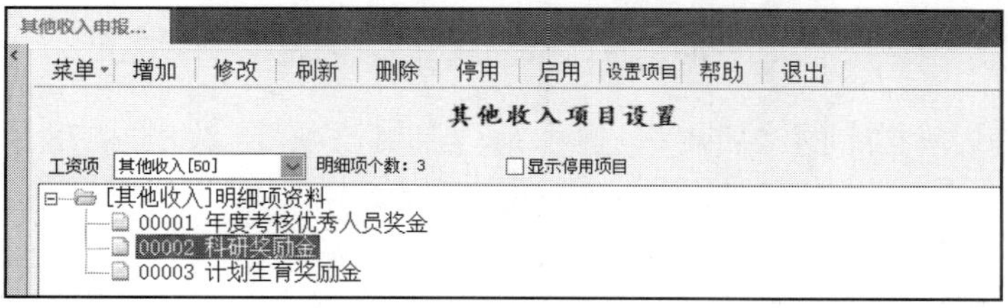


图 9-73　停用其他收入项目（1）

步骤 2：单击菜单栏中的“停用”，提示是否停用该项，如图 9-74 所示。

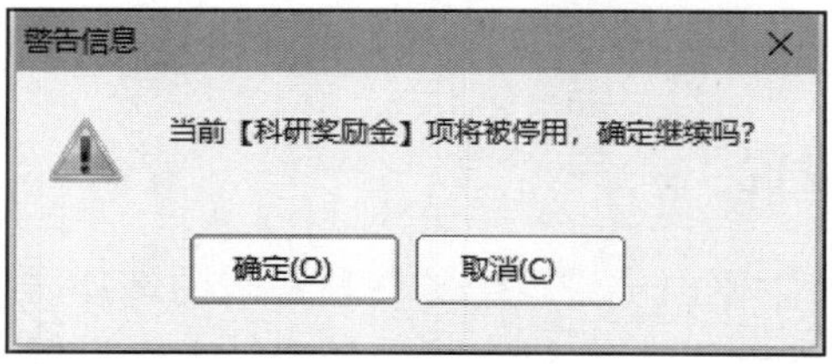


图 9-74　停用其他工资项目（2）

步骤 3：单击“确定”，停用该项。

步骤 4：在显示停用项没有选择时，被停用的项会隐藏，如图 9-75 所示。

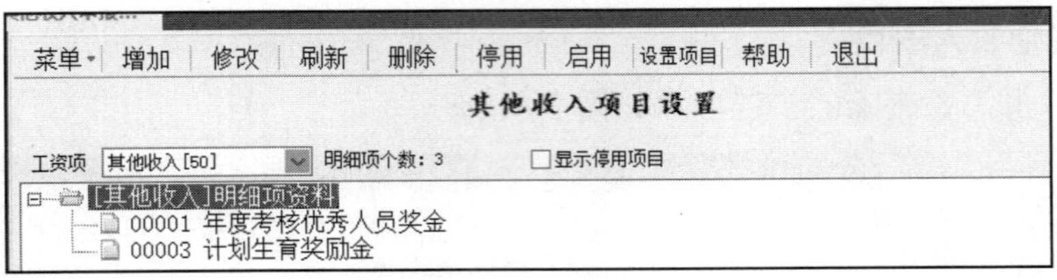


图 9-75 停用其他工资项目（3）

步骤 5：选择显示停用项目，显示被停用的项目，如图 9-76 所示。

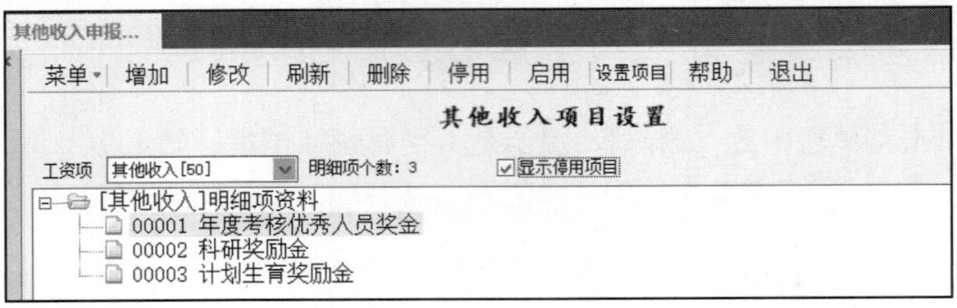


图 9-76 显示被停用的项目

## 5. 启用其他收入项目

步骤 1：单击需要启用的工资项，如图 9-77 所示。

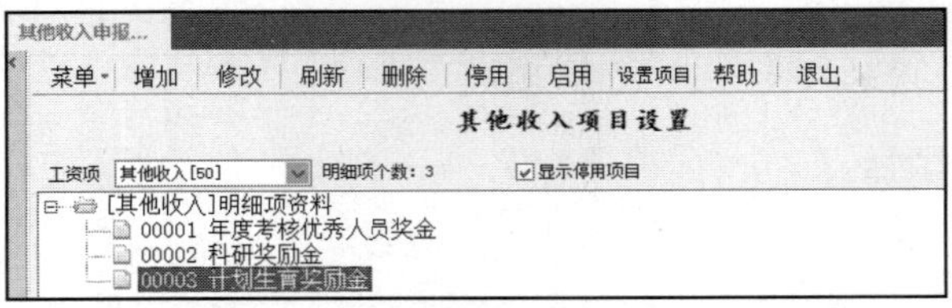


图 9-77 启用其他收入项目

步骤 2：单击菜单栏中的“启用”，提示是否启用该项目，如图 9-78 所示。

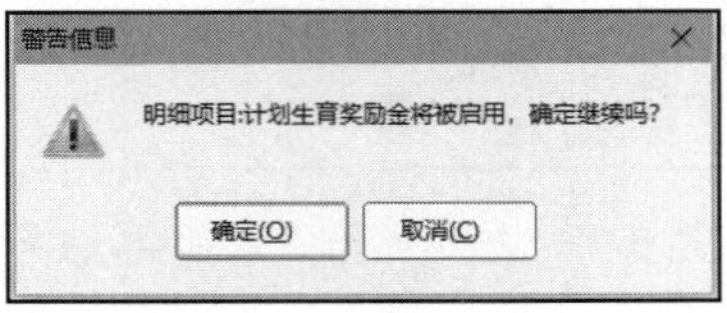


图 9-78 提示是否启用该项目

步骤 3：单击“确定”，启用该项目。

### 9.2.11 劳务费税率表设置

劳务费税率表设置模块主要用于设置劳务费税率表的增加、修改和删除。选择“其他薪资管理|基础资料|劳务费税率表设置”，进入“劳务费税率表设置”窗口，如图 9-79 所示。

## 1. 增加劳务费税率表

步骤 1：单击菜单栏中的“增加”，选择“增加税率表”选项，如图 9-80 所示。

图 9-79　劳务费税率设置

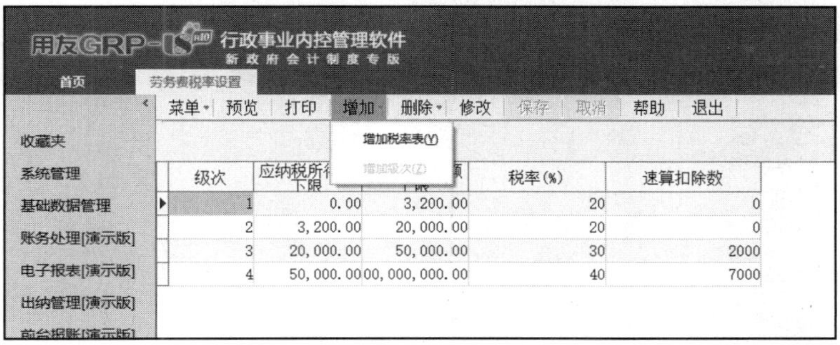

图 9-80　增加税率表

步骤 2：下方标签页新增“新建劳务费税率表”，自动进入新增的表界面，单击菜单栏中的“修改”，进入编辑状态，如图 9-81 所示。

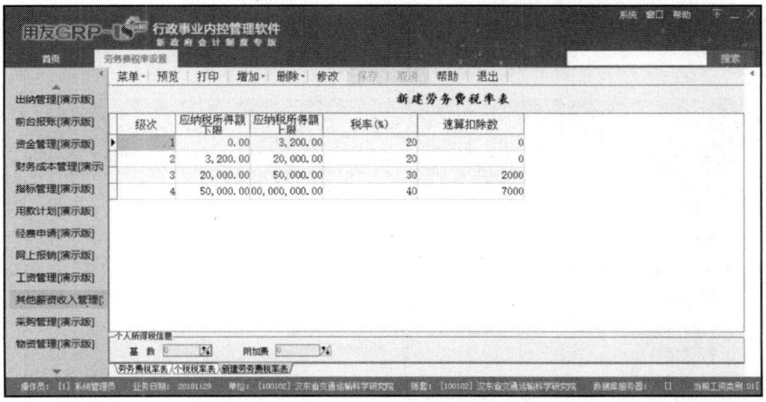

图 9-81　新增劳务费税率表（1）

步骤 3：单击菜单栏中的“增加”可增加级次，双击表格可修改数值，个人所得税基数和附加费在下方个人所得税信息中进行修改，如图 9-82 所示。

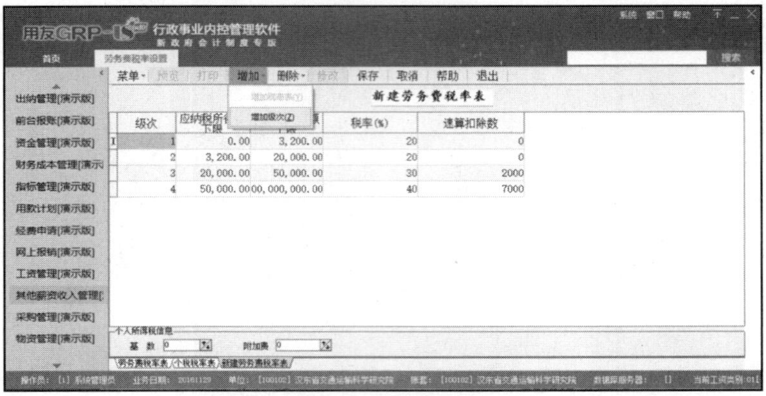

图 9-82　新增劳务费税率表（2）

步骤 4：单击菜单栏中的“保存”，保存新增的劳务费税率表。

## 2．修改劳务费税率表

步骤 1：单击需要修改的劳务费税率表标签页。

步骤 2：单击菜单栏中的“修改”，进入编辑状态，如图 9-83 所示。

图 9-83　修改劳务费税率表（1）

步骤 3：单击菜单栏中的“增加”可增加级次，双击表格可修改数值，个人所得税基数和附加费在下方个人所得税信息中进行修改，如图 9-84 所示。

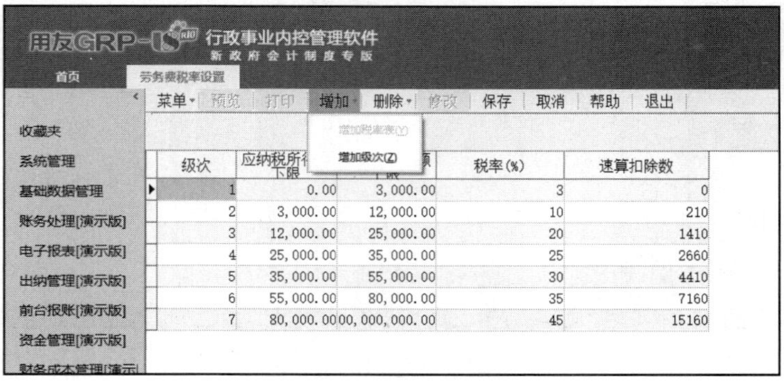

图 9-84　修改劳务费税率表（2）

步骤 4：单击菜单栏中的“保存”，保存修改的劳务费税率表。

### 3. 删除劳务费税率表

步骤 1：单击需要删除的劳务费税率表标签页。

步骤 2：单击菜单栏中的“删除”，确认删除，如图 9-85 所示。若是系统默认的税率表则不能删除。

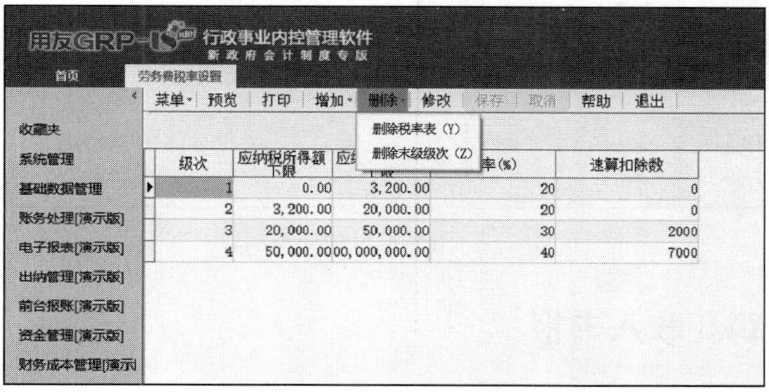

图 9-85 删除劳务费税率表

步骤 3：单击菜单栏中的“确认”，删除该劳务费税率表。

## 9.2.12 劳务费人员信息

劳务费人员信息模块主要用于领劳务费人员信息的修改、删除、停用和启用。单击“其他薪资管理|基础资料|劳务费人员信息”，进入“劳务费人员信息”窗口，如图 9-86 所示。

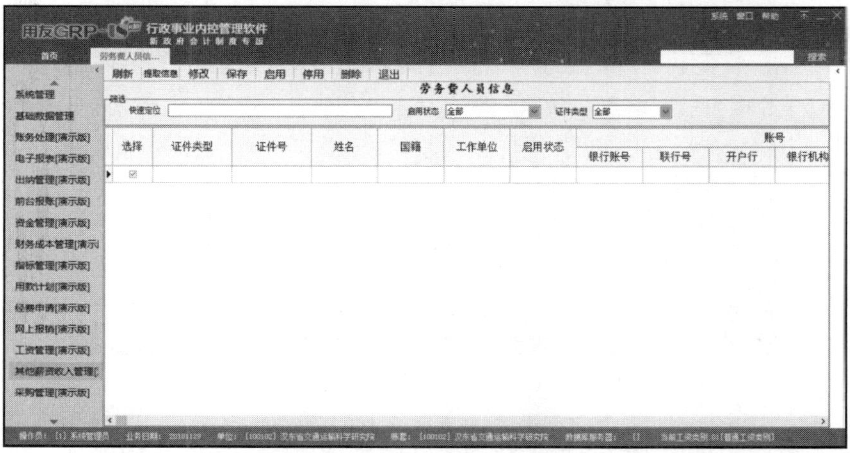

图 9-86 劳务费人员信息

选择“提取信息”选项，选择“提取已支付人员”或“提取职员信息”两个选项之一，如图 9-87 所示。

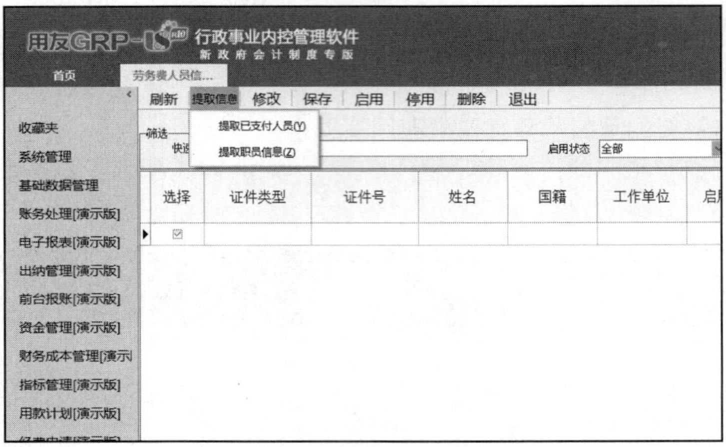

图 9-87　提取劳务费人员信息

# 9.3　工资计算和收入申报

## 9.3.1　工资数据编辑

“工资数据编辑”功能可实现当前（历史数据在报表中查询）工资数据的修改、计算、排序、查找、替换、打印等功能。另外，还可用于日常职工工资数据的录入、调整和计算。例如，平常水电费扣发、事病假扣发、奖金等变动项都在此进行录入。

步骤 1：选择“工资管理|工资计算|工资数据编辑”，如图 9-88 所示，进入“工资数据编辑”窗口。

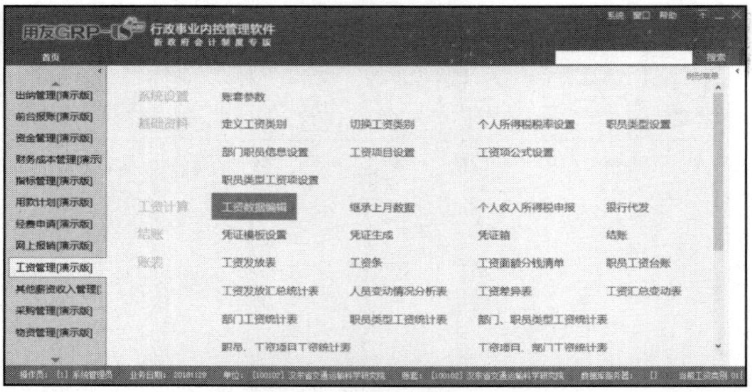

图 9-88　工资数据编辑

步骤 2：系统弹出用于工资数据编辑的条件筛选对话框，如图 9-89 所示。

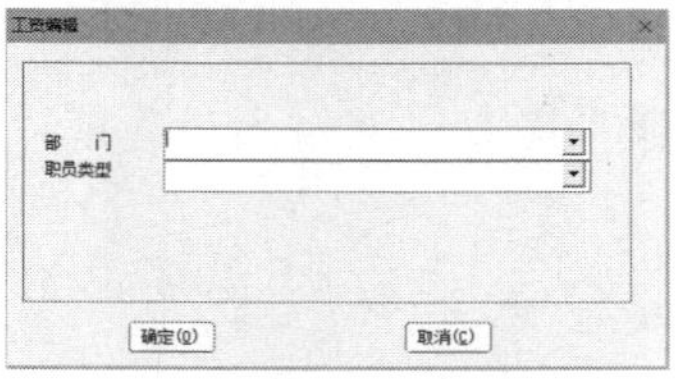

图 9-89　条件筛选对话框

步骤 3：单击“确定”进入工资编辑窗口，如图 9-90 所示。

图 9-90　编辑工资数据

当用户遇到需要成批定额地更新工资项数据时，可使用“替换”功能轻松实现，如集体上调交通补贴 20 元等。

步骤 1：选择需要替换的工资项目，单击窗口上方的“菜单|选项|替换”，在窗口下方填写工资项替换信息，如图 9-91 所示。

图 9-91　工资项替换

步骤 2：单击工资项右边的“ ”按钮，在下拉式菜单中选择要替换的工资项的名称，在其后的替换值输入框中手工输入替换后的金额，如图 9-92 所示。

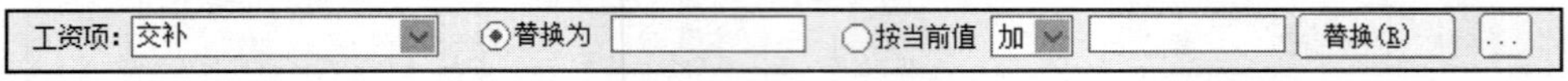


图 9-92　工资项替换

步骤 3：单击最右边的“...”，弹出批量替换工资项数据，可以批量修改，如图 9-93 所示。

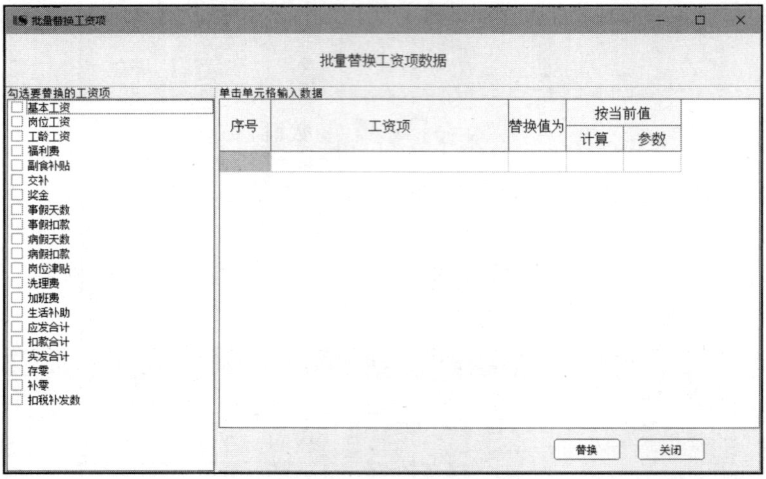


图 9-93　批量替换工资项数据

步骤 4：勾选要替换的工资项，如图 9-94 所示。

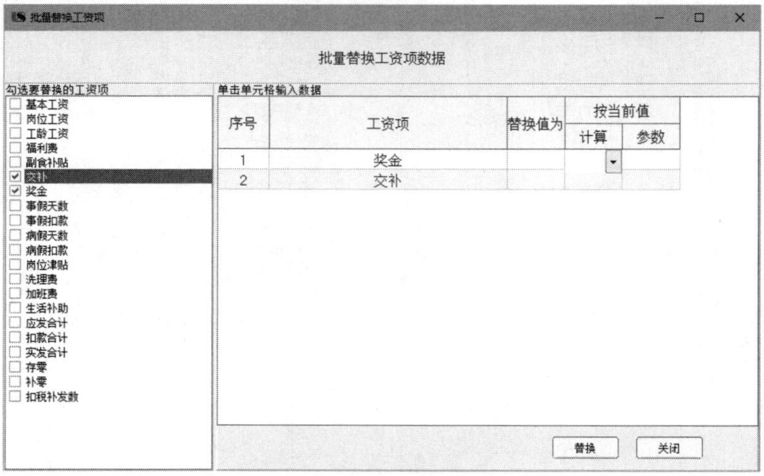


图 9-94　批量替换工资项数据

步骤 5：在“替换值为”栏中填入需要修改的数据，或者选择“按当前值”，将当前数值通过选择计算规则与参数进行运算，如图 9-95 所示。

步骤 6：选择完毕单击“确认”按钮，则系统自动替换符合替换条件的工资项目值并返回工资编辑窗口，如单击“取消”按钮则退出当前操作。

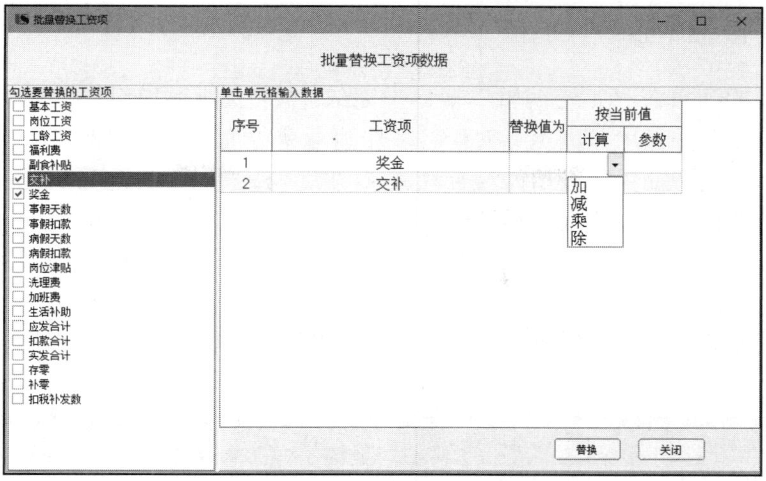


图 9-95　批量替换工资项数据

## 9.3.2　继承上月数据

继承上月数据模块主要用于拷贝上月工资数据，在此基础上编辑本月工资数据，以便提高工资数据录入效率，仅在“用友 GRP 财政管理软件”中存在。

选择“工资管理|工资计算|继承上月数据”，进入“继承上月数据”窗口，如图 9-96 所示。

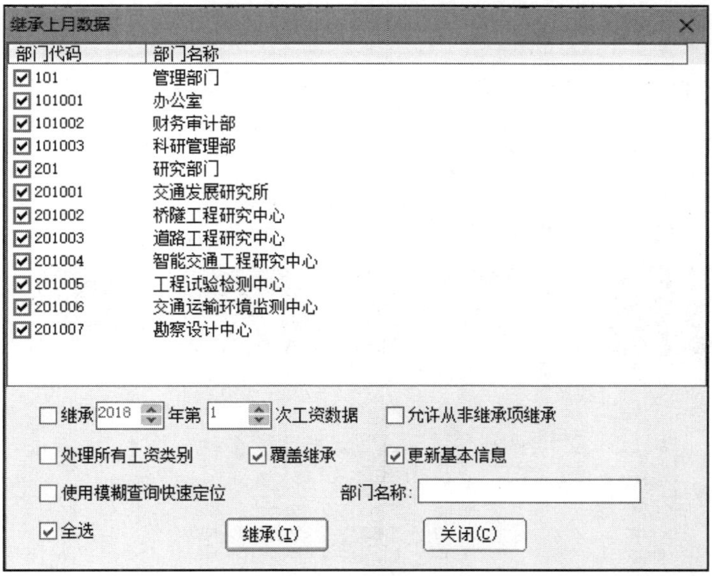


图 9-96　继承上月数据

可根据业务需要决定是否选择窗口右上角的“覆盖继承”选项，即需要将上月数据完全覆盖本月数据，窗口中列出了可选的单位/部门，单击需要继承上月工资数据的单位/部门，前端出现“√”代表选中，空则代表未选中；单击“继承”，系统将自动开始工资数据继承。

## 9.3.3 个人所得税申报

个人所得税的计算在“工资编辑”窗口中完成，“个人所得税申报”模块偏重将扣税结果按申报表格式显示并供用户浏览。对于许多企事业单位而言，计算职工工资薪金所得税的工作量较大，本模块特提供个人所得税自动计算功能，用户只需自定义所得税税率及本次扣税的范围，系统会自动计算个人所得税。对于一个月内多次发放工资的情况，允许用户选择其中的部分工资发放数据进行单独的扣税计算并显示，但此处的扣税期间选择不影响工资发放的扣税计算。

选择“工资管理|工资计算|个人收入所得税申报”选项，进入“个人收入所得税表”窗口，如图 9-97 所示。

图 9-97　个人所得税申报

系统根据定义的个人调税级次设置，自动把当月的“应发合计”作为“扣税工资项目”进行汇总统计并显示，并按具体扣税计算方法求出扣缴所得税额，生成个人所得税申报表。

### 1. 查看税率

步骤 1：单击窗口上方的“税率”按钮，如图 9-98 所示。

图 9-98　个人所得税税率表

或者选择“菜单|执行|个人所得税税率表”选项，如图 9-99 所示。

图 9-99　个人所得税税率表

步骤 2：系统自动弹出个人所得税税率表（如图 9-100 所示），以便用户查看，单击“退出”按钮则回到“个人所得税表”主界面。

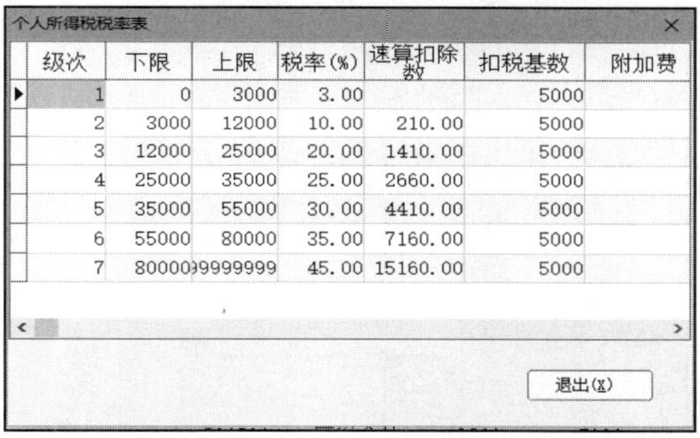
个人所得税税率表

| 级次 | 下限 | 上限 | 税率(%) | 速算扣除数 | 扣税基数 | 附加费 |
|---|---|---|---|---|---|---|
| 1 | 0 | 3000 | 3.00 | | 5000 | |
| 2 | 3000 | 12000 | 10.00 | 210.00 | 5000 | |
| 3 | 12000 | 25000 | 20.00 | 1410.00 | 5000 | |
| 4 | 25000 | 35000 | 25.00 | 2660.00 | 5000 | |
| 5 | 35000 | 55000 | 30.00 | 4410.00 | 5000 | |
| 6 | 55000 | 80000 | 35.00 | 7160.00 | 5000 | |
| 7 | 80000 | 99999999 | 45.00 | 15160.00 | 5000 | |

退出(X)

图 9-100　个人所得税税率表

## 2. 扣税期间

步骤 1：在“个人所得税表”主界面中，选择“菜单 | 执行 | 设置个人收入调节税期间”选项，如图 9-101 所示。出现“选择本次代扣所得税范围”窗口。

图 9-101　设置个人收入调节税期间

步骤 2：可进行代扣税期间的选择，如图 9-102 所示。

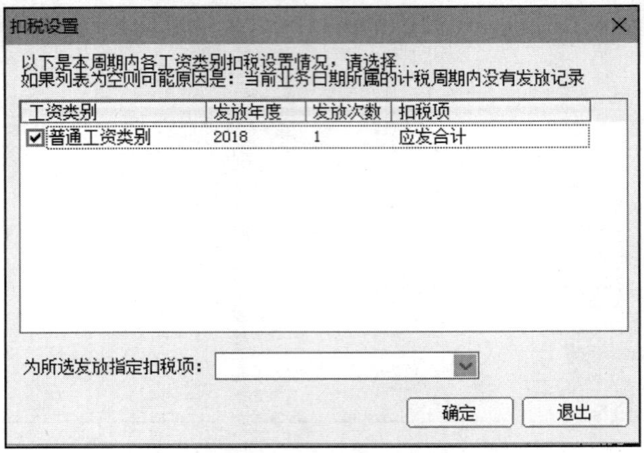


图 9-102 扣税设置

步骤 3：为所选的工资期间发放指定扣税项，如图 9-103 所示。

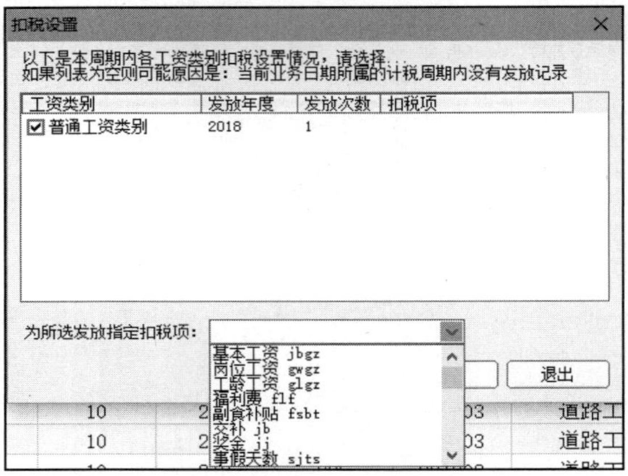


图 9-103 扣税项设置

步骤 4：单击“确定”按钮，弹出保存成功选项，选择完毕单击“确认”按钮，系统默认保存并退出当前操作，并就已选代扣税期间重新计算、显示个人所得税申报表；单击“退出”按钮则退出当前操作，已有个人所得税申报表中的数据不变。

## 9.3.4 银行代发

目前社会上许多单位的工资发放采用信用卡或存折形式来替代现金发放形式，“银行代发”模块就是采取以上发放形式，满足用户按不同银行的具体要求分别定义不同的银行代发工资文件模式，主要包括文件类型设置与文件格式设置。设计完毕直接导入相应数据，以供浏览查阅，并可打印和以一定的文件类型输出系统外部（如软盘等），传递到银行，最终由银行完成代发工资功能。

选择“工资管理|工资计算|银行代发”，首先进行银行代发格式设置，如图 9-104 所示。

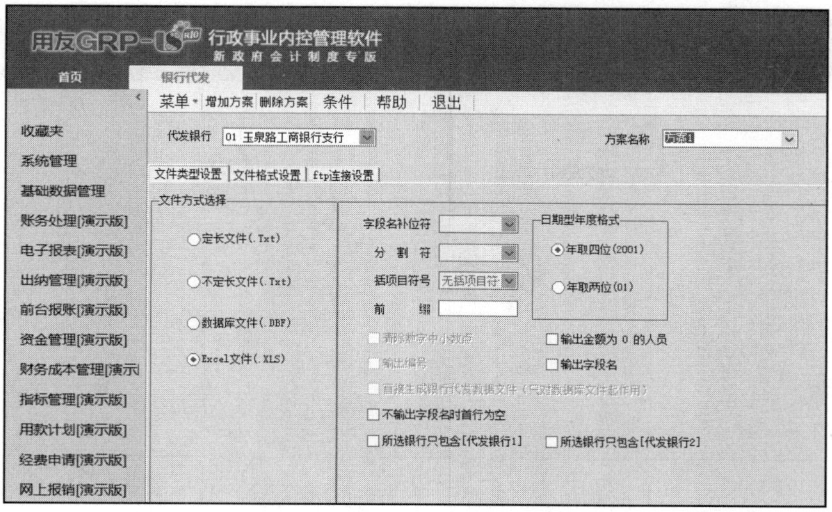


图 9-104 银行代发格式设置

单击“银行代发”窗口上方的“代发银行”栏中的“▼”按钮，在出现的下拉式菜单中选择某代发银行名称，窗口下方可进行该银行代发工资文件格式的具体设置，如图 9-105。

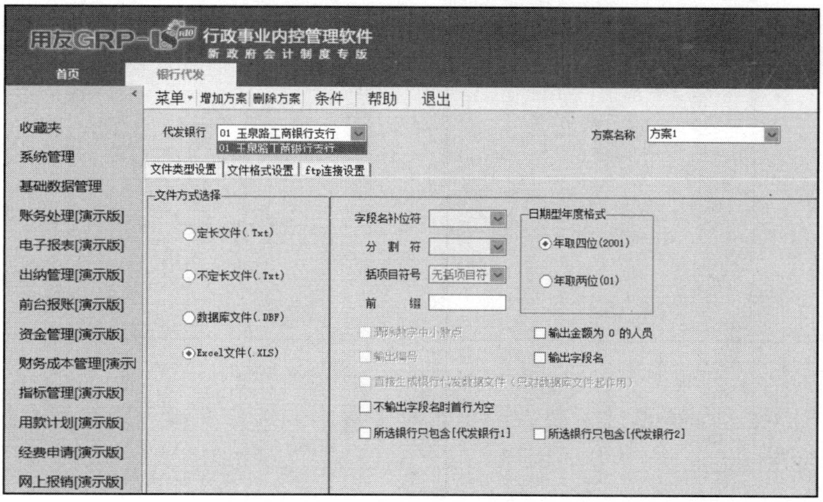


图 9-105 选择代发银行

格式设置分三部分：“文件类型设置”“文件格式设置”“ftp 连接设置”。用户可单击具体格式所在标签页进入相应的设置界面，如图 9-106 所示。

步骤 1：设置银行代发文件类型，如图 9-107 所示。

定长文件（.Txt）可以对补位符进行选择；不定长文件（.Txt）可以对分割符及项目符号进行选择；数据库文件（.DBF）缺省设置 Excel 文件（.XLS）以 Excel 文件格式输出。日期型年度格式：可以将日期型数据中的年的格式设为四位或两位。输出编号：输出文件中需要编号的用户需要选择该项。输出金额为 0 的人员：用来控制输出文件中是否包括金额为 0 的人员。

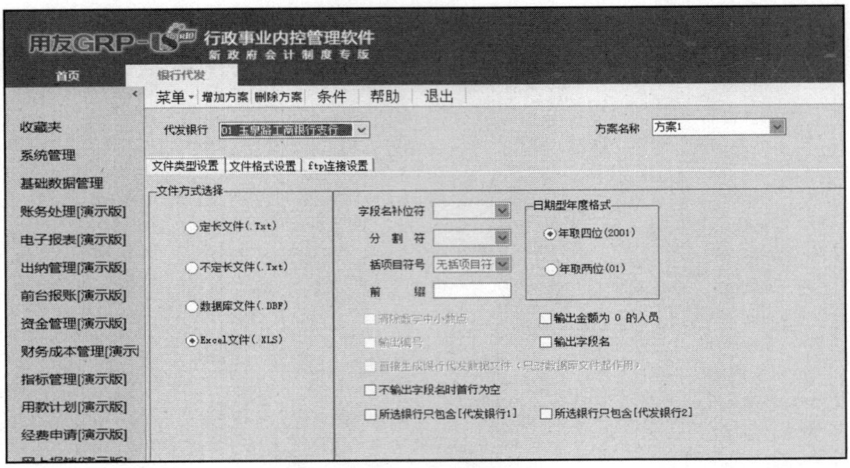


图 9-106 “银行代发”界面中的格式设置

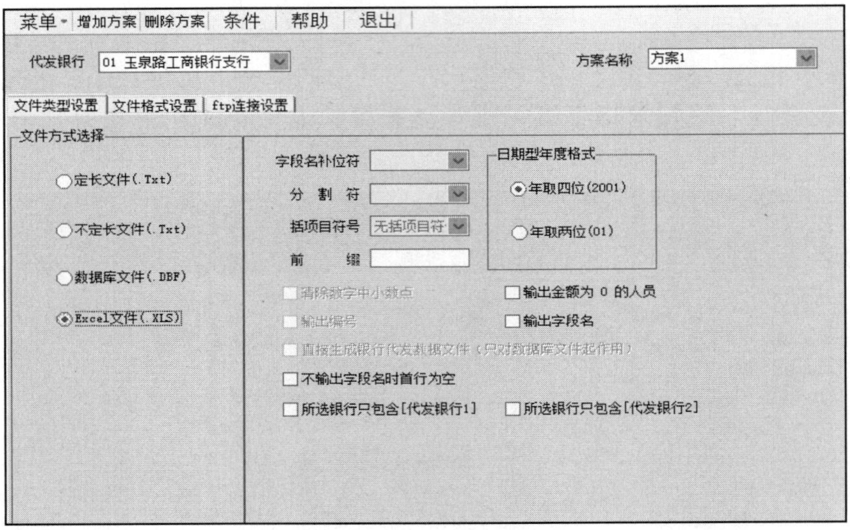


图 9-107 设置银行代发文件类型

步骤 2：选择“文件格式设置”选项，对表格中的项目名称、项目类型等格式进行设置，如图 9-108 所示。

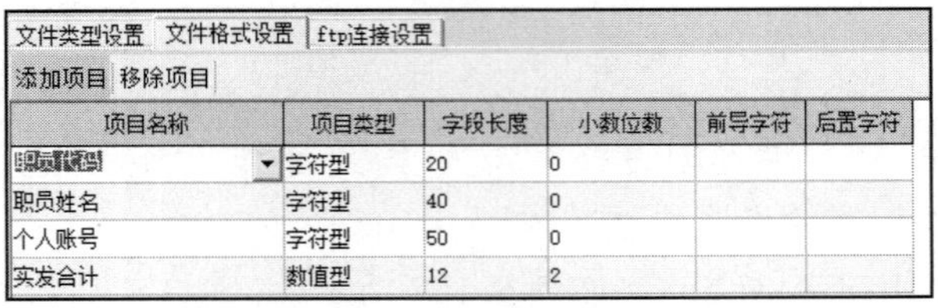


| 项目名称 | 项目类型 | 字段长度 | 小数位数 | 前导字符 | 后置字符 |
|---|---|---|---|---|---|
| 职员代码 | 字符型 | 20 | 0 | | |
| 职员姓名 | 字符型 | 40 | 0 | | |
| 个人账号 | 字符型 | 50 | 0 | | |
| 实发合计 | 数值型 | 12 | 2 | | |

图 9-108 添加项目

步骤 3：单击“添加项目”标签项，项目列表生成新的一栏。双击项目名称的空白处，添加项目名称和相关属性，如图 9-109 所示。

步骤 4：设置合计项目输出，在右边点选合计项目，左边栏位显示已经点选的项目，如图 9-110 所示。

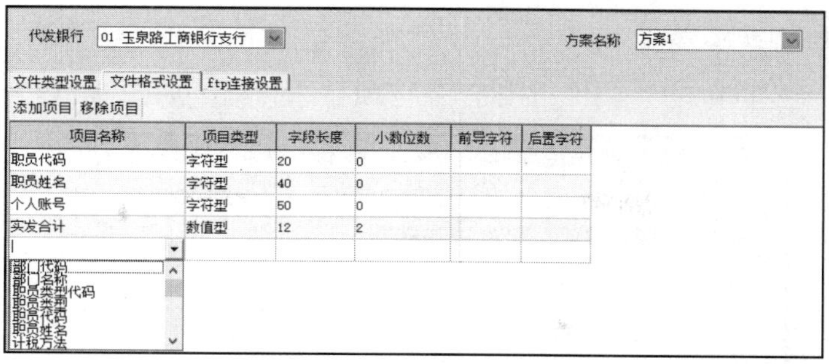


图 9-109　添加项目信息

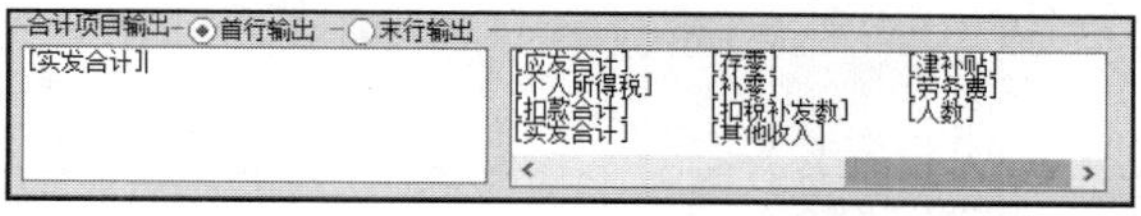


图 9-110　合计项目输出

步骤 5：保存文件设置格式。全部条件设置完毕单击“确定”按钮，系统自动切换到“银行代发”窗口，如图 9-111 所示。

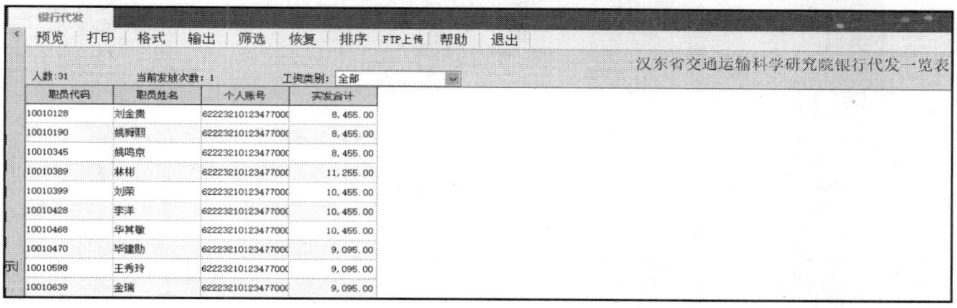


图 9-111　银行代发一览表

## 9.3.5　其他收入申报

通过“首页 | 其他薪资收入管理 | 收入申报 | 其他收入申报”进入“其他收入申报”窗口，如图 9-112 所示。

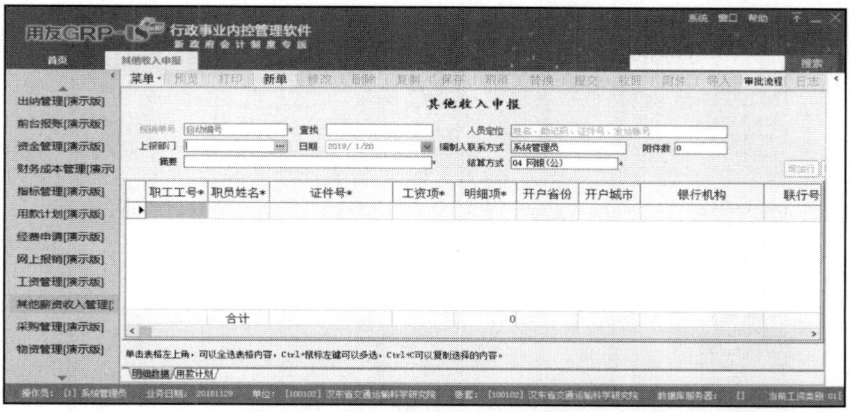


图 9-112　“其他收入申报”窗口

### 1. 查询申报单

步骤 1：单击查找框中的“···”按钮，弹出项目选择框，如图 9-113 所示。

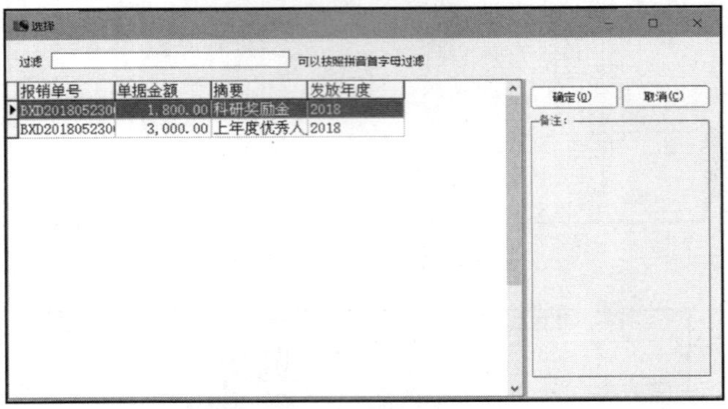


图 9-113 选择申报单

步骤 2：选择报销单号，界面显示该单号信息，如图 9-114 所示。

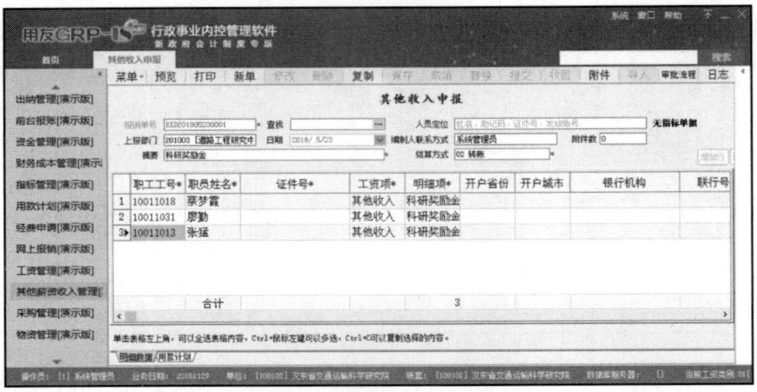

图 9-114 其他收入申报

## 9.3.6 单据登记簿

通过“首页|其他薪资收入管理|收入申报|单据登记簿”进入“单据登记簿”窗口，如图 9-115 所示。

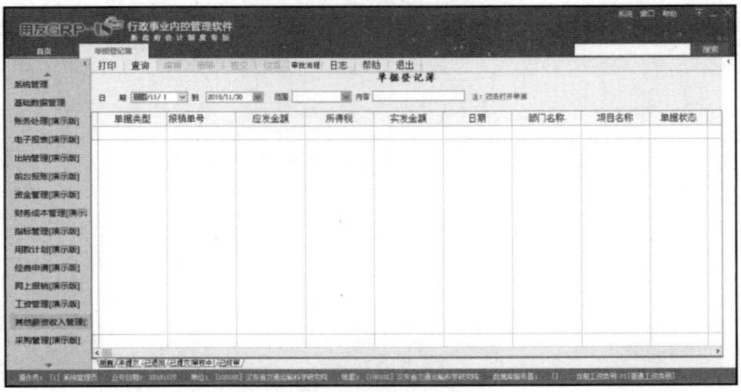

图 9-115 “单据登记簿”窗口（1）

设置查询日期和范围，单击“查询”按钮，如图 9-116 所示。

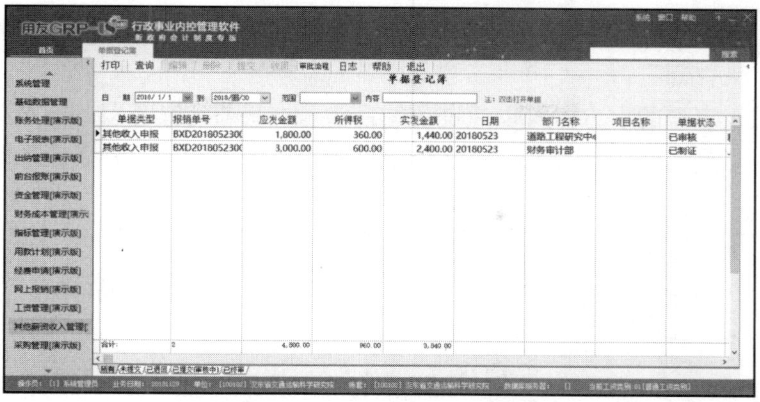

图 9-116 “单据登记簿”窗口（2）

通过下方选项页可以选择登记簿状态以查看登记簿。

## 9.4 账表查询

### 9.4.1 工资发放表

通过“首页|账表|工资发放表”进行查询条件设置，如图 9-117 所示。

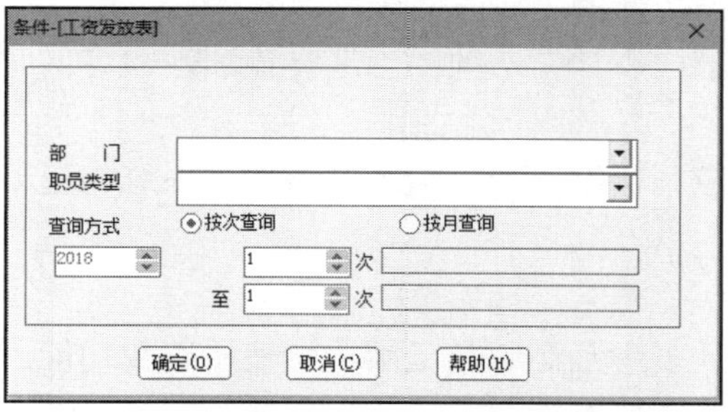


图 9-117 工资发放表筛选条件

#### 1. 设置条件

步骤 1：部门选择，用户可以随意定义要统计的部门及明细部门范围，如选择框为空，则系统默认为所有部门。单击部门输入框后的“▼”，在下拉式菜单中选择要查询的部门。

步骤 2：类别选择，就是对员工的类别选择，可以随意选择，如选择框为空，则系统默认为所有职员。单击类别输入框后的“▼”按钮，在下拉式菜单中选择员工的类别，进行选择。

步骤 3：期间段选择，可以定义查询某次，也可以查询某区间次的工资发放情况。单击“▼”按钮，可以前后选择时间。

步骤 4：单击“确认”按钮，则系统自动进入工资发放表界面；单击“取消”按钮，则退出当前操作。

**注意：**如部门选择与类别选择为空，单击“确认”按钮，则工资发放表显示所有部门员工的工资发放情况。

### 2. 工资发放表查询

（1）交叉汇总查询

在工资发放表窗口的上方，可以通过各项目输入框重新定义部门、职员类型、期间段和发放次数范围，进行交叉查询定义。定义完毕单击“刷新”按钮，则工资发放表自动更新，如图 9-118 所示。

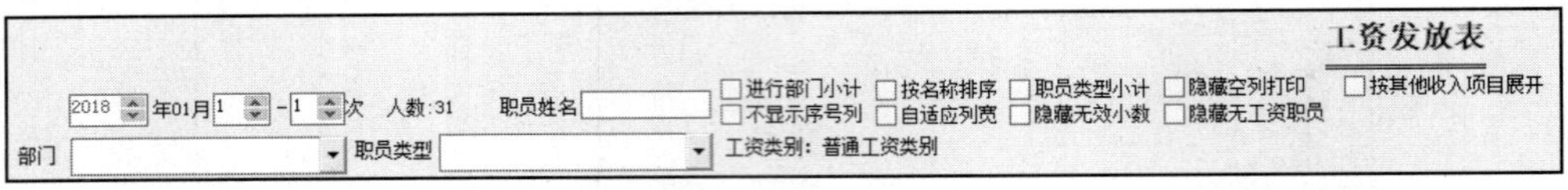


图 9-118 工资发放表范围定义

部门定义：单击窗口上方部门输入框右侧的“▼”按钮，在下拉式菜单中可以重新定义部门。单击要选择的部门，该部门即可显示在部门名称后的输入框中。单击“刷新”按钮，界面即可出现该部门的统计清单。

职员类型定义：单击职员类型输入框右侧的“▼”按钮，在下拉式菜单中可以重新定义职员类型，单击要选择的职员类型，该职员类型即可显示在职员类型的输入框中。单击“刷新”按钮，界面即可出现该职员类型的统计清单。

期间段与发放次数范围选择：系统提供用户可以重新定义工资发放表的统计期间和发放次数，单击窗口上方的“▼”按钮，可以前后选择时间或发放次数范围，重新定义完毕，单击“刷新”按钮，即可产生新的工资发放表。

根据需要选择“进行部门小计”选项：当选择该项，即可同时显示各部门工资数据的小计行。

根据需要选择“自适应列宽”选项：当选择该项，系统将自动根据数据显示区域各列内容长短自动调整列宽。

（2）用户查询

用户如要查找工资发放表中某一职员记录，可使用查找功能。单击窗口上方的“查找”按钮，在弹出的输入框中输入要查询职员的代码，输入完毕单击“查找”按钮，即可在工资发放表界面上标识出来；单击“退出”按钮则退出当前的操作。

## 9.4.2 工资条

工资条模块以列表形式记录、显示并输出当次工资发放的所有工资项目及发放人员的统计清单，即常说的用于发放给职工的工资条。在进行预览打印时，系统自动按照每个职员姓名逐一分段地打印，便于分发。

通过“工资管理|账表|工资条”进行查询条件设置，如图 9-119 所示。

工资条模块的功能及操作方法与工资发放表模块的功能及操作方法基本相似。

**注意：**“文件|打印格式设定”中可支持三种列宽设定：以标题宽度作为列宽；以定义工资项宽度作为列宽；以固定宽度作为列宽。

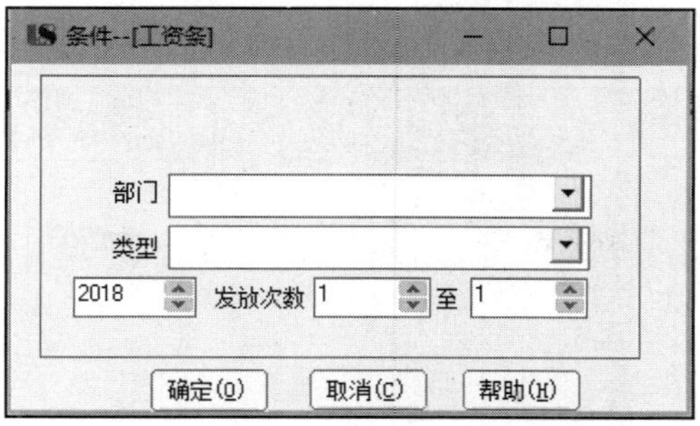


图 9-119　工资条查询条件设置

## 9.4.3　工资面额分钱清单

工资面额即工资的票面组合，用户可根据单位需要自由设置。通过工资面额计算，可产生提款单（汇总到单位）和分配表，方便出纳按票面取款，以便管理和发放。

通过“工资管理|账表|工资面额分钱选择”进行工资面额分钱选择设置，如图 9-120 所示。

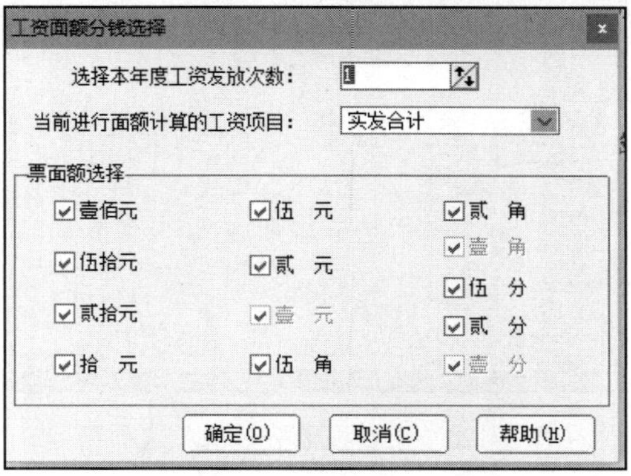


图 9-120　工资面额分钱选择设置

步骤 1：发放工资次数选择，系统默认每发放一次工资、分摊一次费用记为一次，可选择要查询的范围；

步骤 2：工资项目选择，可选择要实际发放工资的工资项目名称，系统根据所选的工资项目的发放金额统计票面面额，以便发放；

步骤 3：票面额选择，对现金的票面面额进行选择，以便进行部门和职员的工资面额分配表计算及产生提款单。票面额的组成设置与账套参数中的“扣零方式”有关，即：如选择“舍伍拾元”的方式，则伍拾元的票面必选，伍拾元以下的票面额不可选；如选择“舍元”方式，则拾元的票面额必选，拾元以下票面额不可选；如选择“舍角”方式，则一元的票面额必选，一元以下票面额不可选；如选择“舍分”方式，则一角的票面额必选，一角以下票面额不可选。如参数中未选择“扣零”项，则一元、一角、一分必选，其他票面额均可选。

步骤 4：定义后单击“确认”，系统进入部门分钱清单窗口。

**注意：**执行此功能必须在相关数据输入调整完之后。如果数据在计算面额后又做了修改，须重新执行本功能，以保证数据的正确。每进入一次本功能，系统都将按当前选定的范围计算一次面额分配情况，且只保留当前最新的计算结果。

步骤 5：设置完毕进入“工资面额分钱清单”窗口，如图 9-121 所示。

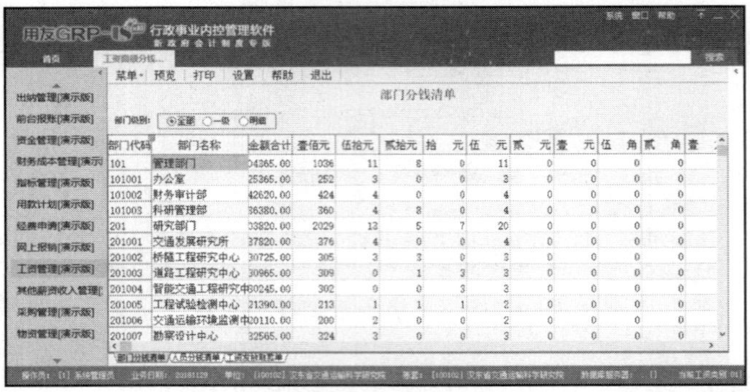


图 9-121　“工资面额分钱清单”窗口

在窗口下方有部门分钱清单、人员发放清单和工资发放取款单三个标签页，用户可以根据需要选择标签页，如图 9-122 所示。

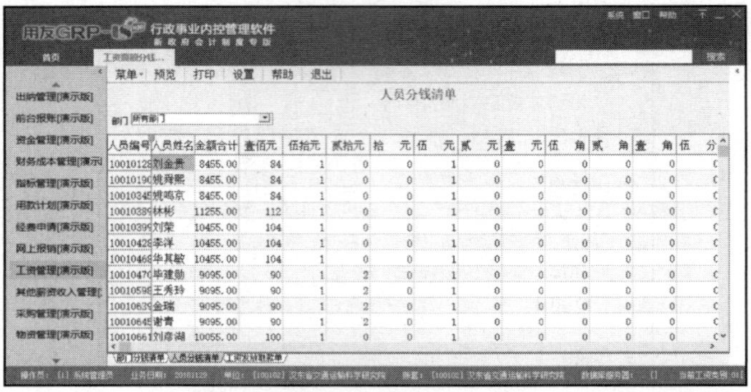


图 9-122　工资面额分钱清单选项页

部门分钱清单：是针对当前次面额计算的部门范围统计显示的部门汇总或职员明细工资面额分配表。根据定义的内容显示的部门分钱清单可以根据部门级别，全部、一级、明细分别显示，清单包括部门代码、部门名称、金额合计及票面额统计发放清单。

人员发放清单：是针对当前次面额计算的职员范围统计显示的部门汇总或职员明细工资面额分配表。根据定义的内容显示的人员分钱清单可以按照不同的部门分别显示人员工资发放清单，也可以统计所有部门汇总人员工资发放清单。单击窗口上方部门输入框中的“▼”按钮，在下拉式菜单里面的部门目录树中分别选择所需要的部门，则系统自动显示该部门人员的分钱清单，清单内容包括人员编号、人员姓名、金额合计及票面额统计发放清单。

工资发放取款单：是按一定的货币单位设计要求，针对某工资项金额计算得出的该单位工资发放票面额的分配清单。根据定义的内容显示当次发放工资的合计金额及单位整体计算出来的票面分钱总数，便于出纳按票面取款及发放，清单内容包括工资类别、金额合计及票面额统计发放清单。

如需要修改定义内容，可以单击该窗口上方的“设置”按钮，重新进行工资面额分钱设置。

**注意：**系统在工资面额计算时先选定需进行面额计算的工资项及面额组成，以及计算范围的选取，包括部门分钱清单和人员分钱清单之后的计算和分配数据都将基于此范围。

## 9.4.4 职员工资台账

职员工资台账就是将某年内某个具体职员所选择的工资项的数据按照发放次数逐一统计并求出总额与平均值的列表。用户可查询选定的有数据权限的任意员工工资列表，也可查询任意工资项的工资列表，可以自定义筛选条件，显示、打印及输出职员工资台账。

单击“工资管理|账表|职员工资台账”进行查询条件设置，如图 9-123 所示。

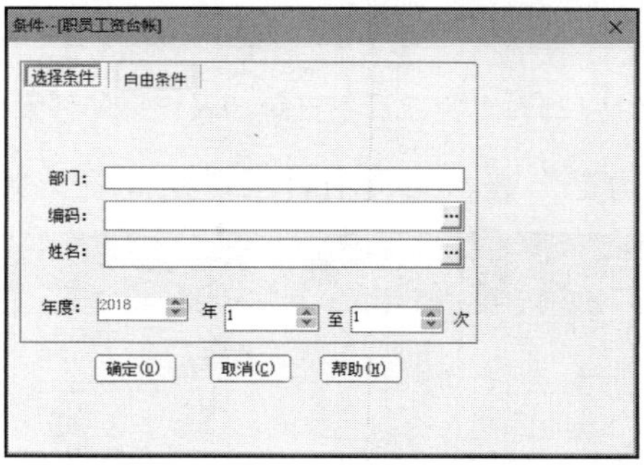


图 9-123 职员工资台账设置

“职员工资台账”中的功能及操作方法与“工资发放表”中的功能及操作方法基本相似，不同的是必须选择一个职工才能打开职员工资台账。因此，此处仅将这些系统的功能列出，不详细描述操作方法，请用户参照“工资发放表”中的详细说明。

设置查询条件：选择部门、职员编码、职员姓名。如果选择了某个职员的编码，系统会自动带出该职员姓名，同时自动判断其所在部门，反之，亦然。

选择工资项目：支持自定义工资项目在数据显示区域的显示顺序。

## 9.4.5 工资项目工资统计表

工资项目工资统计表模块是以列表形式记录、显示并输出按照某年某区间次所选择的部门和职员类别下的各项工资总额，按照累加的职员人数计算出平均工资项数据的统计报表。通过“首页|账表|工资项目工资统计表”进行查询条件设置，如图 9-124 所示。

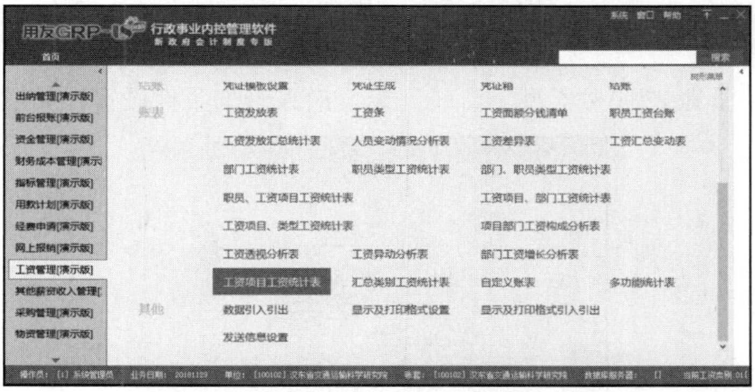


图 9-124 选择“工资项目工资统计表”选项

单击进入查询条件设置，如图 9-125 所示。

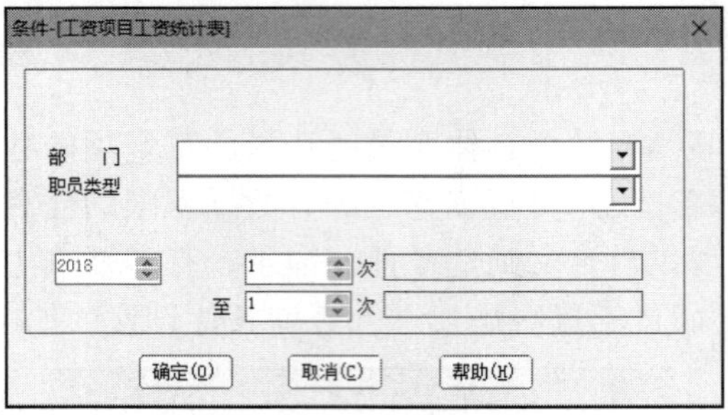


图 9-125　工资项目工资统计表查询条件设置

设置查询条件后单击“确定”进入工资项目工资统计表，如图 9-126 所示。

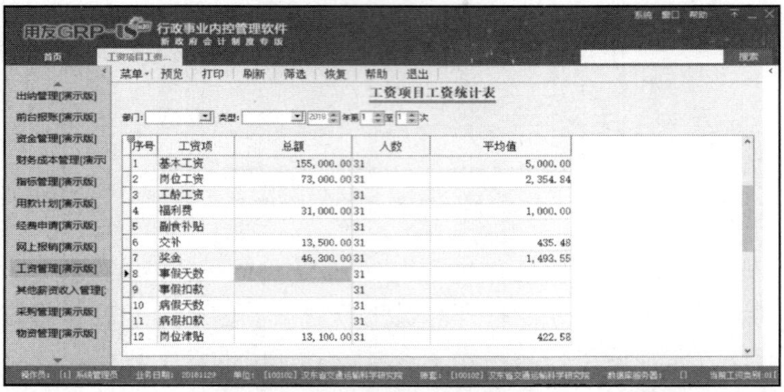


图 9-126　“工资项目工资统计表”界面

## 9.4.6　职员类型工资统计表

职员类型工资统计表模块是以列表形式记录、显示并输出按照职员类型将各工资项内容进行汇总的统计表。系统提供两种统计方法。

按部门统计：此种方法就是根据部门统计各职员类型的工资项目金额。此种方式可以非常直观地查看各明细部门及汇总部门中各种职员类型的工资发放情况。

按职员类型统计：此种方法就是按照职员类别设置中按职员的逐级设置而统计的工资项目金额。此种方式可以非常直观地查看不同类别的职员工资发放的情况。

通过“工资管理|账表|职员类型工资统计表”进入查询条件设置，如图 9-127 所示。

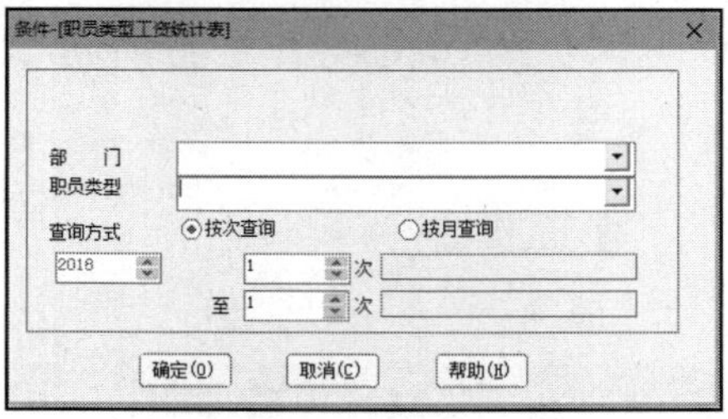


图 9-127　职员类型工资统计表查询条件设置

设置完毕单击“确定”，进入职员类型工资统计表，如图 9-128 所示。

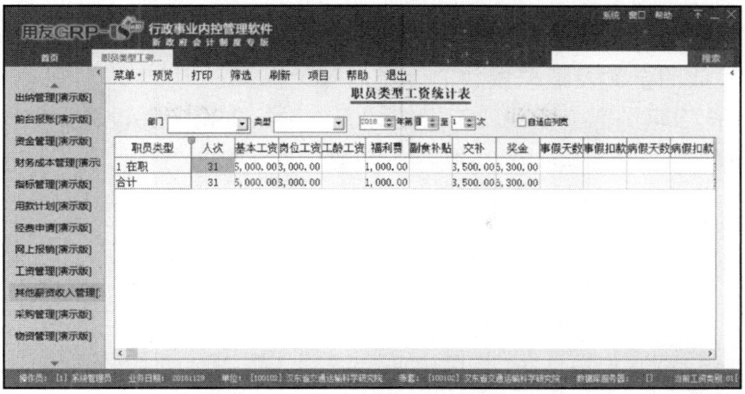


图 9-128 “职员类型工资统计表”界面

### 9.4.7 部门工资统计表

部门工资统计表模块是以列表形式记录、显示并输出按照各级部门将各工资项内容进行汇总的统计表。系统提供两种统计方法：

按部门分级统计：此种方法就是按照部门设置中对部门的逐级设置而累计的工资项目金额。明细部门中统计所有该部门的所有职员类型的工资金额，所有明细部门的工资项金额则累计记入上一级的主管部门，此种方式可以非常直观地查看各明细部门及汇总部门的工资发放情况。

按职员类型统计：此种方法就是按照职员类型设置中对职员的逐级设置而统计的工资项目的金额。此种方式可以非常直观地查看不同类型的职员在各部门中的工资发放情况。

通过“工资管理|账表|部门工资统计表”进行查询条件设置，如图 9-129 所示。

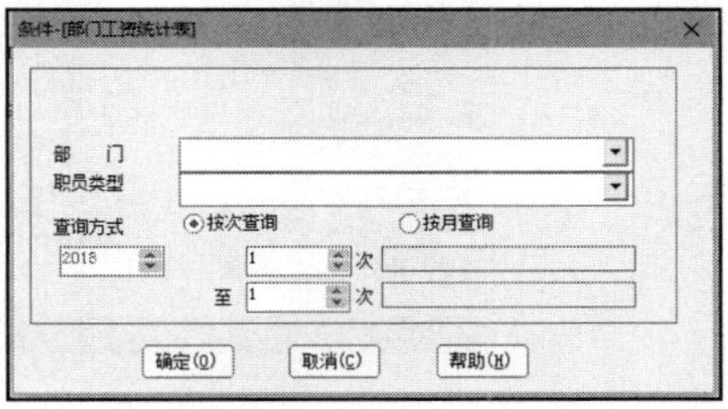


图 9-129 部门工资统计表查询条件设置

设置完毕单击“确定”按钮，进入“部门工资统计表”界面，如图 9-130 所示。

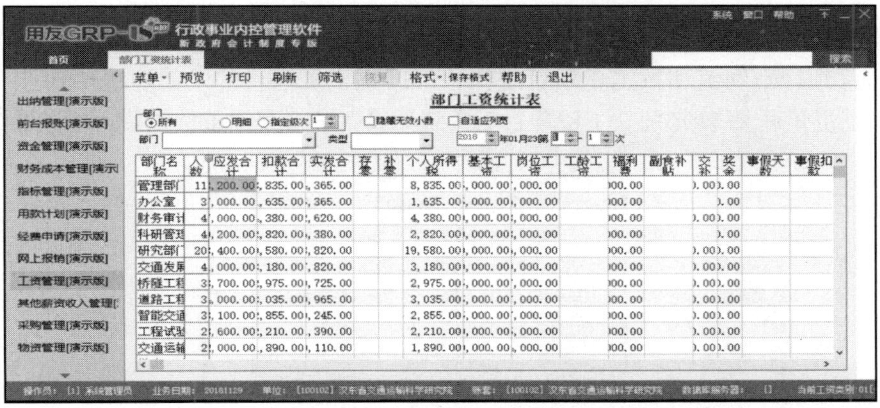


图 9-130 “部门工资统计表”界面

## 9.4.8 职员、工资项目工资统计表

职员、工资项目工资统计表模块是以列表形式记录、显示并输出按照不同的条件统计单个工资项目单次发放的金额及汇总发放的金额的统计报表。

通过“首页|账表|职员、工资项目工资统计表”进行查询条件设置，如图 9-131 所示。

图 9-131　职员、工资项目工资统计表查询条件设置

选择项目名称后单击“确定”按钮，进入职员、工资项目工资统计表界面，如图 9-132 所示。

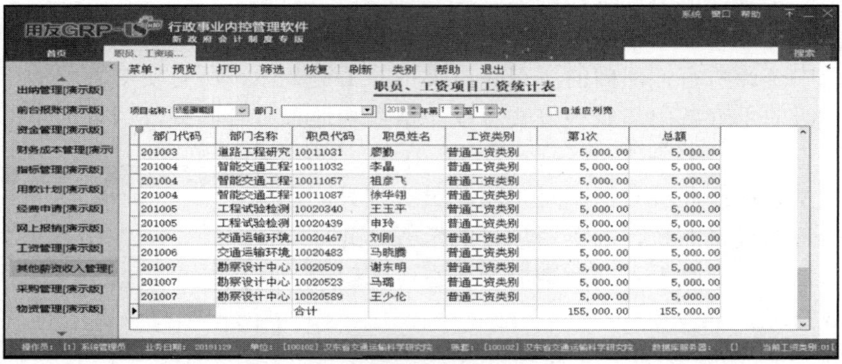


图 9-132　“职员、工资项目工资统计表”界面

## 9.4.9 部门、工资项目工资统计表

部门、工资项目工资统计表模块以列表形式记录、显示并输出。可以按部门统计的各个工资项目的总额、平均值和按工资项目统计各部门该工资项目的发放情况。

通过“工资管理|账表|部门、工资项目工资统计表”进行查询条件设置，如图 9-133 所示。

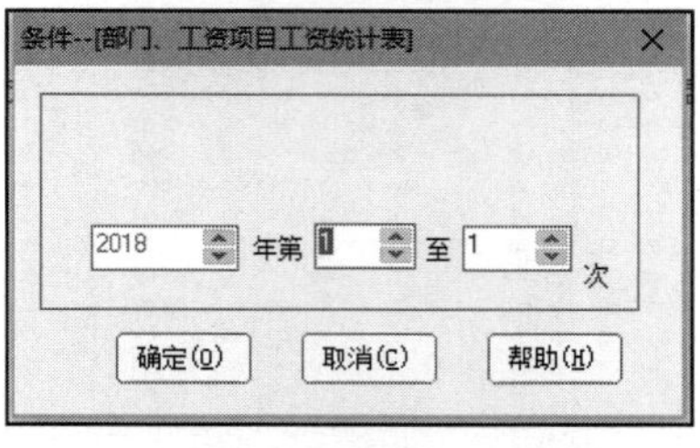


图 9-133　部门、工资项目工资统计表查询条件设置

设置完毕单击“确定”按钮，进入部门、工资项目工资统计表，如图 9-134 所示。

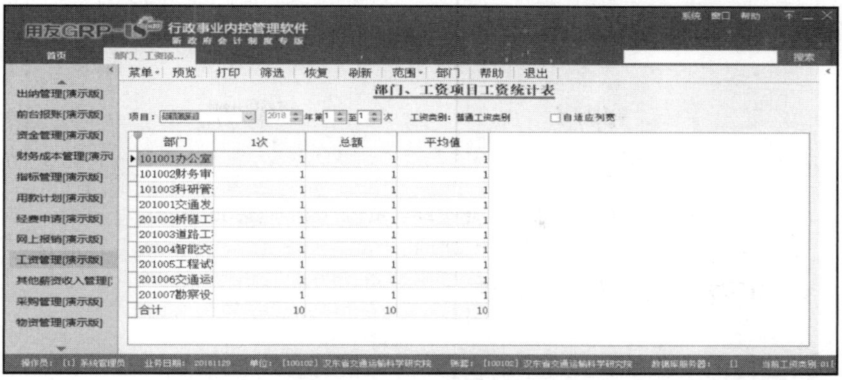


图 9-134 “部门、工资项目工资统计表”界面

## 1. 范围选择

步骤 1：单击工具栏中的“范围”“部门”按钮，可以对统计表内容进行进一步筛选，如图 9-135 所示。

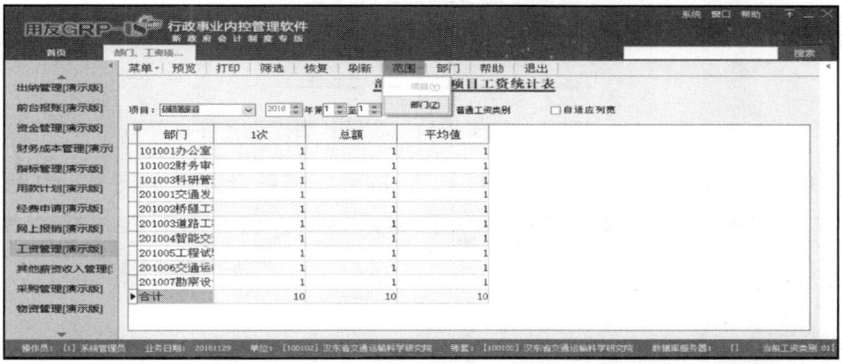


图 9-135 部门、工资项目工资统计表筛选界面

步骤 2：在弹出的对话框中选择部门，单击“确定”按钮，如图 9-136 所示。

图 9-136 “选择部门”对话框

步骤 3：筛选后的结果如图 9-137 所示。

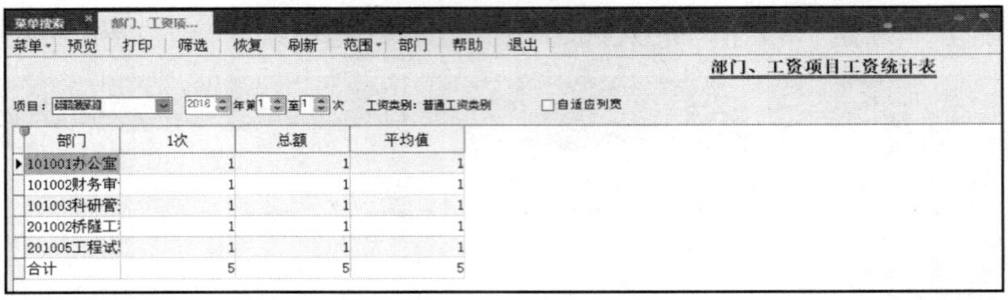

图 9-137　部门、工资项目工资统计表筛选结果界面

## 9.4.10　类型、工资项目工资统计表

类型、工资项目工资统计表模块以列表形式记录、显示并输出：按职员类别统计各个工资项目的总额及平均值；按工资项目统计各部门该工资项目的发放情况。

通过“工资管理|账表|类型、工资项目工资统计表”进行查询条件设置，如图 9-138 所示。

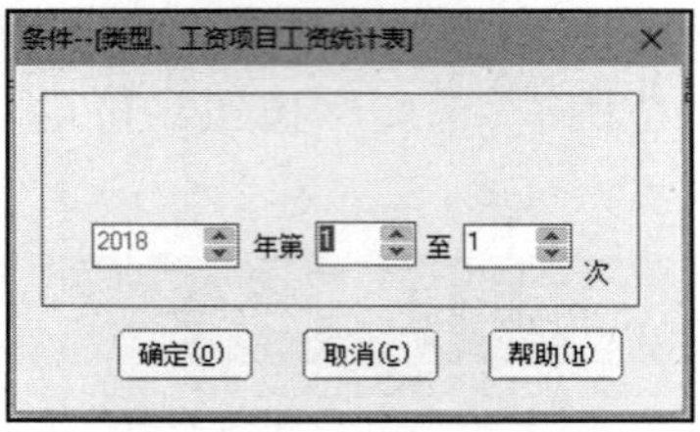

图 9-138　类型、工资项目工资统计表查询条件设置

设置完毕单击“确定”按钮进入类型、工资项目工资统计表，如图 9-139 所示。

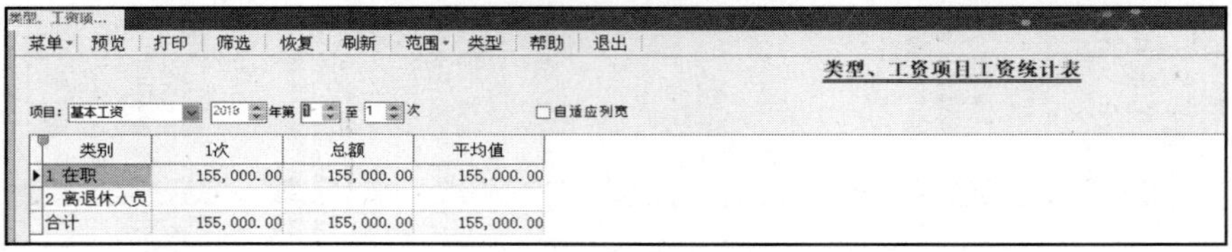

图 9-139　“类型、工资项目工资统计表”界面

按职员类别统计：

步骤 1：单击窗口上方的“范围 | 类别”按钮，选择职员类别，如图 9-140 所示。

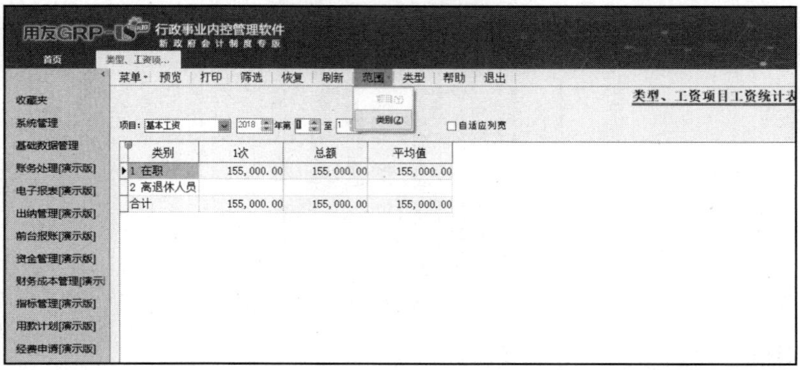

图 9-140　选择类别

步骤 2：此时统计表上方自动显示“选择职员类型”对话框，选择职员类别，如图 9-141 所示。

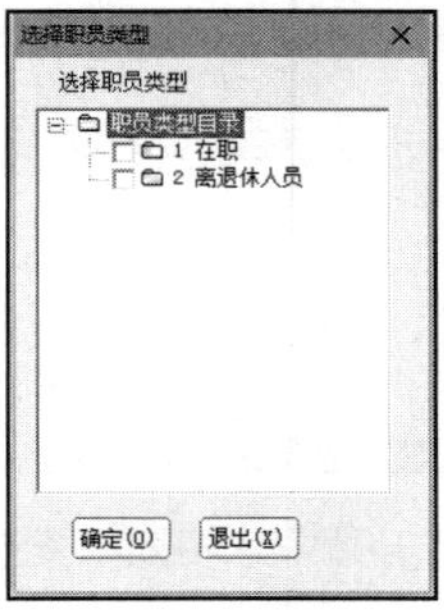


图 9-141 “选择职员类型”对话框

## 9.4.11 部门工资增长分析表

部门工资增长分析表模块以列表形式记录、显示并输出用于分析部门工资发放总额和平均额的增长比例情况的分析报表，主要是针对上年度与本年度的增长对比情况。

通过“首页|账表|部门工资增长分析表”进行查询条件设置，如图 9-142 所示。

设置完毕单击“确定”按钮，进入部门工资增长分析表，如图 9-143 所示。

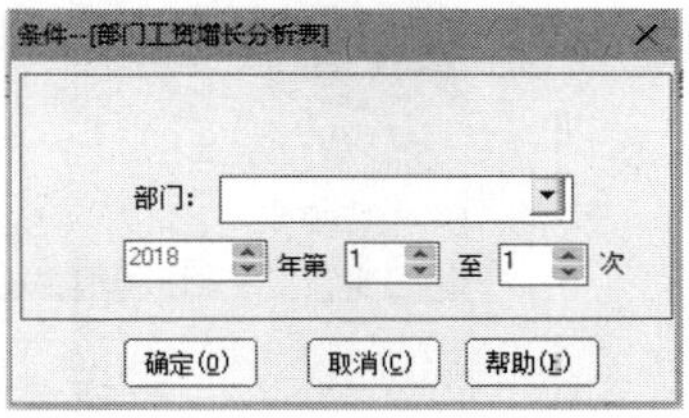


图 9-142 部门工资增长分析表查询条件设置

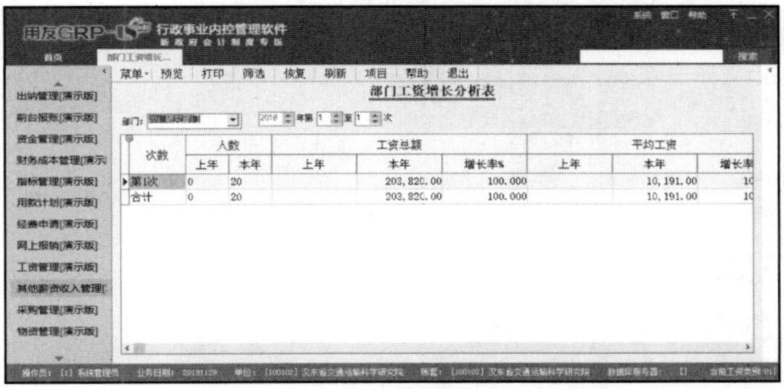


图 9-143 “部门工资增长分析表”界面

## 9.4.12 收入账表

### 1. 其他收入查询

步骤 1：通过“首页 | 其他薪资收入管理|收入账表 | 明细工资查询”进入“其他收入明细工资查询”界面，如图 9-144 所示。

步骤 2：选择筛选范围，单击“刷新”按钮，显示单据，如图 9-145 所示。

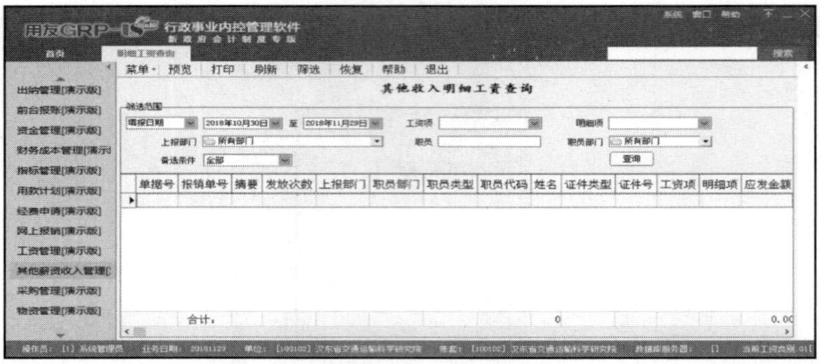


图 9-144 “其他收入明细工资查询”界面

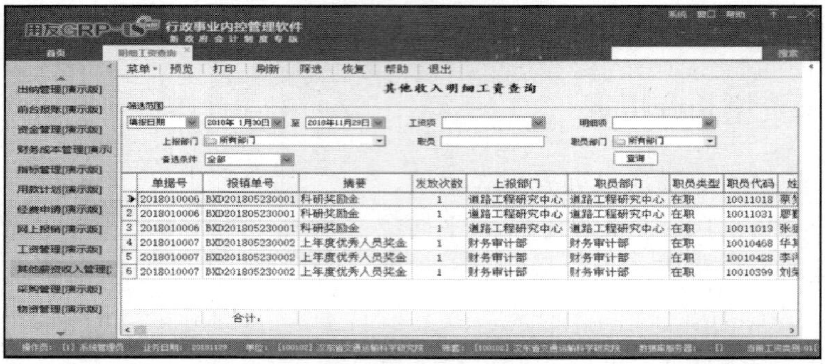


图 9-145 其他收入明细工资查询设置

## 2．收入项目统计表

步骤 1：通过“首页 | 其他薪资收入管理 | 收入账表 | 项目收入统计表”进入“收入项目统计表”界面，如图 9-146 所示。

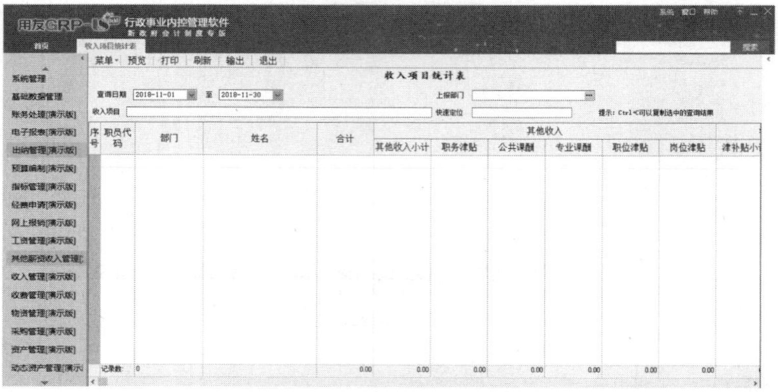


图 9-146 “收入项目统计表”界面

步骤 2：选择筛选范围，单击“刷新”按钮，显示统计表内容，如图 9-147 所示。

## 3．个人所得税申报表

步骤 1：通过“首页|其他薪资收入管理|收入账表|个人所得税申报”进入“正常工资薪金表”界面，如图 9-148 所示。

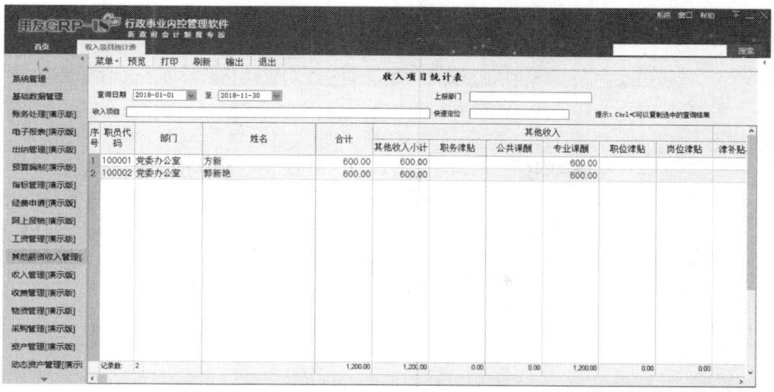


图 9-147　收入项目统计表查询结果

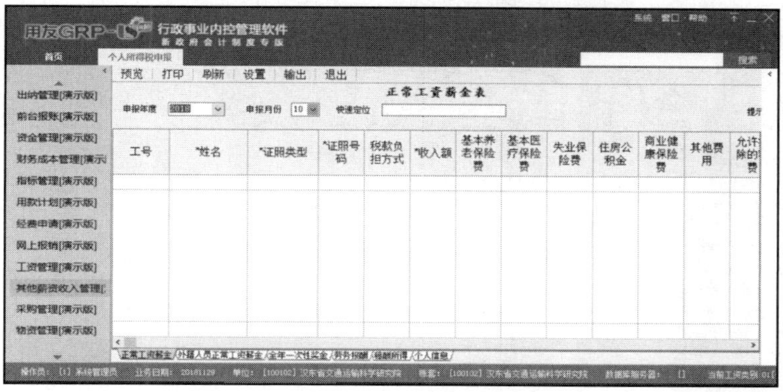


图 9-148　个人所得税申报表

步骤 2：选择申报年度和申报月份，单击“刷新”按钮，显示统计表内容。

步骤 3：从下方选项页选择显示正常工资薪金、外籍人员正常工资薪金等内容。

## 9.4.13　劳务费账表

### 1．劳务费查询

步骤 1：通过“首页 | 其他薪资收入管理 | 劳务费账表 | 外部劳务费明细”进入“劳务费明细工资查询”界面，如图 9-149 所示。

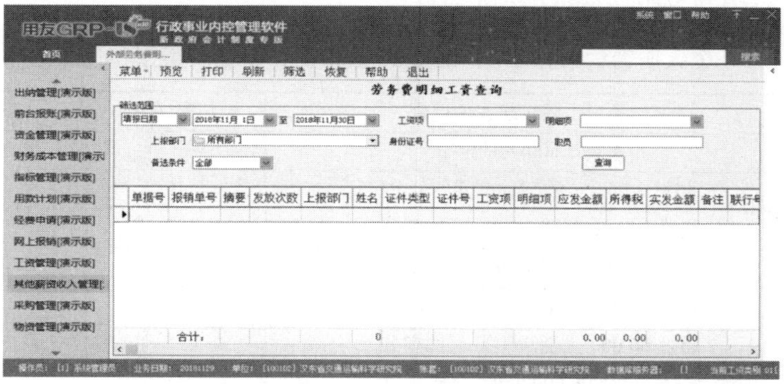


图 9-149　“劳务费明细工资查询”界面

步骤 2：选择筛选范围，单击“刷新”按钮，显示统计表内容，如图 9-150 所示。

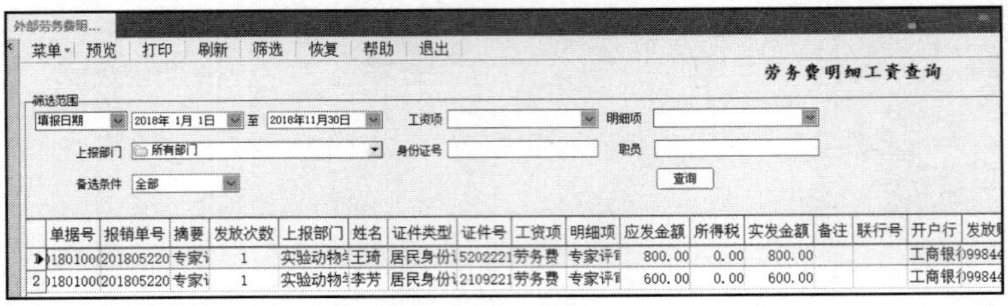


图 9-150　劳务费明细工资查询设置

## 2. 劳务费项目统计表

步骤 1：通过“首页 | 其他薪资收入管理 | 劳务费账表 | 劳务费项目统计表”进入“劳务费项目统计表”界面，如图 9-151 所示。

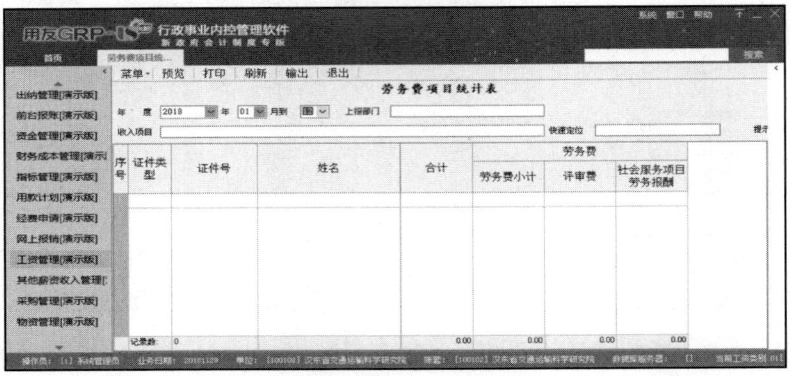


图 9-151　劳务费项目统计表

步骤 2：选择申报年度和申报月份，单击“刷新”按钮，显示统计表内容。

# 9.5　实践题

1. 工资类别：普通工资类别
2. 职工类别：在职职工
3. 适用的个人所得税税率及计算说明

表 9-3　个人所得税预扣率表（居民个人工资、薪金所得预扣预缴适用）

| 级数 | 累计预扣预缴应纳税所得额 | 预扣率（%） | 速算扣除数 |
|---|---|---|---|
| 1 | 不超过 3 600 元的部分 | 3 | 0 |
| 2 | 超过 3 600 元至 14 400 元的部分 | 10 | 2 520 |
| 3 | 超过 14 400 元至 30 000 元的部分 | 20 | 16 920 |
| 4 | 超过 30 000 元至 42 000 元的部分 | 25 | 31 920 |
| 5 | 超过 42 000 元至 66 000 元的部分 | 30 | 52 920 |
| 6 | 超过 66 000 元至 96 000 元的部分 | 35 | 85 920 |
| 7 | 超过 96 000 元的部分 | 45 | 181 920 |

（1）本期应预扣预缴税额=（累计预扣预缴应纳税所得额×预扣率–速算扣除数）–累计减免税额–累计已预扣预缴税额

（2）累计预扣预缴应纳税所得额=累计收入–累计免税收入–累计减除费用–累计专项扣除–累计专项附加扣除–累计依法确定的其他扣除

其中：累计减除费用，按照 5 000 元/月乘以纳税人当年截至本月在本单位的任职受雇月份数计算。

4．工资项目及其计算公式

**表 9-4　工资项目表**

| | | | |
|---|---|---|---|
| 基本工资 | 数值型 | 12 | 2 |
| 岗位工资 | 数值型 | 12 | 2 |
| 福利费 | 数值型 | 12 | 2 |
| 交补 | 数值型 | 12 | 2 |
| 应发合计 | 数值型 | 12 | 2 |
| 个人所得税 | 数值型 | 12 | 2 |
| 扣款合计 | 数值型 | 12 | 2 |
| 实发合计 | 数值型 | 12 | 2 |

**表 9-5　工资项目计算表**

| 工资项目 | 计算公式 |
|---|---|
| 基本工资 | 基本工资 |
| 岗位工资 | 岗位工资 |
| 福利费 | 福利费 |
| 交补 | 交补 |
| 应发合计 | 基本工资+岗位工资+工龄工资+福利费+副食补贴+交补+奖金+岗位津贴+洗理费+加班费+生活补助 |
| 扣款合计 | 事假扣款+病假扣款+个人所得税 |
| 实发合计 | 应发合计–扣款合计 |

5．在职职工的基本工资及其他工资项目

**表 9-6　基本工资及其他工资项目**

| 职员编号 | 职员姓名 | 基本工资 | 岗位工资 | 病假扣款 | 事假扣款 | 福利费 | 交补 |
|---|---|---|---|---|---|---|---|
| 100001 | 方新 | 4 000 | 5 000 | 68 | 0 | 800 | 1 000 |
| 100002 | 郭新艳 | 4 000 | 5 000 | 40 | 0 | 800 | 500 |
| 100003 | 张崔翠 | 4 000 | 5 000 | 80 | 0 | 800 | 1 000 |
| 100004 | 缴夫之 | 4 000 | 5 000 | 0 | 50 | 800 | 500 |
| 100005 | 冈拉梅朵 | 4 000 | 5 000 | 0 | 0 | 800 | 1 000 |
| 100006 | 蓝陵君 | 4 000 | 5 000 | 0 | 30 | 800 | 500 |

业务处理流程：

**1．工资类别、职员类别**

步骤 1：在“工资管理|基础资料|切换工资类别”中选择“普通工资类别”，如图 9-152 所示。

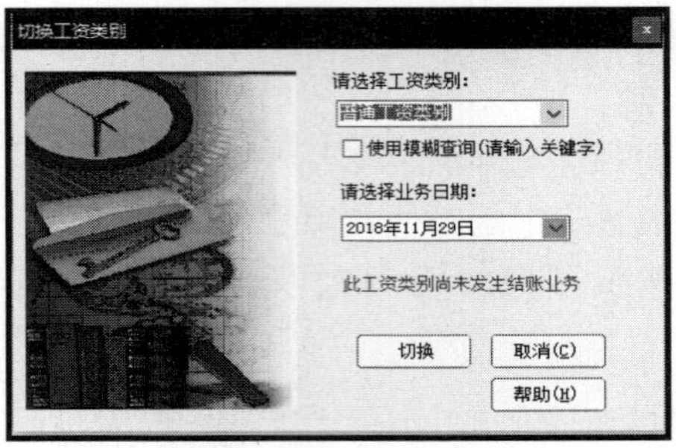


图 9-152　切换工资类别

步骤 2：默认职员类别为在职员工。

## 2．个人所得税税率设置

在“工资管理|基础资料|个人所得税税率设置”中按照案例所给出的税率表进行设置，新增级次将在第一级下一行显示，只需要对应纳税所得额上限、税率和速算扣除数进行编辑，如图 9-153 所示。完成编辑后会自动跳转到最后一条，并将基数调整为 5 000。

| 级次 | 应纳税所得额下限 | 应纳税所得额上限 | 税率(%) | 速算扣除数 |
|---|---|---|---|---|
| 1 | 0 | 3000 | 3 | 0 |
| 2 | 3000 | 14400 | 10 | 2520 |
| 3 | 14400 | 30000 | 20 | 16920 |
| 4 | 30000 | 42000 | 25 | 31920 |
| 5 | 42000 | 66000 | 30 | 52920 |
| 6 | 66000 | 96000 | 35 | 85920 |
| 7 | 96000 | | 45 | 181920 |

图 9-153　个人所得税税率表设置

## 3．工资项目设置

使用默认工资项目。

## 4．工资计算公式设置

在“工资管理 | 基础资料 | 工资项公式设置”中编辑工资公式，如图 9-154 所示。

## 5．工资数据编辑

在“工资管理|工资计算|工资数据编辑”中根据基本工资及其他工资项目表编辑工资数据，或是在“工资管理|工资计算|继承上月数据”中选择部门、继承数据的年度和基础资料，如图 9-155 所示。

## 6．个人所得税申报

在“工资管理|工资计算|个人收入所得税申报”中进行个人所得税的代扣，如图 9-156 所示。

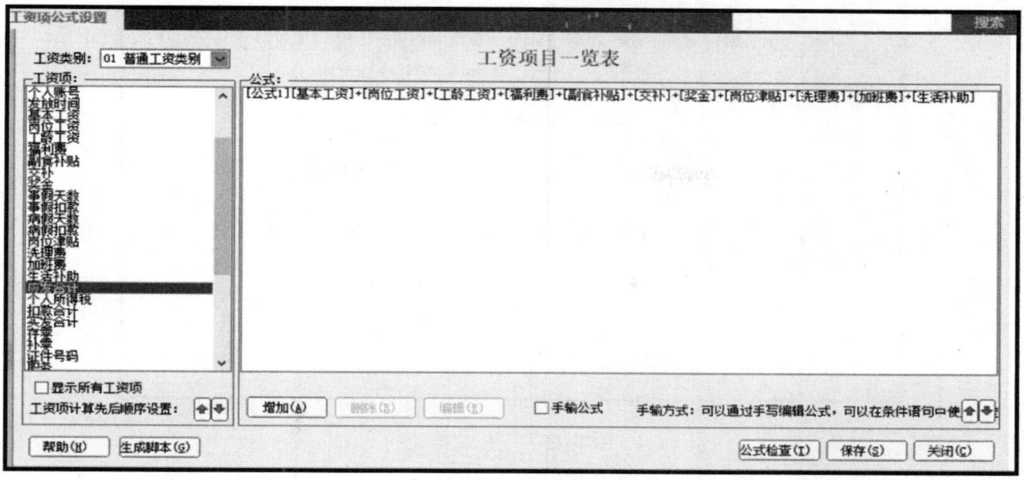


图 9-154　工资项公式设置

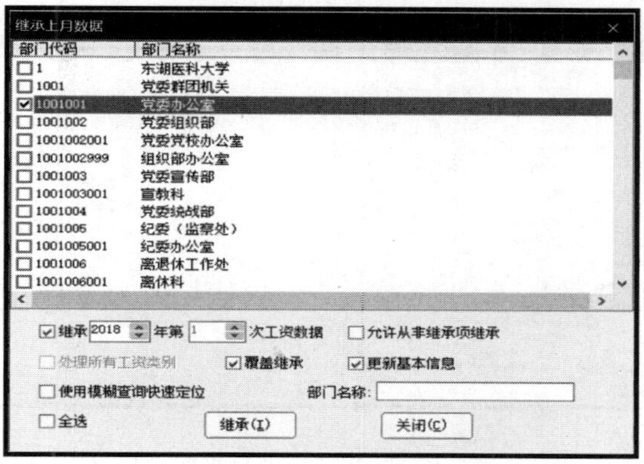


图 9-155　继承工资数据

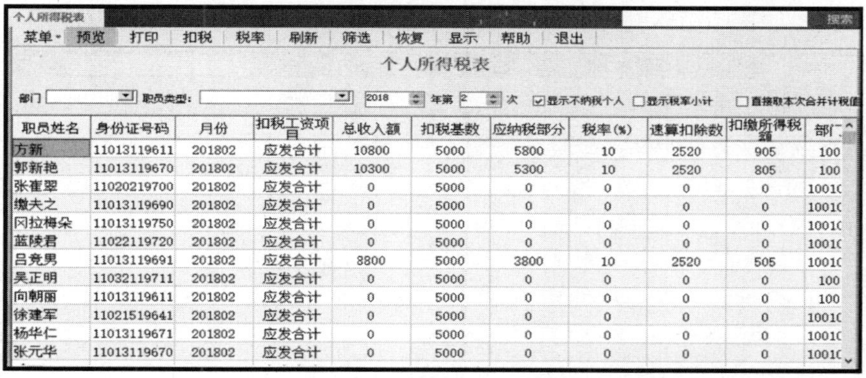


| 职员姓名 | 身份证号码 | 月份 | 扣税工资项目 | 总收入额 | 扣税基数 | 应纳税部分 | 税率(%) | 速算扣除数 | 扣缴所得税额 | 部门 |
|---|---|---|---|---|---|---|---|---|---|---|
| 方新 | 11013119611 | 201802 | 应发合计 | 10800 | 5000 | 5800 | 10 | 2520 | 905 | 100 |
| 郭新艳 | 11013119670 | 201802 | 应发合计 | 10300 | 5000 | 5300 | 10 | 2520 | 805 | 100 |
| 张翟翠 | 11020219700 | 201802 | 应发合计 | 0 | 5000 | 0 | 0 | 0 | 0 | 1001( |
| 缴夫之 | 11013119690 | 201802 | 应发合计 | 0 | 5000 | 0 | 0 | 0 | 0 | 1001( |
| 冈拉梅朵 | 11013119750 | 201802 | 应发合计 | 0 | 5000 | 0 | 0 | 0 | 0 | 1001( |
| 蓝陵君 | 11022119720 | 201802 | 应发合计 | 0 | 5000 | 0 | 0 | 0 | 0 | 1001( |
| 吕竞男 | 11013119691 | 201802 | 应发合计 | 8800 | 5000 | 3800 | 10 | 2520 | 505 | 1001( |
| 吴正明 | 11032119711 | 201802 | 应发合计 | 0 | 5000 | 0 | 0 | 0 | 0 | 100 |
| 向朝丽 | 11013119611 | 201802 | 应发合计 | 0 | 5000 | 0 | 0 | 0 | 0 | 100 |
| 徐建军 | 11021519641 | 201802 | 应发合计 | 0 | 5000 | 0 | 0 | 0 | 0 | 1001( |
| 杨华仁 | 11013119671 | 201802 | 应发合计 | 0 | 5000 | 0 | 0 | 0 | 0 | 1001( |
| 张元华 | 11013119670 | 201802 | 应发合计 | 0 | 5000 | 0 | 0 | 0 | 0 | 1001( |

图 9-156　个人所得税代扣

## 7．生成凭证

步骤 1：在“工资管理|结账|凭证生成”中进行凭证的生成，如图 9-157 所示。

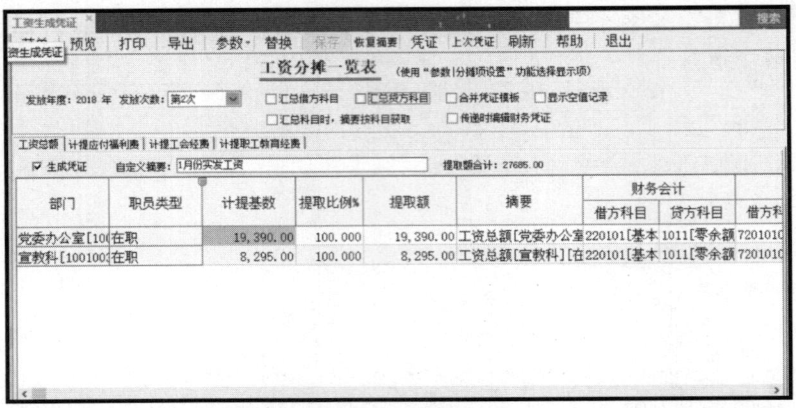


图 9-157　生成凭证

步骤 2：生成的凭证可以在“工资管理|结账|凭证箱”中查询，如图 9-158 所示。

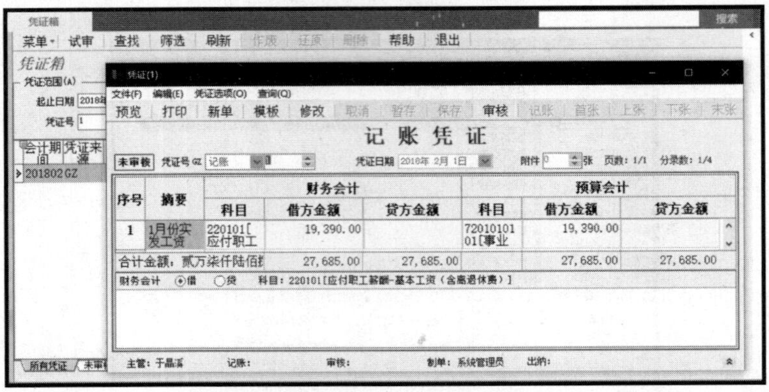


图 9-158　凭证查询

## 8．结账

在“工资管理|结账|结账”中进行工资的结账操作，如图 9-159 所示。

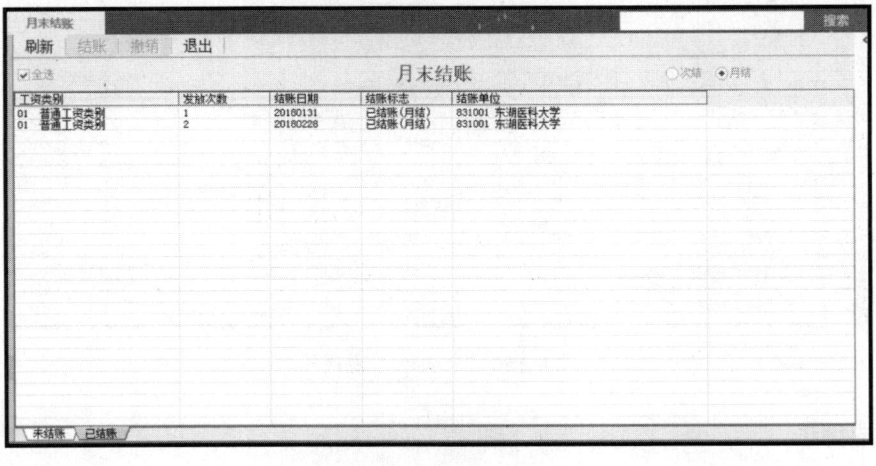


图 9-159　工资结账

# 第 10 章

# 期末业务处理与账表输出

## 10.1 期末业务处理与账表输出概述

### 10.1.1 期末业务处理

期末业务处理是指将单位当期所发生的经济业务或事项全部记账后，在期末需要执行的一些特定的会计工作，如期末转账、对账、结账工作等。主要有如下业务：

#### 1. 凭证处理

在做期末有关转账凭证之前，需要对各子系统中的凭证进行记账、审核和结转，完成采购、存货、薪资、物资等业务的账务处理。

#### 2. 定义和生成转账凭证

对于那些每期期末有规律性发生的、科目间对应关系能够事先确定的业务，如固定资产折旧计提、无形资产摊销、收入费用结转等，可以进行自动凭证定义，由计算机完成自动转账。

#### 3. 对账与结账

对账是指对账簿数据进行核对，以检查记账是否正确、账簿是否平衡。只要记账凭证输入正确，计算机记账后各种账簿都应是正确的、平衡的。但由于非法操作、计算机病毒等原因，有可能造成部分数据错误或被破坏。为保证账证相符、账账相符，单位应在结账之前使用对账功能进行检查。

结账工作通常采用导向方式进行。由于子系统需要向总账系统传递数据（主要以记账凭证形式），所以为了防止数据传递错误，在总账结账之前，系统会检查相关子系统是否结账。如果子系统已启用但未结账，则总账不能结账，需要将这些子系统结账或者取消启用才可进行总账结账。通常结账前要进行数据备份。结账后，只能进行相关账簿查询和打印，不能再进行日常账务处理。

用友系统的期末处理包括“期末结汇”“结转期间收支”（或“结转期间损益”）“期末自动转账”“试算平衡”和“结账向导”五个模块，具体操作流程如图 10-1 所示。

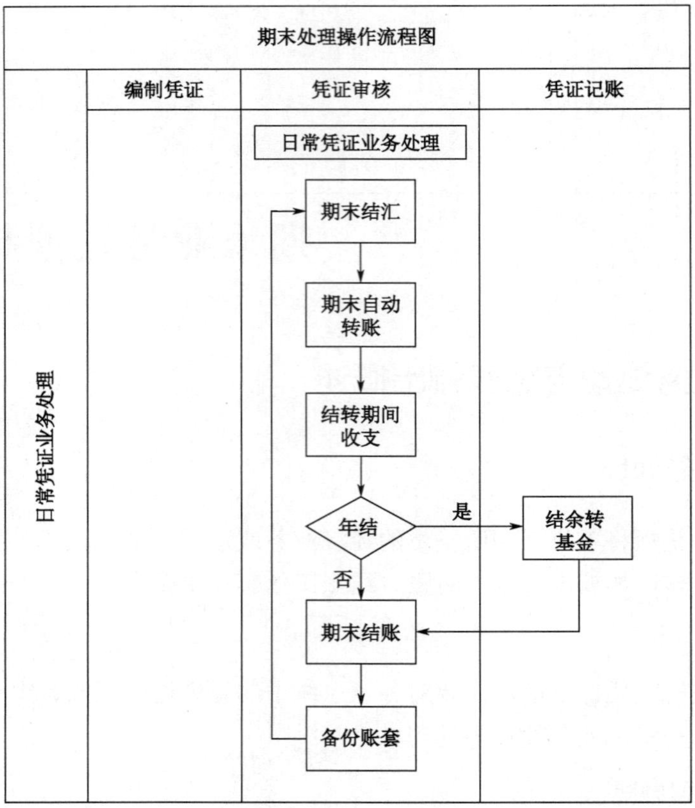


图 10-1　期末处理操作流程

### 10.1.2　账表输出

#### 1. 账表输出内容

账表输出由总账余额表、总账、明细账、多栏账、日记账、序时账、日报表构成。账表是编制会计报表的依据，对于全面、系统、分类地反映各项经济业务，充分发挥会计在经济管理中的作用，具有重要意义。

#### 2. 账表输出功能

在账务处理系统中，所有账表均有打印、联查、筛选、格式编辑等功能。各种账表的联查功能即从总账余额表可以联查到总账、明细账，总账可以联查明细账，明细账可以联查总账和记账凭证，账表具体的查询操作方法基本相同，下面做详细介绍。

## 10.2　子管理系统期末处理与账表输出

### 10.2.1　资产管理期末结账处理

在本期资产处理之后，期末结账时需要把一些过程做整理。期末结账主要提供整理资产并结账相关的功能，主要包括凭证编制、凭证箱、折旧预测、月末结账。

### 1. 凭证编制

步骤 1：选择要编制凭证的业务类型，单击“凭证”按钮，系统弹出凭证制作窗口，如图 10-2 所示。

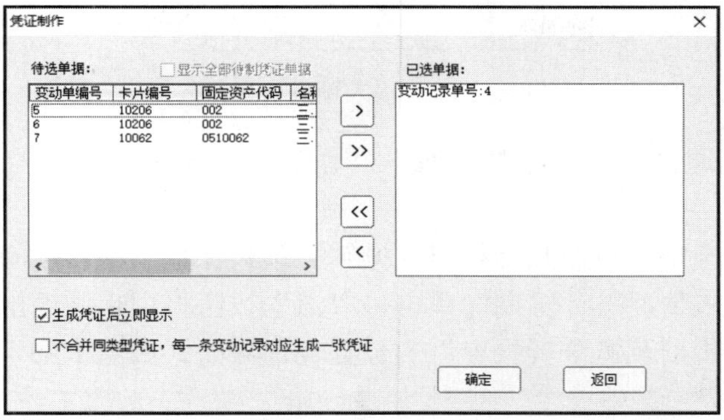


图 10-2 凭证制作

步骤 2：在下面的凭证类型列表中，把账务系统中设置好的所有凭证类型都显示出来，选择您要编制凭证的类型，单击“确定”按钮，系统自动将列示的业务编制好凭证，并给出提示：“是否需要立即修改凭证？”选择“是”则调出编制好的凭证供用户修改，选择“否”则编制凭证过程结束。

### 2. 凭证箱

凭证箱指集中显示凭证信息，进行凭证查询的列表。列表内容包括会计期间、凭证来源、凭证号、摘要、凭证日期、财务会计金额、预算会计金额、附件张数、制单人、输入日期、审核人、审核日期、记账人、记账日期、公司代码、出纳、签章日期、经办人、备注共 19 项，如图 10-3 所示。用户可对本系统编制的所有凭证进行查询，并可就未审核的凭证进行修改。在凭证箱中，将所有凭证分为“所有凭证”“未审核凭证”“已审核凭证”“已记账凭证”“已作废凭证”“错误凭证”六类，针对不同类型的业务，系统提供不同的功能操作。

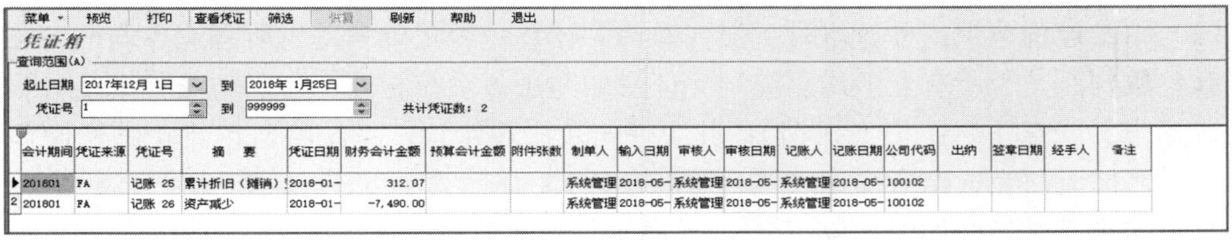


图 10-3 凭证箱

### 3. 折旧预测

月末结账之前，用户会大致对下个月的资产折损做一个推测，这时就会用到折旧预测——软件运用与当前月一样的折旧（摊销）方法，对下个月的折旧（摊销）情况大致做出推测。

定义预测日期

步骤 1：在“输入预测信息”窗口中显示了年度和月份两个期间选择栏，系统默认预测开始期间为当前业务日期的下月，并显示在期间栏内，如图 10-4 所示。

图 10-4　输入预测信息框

步骤 2：用户可通过单击栏中的“![按钮]”按钮进行本次折旧预测的截止日期年度及月份定义。

步骤 3：单击“确定”按钮开始折旧（摊销）预测计算。窗口中间出现的进度提示条提示用户当前计算的完成情况，计算期间单击“取消”按钮将中止并退出此次的预测计算，否则计算完成后进入“折旧预测分析报表”的数据查询界面，如图 10-5 所示。

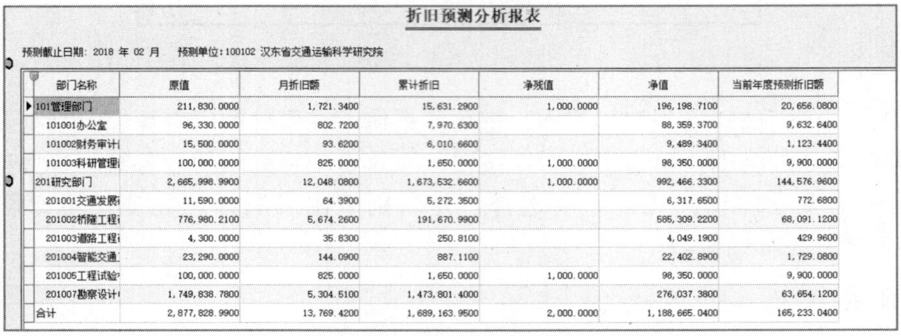

折旧预测分析报表

预测截止日期：2018 年 02 月　　预测单位：100102 汉东省交通运输科学研究院

| 部门名称 | 原值 | 月折旧额 | 累计折旧 | 净残值 | 净值 | 当前年度预测折旧额 |
|---|---|---|---|---|---|---|
| 101管理部门 | 211,830.0000 | 1,721.3400 | 15,631.2900 | 1,000.0000 | 196,198.7100 | 20,656.0800 |
| 101001办公室 | 96,330.0000 | 802.7200 | 7,970.6300 | | 88,359.3700 | 9,632.6400 |
| 101002财务审计 | 15,500.0000 | 93.6200 | 6,010.6600 | | 9,489.3400 | 1,123.4400 |
| 101003科研管理 | 100,000.0000 | 825.0000 | 1,650.0000 | 1,000.0000 | 98,350.0000 | 9,900.0000 |
| 201研究部门 | 2,665,998.9900 | 12,048.0800 | 1,673,532.6600 | 1,000.0000 | 992,466.3300 | 144,576.9600 |
| 201001交通发展 | 11,590.0000 | 64.3900 | 5,272.3500 | | 6,317.6500 | 772.6800 |
| 201002桥隧工程 | 776,980.2100 | 5,674.2600 | 191,670.9900 | | 585,309.2200 | 68,091.1200 |
| 201003道路工程 | 4,300.0000 | 35.8300 | 250.8100 | | 4,049.1900 | 429.9600 |
| 201004智能交通 | 23,290.0000 | 144.0900 | 887.1100 | | 22,402.8900 | 1,729.0800 |
| 201005工程试验 | 100,000.0000 | 825.0000 | 1,650.0000 | 1,000.0000 | 98,350.0000 | 9,900.0000 |
| 201007勘察设计 | 1,749,838.7800 | 5,304.5100 | 1,473,801.4000 | | 276,037.3800 | 63,654.1200 |
| 合计 | 2,877,828.9900 | 13,769.4200 | 1,689,163.9500 | 2,000.0000 | 1,188,665.0400 | 165,233.0400 |

图 10-5　“折旧预测分析报表”界面

### 4. 月末结账

上述工作都确认后，开始月末结账，注意下面几点：

（1）每个月末结账一次，结账后当期所有数据都将只可查询，并且下次再进入系统时能以下月首日登录。

（2）结账过程包括：检查本月折旧（摊销）计算是否正确→是否所有业务均已审核→根据账套参数判断是否所有业务均已编制凭证→如与账务系统相连，还需与账务系统对账→写入结账标志并计算下月折旧（摊销），其中任一步出现错误，系统将自动终止结账操作，在错误更改之前无法完成结账操作（结合账套参数）。

月末结账工作界面如图 10-6 所示，界面运行流程的说明如下：

（1）折旧（摊销）计算检查。检查本期折旧（摊销）计算是否正确，这是完成月末结账操作的第一步。单击“确定”按钮，系统自动进行检查，计算结果与折旧（摊销）分配表中数据对照检查，如有不一致的，要求用户重新计算（如已编制凭证，应先删除折旧（摊销）凭证），并中止此次的结账操作；如此反复，直到折旧（摊销）数据正确，转入下一步。

（2）检查所有业务是否已审核。由系统进行检查，如有未审核业务，则系统出现错误提示，需退出结账操作，重新进行当月的卡片审核；通过审核则进行下一步操作。

（3）检查所有业务是否已编制凭证。如账套参数中选定“结账前一定要完成制凭证业务”项，则系统将会检查本期业务（需编制凭证的）是否均已编制凭证，如没有，提示先将凭证编制完全，且自动终止此结账操作。如此反复，直到凭证编制完全，转入下一步。如账套参数中未选定“结账前一定要完成制凭证业务”，则不做检查，直接转入下一步。

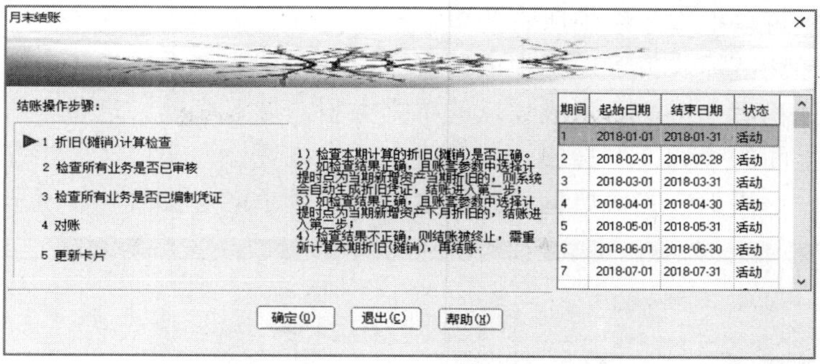


图 10-6　月末结账工作界面

（4）对账。对账功能是为了系统在运行过程中，保证本系统管理的资产价值和账务系统中资产相关科目的数值间相等，系统在执行月末结账时自动对账一次，给出对账结果。

（5）计算下月折旧（摊销）。如在账套参数中选定了“结账时计算下月折旧（摊销）”，则在月末结账的最后一步根据当期资产数据自动计算下月资产的折旧（摊销）；如果没有选择该项，则在月末结账的最后一步进行卡片更新。

（6）结账完成。本期结账完成后，系统给出提示信息，并将下次登录日期定为下月首日。单击“完成”按钮，退出“月末结账”界面。

## 10.2.2　物资管理期末处理

### 1. 结账、反结账

业务是分会计期间进行核算和考核的，各期间之间有明确的日期界定。对某个会计期进行结账表明该会计期不会再有新的业务发生，各类账表反映的业务是完整的。结账意味着封死该会计期的各种业务账和会计账。若本期已结账，后续发生的各项业务将无法反映到本期的账表中。在系统中也不允许审核结账后的会计期间的各项业务。

由于某个会计期结账后不再允许将新的业务记入该会计期，因此结账操作应十分谨慎，务必确认本期所有单据都已全部录入、审核并记账。进入“结账”对话框后，首先确认结哪个会计期的账，选定会计期后单击“结账”按钮，系统自动完成结账过程。某一个会计期间结账后，“结账”按钮会自动变成“反结账”按钮，如图 10-7、图 10-8 所示。

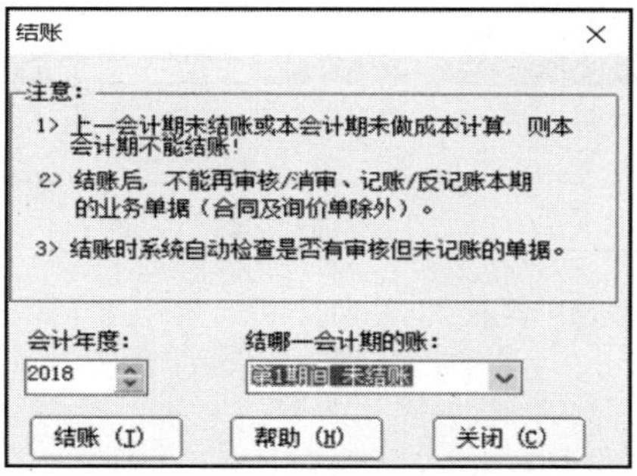


图 10-7　结账

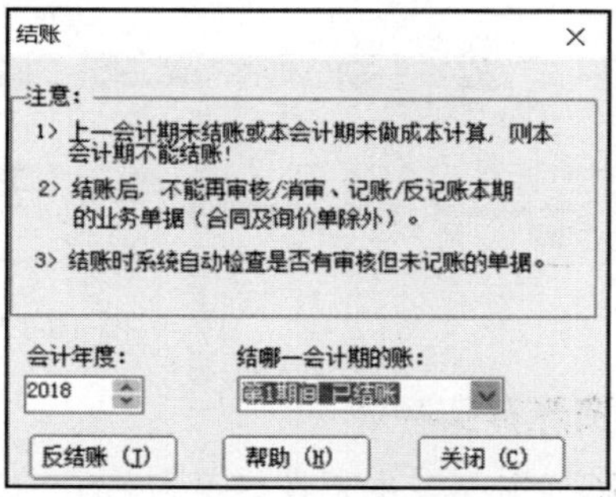


图 10-8　反结账

### 2. 生成凭证

生成凭证模块可以把本系统中所有的单据按照凭证模板设置好的方式生成未被审核的会计凭证。通过传递凭证模块就可以把生成的会计凭证传到账务系统中。

进入生成凭证箱后单击需要生成凭证的单据类型，如入库单、进货单等。选中其中的某张单据，再单击上面的“凭证”按钮，就会跳出“生成凭证”窗口。单击左上角的“凭证”按钮选取其中的一个模板后完成单据凭证的生成，如图 10-9、图 10-10 所示。

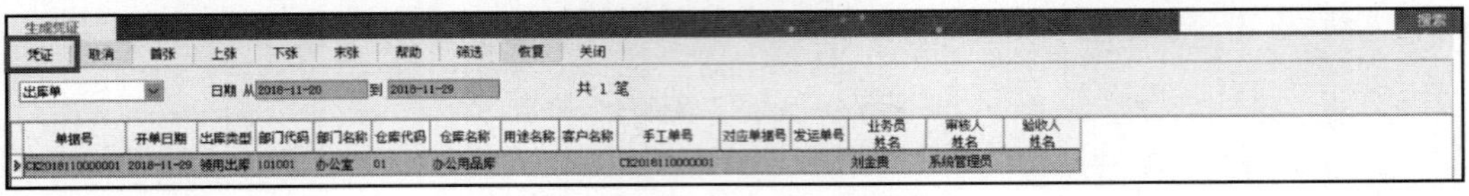

图 10-9　选择需要生成凭证的单据

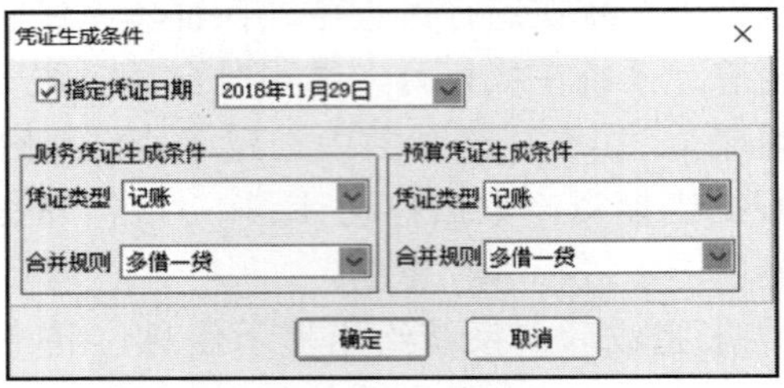


图 10-10　凭证生成条件

### 3. 传递凭证到账务系统

通过传递凭证到账务系统把物资系统产生的凭证作为未审核凭证传递到账务处理系统中。选取核算菜单，单击“传递凭证到账务系统”按钮，弹出“传输选项”窗口。选择“单位”和“账务账套名”后，单击“确定”按钮，在账务系统中就有了从业务系统中传过去的凭证，凭证处于未审核状态，需要账务人员确认，如图 10-11、图 10-12 所示。

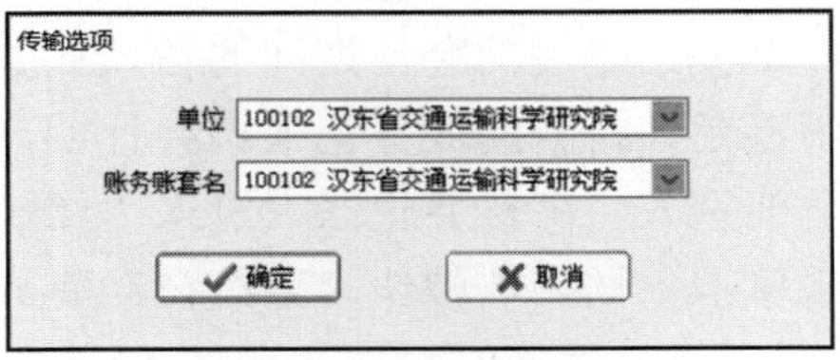


图 10-11　传输选项

图 10-12　选择传递的凭证

### 4. 物资账存实存表

物资账存实存表主要反映某种物资在某库位的账存和实存的对比情况。

进入“物资账存实存表”窗口后，选择好物资代码、物资名称、仓库库位后，再选择排序的方式，单击“执行”按钮，得到查询的结果，如图 10-13 所示。

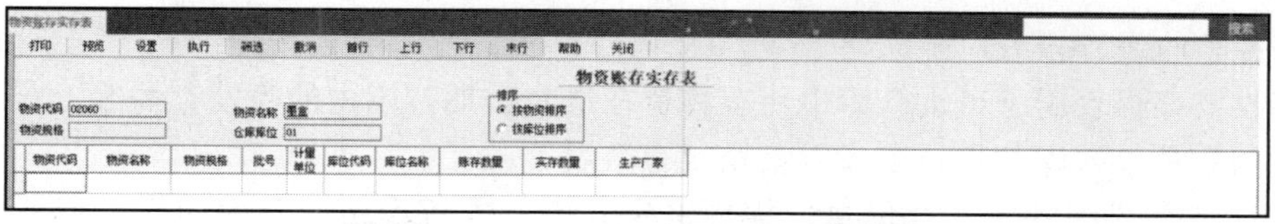


图 10-13　物资账存实存表

### 5. 物资库存表

物资库存表用于显示每个仓库或货位对应的库存物资信息。物资库存表中显示的内容包括：物资固定信息、库存数量及用途等。

进入“物资库存表”窗口后，在窗口左边目录区的货位树中选中某一货位，此时右边的列表中自动显示出对应的库存物资信息，如图 10-14 所示。

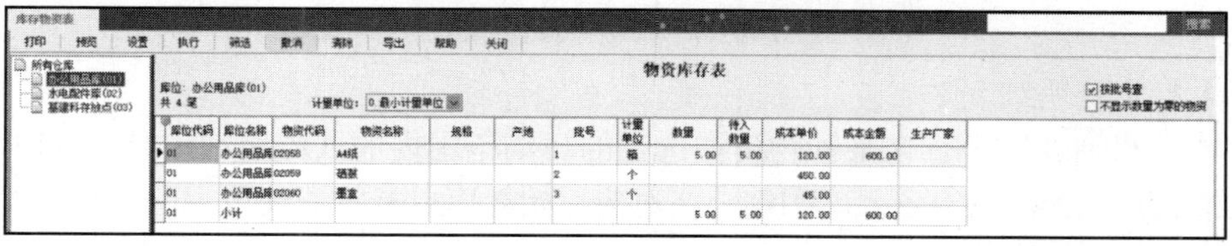


图 10-14　物资库存表

### 6. 库存物资台账

库存物资台账记录了物资收发存的数量信息。物资的每一次入库、出库都将被详尽地记录在案，可以使用该账簿查阅、对账、统计。某些用户（如库管员）只关心物资数量，此时系统允许这部分用户仅查阅物资的有关内容。

出 / 入类型是办理出 / 入库业务时，确定的出 / 入库的类型，如外购入库、代销入库、领用出库等。结存数量有外购、代销、代存等常用的四项及其合计数量，如图 10-15 所示。

图 10-15　库存物资台账

### 7. 日常收发存账表

（1）库存收发存日报

库存收发存日报用于查询某一天中的物资收发存情况。可以对查询的物资和货位进行选择。查询信息包括：期初数量、入库数量、出库数量以及结存数量，如图 10-16 所示。

图 10-16　库存收发存日报

（2）库存收发存报表

库存收发存报表用于查询仓库中所有物资在选定日期范围内的收发存情况。查询的信息包括：期初数量、入库数量、出库数量及结存数量。

若查询某个仓库的收发存信息，需要选定仓库。若查询所有仓库的收发存信息，则将“库位代码”项设置为空，如图 10-17 所示。

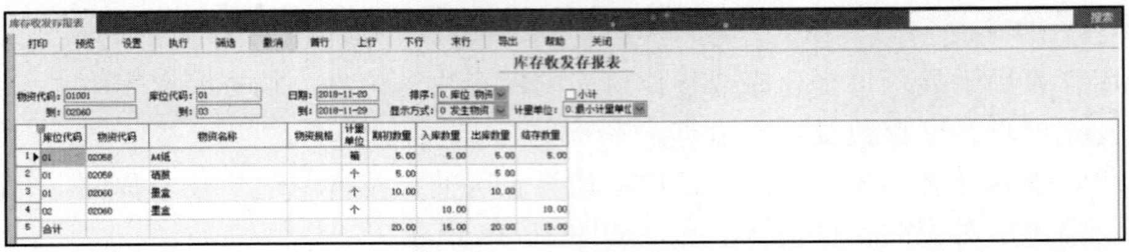

图 10-17　库存收发存报表

（3）入库物资明细表

入库物资明细表用于查询某种物资在选定的日期范围内的入库明细记录，同时对筛选出的明细记录进行统计。每一条入库明细记录对应原始入库单据物资清单中的一行，如图 10-18 所示。

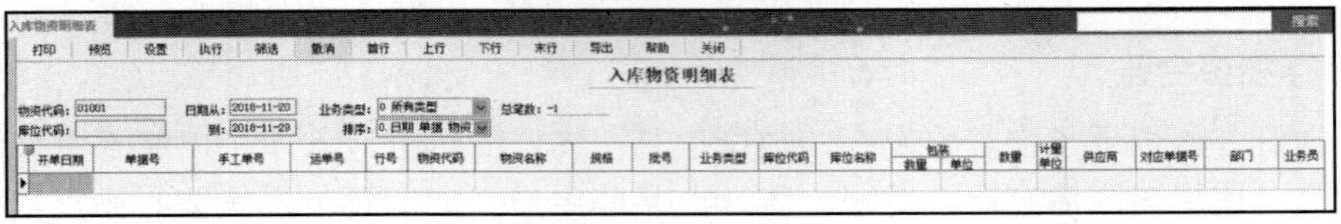

图 10-18　入库物资明细表

（4）出库物资明细表

出库物资明细表用于查询某种物资在选定的日期范围内所有的出库明细记录，同时对筛选出的明细记录进行统计。每一条出库明细记录对应原始出库单据物资清单中的一行，如图 10-19 所示。

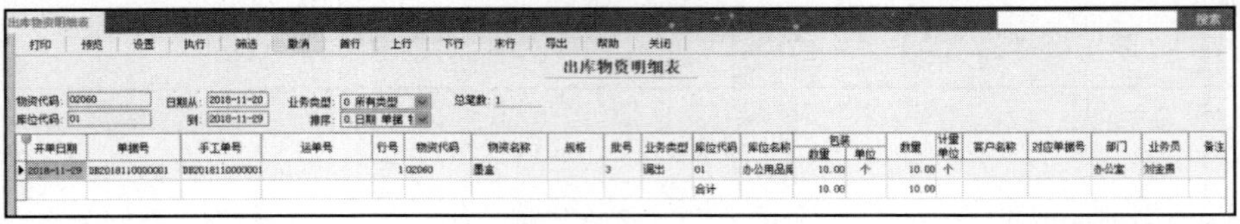

图 10-19　出库物资明细表

（5）出入库物资明细表

出入库物资明细表反映的是在选定的时间范围内所选物资类别中的每一笔出入库的明细情况，如图 10-20 所示。

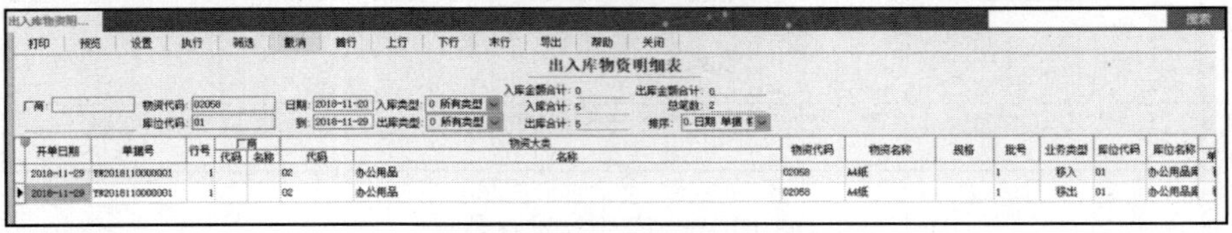

图 10-20　出入库物资明细表

## 8. 物资收发存报表

（1）物资收发存汇总表

物资收发存汇总表主要显示查询选定日期范围内某种物资出入库数量和结存数量的汇总情况。查询的信息包括：物资代码、物资名称、物资规格、计量单位、期初数量、入库数量、出库数量、结存数量，如图 10-21 所示。

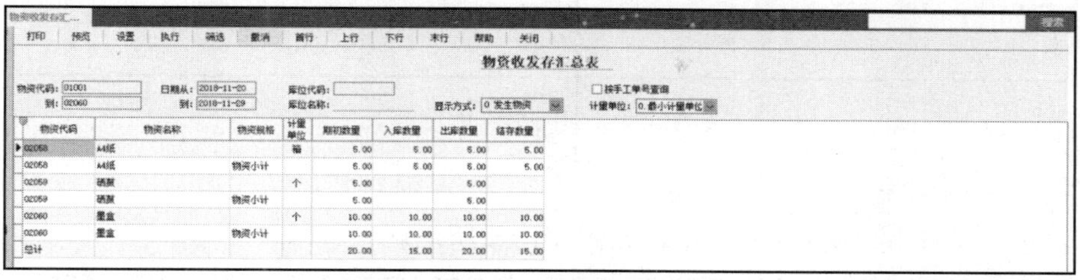


图 10-21　物资收发存汇总表

（2）物资出入库分类汇总表

物资出入库分类汇总表主要显示查询选定日期范围内某种物资出入库数量的汇总情况。查询的信息包括：物资类代码、物资类名称、物资代码、物资名称、物资规格、计量单位、业务类型、入库数量、出库数量，如图 10-22 所示。

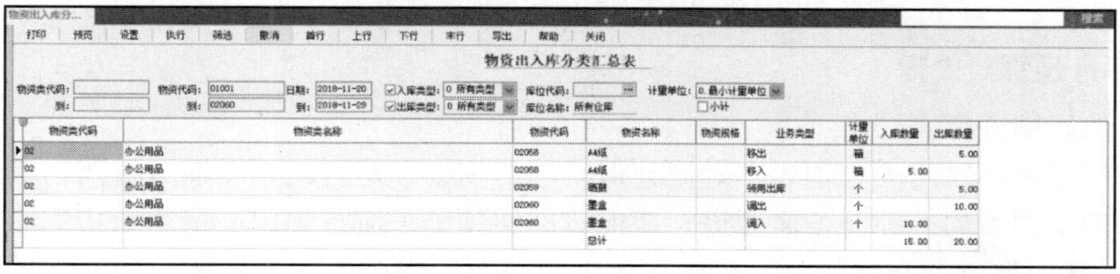


图 10-22　物资出入库分类汇总表

（3）物资出入库年度汇总表

物资出入库年度汇总表主要显示查询选定日期范围内某种物资出入库数量按月份汇总的情况。查询的信息包括：物资代码、物资名称、物资规格、计量单位、按月份出库入库数量、年度总出入库数量，如图 10-23 所示。

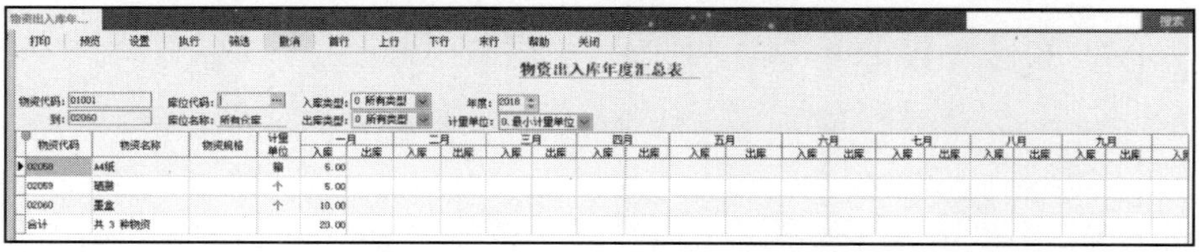


图 10-23　物资出入库年度汇总表

（4）部门出入库统计表

部门出入库统计表是按部门进行核算的，需要统计部门出入库的情况。此表仅统计，并不进行成本的计算，如图 10-24 所示。

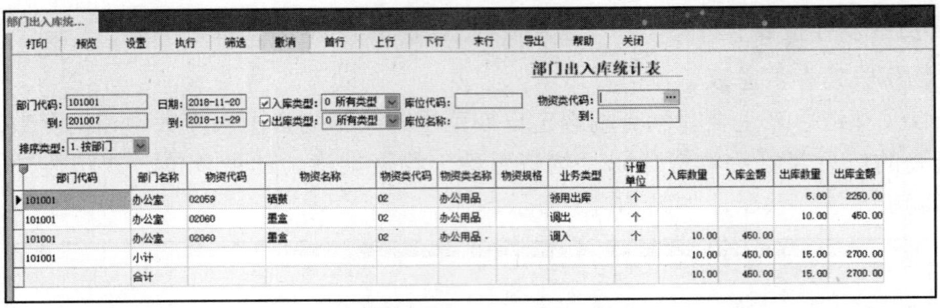


图 10-24　部门出入库统计表

（5）按用途出库统计表

存货菜单下的按用途出入库统计表如图 10-25 所示。

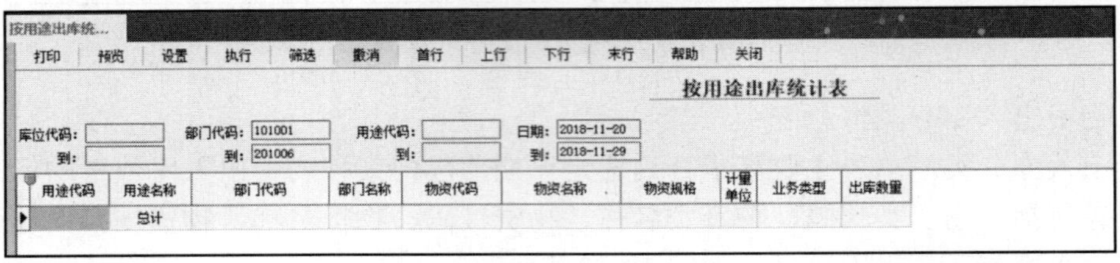


图 10-25　按用途出库统计表

## 9. 库存预警与处理

（1）保质期预警

保质期预警可以用来查询库存时间超保质期的物资。是否超保质期是根据物资的保质期和生产日期来判断的。因此若需要进行超保质期的预警，应首先定义保质期和生产日期（或到期日）。其中保质期是在物资资料中预先定义的，而物资的生产日期、到期日是在物资入库时录入的，如图 10-26 所示。

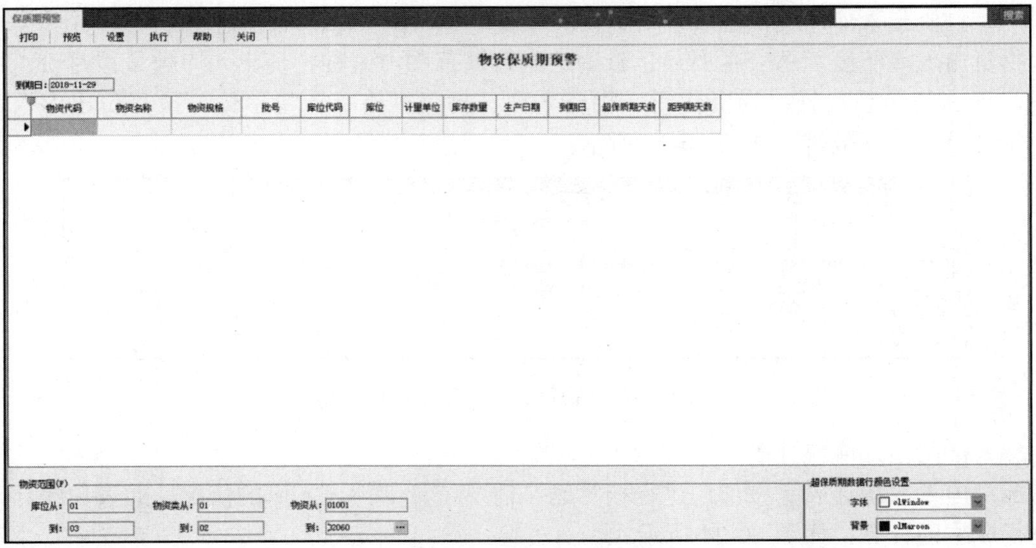


图 10-26　保质期预警界面

（2）库存数量预警

库存数量预警可以用来查询库存数量高于最高储量或低于最低储量的物资。其中物资的最高储量和最低储量是在物资资料中预先定义的，如图 10-27 所示。

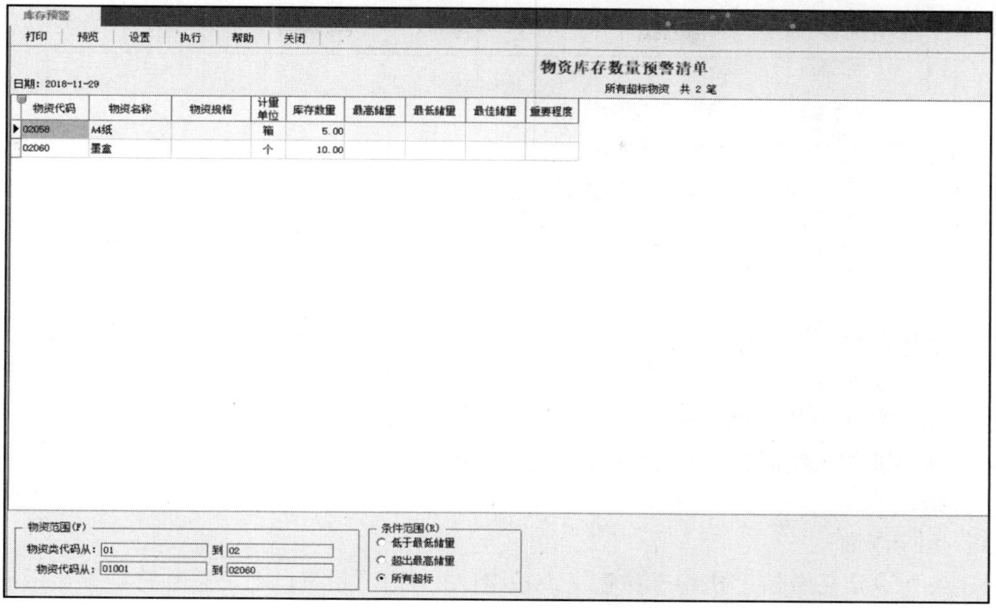


图 10-27　物资库存数量预警清单界面

## 10.2.3　物资管理账表输出

### 1. 库存物资明细账

库存物资明细账反映的是选定范围内的物资在选定业务日期范围内的期初结存数量、金额，本期的每一笔出入库数量、金额，以及期末结存数量、金额情况，如图 10-28 所示。

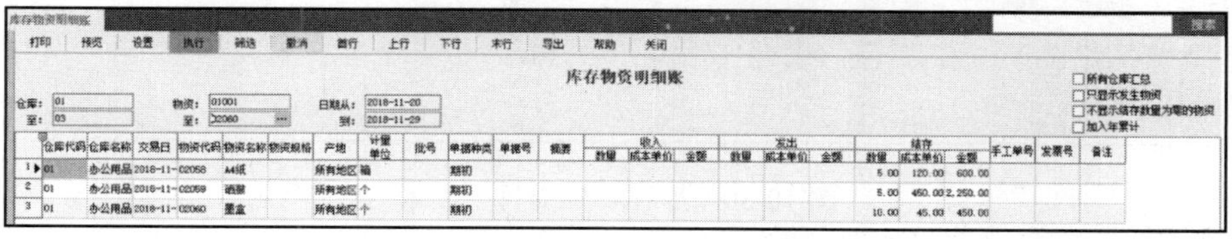


图 10-28　库存物资明细账

（1）选择查询物资范围

物资直接录入或引导录入。

（2）输入查询业务日期范围

默认值为进入系统时选择的业务日期范围，用户根据查询需要单击“日期”项后面的输入框重新选择。

（3）执行查询

上述条件设定后单击“执行”按钮（或按键[Alt+R]），系统自动筛选并将结果显示出来。

### 2. 库存物资汇总账

库存物资汇总账反映的是选定范围内的物资在所选业务日期范围内的期初结存数量、金额，业务日期范围内的汇总入出库数量、金额，以及期末结存数量、金额。它是由库存物资明细账经过数据汇总后形成的。表中每一种物资对应一条查询记录，如图 10-29 所示。

打印 预览 设置 执行 首行 上行 下行 末行 导出 帮助 关闭

库存物资汇总账

仓库：01 至：03 物资：01001 至：02060 日期从：2018-11-20 到：2018-11-29 □所有仓库汇总 □不显示结存数量为零的物资

| 序号 | 仓库代码 | 仓库名称 | 物资代码 | 物资名称 | 物资规格 | 生产厂商 | 计量单位 | 期初 | | | 收入 | | | 发出 | | | 结存 | | |
|---|---|---|---|---|---|---|---|---|---|---|---|---|---|---|---|---|---|---|---|
| | | | | | | | | 数量 | 成本单价 | 金额 | 数量 | 成本单价 | 金额 | 数量 | 成本单价 | 金额 | 数量 | 成本单价 | 金额 |
| 1 | 01 | 办公用品库 | 02058 | A4纸 | | | 箱 | 5.00 | 120.00 | 600.00 | | | | | | | 5.00 | 120.00 | |
| 2 | 01 | 办公用品库 | 02059 | 硒鼓 | | | 个 | 5.00 | 450.00 | 2250.00 | | | | | | | 5.00 | 450.00 | |
| 3 | 01 | 办公用品库 | 02060 | 墨盒 | | | 个 | 10.00 | 45.00 | 450.00 | | | | | | | 10.00 | 45.00 | |
| 4 | 01 | 办公用品库 | 仓库合计 | | | | | 20.00 | 165.00 | 3300.00 | | | | | | | 20.00 | 165.00 | |
| 5 | 总计 | | | | | | | 20.00 | 165.00 | 3300.00 | | | | | | | 20.00 | 165.00 | |

图 10-29　库存物资汇总账

（1）选择查询物资范围

直接录入或引导录入。

（2）输入查询业务日期范围

默认值为进入系统时选择的业务日期范围，用户根据查询需要点击“日期”项后面的按钮重新选择。

（3）执行查询

上述条件设定后单击“执行”按钮（或按键[Alt+R]），系统自动汇总并将结果显示出来。

### 3. 库存物资类目明细账

库存物资类目明细账用于按类别反映在选定业务日期范围内的物资收入、成本、税金的逐笔明细信息，如图 10-30 所示。

打印 预览 设置 执行 首行 上行 下行 末行 导出 帮助 关闭

库存物资类目明细账

仓库：01 至：03 物资类别：01 服务用品 至：02 办公用品 日期从：2018-11-20 到：2018-11-29 □所有仓库汇总

| 序号 | 仓库代码 | 仓库名称 | 交易日 | 类别代码 | 类别名称 | 物资代码 | 物资名称 | 物资规格 | 计量单位 | 批号 | 单据种类 | 单据号 | 手工单号 | 发票号 | 摘要 | 收入 | | |
|---|---|---|---|---|---|---|---|---|---|---|---|---|---|---|---|---|---|---|
| | | | | | | | | | | | | | | | | 数量 | 成本单价 | 金额 |
| 1 | 01 | 办公用品库 | 2018-11-20 | 02 | 办公用品 | | | | | | 类别期初 | | | | | | | |
| 2 | 01 | 办公用品库 | 2018-11-20 | 02 | 办公用品 | 02058 | A4纸 | | 箱 | | 物资期初 | | | | | | | |
| 3 | 01 | 办公用品库 | 2018-11-29 | 02 | 办公用品 | 02058 | A4纸 | | 箱 | | 物资小计 | | | | | | | |
| 4 | 01 | 办公用品库 | 2018-11-20 | 02 | 办公用品 | 02059 | 硒鼓 | | 个 | | 物资期初 | | | | | | | |
| 5 | 01 | 办公用品库 | 2018-11-29 | 02 | 办公用品 | 02059 | 硒鼓 | | 个 | | 物资小计 | | | | | | | |
| 6 | 01 | 办公用品库 | 2018-11-20 | 02 | 办公用品 | 02060 | 墨盒 | | 个 | | 物资期初 | | | | | | | |
| 7 | 01 | 办公用品库 | 2018-11-29 | 02 | 办公用品 | 02060 | 墨盒 | | 个 | | 物资小计 | | | | | | | |
| 8 | 01 | 办公用品库 | 2018-11-29 | 02 | 办公用品 | | | | | | 类别合计 | | | | | | | |

图 10-30　库存物资类目明细账

（1）选择查询仓库范围

直接录入或引导录入仓库范围。仓库范围置为空时，表明查询所有仓库的收发存业务。

（2）输入查询物资范围

默认值为所有物资范围，用户根据查询需要单击“物资类别”项后面的输入框重新选择。

（3）输入年度和会计期间

默认值为系统登录时的时间，用户根据查询需要重新选择。

（4）执行查询

上述条件设定后单击“执行”按钮（或按键[Alt+R]），系统自动筛选并将结果显示出来。

### 4. 库存物资类目汇总账

库存物资类目汇总账用于按类别反映在选定业务日期范围内的物资收入、成本、税金的汇总信息，如图 10-31 所示。

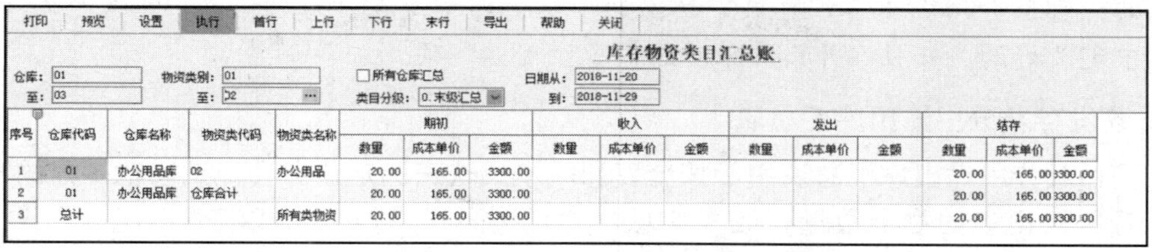


| 序号 | 仓库代码 | 仓库名称 | 物资类代码 | 物资类名称 | 期初 | | | 收入 | | | 发出 | | | 结存 | | |
|---|---|---|---|---|---|---|---|---|---|---|---|---|---|---|---|---|
| | | | | | 数量 | 成本单价 | 金额 | 数量 | 成本单价 | 金额 | 数量 | 成本单价 | 金额 | 数量 | 成本单价 | 金额 |
| 1 | 01 | 办公用品库 | 02 | 办公用品 | 20.00 | 165.00 | 3300.00 | | | | | | | 20.00 | 165.00 | 3300.00 |
| 2 | 01 | 办公用品库 | 仓库合计 | | 20.00 | 165.00 | 3300.00 | | | | | | | 20.00 | 165.00 | 3300.00 |
| 3 | 总计 | | | 所有类物资 | 20.00 | 165.00 | 3300.00 | | | | | | | 20.00 | 165.00 | 3300.00 |

图 10-31　库存物资类目汇总账

（1）选择查询仓库范围

直接录入或引导录入仓库范围。仓库范围置为空时，表明查询所有仓库的收发存业务。

（2）输入查询物资类别范围

默认值为所有物资类别范围，用户根据查询需要单击“物资类别”项后面的输入框重新选择。

（3）输入年度和会计期间

默认值为系统登录时的时间，用户根据查询需要重新选择。

（4）执行查询

上述条件设定后单击“执行”按钮（或按键[Alt+R]），系统自动筛选并将结果显示出来。

### 5. 部门分用途出库汇总表

部门分用途出库汇总表用于按类别反映在选定业务日期范围内的物资收入、成本、税金的汇总信息，如图 10-32 所示。

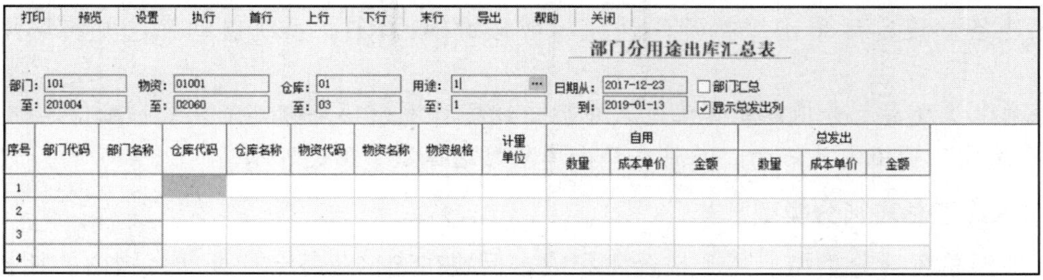


| 序号 | 部门代码 | 部门名称 | 仓库代码 | 仓库名称 | 物资代码 | 物资名称 | 物资规格 | 计量单位 | 自用 | | | 总发出 | | |
|---|---|---|---|---|---|---|---|---|---|---|---|---|---|---|
| | | | | | | | | | 数量 | 成本单价 | 金额 | 数量 | 成本单价 | 金额 |
| 1 | | | | | | | | | | | | | | |
| 2 | | | | | | | | | | | | | | |
| 3 | | | | | | | | | | | | | | |
| 4 | | | | | | | | | | | | | | |

图 10-32　部门分用途出库汇总表

（1）输入部门范围

默认值为全部，用户根据查询需要重新选择。

（2）输入查询物资范围

默认值为所有物资范围，用户根据查询需要单击“物资”项后面的输入框重新选择。

（3）选择查询仓库范围

直接录入或引导录入仓库范围。

仓库范围置为空时，表明查询所有仓库的收发存业务。

（4）执行查询

上述条件设定后单击“执行”按钮（或按键“Alt+R”），系统自动筛选并将结果显示出来。

**注意：**部门分用途出库汇总表中列出的用途全部都是在“基础信息|代码定义|物资用途”项中定义好的，并且在开出库单时选择了“用途”项。

### 6. 收发存及分用途出库汇总表

收发存及分用途出库汇总表用于按仓库和成本反映在选定业务会计期间范围内的期初、收入、各种发出项的物资数量、成本信息。并且按照仓库信息生成汇总情况，如图 10-33 所示。

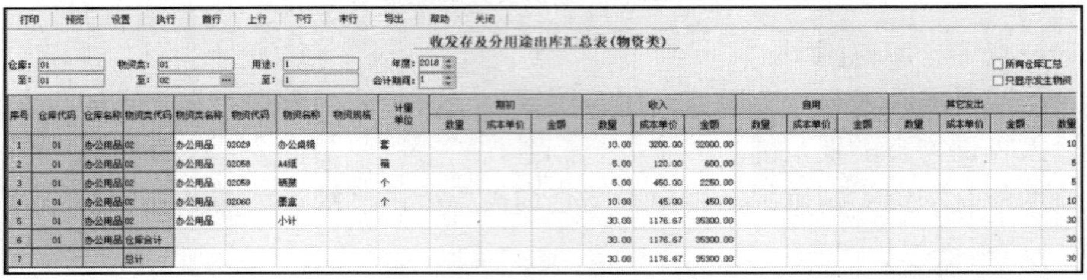


图 10-33　收发存及分用途出库汇总表（物资类）

（1）输入仓库范围

默认值为全部，用户根据查询需要重新选择。

（2）输入查询物资范围

默认值为所有物资范围，用户根据查询需要单击“物资类”项后面的输入框重新选择。

（3）选择会计期间

默认值为系统登录时的时间，用户根据查询需要重新选择。

（4）执行查询

上述条件设定后单击“执行”按钮（或按键[Alt+R]），系统自动筛选并将结果显示出来。

**注意：**收发存及分用途出库汇总表中列出的各种发出项全部都是在“基础信息|代码定义|物资用途”项中定义好的，并且在开出库单时选择了“用途”项。

### 7. 入库汇总表（分类型）

入库汇总表（分类型）用于按仓库和成本反映在选定业务会计期间范围内的期初、采购、各种入库单项目的物资数量、成本、金额的信息，并且按照仓库信息汇总情况，如图 10-34 所示。

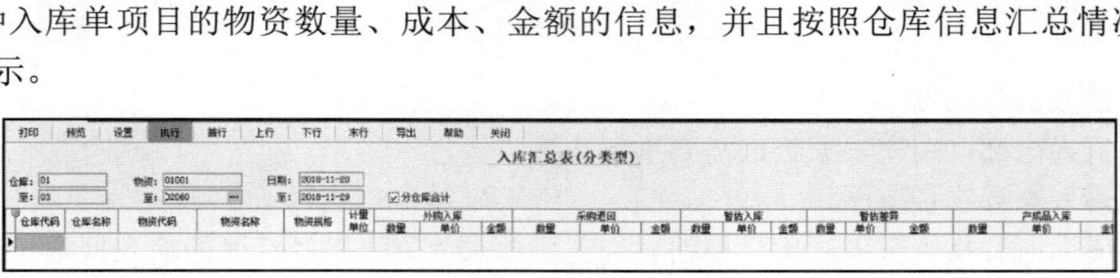


图 10-34　入库汇总表（分类型）

（1）输入仓库范围

默认值为全部，用户根据查询需要重新选择。

（2）输入查询物资范围

默认值为所有物资范围，用户根据查询需要单击“物资”项后面的输入框重新选择。

（3）选择会计期间

默认值为系统登录时的时间，用户根据查询需要重新选择。

（4）执行查询

上述条件设定后单击“执行”按钮（或按键“Alt+R”），系统自动筛选并将结果显示出来。

### 8. 出库汇总表（分类型）

出库汇总表（分类型）用于按仓库和成本反映在选定业务会计期间范围内的期初、各种出库单项目的物资数量、成本、金额的信息，并且按照仓库信息汇总情况，如图 10-35 所示。

图 10-35　出库汇总表（分类型）

（1）输入仓库范围

默认值为全部，用户根据查询需要重新选择。

（2）输入查询物资范围

默认值为所有物资范围，用户根据查询需要单击“物资”项后面的输入框重新选择。

（3）选择会计期间

默认值为系统登录时的时间，用户根据查询需要重新选择。

（4）执行查询

上述条件设定后单击“执行”按钮（或按键[Alt+R])，系统自动筛选并将结果显示出来。

## 10.2.4　收入管理期末处理

### 1. 账表查询

账表查询模块包括收入明细表、收入汇总表、收入执行情况表三个模块，分别用于查看相关收入单信息、查询收入单的汇总数据以及统计收入单生成指标的使用情况。

（1）收入明细表

收入明细表模块用于查看并处理相关收入单信息。

在系统菜单“账表查询”中找到需要查询的表单类型，单击进入收入明细表。

根据单据类型、日期范围（这里的日期是针对单据日期）、相关辅助项条件，以及单据状态获取的收入单列表，如图 10-36 所示。

（2）收入汇总表

收入汇总表模块用于查询收入单的汇总数据。

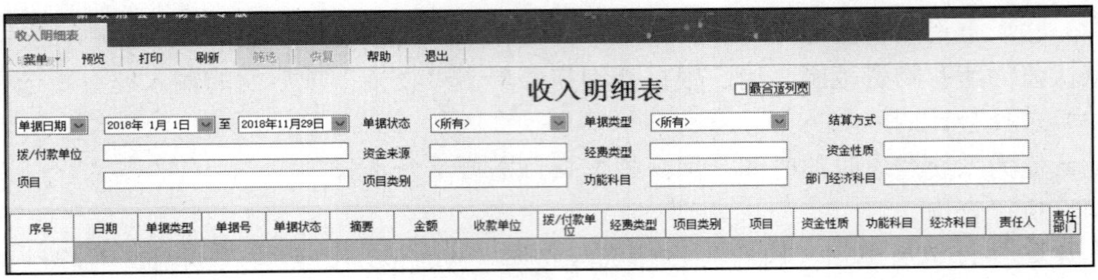


图 10-36　收入明细表

在系统菜单“账表查询”中找到需要查询的表单类型，单击进入收入汇总表；从单据日期、单据状态、单据类型等选项中选择筛选条件，如图 10-37 所示。

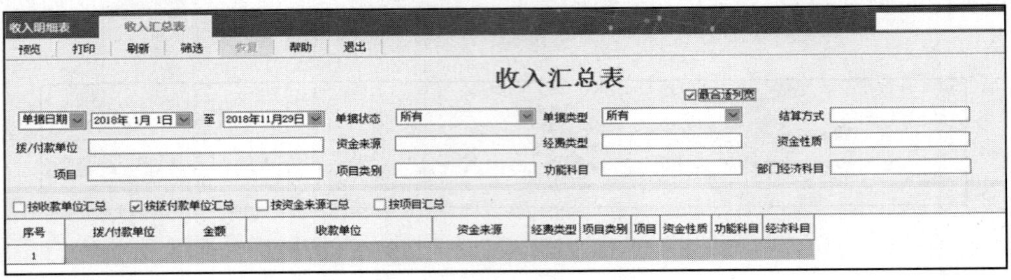


图 10-37　收入汇总表

（3）收入执行情况表

收入执行情况表模块用于统计收入单生成指标的使用情况。

在系统菜单“账表查询”中找到需要查询的表单类型，单击进入收入执行情况表；从单据日期、单据类型等选项中选择筛选条件，如图 10-38 所示。

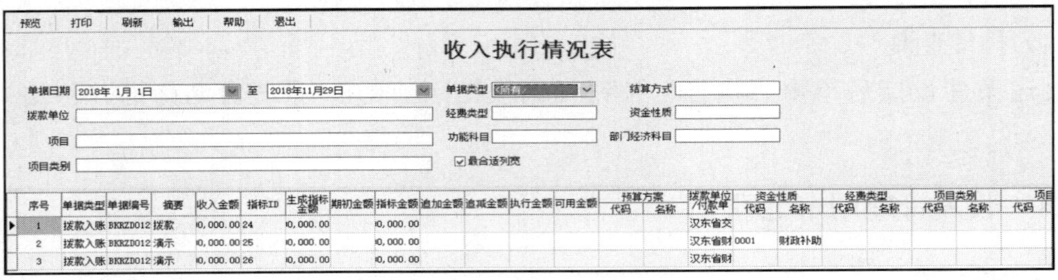


图 10-38　收入执行情况表

## 2. 下年结转

下年结转模块主要是将经费认领、收入单据等数据进行检验，满足条件后将未使用完的银行来款数据结转到下年，下年继续处理。

步骤一：在系统菜单“下年度数据处理”中找到“下年结转”项。

步骤二：单击“下一步”按钮，完成数据检查；

步骤三：再单击“下一步”按钮，完成数据的结转；

步骤四：单击“完成”按钮，结转完成，关闭窗口。如图 10-39、图 10-40 所示。

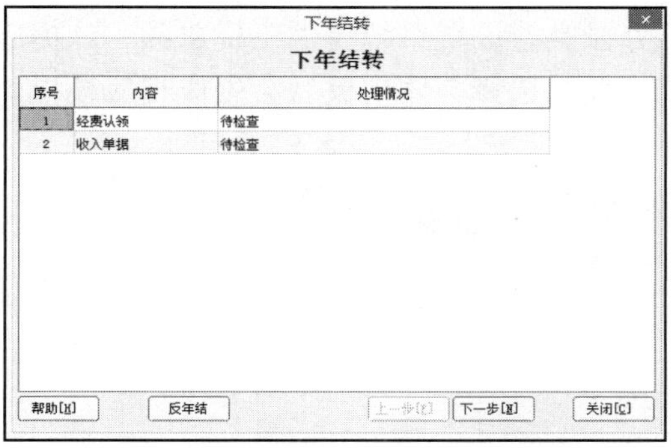


图 10-39　下年结转（1）

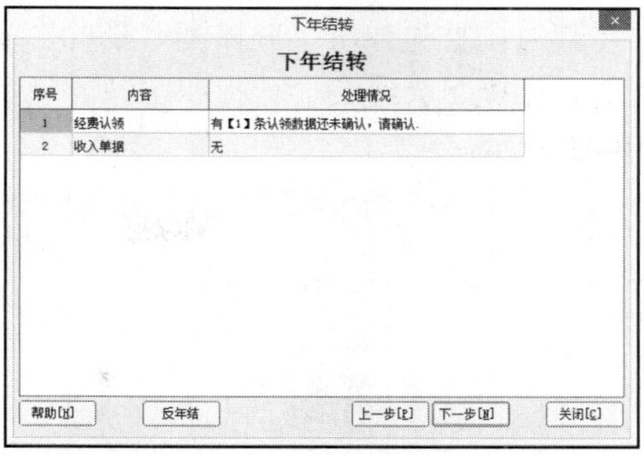


图 10-40　下年结转（2）

## 10.2.5　工资管理期末处理

由于我国大多数单位的工资项目都较多，构成比较复杂，不同工资岗位、不同工作性质的人员汇总数据要在不同的科目中进行核算。例如，管理人员应发工资的汇总数据在管理费用中核算，直接生产工人的应发工资汇总数据在生产成本中进行核算等；同一人员不同工资项目的数据也会在不同的科目中进行核算。针对以上所述情况，根据预置或定义的工资费用设置，工资数据按核算需要设置生成金额比例，并最终得到生成凭证一览表和自动生成转账会计凭证，以便进行账务处理和成本核算。

**注意：**“用友 GRP 财政管理软件”中还会涉及数据下发/工资数据审核的概念，即：在处理工资统发业务时，财政部门先下发给预算单位本月工资数据的基本编制信息，预算单位根据这些基础信息编制本单位本月工资数据后提交财政部门审核，财政部门审核通过的工资数据才能正式进行发放。

### 1．凭证模板设置

在进行工资核算时，首先需要知道核算的一些项目，然后分别定义凭证模板。凭证模板用于定义凭证模板，并就所有凭证模板具体的金额取向及生成百分比进行设定。系统预设工资总额凭证模板，同时允许用户自定义凭证模板。选择“工资管理|结账|凭证模板设置”项，如图 10-41 所示。

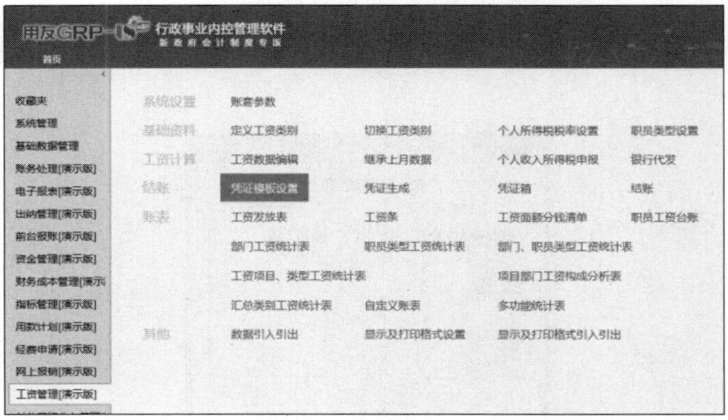


图 10-41　凭证模板设置

步骤 1：首先弹出“分摊类型设置”窗口，分摊类型设置系统提供工资总额、计提应付福利费、计提工会经费、计提职工教育经费四个模板，选择具体模板后会生成相应模板，如图 10-42 所示。

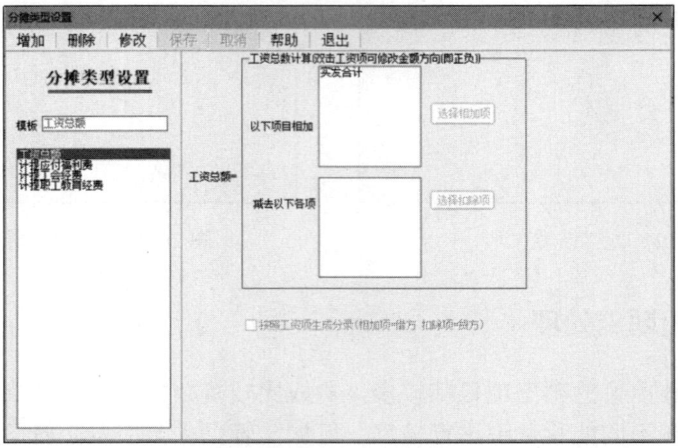


图 10-42　分摊类型设置

步骤 2：单击“修改”按钮进入编辑模式，如图 10-43 所示。

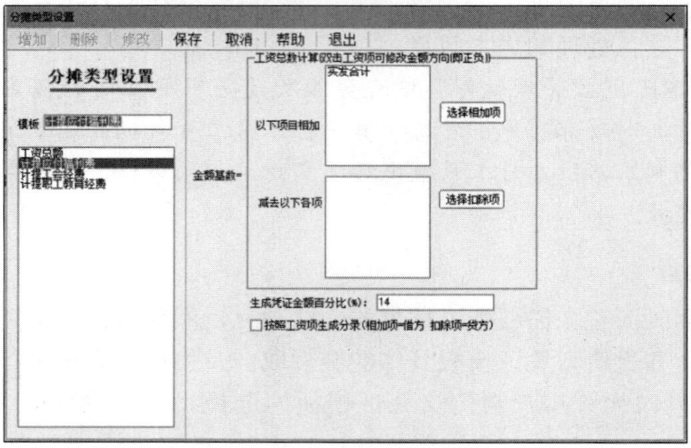


图 10-43　修改分摊类型

步骤 3：设置金额基数。单击选择相加项和相减项，弹出项目选择栏，点选相应的项目，如图 10-44 所示。

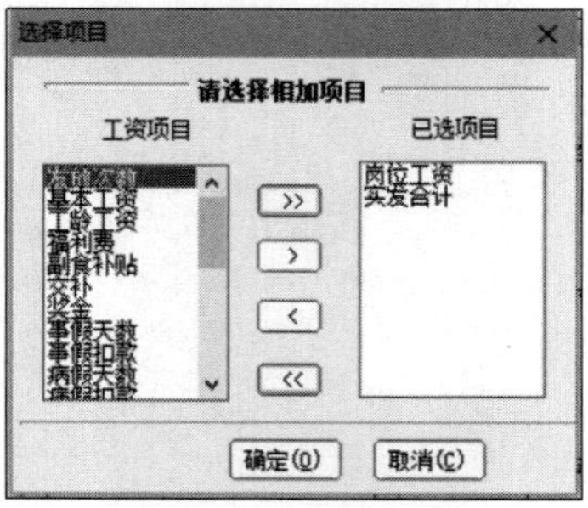


图 10-44　选择项目

选择项目自动出现在相加栏和相减栏内，如图 10-45 所示。

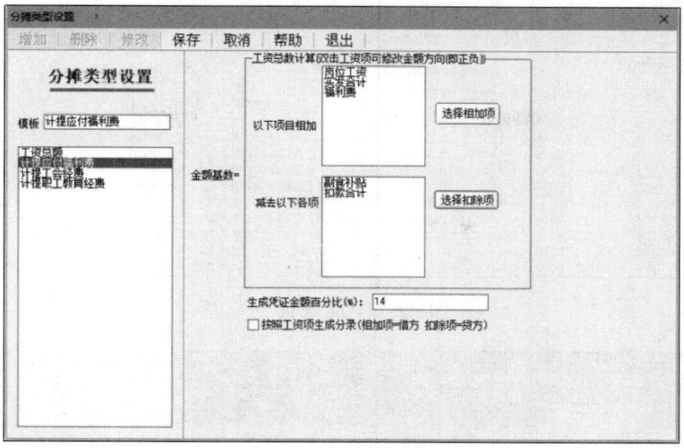


图 10-45　金额基数设置

步骤 4：单击“保存”按钮，系统保存设置。单击“取消”按钮，取消设置。

### 2. 凭证生成

系统根据已定义存在的凭证模板，分页显示每种凭证模板的具体情况，包括“部门”“类别”“工资总额”及对应的借贷方科目等，实现查询、修改及打印凭证模板的情况表。

系统采用“部门＋类别”的生成方式，且可随时进行部门范围的设定，生成科目默认由下月继承。如果勾选了“工资总额使用功能分类（部门）、经济分类（工资项目）辅助核算”，则必须先设置部门和工资项的展开项，部门与预算科目、工资项与经济科目的对应关系。此选项只对“工资总额”产生作用。

通过“工资管理 | 结账 | 凭证生成”进入该功能，如图 10-46 所示。

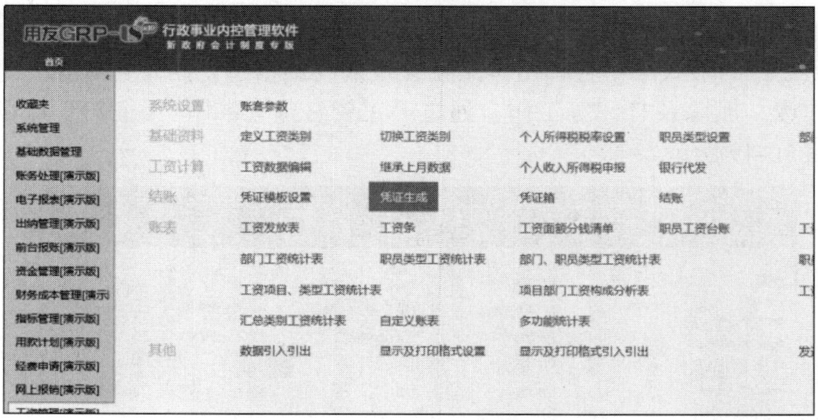


图 10-46　凭证生成

步骤 1：在生成凭证一览表上方有一个系统预置的工资总额标签页，如图 10-47 所示。

步骤 2：设置变动参数，根据定义的信息产生生成凭证一览表，也可重新定义，单击窗口上方的“参数”按钮，出现一个下拉式菜单，可以对分摊项设置和凭证模板设置进行重新设置，如图 10-48 所示。

图 10-47　生成凭证一览表

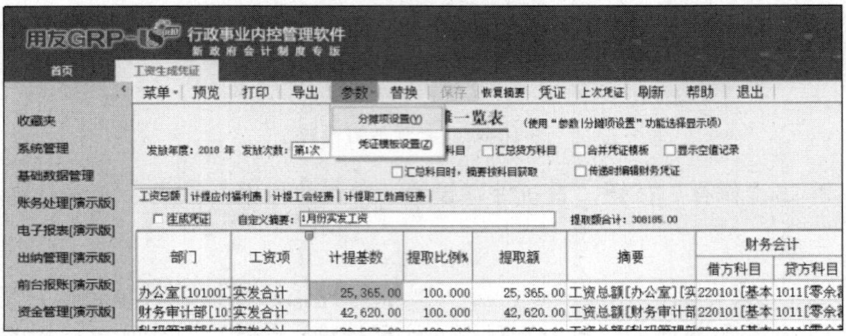


图 10-48　工资生成凭证参数

步骤 3：参数设置完毕，则生成凭证一览表根据重新定义的内容，界面自动刷新。

对单独一个部门进行凭证生成，通过单击窗口上方的“参数”按钮，出现一个下拉式菜单，可以对核算部门重新选择，选择完毕单击“确认”按钮，则生成凭证一览表根据重新定义的内容，界面自动刷新。

### 3．凭证箱

系统以凭证箱的形式集中管理由本系统生成的凭证信息，用户可以在此进行凭证的查阅、修改、作废、删除及打印等工作。通过“工资管理 | 结账 | 凭证箱”可以进入该凭证箱模块，如图 10-49 所示。

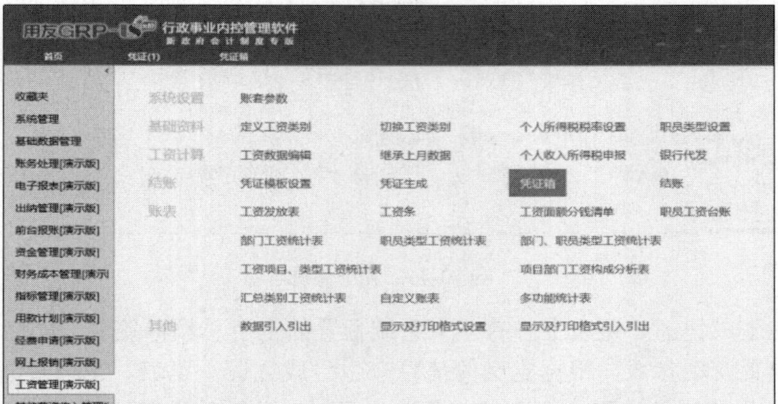


图 10-49　凭证箱

（1）凭证查询

步骤 1：在凭证范围选择起止日期和凭证号，如图 10-50 所示。

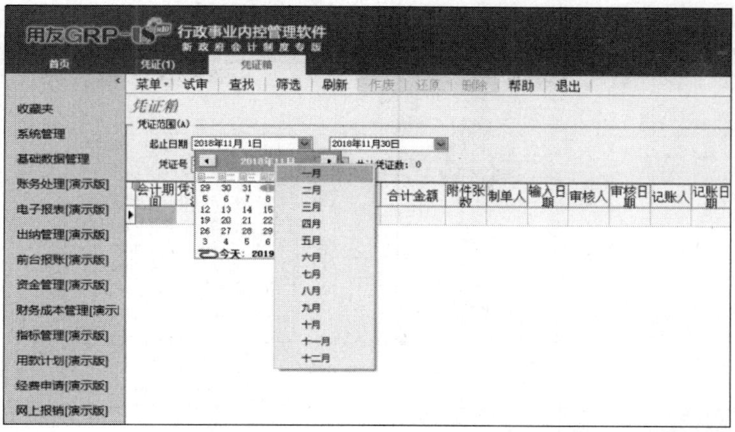

图 10-50　查询范围选择

步骤 2：单击“刷新”按钮，系统显示符合范围的凭证，如 10-51 所示。

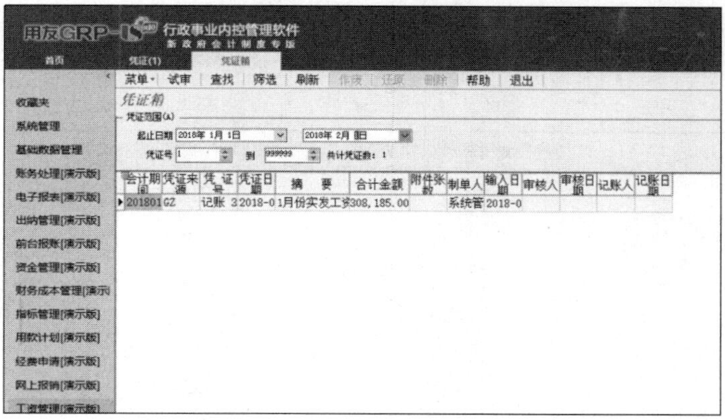

图 10-51　凭证查询（1）

步骤 3：双击凭证，弹出具体凭证信息，如图 10-52 所示。

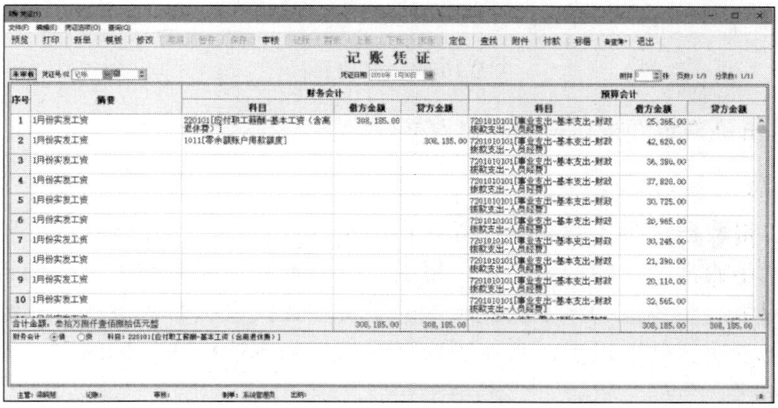

图 10-52　凭证查询（2）

(2）凭证修改

步骤 1：首先找出需要修改的凭证。

步骤 2：单击“修改”按钮，进入编辑模式，如图 10-53 所示。

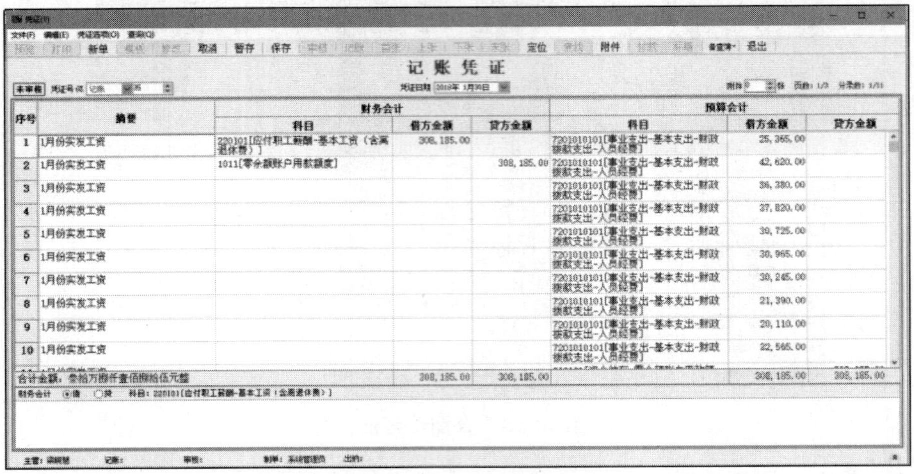


图 10-53　凭证修改

步骤 3：双击需要修改的科目并单击“…”按钮，弹出选择科目框进行修改，如图 10-54 所示。

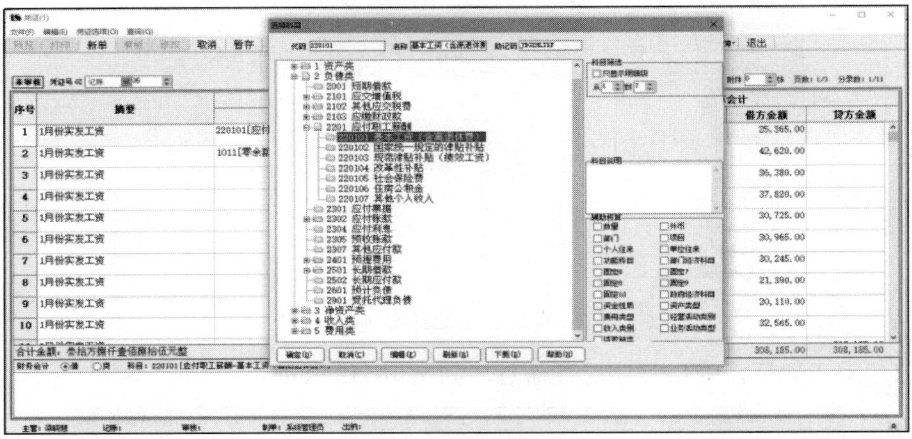

图 10-54　修改科目

步骤 4：单击“确定”按钮，保存修改。

#### 4．工资结账

当本月的工资数据进行了编制和计算并预计发放以后，可把这些经过处理的工资数据结转至下次，也就是通常所说的期末结账，每次工资数据处理完毕均可进行期末结账。

在结账过程中，系统自动将本次继承项的工资项数据直接带入下次，非继承项的工资项数据清零后带入下次。结账以后，系统更新登录日期为本次操作日期的下一天，前面的数据只能进行查询操作。

通过“工资管理|结账|结账”可以进入结账模块，如图 10-55 所示。

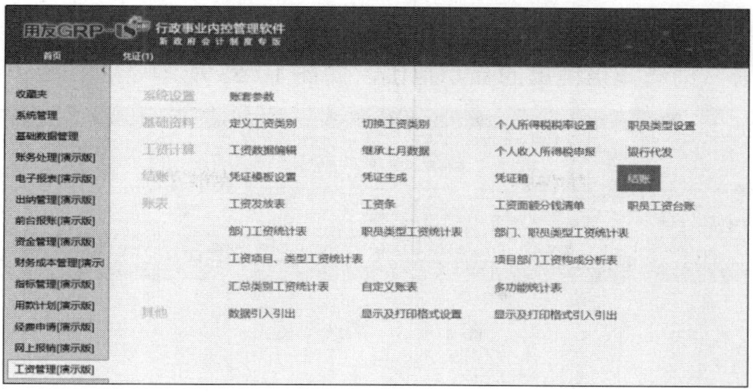


图 10-55　工资结账

根据需要，选择“次结”或“月结”选项，单击“结账”按钮完成结账操作，如图 10-56 所示。

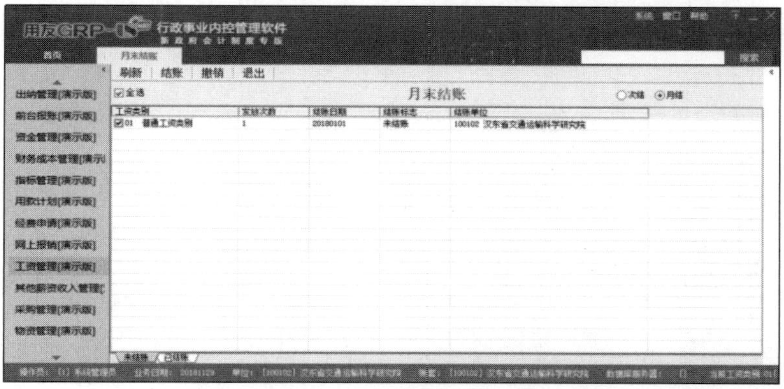


图 10-56　“月末结账”界面

在界面下方有未结账和已结账切换标签，单击“已结账”标签，切换到已结账标签页。

**5．其他收入审核**

通过“其他薪资收入管理 | 收入审核 | 其他收入审核”进入“其他收入审核”界面，如图 10-57 所示。

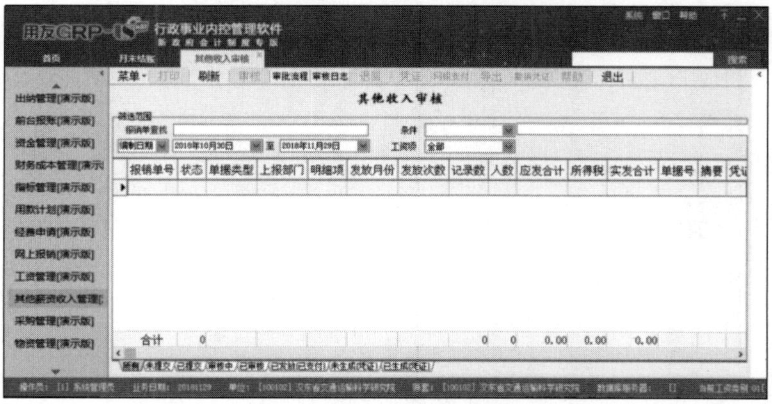


图 10-57　“其他收入审核”界面

（1）筛选范围

在“筛选范围”栏选择报销单的显示范围，如图 10-58 所示。

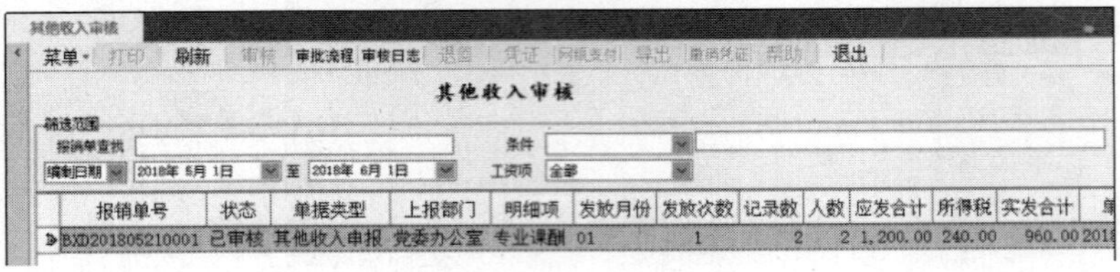


图 10-58　筛选范围

（2）审批流程

在上方菜单栏可以查看选中报销单的审批流程，如图 10-59 所示。

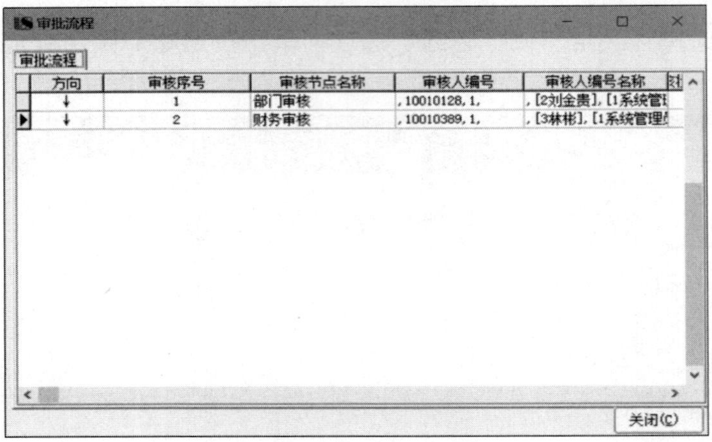


图 10-59　审批流程

（3）审核日志

在上方菜单栏单击“审核日志”按钮，可以查看选中报销单的审核日志，如图 10-60 所示。

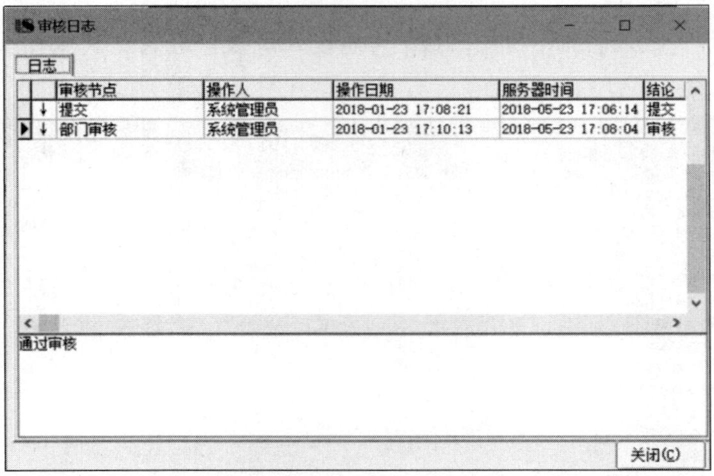


图 10-60　审核日志

（4）标签页选择

在下方标签页中可以选择查看处于所有、未提交、已提交、审核中等状态的报销单，如图 10-61 所示。

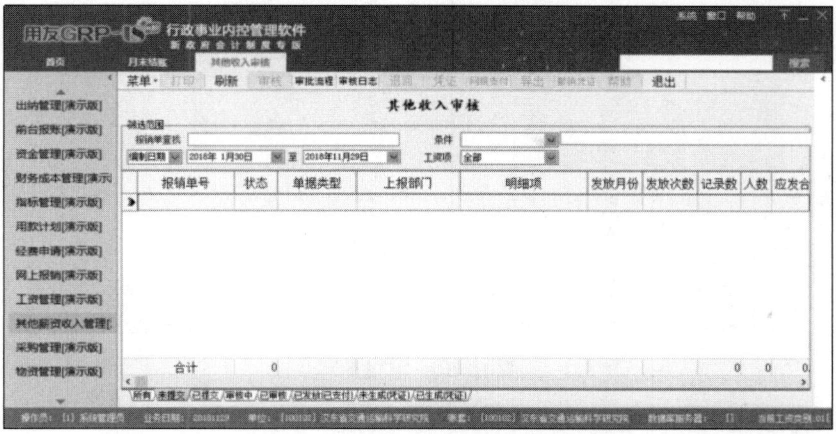


图 10-61　报销单标签页

## 6．劳务费审核

通过“其他薪资收入管理 | 收入审核 | 劳务费审核”，可以进入“劳务费审核”界面，如图 10-62 所示。

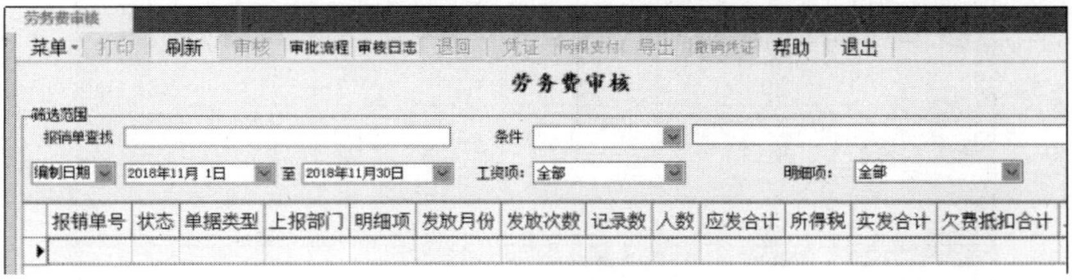


图 10-62　“劳务费审核”界面

（1）筛选范围

在“筛选范围”栏选择报销单的显示范围，如图 10-63 所示。

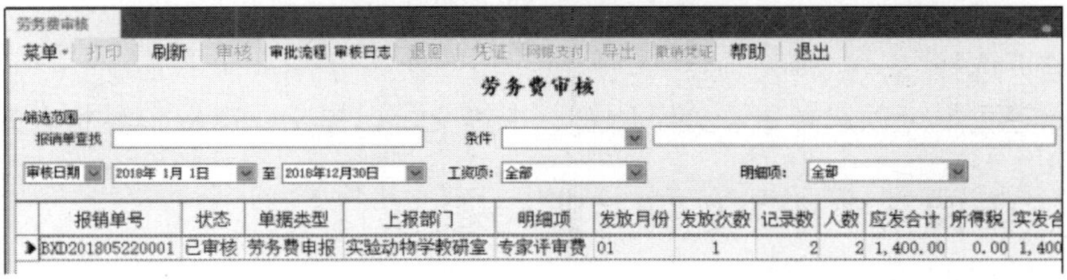


图 10-63　筛选劳务费审核范围

（2）审批流程

在上方菜单栏单击“审批流程”按钮，可以查看选中报销单的审批流程，如图 10-64 所示。

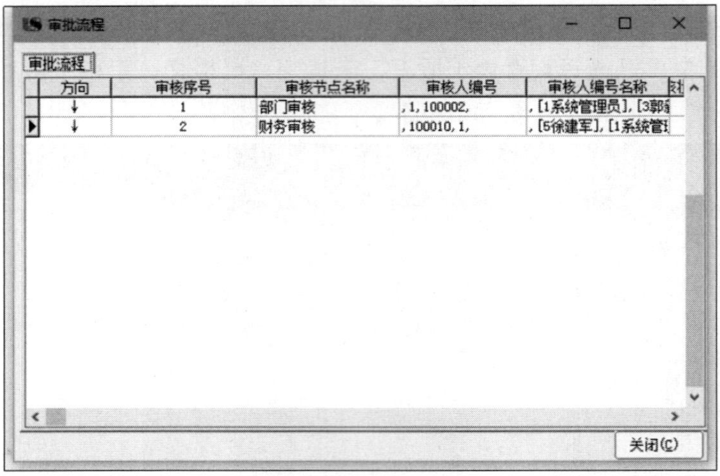

图 10-64　审批流程

（3）审核日志

在上方菜单栏单击“日志”按钮，可以查看选中报销单的审核日志，如图 10-65 所示。

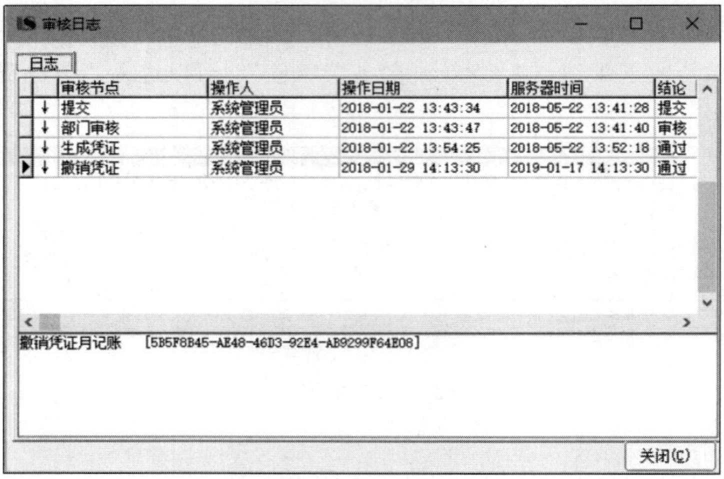

图 10-65　审核日志

（4）标签页选择

在下方标签页中可以选择查看处于所有、未提交、已提交、审核中等状态的报销单。

# 10.3　总账管理系统期末处理与账表输出

## 10.3.1　总账管理系统期末处理

当期所有的会计业务全部处理完毕时，应进行期末处理。期末处理包括“期末结汇”“结转期间收支”（或“结转期间损益”）、“期末自动转账”“试算平衡”和“结账向导”五个功能，用户在进入该部分操作之前需保证本结账会计期间所有凭证都已记账。若还使用用友其他产品，应确认其他模块已不再生成凭证到账务模块或修改已生成的凭证。

最后的“结账向导”操作会对前四项操作结果进行核查，无误通过后才允许进行本会计期间的真正结账，以提高数据处理的准确性。

### 1. 操作说明

（1）如何年结

年末结账处理时以最后一个会计期登录系统做结账操作即可，系统将自动把数据带入下一年。然后对下年初始化，以新年度登录系统，即可开始新年度操作。

（2）启用期间非第一个会计期的结账

若启用期间不是第一个会计期，则启用期间之前的各期结账要采用“期初余额装入”功能里的“封账”方式（具体操作说明见“2.4.1 期初余额装入”）。

（3）实务中每年只结账一次的单位的结账方式

对于实务中每年只结账一次的单位，应用本系统需要每月进行结账，但结账时以最后一个会计期登录进行结账操作，系统将从启用期间中第一个未结期间开始依次进行结账。

（4）结转期间收支（或损益）采用“期末自动转账”还是“结转期间收支（或损益）”？结转收支可采用“结转期间收支”功能，也可采用“期末自动转账”功能。“期末自动转账”需要在“功能|基础资料|自动凭证定义”中自行定义公式来取收支科目余额，但凭证分录金额要用公式运算，而“结转期间收支”只是简单地取余额转出。如果没有特殊要求，建议使用“结转期间收支”功能。

（5）按年结转收支

按年结转收支的单位应确保“功能｜基础资料｜账套参数设置”中“普通参数”的选项“按年结转期间收支”为勾选状态。

本系统提供的期末自动转账功能主要用于单位在一个会计期间终了时将自动凭证定义中的月结自动凭证按照转账顺序号生成期末自动转账凭证。

（1）准备工作

① 定义期末自动转账凭证：在“功能｜基础资料｜自动凭证定义”中将准备用于期末自动转账的自动凭证的使用时间改为“月结”。

② 定义期末自动转账凭证的转账顺序号：在“功能｜基础资料｜自动凭证定义”中按计划的转账顺序修改月结自动凭证的转账顺序号，通过“功能|期末处理|期末处理向导|期末自动转账”打开“自动转账”窗口。

（2）操作说明

系统自动确认当前业务日期即为此次期末自动转账日期。

① 选中“自动对转账生成的凭证进行审核并记账”选项，则系统将对产生的机制凭证自动审核和记账；否则期末自动转账后，用户还需对自动生成的凭证进行凭证审核和记账。

② 单击“结转”按钮，系统自动执行期末自动转账操作，每个自动凭证将生成一张机制凭证。

### 2. 期末处理向导

通过“功能|期末处理|期末处理向导”打开“期末处理”窗口，如图 10-66 所示。期末处理由准备结账、额度注销、期末结汇、期末结转、试算平衡、核对账簿、期末结账和结账报告构成。

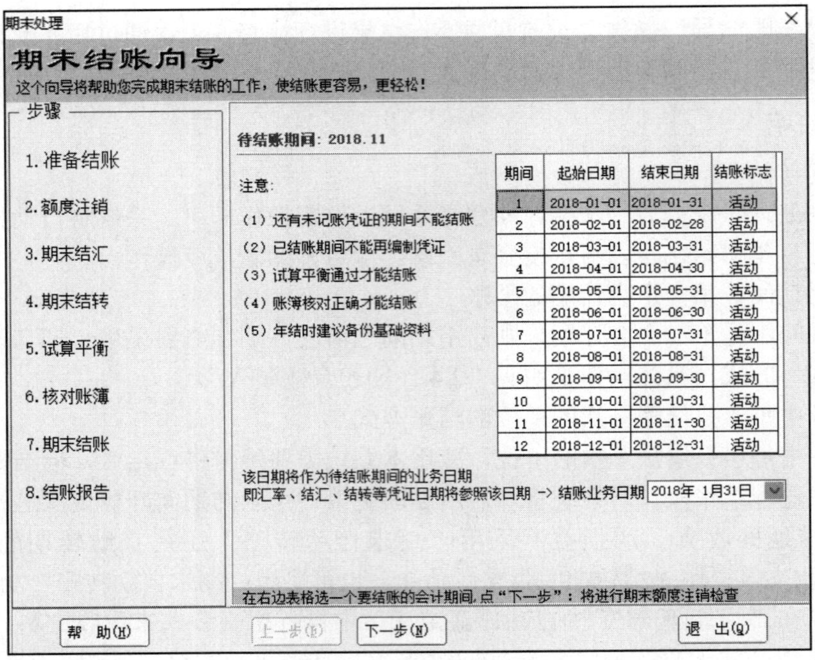


| 期间 | 起始日期 | 结束日期 | 结账标志 |
|---|---|---|---|
| 1 | 2018-01-01 | 2018-01-31 | 活动 |
| 2 | 2018-02-01 | 2018-02-28 | 活动 |
| 3 | 2018-03-01 | 2018-03-31 | 活动 |
| 4 | 2018-04-01 | 2018-04-30 | 活动 |
| 5 | 2018-05-01 | 2018-05-31 | 活动 |
| 6 | 2018-06-01 | 2018-06-30 | 活动 |
| 7 | 2018-07-01 | 2018-07-31 | 活动 |
| 8 | 2018-08-01 | 2018-08-31 | 活动 |
| 9 | 2018-09-01 | 2018-09-30 | 活动 |
| 10 | 2018-10-01 | 2018-10-31 | 活动 |
| 11 | 2018-11-01 | 2018-11-30 | 活动 |
| 12 | 2018-12-01 | 2018-12-31 | 活动 |

图 10-66 “期末处理”界面

### 3. 反结账

通过“功能|期末处理|反结账”打开“反结账”界面，如图 10-67 所示。

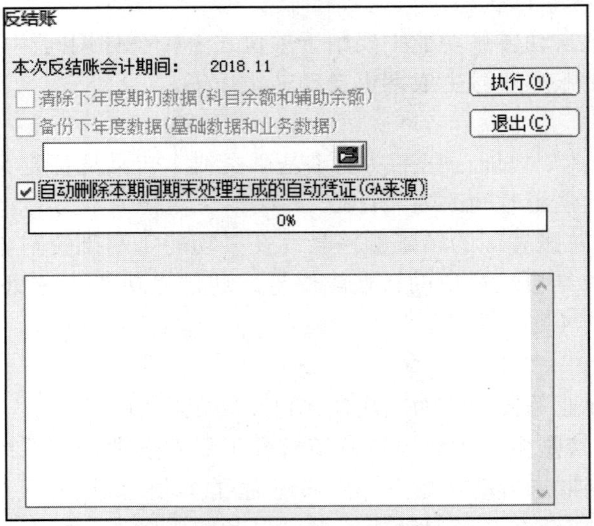


图 10-67 “反结账”界面

### 4. 期末凭证重新排号

通过“功能 | 期末处理 | 凭证重新排号”打开“凭证重新排号”界面，如图 10-68 所示。

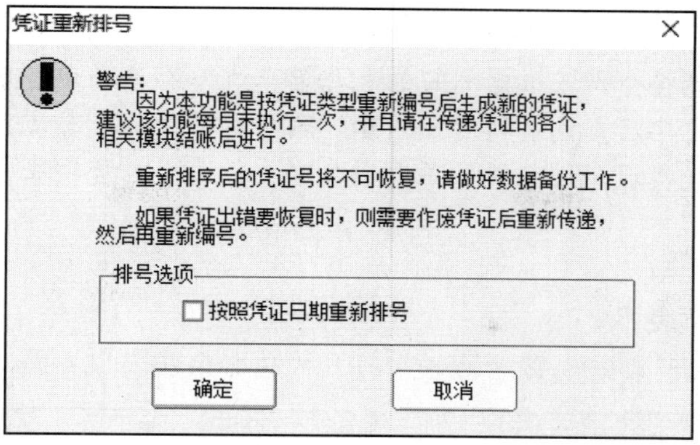


图 10-68 “凭证重新排号”界面

## 10.3.2 总账管理系统账表输出

账表输出的内容有：总账余额表、总账、明细账、多栏账、日记账、序时账、日报表。账表是编制会计报表的依据，对于全面、系统、序时、分类地反映各项经济业务，充分发挥会计在经济管理中的作用，具有重要意义。

在账务处理系统中所有账表均有打印、联查、筛选、格式编辑等功能。各种账表的联查功能即从总账余额表联查到总账、明细账，总账联查明细账，明细账联查总账和记账凭证。各种账表的查询操作方法基本相同，如图 10-69 所示。

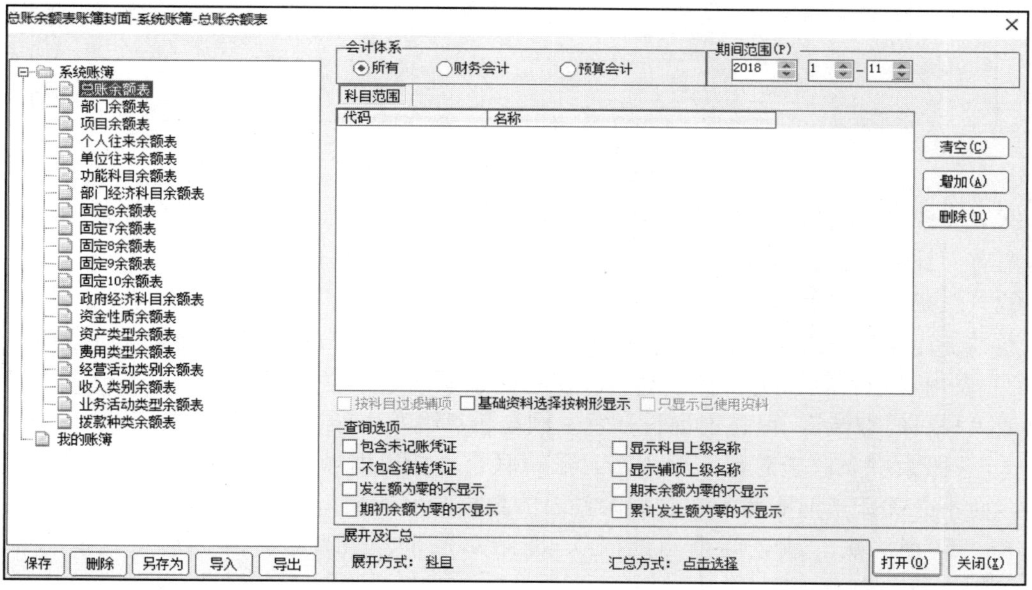


图 10-69 系统账簿表

### 1. 总账余额表

总账余额表显示及打印指定会计期间内汇总统计的各会计科目（组）的期初余额、本期发生额、期末余额及累计发生额；可根据自定义的账簿格式显示及打印余额表；可联查总账、明细账。

**应用场景：**

由于总账余额表能将全部或选定科目的数据显示在一个界面中，所以经常用于在某会计期间的记账凭证制作完毕后查询并核对（出纳、银行对账单等）数据是否正确，这点对于总账、明细账等账簿也能实现，但只能是单个科目的查询；支持凭证未审核及未记账时的总账余额表查询。

**操作步骤：**

（1）打开总账余额表

① 通过“功能|账表数据|总账余额表”打开“总账余额表”界面，如图 10-70 所示。

图 10-70 “总账余额表”界面

② 选择要查询的会计期间后，直接单击【打开】按钮即可进入总账余额表，系统默认显示所有会计科目的账簿数据。

（2）总账余额表呈现

通过上述操作进入总账余额表的数据显示界面，下面对数据显示界面做详细说明。

① 表内显示科目还是科目组数据。在总账余额表的数据显示界面，右击选择“科目取数”或“科目组取数”，可在查询科目发生额与科目组发生额数据之间切换。

② 总账余额表联查总账、明细账。账簿联查是指根据当前查询到的账簿直接查询其他账簿，而不必关闭当前账簿。在总账余额表的数据显示界面，单击要联查的科目行，然后右击选择“联查总账”或“联查明细账”，即从总账余额表直接打开当前科目的总账或明细账。

③ 自定义账簿显示及打印格式。“文件|显示及打印格式设置”有自定义总账余额表中标题、字体、对齐方式、表外项是否打印等显示及打印自定义功能，方便用户定制显示格式及打印格式。

④ 科目呈现级次显示。勾选“执行|代码和名称分级显示”选项后，科目呈现级次显示，下级科目会空出两个空格，以便看出科目的级次关系。

⑤ 科目按类别汇总小计。勾选“执行|按科目类别汇总小计”选项后，系统会按照科目

大类进行小计。

⑥ 计算累计发生额时包含年初数（一般情况下不使用）。勾选“执行|计算累计发生额时包含年初数”选项后，累计发生额会包含年初数，系统默认是不勾选的，只是本年发生额的累计。

⑦ 合计余额单方向显示（一般情况下不使用）。勾选“执行|合计余额单方向显示”选项后，表示“期初余额”和“期末余额”的最后一行“合计”要么显示在借方，要么显示在贷方，合计数为表内列示的所有科目中最下一级科目借方余额合计与贷方余额合计的差，金额保持正数。即借方余额合计数大于贷方余额合计数，则显示在借方，否则显示在贷方。

### 2. 科目总账

科目总账显示及打印按会计期间汇总统计的各会计科目的本期借/贷方发生额及期末余额；可根据“显示及打印格式设置”定义的账簿格式显示及打印总账；可自定义筛选条件显示及打印输出某科目的部分总账数据，并可联查科目明细账。

**应用场景：**

总账查询不但能查询各总账科目的年初余额、各月发生额合计和月末余额，而且还可查询所有级次明细科目的年初余额、各月发生额合计和月末余额。单位在录入凭证后查询总账数据或打印总账账簿。支持凭证未审核及未记账时的总账查询。

**操作步骤：**

（1）打开“科目总账”

通过“功能|账表输出|科目总账”打开“科目总账”界面，如图 10-71 所示。

| 2018年 月 | 日 | 摘要 | 借方 | 贷方 | 方向 | 余额 |
|---|---|---|---|---|---|---|
| | | 期初余额 | | | 平 | |
| 1 | | 本期发生额 | 2,387,424.19 | 2,387,424.19 | 平 | |
| 1 | | 累计发生额 | 2,387,424.19 | 2,387,424.19 | | |
| 2 | | 本期发生额 | | | 平 | |
| 2 | | 累计发生额 | 2,387,424.19 | 2,387,424.19 | | |
| 3 | | 本期发生额 | | | 平 | |
| 3 | | 累计发生额 | 2,387,424.19 | 2,387,424.19 | | |
| 4 | | 本期发生额 | | | 平 | |
| 4 | | 累计发生额 | 2,387,424.19 | 2,387,424.19 | | |
| 5 | | 本期发生额 | | | 平 | |
| 5 | | 累计发生额 | 2,387,424.19 | 2,387,424.19 | | |
| 6 | | 本期发生额 | | | 平 | |
| 6 | | 累计发生额 | 2,387,424.19 | 2,387,424.19 | | |
| 7 | | 本期发生额 | | | 平 | |
| 7 | | 累计发生额 | 2,387,424.19 | 2,387,424.19 | | |
| 8 | | 本期发生额 | | | 平 | |
| 8 | | 累计发生额 | 2,387,424.19 | 2,387,424.19 | | |
| 9 | | 本期发生额 | | | 平 | |
| 9 | | 累计发生额 | 2,387,424.19 | 2,387,424.19 | | |
| 10 | | 本期发生额 | | | 平 | |
| 10 | | 累计发生额 | 2,387,424.19 | 2,387,424.19 | | |
| 11 | | 本期发生额 | | | 平 | |
| 11 | | 累计发生额 | 2,387,424.19 | 2,387,424.19 | | |

图 10-71 “科目总账表”界面

与总账余额表类似，进入科目总账之前，首先见到的是总账的封面，如图 10-72 所示。

在科目总账的显示界面单击“封面”按钮，重新回到账簿封面，再次进行条件选择。

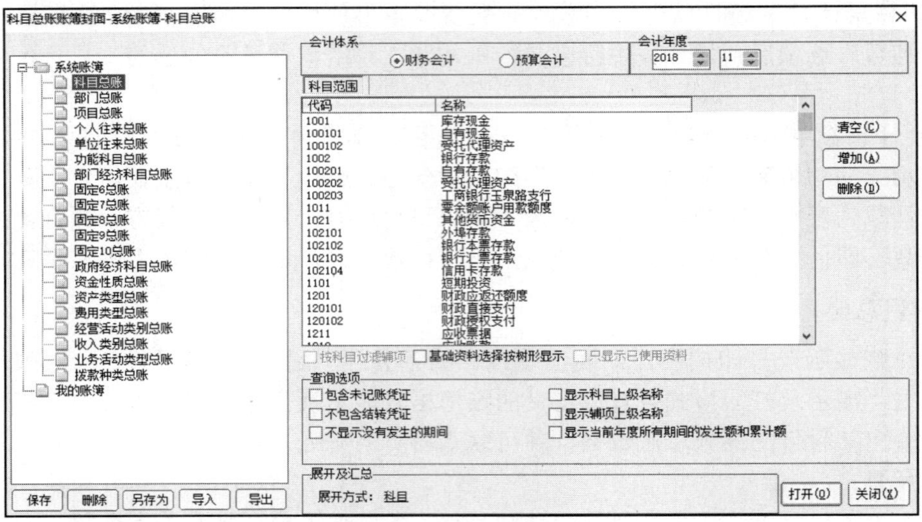


图 10-72　科目总账账簿封面

（2）总账呈现

① 定义显示列能自己定制总账列表中显示及打印的列。例如，系统初始默认单价和数量两列是不显示的，如果想让系统显示，设置方法是：单击“文件|显示及打印格式设置”，单击“编辑”按钮，将想要显示的项目勾选即可，不勾选则不显示及不打印，最后单击“保存”按钮即可。

② 总账联查明细账。在总账列表界面单击“明细账”按钮即可进入当前科目的明细账界面，查询条件取当前科目总账的查询条件。

③ 账簿格式切换。可在三栏式、数量金额式、复币式、数量外币式几个账簿格式之间切换，以方便查询。操作方法是单击菜单“格式”按钮，选择相应格式即可。

（3）总账打印

① 批量打印所有总账科目。

② 总账通常需要一次打印所有总账科目，使用连续打印输出功能，如图 10-73 所示，单击“文件|账表连续打印输出|连续打印输出”打开“扩展打印输出”界面。

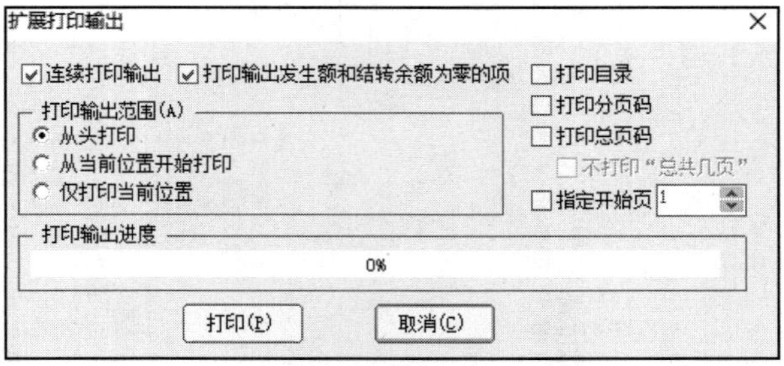


图 10-73　“扩展打印输出”界面

### 3. 科目明细账

科目明细账显示及打印查询会计期间内的各会计科目（组）的明细本期借/贷方发生额

及期末余额；可自由定义账簿显示及打印格式；可进行条件筛选以显示及打印输出某科目的部分明细账数据；可联查总账和记账凭证。明细账与日记账的区别：明细账账簿格式中只含月合计和年累计，但日记账不但有月合计和年累计，还有每日合计。

**应用场景：**

单位在制作凭证后，查询科目的明细业务数据，明细账详细反映每一笔会计业务。支持凭证未审核及未记账时的明细账查询。

通过“功能|账表输出|科目明细账”打开“科目明细账”界面，如图 10-74 所示。

| 日期 年 | 月 | 日 | 凭证号 | 摘要 | 借方 | 贷方 | 方向 | 余额 |
|---|---|---|---|---|---|---|---|---|
| 2018 | 01 | | | 上年结转 | | | 平 | |
| 2018 | 01 | 03 | 记账 1 | 银行提现 | 2,000.00 | | 借 | 2,000.00 |
| 2018 | 01 | 05 | 记账 6 | 从零余额账户提取现金 | 3,000.00 | | 借 | 5,000.00 |
| 2018 | 01 | 23 | 记账 22 | 报销办公用品 | | 1,650.00 | 借 | 3,350.00 |
| 2018 | 01 | | | 本月合计 | 5,000.00 | 1,650.00 | 借 | 3,350.00 |
| 2018 | 01 | | | 本年累计 | 5,000.00 | 1,650.00 | | |
| 2018 | 02 | | | 本月合计 | | | 借 | 3,350.00 |
| 2018 | 02 | | | 本年累计 | 5,000.00 | 1,650.00 | | |
| 2018 | 03 | | | 本月合计 | | | 借 | 3,350.00 |
| 2018 | 03 | | | 本年累计 | 5,000.00 | 1,650.00 | | |
| 2018 | 04 | | | 本月合计 | | | 借 | 3,350.00 |
| 2018 | 04 | | | 本年累计 | 5,000.00 | 1,650.00 | | |
| 2018 | 05 | | | 本月合计 | | | 借 | 3,350.00 |
| 2018 | 05 | | | 本年累计 | 5,000.00 | 1,650.00 | | |
| 2018 | 06 | | | 本月合计 | | | 借 | 3,350.00 |
| 2018 | 06 | | | 本年累计 | 5,000.00 | 1,650.00 | | |
| 2018 | 07 | | | 本月合计 | | | 借 | 3,350.00 |
| 2018 | 07 | | | 本年累计 | 5,000.00 | 1,650.00 | | |
| 2018 | 08 | | | 本月合计 | | | 借 | 3,350.00 |
| 2018 | 08 | | | 本年累计 | 5,000.00 | 1,650.00 | | |
| 2018 | 09 | | | 本月合计 | | | 借 | 3,350.00 |
| 2018 | 09 | | | 本年累计 | 5,000.00 | 1,650.00 | | |
| 2018 | 10 | | | 本月合计 | | | 借 | 3,350.00 |
| 2018 | 10 | | | 本年累计 | 5,000.00 | 1,650.00 | | |
| 2018 | 11 | | | 本月合计 | | | 借 | 3,350.00 |

图 10-74 “科目明细账”界面

**操作步骤：**

（1）打开“科目明细账”账簿封面

①“会计期间”范围默认从系统启用会计期间到当前业务日期所在会计期间，如系统从第 3 个会计期间启用，则查询的起始会计期间是 3。

② 按需要设置选项。

（2）科目明细账呈现

（3）科目明细账打印

### 4. 科目多栏账

科目多栏账将有明细科目的总账科目以明细科目作为栏目（列），用多栏账格式输出显示及打印；多栏账显示不受明细科目数量限制，但最多打印 99 列，每页打印的列数根据用户所选纸张及缩放比例自动排列，栏目太多，自动拆分成多页打印；可按借方、贷方及借贷方双方展开格式显示；可联查科目总账、科目明细账及记账凭证。

**应用场景：**

在一个界面中显示多个明细科目的业务数据。例如，查询暂付款、暂存款、拨入经费、经费支出，这些科目往往有多个明细科目，应用多栏账查询及打印较为直观，不像科目总账或科目明细账那样需要一个一个地点击查询。支持凭证未审核及未记账时的多栏账查询。

通过“功能|账表输出|科目多栏账”打开“科目多栏账”界面，如图 10-75 所示。

科目多栏账

格式

科目 1001 库存现金

| 2018年 | | 凭证号 | 摘要 | 借方 | | | 贷方 | 方向 | 余额 |
|---|---|---|---|---|---|---|---|---|---|
| 月 | 日 | | | 合计 | 自有现金 | 其他 | 金额 | | |
| 01 | | | 上年结转 | | | | | 平 | |
| 01 | 03 | 记账 1 | 银行提现 | 2,000.00 | 2,000.00 | | | 借 | 2,000.00 |
| 01 | 05 | 记账 6 | 从零余额账户提取现金 | 3,000.00 | 3,000.00 | | | 借 | 5,000.00 |
| 01 | 23 | 记账 22 | 报销办公用品 | | | | 1,650.00 | 借 | 3,350.00 |
| 01 | | | 本月合计 | 5,000.00 | 5,000.00 | | 1,650.00 | 借 | 3,350.00 |
| 01 | | | 本年累计 | 5,000.00 | 5,000.00 | | 1,650.00 | | |
| 01 | | | 月末余额 | | 3,350.00 | | | 借 | 3,350.00 |
| 02 | | | 本月合计 | | | | | 借 | 3,350.00 |
| 02 | | | 本年累计 | 5,000.00 | 5,000.00 | | 1,650.00 | | |
| 02 | | | 月末余额 | | 3,350.00 | | | 借 | 3,350.00 |
| 03 | | | 本月合计 | | | | | 借 | 3,350.00 |
| 03 | | | 本年累计 | 5,000.00 | 5,000.00 | | 1,650.00 | | |
| 03 | | | 月末余额 | | 3,350.00 | | | 借 | 3,350.00 |
| 04 | | | 本月合计 | | | | | 借 | 3,350.00 |
| 04 | | | 本年累计 | 5,000.00 | 5,000.00 | | 1,650.00 | | |
| 04 | | | 月末余额 | | 3,350.00 | | | 借 | 3,350.00 |
| 05 | | | 本月合计 | | | | | 借 | 3,350.00 |
| 05 | | | 本年累计 | 5,000.00 | 5,000.00 | | 1,650.00 | | |
| 05 | | | 月末余额 | | 3,350.00 | | | 借 | 3,350.00 |
| 06 | | | 本月合计 | | | | | 借 | 3,350.00 |
| 06 | | | 本年累计 | 5,000.00 | 5,000.00 | | 1,650.00 | | |
| 06 | | | 月末余额 | | 3,350.00 | | | 借 | 3,350.00 |
| 07 | | | 本月合计 | | | | | 借 | 3,350.00 |
| 07 | | | 本年累计 | 5,000.00 | 5,000.00 | | 1,650.00 | | |
| 07 | | | 月末余额 | | 3,350.00 | | | 借 | 3,350.00 |

图 10-75 “科目多栏账”界面

## 5. 序时账

序时账也叫分录登记簿，是将所有记账凭证（不分科目）按各项经济业务发生时间的先后顺序进行登记的簿籍；该序时账可实现各种条件的交叉筛选查询功能。可联查科目总账、科目明细账及记账凭证。

**应用场景：**

序时账提供了更为方便、灵活的凭证查询功能，当别的固定格式账簿不能满足用户的特殊查询时，请使用序时账进行查询。序时账按多个条件同时查询，比如按照摘要模糊查询、按科目+辅助核算(多个)、按对方科目等，几乎可以按任何要素进行查询。

通过“功能|账表输出|序时账”打开“序时账”界面，如图 10-76 所示。

序时账（综合查询）

起止范围：2018-01-01 —— 2018-01-31　　□最合适列宽

| 会计期间 | 凭证日期 | 凭证来源 | 凭证号 | 凭证分录号 | 摘要 | 凭证状态 | 科目代码 | 科目名称 | 币种 | 方向 | 单价 | 数量 | 金额 | 金额 借方 | 金额 贷方 | 汇率 | 外币金额 | 原 |
|---|---|---|---|---|---|---|---|---|---|---|---|---|---|---|---|---|---|---|
| 201801 | 2018-01- | | 记账 1 | 1 | 银行提现 | 已记账 | 100101 | 自有现金 | | 借 | | | 2,000.00 | 2,000.00 | | 1.0000 | | |
| 201801 | 2018-01- | | 记账 1 | 2 | 银行提现 | 已记账 | 100201 | 自有存款 | | 贷 | | | 2,000.00 | | 2,000.00 | 1.0000 | | |
| 201801 | 2018-01- | | 记账 10 | 1 | 为中建二提供高速: | 已记账 | 1211 | 应收票据 | | 借 | | | 1,700.00 | 1,700.00 | | 1.0000 | | |
| 201801 | 2018-01- | | 记账 10 | 2 | 为中建二提供高速: | 已记账 | 21010105 | 减免税款 | | 贷 | | | 1,700.00 | | 1,700.00 | 1.0000 | | |
| 201801 | 2018-01- | | 记账 10 | 3 | 为中建二提供高速: | 已记账 | 4401 | 经营收入 | | 贷 | | | 0,000.00 | | 0,000.00 | 1.0000 | | |
| 201801 | 2018-01- | | 记账 11 | 1 | 1月份财政工资统发 | 已记账 | 220101 | 基本工资（含离退休费 | | 借 | | | 5,000.00 | 5,000.00 | | 1.0000 | | |
| 201801 | 2018-01- | | 记账 11 | 2 | 1月份财政工资统发 | 已记账 | 220102 | 国家统一规定的津贴补 | | 借 | | | 3,000.00 | 3,000.00 | | 1.0000 | | |
| 201801 | 2018-01- | | 记账 11 | 3 | 1月份财政工资统发 | 已记账 | 220103 | 规范津贴补贴（绩效工 | | 借 | | | 6,200.00 | 6,200.00 | | 1.0000 | | |
| 201801 | 2018-01- | | 记账 11 | 4 | 1月份财政工资统发 | 已记账 | 4001 | 财政拨款收入 | | 贷 | | | 4,200.00 | | 4,200.00 | 1.0000 | | |
| 201801 | 2018-01- | | 记账 11 | 5 | 1月份财政工资统发 | 已记账 | 72010101 | 人员经费 | | 借 | | | 5,000.00 | 5,000.00 | | 1.0000 | | |
| 201801 | 2018-01- | | 记账 11 | 6 | 1月份财政工资统发 | 已记账 | 72010101 | 人员经费 | | 借 | | | 3,000.00 | 3,000.00 | | 1.0000 | | |
| 201801 | 2018-01- | | 记账 11 | 7 | 1月份财政工资统发 | 已记账 | 72010101 | 人员经费 | | 借 | | | 6,200.00 | 6,200.00 | | 1.0000 | | |
| 201801 | 2018-01- | | 记账 11 | 8 | 1月份财政工资统发 | 已记账 | 60010101 | 人员经费 | | 贷 | | | 4,200.00 | | 4,200.00 | 1.0000 | | |
| 201801 | 2018-01- | | 记账 12 | 1 | 缴纳职工社会保险 | 已记账 | 220105 | 社会保险费 | | 借 | | | 8,900.00 | 8,900.00 | | 1.0000 | | |
| 201801 | 2018-01- | | 记账 12 | 2 | 缴纳职工住房公积 | 已记账 | 220106 | 住房公积金 | | 借 | | | 4,900.00 | 4,900.00 | | 1.0000 | | |
| 201801 | 2018-01- | | 记账 12 | 3 | 缴纳职工社会保险 | 已记账 | 1011 | 零余额账户用款额度 | | 贷 | | | 3,800.00 | | 3,800.00 | 1.0000 | | |
| 201801 | 2018-01- | | 记账 12 | 4 | 缴纳职工社会保险 | 已记账 | 72010101 | 人员经费 | | 借 | | | 8,900.00 | 8,900.00 | | 1.0000 | | |
| 201801 | 2018-01- | | 记账 12 | 5 | 缴纳职工住房公积 | 已记账 | 72010101 | 人员经费 | | 借 | | | 4,900.00 | 4,900.00 | | 1.0000 | | |
| 201801 | 2018-01- | | 记账 12 | 6 | 缴纳职工社会保险 | 已记账 | 800101 | 零余额账户用款额度 | | 贷 | | | 3,800.00 | | 3,800.00 | 1.0000 | | |
| 201801 | 2018-01- | | 记账 13 | 1 | 计算1月份工资代扣 | 已记账 | 220101 | 基本工资（含离退休费 | | 借 | | | 5,878.00 | 5,878.00 | | 1.0000 | | |

图 10-76 “序时账”界面

**操作步骤：**

（1）设定查询范围窗口进入“序时账”模块，首先见到的是“设定查询范围”窗口。在该窗口中，可对序时账的查询范围作一限定，以提高查询速度和排除不必要数据的干扰。在序时账列表中，单击“设置”按钮，弹出“设定查询范围”窗口，重新设定查询范围。“设定查询范围”界面如图 10-77 所示。

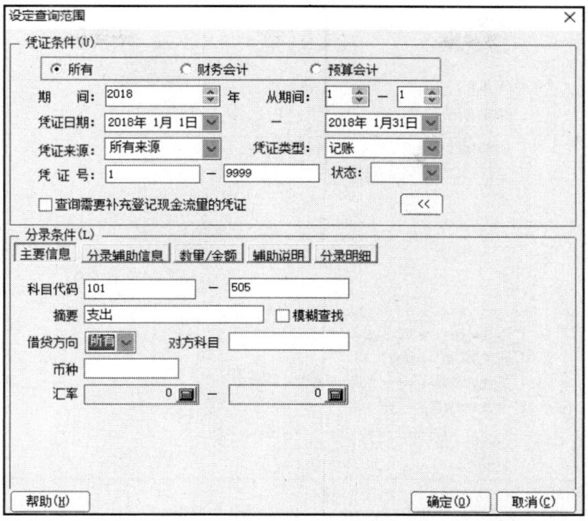


图 10-77 “设定查询范围”界面

（2）序时账呈现

序时账中的许多功能与科目明细账、日记账中的功能相同，有关的操作方法可参照科目明细账或日记账中的说明。

① 科目名称显示为总账科目名称+明细科目名称。勾选“执行|自动带出上级科目名称”选项，“科目名称”列会逐级显示科目名称。

② 进行数量合计。勾选“执行|显示数量合计”选项，则账簿“数量”列最下面两个借/贷合计行会加上数量的合计数。

### 6. 日记账

日记账的功能与科目明细账的功能几乎一样，所不同的是：日记账按日合计，而科目明细账没有按日合计的功能；日记账按日流水式显示明细业务数据，不能“按凭证汇总显示”，科目明细账可以“按凭证汇总显示”；任何科目均可输出日记账；日记账根据自定义的账簿格式显示及打印。可自定义筛选条件，显示及打印输出某科目的部分明细数据。可联查科目总账、科目明细账及记账凭证。

**应用场景：**

一般用于出纳人员查询及打印现金、银行日记账，其他科目也可按日记账格式输出。支持凭证未审核及未记账时的日记账查询。

通过“功能|账表输出|日记账”打开“日记账”界面，如图 10-78 所示。

### 7. 科目辅助综合余额表

在上述介绍的科目账中是无法查询辅助核算业务数据的；辅助账提供了非常方便的查询功能，按辅助项汇总查询、按科目汇总查询等；显示格式类似于科目总账余额表，按各辅助项显示及打印会计期间内汇总统计的各会计科目（组）的期初余额、本期借方/贷方发生额、期末余额及累计发生额；辅助账可联查辅助总账、辅助明细账；可对辅助余额表数据进行图形化的结构分析、趋势分析及对比分析；可自定义筛选条件，显示及打印输出某科目的部分余额表数据。

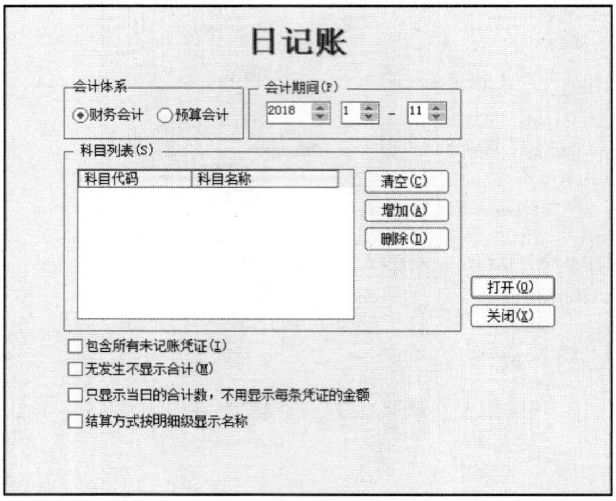


图 10-78 “日记账”界面

**应用场景：**

在科目核算属性里定义辅助核算并在日常业务中使用后，需要全部或选定辅助核算项的数据显示在一个账簿中就需要用到辅助余额表。支持凭证未审核及未记账时的辅助余额表查询。

辅助账是会计科目与其辅助项相结合查询的一种账表输出格式，只有在会计科目核算属性里定义了辅助核算项，才能查询辅助账，否则是无法查询辅助账的，只能查询科目账。

## 8. 凭证综合查询

通过“功能|账表输出|凭证综合查询”打开“凭证综合查询”界面，如图 10-79 所示。

图 10-79 “凭证综合查询”界面

### 9. 差异项明细表

通过“功能 | 账表输出 | 差异项明细表”打开“差异项明细表”界面，如图 10-80 所示。

图 10-80 “差异项明细表”界面

## 10.4 实践题

东湖医科大学作为高校行政事业单位，为了适应社会与技术的发展，财务部门的信息化建设发展迅速，用友 U8 系统已经广泛地应用于校内学生收费、教学经费管理、科研收支管理及财务查询等领域，并且取得很好的效果。

请基于高校财务管理信息系统需求分析，按具体操作步骤输出此高校的子系统资产管理、物资管理、收入管理及工资管理账表，同时输出总账管理系统账表。具体步骤参照本章“子管理系统期末处理及账表输出”及“总账管理系统期末处理及账表输出”。

# 第 11 章

# 政府财务分析系统

## 11.1 政府财务分析概述

政府财务分析是以会计核算、报表资料及其他相关资料为依据，采用一系列专门的分析技术和方法，对单位计划完成情况、预算收支情况、财务情况等进行分析与评价的管理活动，旨在帮助本单位的管理人员、上级主管单位的管理人员、财政部门、债权人及其他关心单位的组织或个人了解单位过去、评价单位现状、预测单位未来并做出正确决策。

政府财务分析的内容一般包括编制计划完成情况的分析、预算收支情况的分析和财务状况的分析等。

（1）编制计划完成情况分析。为了进一步挖掘单位的内部潜力，并为编制下期计划提供依据，应根据财务报表等相关资料提供的数据进行分析，对没有完成计划的事项分析原因，提出切实可行的解决措施。

（2）预算收支情况分析。政府单位一般收入较多、支出较少，应重点对预算支出具体情况进行分析，对比各项成本费用的增减变动情况及其原因，判断其合理性，并针对发现的问题提出建议，以此来强化单位成本管理，提高预算支出绩效。

（3）财务状况分析。财务状况分析主要是分析单位资产、负债、收入、费用和净资产的增减变化是否合法合规，从而更高效地使用预算资金。主要针对库存现金、银行存款、固定资产、材料物资、拨入经费、往来款项、应缴预算款、其他收入等进行逐项分析。

政府财务分析的方法有很多种，主要包括趋势分析法、指标分析法、因素分析法等，如表 11-1 所示。

**表 11-1　政府财务分析方法表**

| 主要分析方法 | 说　　明 |
| --- | --- |
| 指标分析法 | 利用财务报表中两项相关数值的比率揭示单位财务状况、营运情况的变动趋势，如政府资产负债率、现金比率、流动比率等 |
| 因素分析法 | 分析几个相互联系的因素对分析对象的综合财务指标或经济指标的影响程度。使用这种方法的核心在于，当有若干因素对分析对象产生影响作用时，假定其他各个因素都无变化，按顺序确定每个因素单独变化时所产生的影响 |
| 绝对数分析法 | 将不同时期、相同项目的绝对金额排列成行，观察其绝对额的变化趋势 |
| 定基分析法 | 以分析期间第一期的报表数据作为基数，其他各期与之对比，计算百分比，观察各期相对于基数的变化趋势 |
| 环比分析法 | 对比某一期的数据和上期的数据，计算趋势百分比，观察每期的增减变化情况 |
| 趋势分析法 | 将两期或连续数期财务报告中的相同指标进行对比，确定其增减变动的方向、数额和幅度 |

在正式启用财务分析模块之前，需首先完成系统的安装、建立新账套及账套参数的设置工作。

在正式使用财务分析模块前还需进行财务分析模块的初始化工作，包括：操作员权限分配、金额单位设置、数字格式设置、账套参数设置、指标定义、报表定义等，如图 11-1 所示。

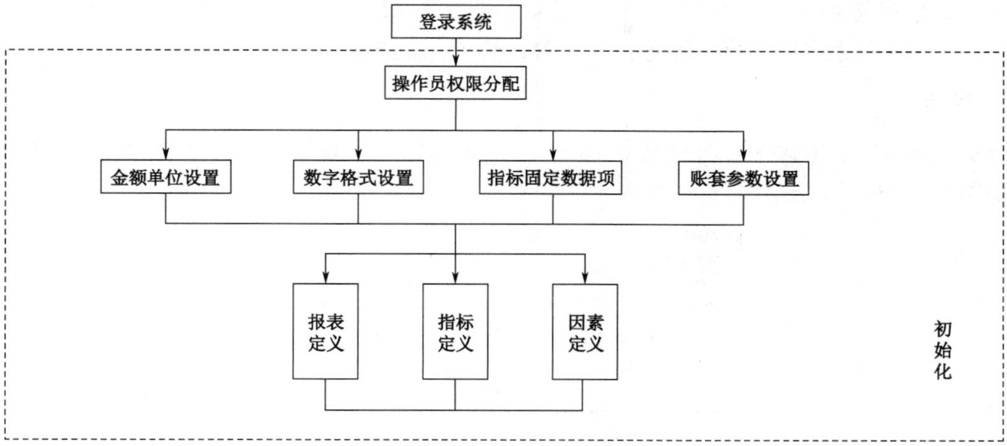


图 11-1　财务分析初始化流程

日常业务处理主要包括报表分析、指标分析等，流程如图 11-2 所示。

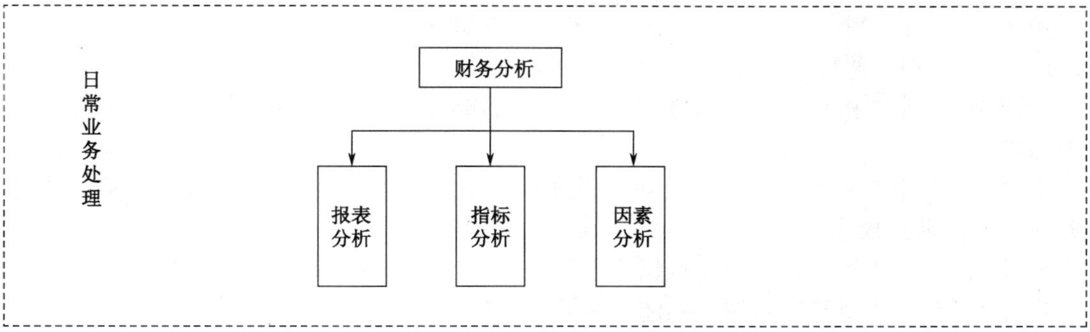


图 11-2　财务分析日常处理流程

关于财务分析模块和其他模块的关系，如图 11-3 所示。

① 账务处理模块中产生的数据能传递到财务分析模块中进行报表分析等；

② 财务数据能通过智能报表工具生成用户需要的报表信息。

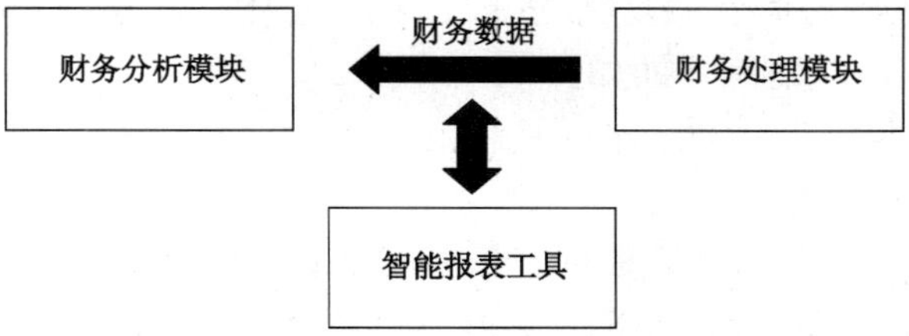


图 11-3　财务分析模块与其他模块的关系图

## 11.2 财务分析系统初始化

### 11.2.1 财务分析常用功能

财务分析模块中的一些功能在许多地方都会用到，例如：预览/打印、筛选/恢复、查找、替换、数据输出等。在此将这些功能统一说明，以后用到这些功能时请参阅本节中的详细说明。本节只说明财务分析模块中涉及的比较通用的操作。

#### 1. 替换

替换功能主要用于将某信息替换为指定信息。能实现逐个替换，也能实现一次全部替换，如图 11-4 所示。

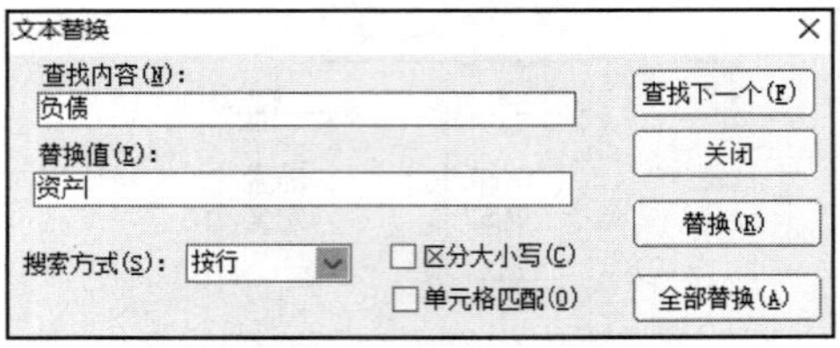


图 11-4 “文本替换”界面

步骤 1：在“查找内容”下的输入框中输入本次需要替换的内容；

步骤 2：在“替换值”下的输入框中输入替换后的信息；

步骤 3：单击“搜索方式”后的下拉按钮，在弹出的列表中选择搜索方式，系统支持“按行”和“按列”两种搜索方式；

步骤 4：选中“区分大小写”选项，则只有与输入的查找内容大小写也相同时才能进行替换操作；

步骤 5：选中“单元格匹配”选项，则只有当整个单元格中的内容与输入的查找内容相同时才能进行替换操作；

步骤 6：单击“查找下一个”按钮，系统按顺序逐个查找满足条件的信息；

步骤 7：单击“替换”按钮，系统将满足条件的当前信息进行替换；

步骤 8：单击“全部替换”按钮，系统将满足条件的所有信息一次替换完成；

步骤 9：单击“关闭”按钮，退出“文本替换”。

#### 2. 复制

（1）块复制

使用该功能能实现选定信息的复制/粘贴工作，能大大提高工作效率。系统支持块复制和列复制两种复制方式，块复制界面如图 11-5 所示。

步骤 1：进入“块复制”界面，选择复制范围；

步骤 2：设置粘贴的起始行信息；

步骤 3：单击“复制”按钮，完成选定信息的复制、粘贴工作。

**注意：** 粘贴起始行不能位于复制范围的起始行与结束行之间。

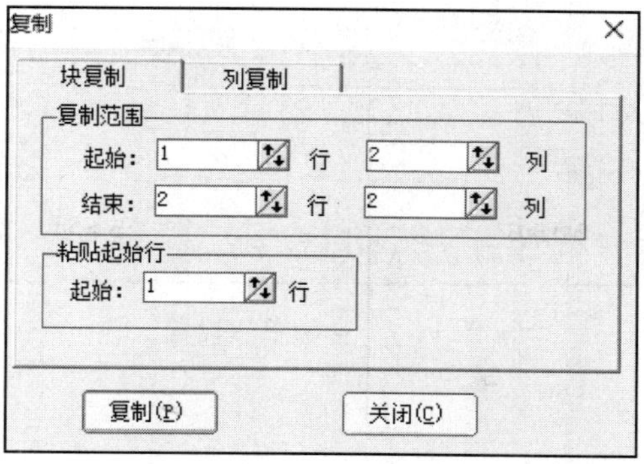


图 11-5 “块复制”界面

（2）列复制

步骤 1：进入“列复制”界面，设置复制和粘贴列信息，如图 11-6 所示；

步骤 2：单击“复制”按钮，完成选定信息的复制、粘贴工作。

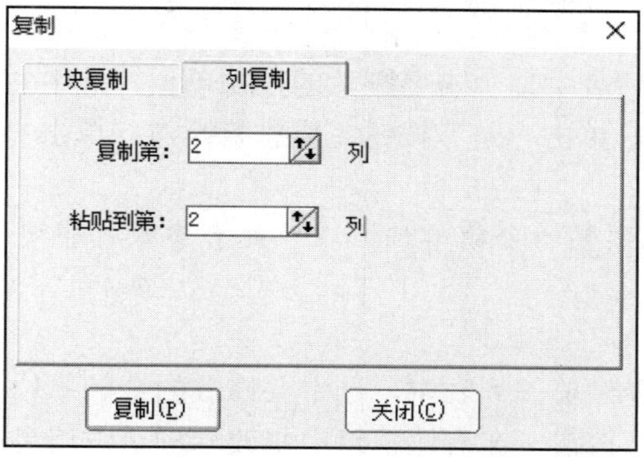


图 11-6 “列复制”界面

## 11.2.2 财务分析系统初始化设置

在正式启用财务分析模块对本单位的预算进行管理前，首先对财务分析常用功能进行阐述，同时介绍系统如何进行初始化工作，对操作员进行适当的权限分配，建立必要的基础资料信息等。本节将着重向您介绍金额单位设置、数字格式设置、报表定义、指标固定数据项、指标定义、因素定义、科目类型设置和账套参数设置等内容。

## 11.2.3 金额单位设置

### 1. 功能与作用

金额单位设置用于设置系统所需的金额单位，以账务账套本位币单位为基本金额单位，设置换算系数（换算关系=基本金额单位×换算系数），可及时增加、修改、删除金额单位信息，具有预览、打印及数据输出功能。

### 2. 屏幕格式

通过菜单“功能|系统初始|金额单位设置”进入金额单位设置界面，如图 11-7 所示。

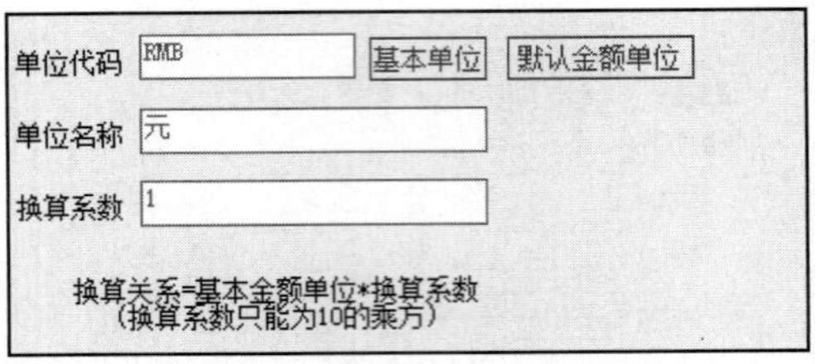


图 11-7　金额单位设置

### 3. 操作说明

（1）增加金额单位

步骤 1：单击“增加”按钮，依次填写单位代码、单位名称、换算系数；

步骤 2：单击“保存”按钮，保存本次编辑结果；

**注意：**新增的金额单位将出现在窗口左边列表中；单位代码、单位名称不能重复；单位代码、单位名称、换算系数不能为空；换算系数只能是 10 的乘方。

（2）删除金额单位

在窗口左方金额单位列表中，单击要删除的金额单位，选中它，单击“删除”按钮，系统弹出“警告信息”窗口，单击“是”按钮完成删除操作；单击“否”按钮，放弃本次删除操作。

**注意：**不能删除系统预置的金额单位；在“账套参数”中定义的默认金额单位也不允许删除。

（3）修改金额单位

步骤 1：在窗口左方金额单位列表中，选中要修改的金额单位；

步骤 2：单击“修改”按钮，在右侧窗口中修改金额单位信息；

步骤 3：单击“保存”按钮，保存修改信息。

**注意：**不能修改系统预置的金额单位信息；账套参数中设置的默认金额单位也不允许修改；单位代码同样不允许修改。

## 11.2.4　数字格式设置

### 1. 功能与作用

数字格式设置用于设置显示及打印格式的小数位数，用户需要设置的数字格式类型为：普通数值、千分位数值、百分比。

### 2. 屏幕格式

通过菜单“功能|系统初始|数字格式设置”进入“数字格式设置”界面，如图 11-8 所示。

### 3. 操作说明

步骤 1：在左侧列表中，选择需设置小数位数的数字格式类型；

步骤 2：在“小数位数”后面的输入框中直接输入小数位数，或单击上下键，用于调整小数位数；

步骤 3：单击“保存”按钮，保存结果。

**注意：**小数位数最大为 8 位。

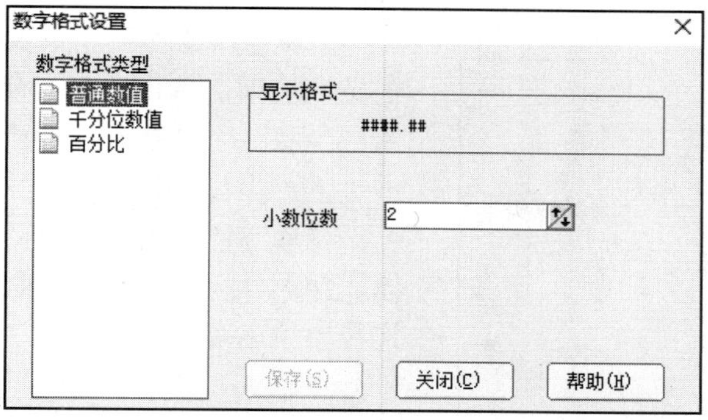


图 11-8 “数字格式设置”界面

## 11.2.5 报表定义

### 1. 功能与作用

报表定义模块用于增加新报表、维护已有报表、删除不需用报表，建立新报表时，系统提供引导功能，指引用户完成新报表的定义工作。定义报表中的取数公式，便于报表分析；在同一报表中，可追加、插入任意报表项，对其进行公式定义、显示描述；具有预览、打印及数据输出功能。

### 2. 屏幕格式

通过“功能|系统初始|报表定义”进入“报表定义”界面，如图 11-9 所示。

图 11-9 “报表定义”界面

### 3. 操作说明

（1）新建报表

通过菜单“文件|新建报表”打开“新建报表向导”界面，如图 11-10 所示。

在图 11-10 中能看到系统提供两种建立报表的方式：自定义及基于已有报表，下面分别加以说明。

① 建立自定义报表。

图 11-10 “新建报表向导”界面

步骤 1：在“新建报表向导”界面中选择“自定义”选项，单击“下一步”按钮；

步骤 2：在弹出的新界面中输入报表名称，单击“下一步”按钮；

步骤 3：在弹出的新界面中设置报表中的字体、字号大小、样式、颜色、显示、打印输出格式和单位名称；

步骤 4：单击“完成”按钮，完成自定义报表基本信息的新建操作。

步骤 5：能看到在界面左侧报表树中出现新增的报表。选择新增的自定义表，在右侧项目列表中依次定义项目名称、项目公式、显示描述。

② 建立基于原有报表模板的报表。

步骤 1：在“新建报表向导”界面中选择“基于已有报表”，此时选择模板报表中的列表树被激活，单击“下一步”按钮；

步骤 2：在出现的界面中输入报表名称，单击“下一步”按钮；

步骤 3：在出现的界面中设置报表中的字体、大小、样式、颜色、显示、打印输出格式和单位名称；

步骤 4：在左侧界面树型结构中出现新增报表，选择新增报表。在右侧界面中，显示该新报表的信息能看到，该报表复制了原报表的所有信息，只需对相关信息进行修改后即可产生一张新的报表。因此，当两张报表内容比较相似时，能通过该方法迅速产生一张新的报表。在整个建表过程中，可随时单击“取消”按钮，取消建表操作，或单击“上一步”按钮，返回上一操作步骤，修改误操作。

**注意：报表名称不能为空且不允许重复；**

（2）修改报表

在界面左方报表树中，选择需要进行修改的报表，然后在右侧界面中直接进行修改即可；

（3）追加报表项目

单击“追加”按钮，则在报表的最后出现一空行，在该行中输入项目名称、项目公式、显示描述信息；

（4）插入报表项目

单击“插入”按钮，则当前光标所在处之前出现一空行，在该行中输入项目名称、项目公式、显示描述信息；

（5）删除报表项目

选定需要删除的报表项目，单击“删除”按钮，完成选定信息的删除操作。

**注意：**

1. 有※标志的信息行为不可删除的信息行；
2. 有※标志的信息行中不能修改项目名称。

（6）删除报表

在界面左方报表树型列表中选中本次需要进行删除的报表信息，右击，在弹出的菜单中选择“删除报表”项目，系统弹出“警告信息”界面，单击“是”按钮，完成选定报表的删除操作；单击“否”按钮，放弃本次操作。

**注意**：系统预置的“资产负债表”“利润表”“现金流量表”等报表不允许删除。

（7）修改报表名称

步骤 1：在界面左方报表树型列表中选中需修改名称的报表；

步骤 2：右击，在弹出的菜单中选择“重命名”项；

步骤 3：在弹出的“报表重命名”界面中输入报表的名称，单击“确定”按钮，完成报表重命名操作，或单击“取消”按钮，放弃本次操作。

（8）设置报表属性

已定义的报表可根据个人喜好修改报表属性。所谓报表属性，在本功能中指的是报表中字体、字号、样式、颜色等信息。在左方界面的报表树型列表中选定需要进行属性设置的报表，右击，在弹出的菜单中选择“报表属性”项，在弹出的界面中进行相应信息的设置；

单击“确定”按钮，修改后的格式生效，点击“取消”按钮，放弃本次操作。

（9）结构分析设置

主要用于报表分析中的结构分析，在此处可根据用户需要设置报表结构，此处设定的子项、总项用来分析各指标所占的比重。

在左方界面的报表树型列表中选择需要进行结构分析设置的报表，在弹出的菜单中选择“结构分析设置”项，系统弹出“报表结构分析设置” 界面，如图 11-11 所示，在该界面中完成结构分析设置操作。

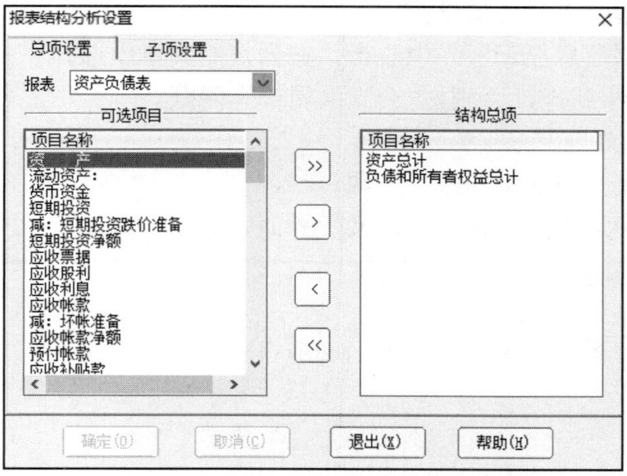


图 11-11　报表结构分析设置

从图 11-11 中能看到，需要分别对“总项”及“子项”进行设置。

① 总项设置。

步骤 1：进入“总项设置”页；

步骤 2：单击“报表”后的下拉按钮，在弹出的菜单中选择本次需要进行操作的报表；

步骤 3：系统将选定报表的所有项目列示在界面左方的“可选项目”框中，“结构总项”中显示用于结构分析的总项；

步骤 4：通过单击图标实现选定项目在两个区域中的移动。

② 子项设置。

步骤 1：进入“子项设置”界面；

步骤 2：单击“报表”后的下拉按钮，在弹出的菜单中选择本次进行操作的报表信息；

步骤 3：报表选择好后，还需对其中的“结构总项”进行选择。单击“结构总项”后的下拉按钮，在弹出的菜单中选择总项信息。这些总项信息是在“总项设置”中定义的；

步骤 4：系统将选定报表、选定结构总项的所有项目列示在窗口左方的“可选项目”框中，“结构总项”中显示用于结构分析的自项信息；通过单击实现项目在两个区域中的移动。

**注意：**

1. 一个子项只能对应一个母项；
2. 一个母项能对应多个子项；
3. 已被设置为母项的，不允许再作为其他母项的子项。
4. 单击“确定”按钮保存本次编辑结果，单击“取消”按钮放弃本次操作，单击“退出”按钮返回“报表定义”界面。

（10）显示报表树

步骤 1：报表树可将系统预置和用户定义的报表以树形结构的方式在界面中显示；

步骤 2：通过菜单“文件|显示报表树”选定“显示报表树”项目，则在界面中显示报表树信息，否则，报表树信息隐藏。

（11）公式编辑框

步骤 1：用户可根据个人需要在“报表定义”界面的相应位置直接编辑相关信息，也能在“公式编辑区”重新输入相关信息；

步骤 2：在“基本信息显示区”中右击，在弹出的菜单中选择“公式编辑框”选项，则“公式编辑框”处于选中状态，否则，“公式编辑框”隐藏。

（12）项目公式定义

本模块主要用于定义报表中的数据来源。

从“项目公式”中进入“项目公式定义”界面，如图 11-12 所示。

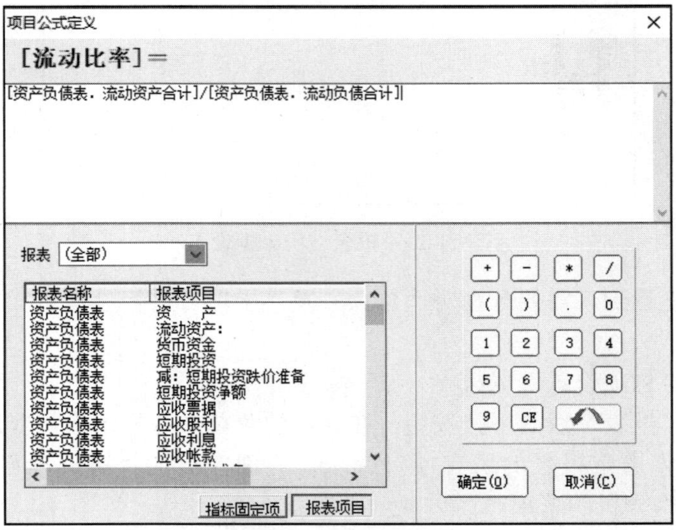


图 11-12 “项目公示定义”界面

## 11.2.6 指标定义

### 1. 作用与功能

在本模块中，用户能根据自己实际业务需求，应用财务报表中的大量数据，动态地设置指标公式，计算出很多有意义的比率。这些比率涉及单位经营管理的各个方面。在此模块设置比率关系，用以进行财务分析，得出有效财务数据。

（1）本模块用于定义财务分析中各指标之间的比率关系；

（2）所定义的比率将作为指标分析中的数据源；

（3）可及时追加、插入、删除指标项；

（4）具有预览、打印及数据输出功能；

### 2. 屏幕格式

通过菜单“功能|系统初始|指标定义”进入“指标定义”界面，如图 11-13 所示。

| | 序号 | 指标名称 | 指标公式 | 单位 | 显示格式 | 是否显示 | 备注 |
|---|---|---|---|---|---|---|---|
| ※ | 1 | 流动比率 | [资产负债表．流动资产合计]/[资产负债表 | | 百分比 | ✓ | 流动资产÷流动负债 |
| ※ | 2 | 速动比率 | ([资产负债表．流动资产合计]-[资产负债 | | 百分比 | ✓ | （流动资产−存货）÷流动负债 |
| ※ | 3 | 保守速动比率 | ([资产负债表．货币资金]+[资产负债表． | | 百分比 | ✓ | （货币资金+短期投资+应收票据+应 |
| ※ | 4 | 存货周转率 | [利润表．减：主营业务成本]/[期间平均 | 次 | 普通数值 | ✓ | 销货成本（取损益表的营业成本项 |
| ※ | 5 | 存货周转天数 | <期末普通股平均股数>/([利润表．减：主 | 天 | 普通数值 | ✓ | 按年360/按季 90/按月30÷存货周 |
| ※ | 6 | 应收账款周转率 | [利润表．一、主营业务收入]/[期间平均 | 次 | 普通数值 | ✓ | 销售收入净额÷平均应收账款（不 |
| ※ | 7 | 应收账款周转天数 | <期末普通股平均股数>/([利润表．一、主 | 天 | 普通数值 | ✓ | 按年360/按季 90/按月30÷应收账 |
| ※ | 8 | 资产负债率 | [资产负债表．负债合计]/[资产负债表． | | 百分比 | ✓ | 负债总额÷资产总额 |
| ※ | 9 | 产权比率 | [资产负债表．负债合计]/[资产负债表． | | 百分比 | ✓ | 负债总额÷所有者权益 |
| ※ | 10 | 有形净值债务率 | [资产负债表．负债合计]/([资产负债表． | | 百分比 | | 负债总额÷（所有者权益−无形资产 |
| ※ | 11 | 销售净利率 | [利润表．五、净利润（净亏损以“−”号 | | 百分比 | | 净利润÷销售收入净额（净利为税 |
| ※ | 12 | 销售毛利率 | ([利润表．主营业务收入净额]-[利润表． | | 百分比 | | （销售收入净额−销售成本）÷销 |
| ※ | 13 | 经费自给率 | ([收入支出表．事业收入]+[收入支出表． | | 百分比 | | （事业收入+经营收入+附属单位上 |
| ※ | 14 | 市盈率 | <普通股每股市价>/(([利润表．五、净利 | | 百分比 | | 普通股每股市价÷普通股每股收益 |
| ※ | 15 | 每股股利 | ([利润表．主营业务收入净额]-[利润表．减：主营业务成本])/[利润表．主营业务收入净额] | | 普通数值 | | 股利总额÷期末普通股数 |
| ※ | 16 | 每股净资产 | [资产负债表．所有者权益合计]/<期末普通 | | 普通数值 | | 期末股东权益÷期末普通股数 |
| ※ | 17 | 每股收益 | ([利润表．五、净利润（净亏损以“−”号 | | 普通数值 | | （净利润−优先股股利）÷期末普通 |
| ※ | 18 | 股票获利率 | (<股利总额>/<期末普通股数>)/<普通股每 | | 普通数值 | | 普通股每股股利÷普通股市价 |
| ※ | 19 | 股利支付率 | (<股利总额>/<期末普通股数>)/(([利润表 | | 普通数值 | | 每股股利÷每股净收益 |

图 11-13 “指标定义”界面

### 3. 操作说明

（1）新增指标

系统预置了大量的指标信息，能够满足单位的基本核算需要。同时系统也支持用户自定义指标。

步骤 1：单击“追加”按钮，则系统在指标列表之后产生一空行供用户录入信息；单击“插入”按钮，则系统在光标所在信息行之前产生一空行供用户录入信息。空行产生后，需录入如下信息：

① 指标名称：直接输入，用来表示该指标的名称，如流动比率。

② 指标公式：指标的计算方法，在某信息行的“指标公式”列中双击左键弹出“项目公式定义”对话框，在该对话框中完成公式的定义，详细的操作说明在本节稍后部分中介绍。

③ 单位：选定指标的计量单位。

④ 显示格式：指标信息的显示格式，用户能在普通数值、千分位数值、百分比中任选其一。

⑤ 是否显示：将此项置为“√”，则进行指标分析时，该项目列于指标分析表内，反之则不显示；在选定信息行的该列中双击左键，实现显示与不显示的切换。

⑥ 备注：其他需要说明的信息，可用来说明该比率的用途、设置公式或来源等。

步骤 2：所有信息输入完成后，单击“保存”按钮，保存结果。

（2）修改指标

在需要修改的信息行中双击左键，即可进行相关信息的修改，修改完成后单击“保存”按钮，保存修改结果。

**注意：** *系统预置的指标名称不能修改。*

（3）删除指标

选定需要删除的指标信息，单击“删除”按钮，完成选定信息的删除操作。

**注意：** *有“※”标志的信息行为系统预置指标，不允许删除。*

### 11.2.7 因素定义

#### 1. 功能与作用

本模块用来定义财务分析中的总体因素，包括反映单位整体经营状况、财务状况、组成结构的各因素，系统预置了利润总额、总资产额、总负债额等，用户还可根据需要定义其他因素，以供财务分析。

#### 2. 屏幕格式

通过菜单“功能|系统初始|因素定义”进入“因素定义”界面，如图 11-14 所示。

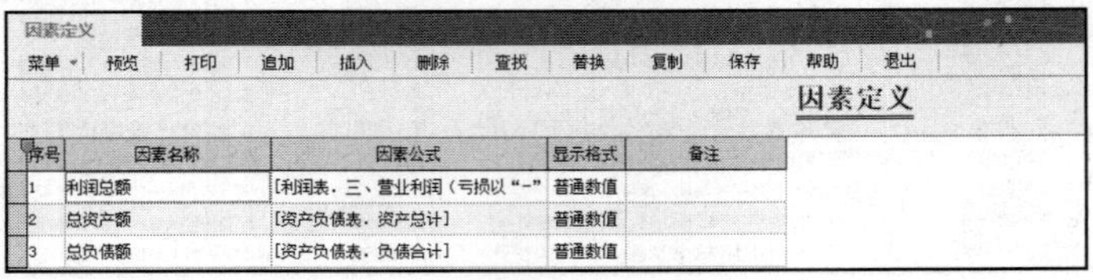


图 11-14 “因素定义”界面

#### 3. 操作说明

（1）新增因素

步骤 1：单击“追加”按钮，则系统在因素列表之后产生一空行供用户录入信息；单击“插入”按钮，则系统在光标所在信息行之前产生一空行供用户录入信息。空行产生后，需录入如下信息：

① 因素名称：直接输入，用来表明该总体因素的名称，如利润总额。

② 因素公式：用于定义因素的定义方法。双击左键弹出“项目公式定义”对话框，在该对话框中完成公式的定义。

③ 显示格式：指标信息的显示格式，用户能在普通数值、千分位数值、百分比中任选其一。

④ 备注：其他需要说明的信息，可用来说明该因素的用途、设置公式或来源等。

步骤 2：所有信息输入完成后，单击“保存”按钮，保存结果。

（2）修改因素

选择需要修改的因素信息，然后再次单击，选定信息处于可编辑状态，即可进行相关信息的修改，修改完成后单击“保存”按钮，保存修改结果。

（3）删除因素

选定需要删除的因素信息，单击“删除”按钮，完成选定信息的删除操作。

## 11.2.8 科目类型设置

### 1. 功能与作用

（1）在实际业务中，单位往往需要将某些科目归为一类来进行财务分析，本模块主要用于定义这些科目类型。

（2）用户可根据在此模块设置的类型在科目分类预算分析中查询到相应的分类数据。

（3）系统预置的科目类型有货币类、收入类、费用类。

（4）可及时增加、修改、删除科目类型。

（5）具有预览、打印及数据输出功能。

### 2. 屏幕格式

通过菜单“功能|系统初始|科目类型设置”进入“科目类型设置”界面，如图 11-15 所示。

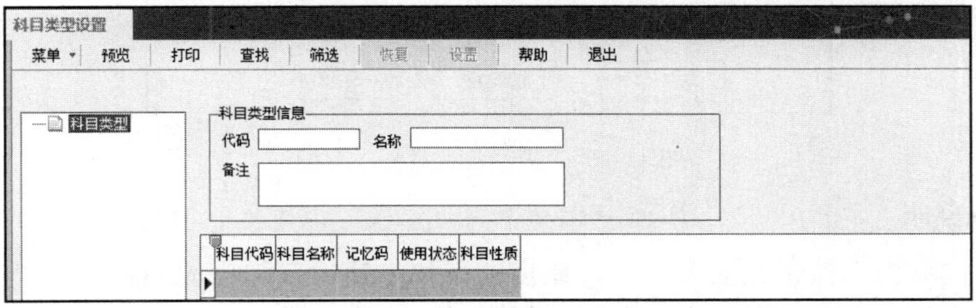


图 11-15 “科目类型设置”界面

### 3. 操作说明

（1）增加科目类型

在界面左侧的树型结构中右击，在弹出的菜单中选择“增加类型”项，依次在右方界面的“科目类型信息”中输入代码、名称、备注。单击“确定”按钮，保存结果；单击“取消”按钮放弃本次操作。

**注意：**科目类型代码、名称不能为空且不允许重复。

（2）修改科目类型

在界面左方的树型结构中，选中本次需要修改的科目类型，右击，在弹出的菜单中选择“修改类型”项，然后在右方界面中进行相应信息的修改，修改完成后单击“确定”按钮，保存修改结果；单击“取消”按钮放弃本次操作。

**注意：**类型代码不能修改。

（3）删除科目类型

在界面左方的树型结构中选中本次删除的科目类型，右击，在弹出的菜单中选择“删除类型”项，出现“警告信息”对话框，单击“是”按钮，完成选定项目的删除操作；单击“否”按钮，放弃本次操作。

### 11.2.9 账套参数设置

#### 1. 功能与作用

本模块用于显示本账套的详细信息及设置整个账套的基础参数。

#### 2. 屏幕格式

通过菜单“功能|系统初始|账套参数设置”进入“账套参数设置”界面，如图 11-16 所示。

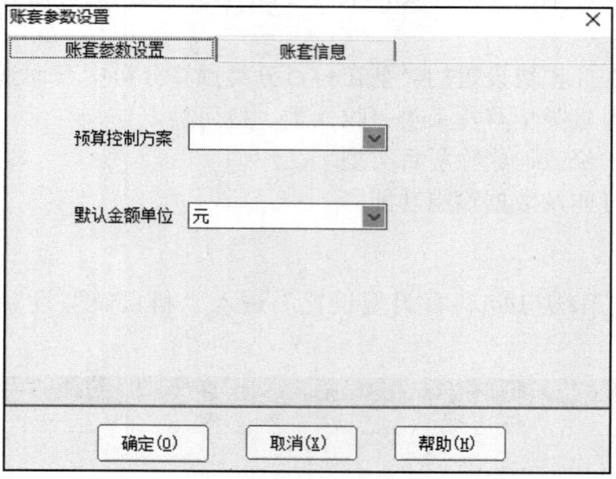


图 11-16 “账套参数设置”界面

#### 3. 操作说明

（1）通过单击“默认金额单位”按钮后的下拉按钮，在弹出的列表中选择金额单位信息。列表中的金额单位都是在“金额单位设置”模块中定义的。

（2）账套信息：列示了当前账套的基础信息，包括账套名称、核算单位代码、核算单位名称前的预算方案、预算控制方案、启用日期、操作员等。

## 11.3 政府财务分析具体内容

本节主要介绍使用财务预算管理与分析模块进行日常业务处理的方法。本节是本模块的核心内容，将着重向您介绍报表分析、指标分析和因素分析。

### 11.3.1 报表分析

#### 1. 功能与作用

（1）只分析一年的财务报表往往不够全面，系统提供了用户可选择的单选项，以供用户对不同期间财务报表的数据进行汇总、透视、转化，以得到可靠的财务信息供参考。

（2）可采用不同的方法对单位的财务报表进行全面系统的分析；

(3) 可将财务数据的分析结果以图形显示；

(4) 具有预览、打印及数据输出功能。

## 2. 屏幕格式

通过菜单“功能|财务分析|报表分析”进入报表分析模块，如图 11-17 所示。

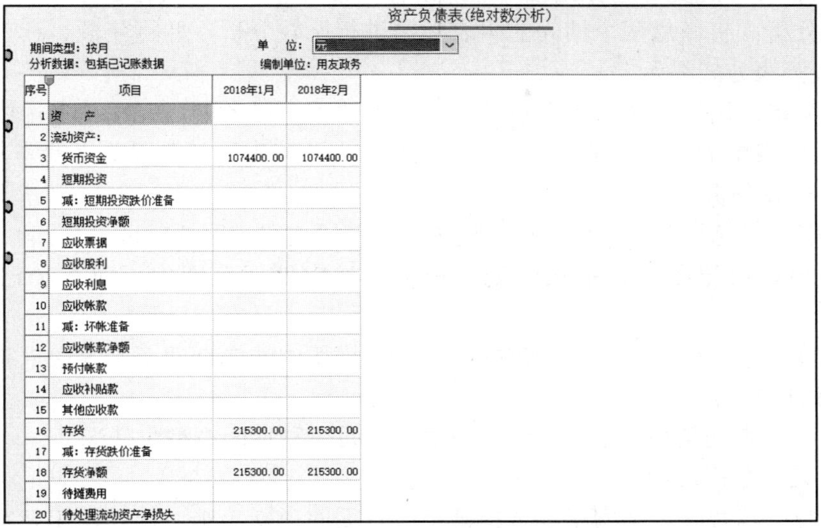

图 11-17 “资产负债表（绝对数分析）”界面

## 3. 操作说明

进入报表分析模块，首先见到的是“报表分析方式”窗口，如图 11-18 所示，需要在该窗口中进行相关信息的设定。

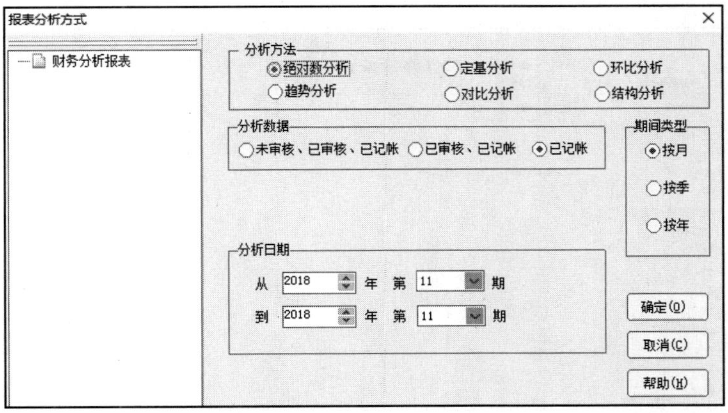

图 11-18 “报表分析方式”窗口

步骤 1：在窗口左方的报表树中选择本次进行分析的报表。

步骤 2：选择分析方法。

① 绝对数分析：将不同时期、相同项目的绝对金额排列成行，以观察其绝对额的变化趋势。

② 定基分析：以分析期间第一期的报表数据作为基数，其他各期与之对比，计算出百

分比，以观察各期相对于基期的变化趋势。

③ 环比分析：将每一期数据依次和上一期的数据进行比较，计算出趋势百分比，以观察每期的增减变化情况。

④ 趋势分析：是以分析期间第一期的报表数据作为基准，用前后各期项目的差额进行比较，也能用百分率的变化进行比较，以观察各期相对于上期的变化趋势。

⑤ 对比分析：将任意两个期间的报表数据进行比较分析，并将差额、和差额所占对比期的百分比以列表方式显示。

⑥ 结构分析：用于考核子项在总项中所占的比重，或各费用在总体费用中所占比重。例如，资产负债表中的货币资金占总资产的比重，办公费占管理费用的比重等。

步骤 3：选择分析数据。

① 已记账：只包括账务处理模块中选定期间范围内已记账的凭证信息；

② 已审核、已记账：包括账务处理模块中选定期间范围内已审核和已记账的凭证信息；

③ 未审核、已审核、已记账：包括账务处理模块中选定期间范围内中未审核、已审核和已记账的凭证信息。

步骤 4：设置期间类型。能在按年、按季及按月三种期间类型中任选其一。

步骤 5：设定分析日期。

① 起始期：若期间类别为年，选择某年；若期间类别为季，选择某年某季；若期间类别为月，选择某年某月。

② 终止期：若期间类别为年，选择某年；若期间类别为季，选择某年某季；若期间类别为月，选择某年某月。

步骤 6：条件设置完成后，单击“确定”按钮进入报表分析窗口。以资产负债表的绝对数分析为例，如图 11-19 所示。

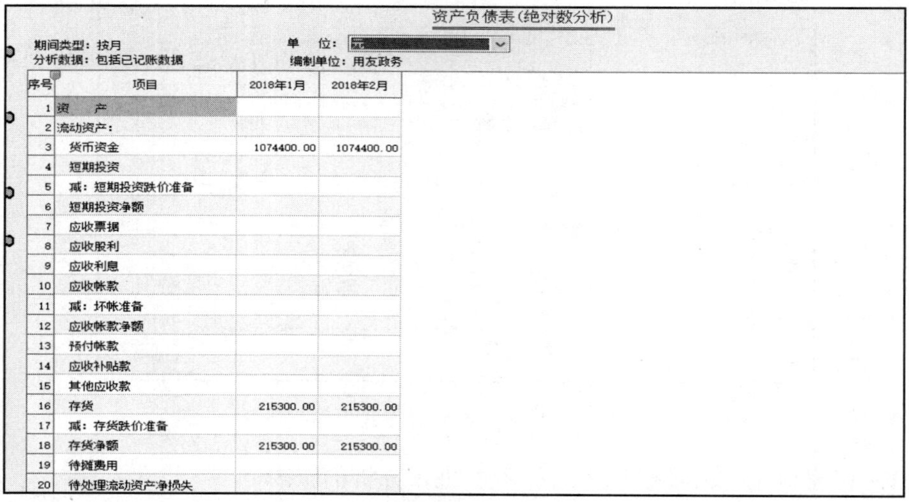


| 序号 | 项目 | 2018年1月 | 2018年2月 |
|---|---|---|---|
| 1 | 资　　产 | | |
| 2 | 流动资产： | | |
| 3 | 货币资金 | 1074400.00 | 1074400.00 |
| 4 | 短期投资 | | |
| 5 | 减：短期投资跌价准备 | | |
| 6 | 短期投资净额 | | |
| 7 | 应收票据 | | |
| 8 | 应收股利 | | |
| 9 | 应收利息 | | |
| 10 | 应收帐款 | | |
| 11 | 减：坏帐准备 | | |
| 12 | 应收帐款净额 | | |
| 13 | 预付帐款 | | |
| 14 | 应收补贴款 | | |
| 15 | 其他应收款 | | |
| 16 | 存货 | 215300.00 | 215300.00 |
| 17 | 减：存货跌价准备 | | |
| 18 | 存货净额 | 215300.00 | 215300.00 |
| 19 | 待摊费用 | | |
| 20 | 待处理流动资产净损失 | | |

图 11-19 “资产负债表（绝对数分析）”界面

步骤 7：选择分析参数。

单击“参数”按钮，弹出“报表分析方式”窗口，在该窗口中能重新进行条件选择。

## 11.3.2 指标分析

### 1. 功能与作用

只分析一年的财务指标往往不够全面，系统提供了用户可选择的单选项，以供用户对不同期间财务指标的数据进行汇总、透视、转化，以得到可靠的财务信息供参考。可采用不同的方法对企业的财务指标进行全面系统的分析；可将财务指标的分析结果以图形显示；具有预览、打印及数据输出功能。

### 2. 屏幕格式

通过菜单“功能|财务分析|指标分析方式”进入指标分析模块。

### 3. 操作说明

进入指标分析模块，首先见到的是“指标分析方式”窗口，如图 11-20 所示，具体的分析步骤请参考上述报表分析。

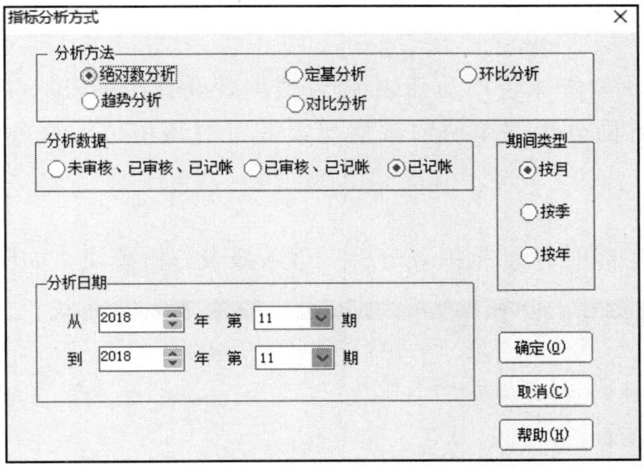


图 11-20 “指标分析方式”窗口

## 11.3.3 因素分析

### 1. 功能与作用

只分析一年的财务因素往往不够全面，系统提供了用户可选择的单选项，以供用户对不同期间财务因素的数据进行汇总、透视、转化，以得到可靠的财务信息供参考；因素分析可采用不同的方法对企业的财务因素进行全面系统的分析；可将财务数据的分析结果以图形显示；具有预览、打印及数据输出功能。

### 2. 屏幕格式

通过菜单“功能|财务分析|因素分析”进入因素分析模块。

### 3. 操作说明

进入因素分析模块，首先见到的是“因素分析方式”窗口，如图 11-21 所示，具体的分析步骤请参考上文报表分析。

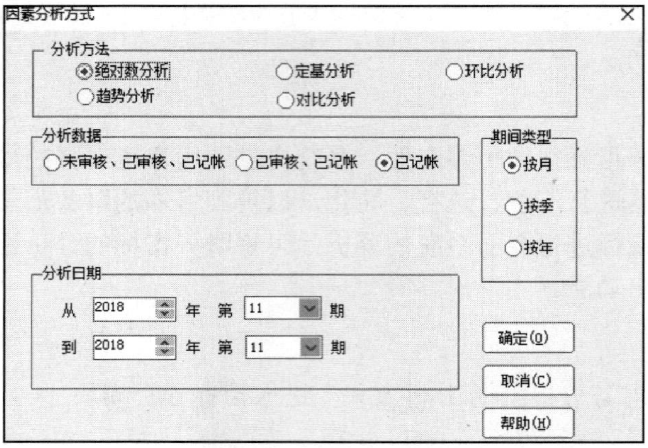


图 11-21 “因素分析方式”窗口

## 11.4 实践题

请输出东湖医科大学期末资产负债表/收入费用表及其明细表，并从报表分析、指标分析及因素分析 3 个方面分析该单位财务情况，并针对该单位的财务情况思考具体的应对措施。

业务处理流程：

步骤 1：通过“功能|财务分析|报表分析”进入报表分析模块，如图 11-22 所示。

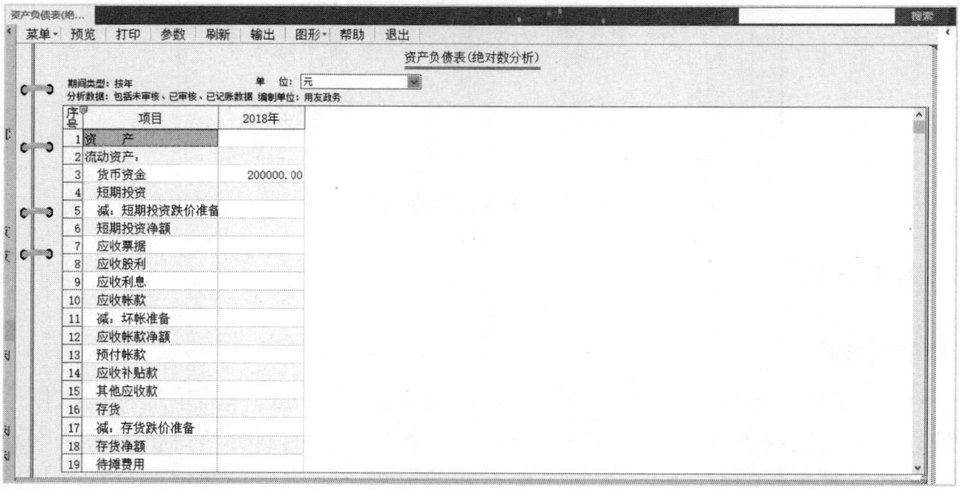


图 11-22 报表分析模块

步骤 2：通过“功能|财务分析|指标分析”进入指标分析模块，并在“指标分析方式”窗口中进行相关信息的设定，如图 11-23、图 11-24 所示。

步骤 3：通过“功能|财务分析|因素分析”进入因素分析模块，如图 11-25 所示。

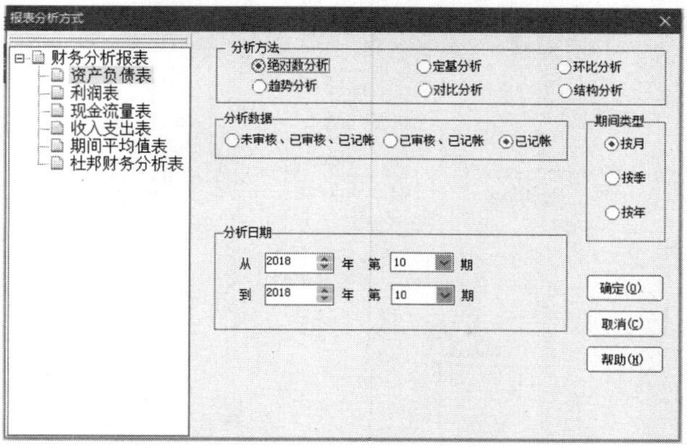


图 11-23　选择指标分析方式

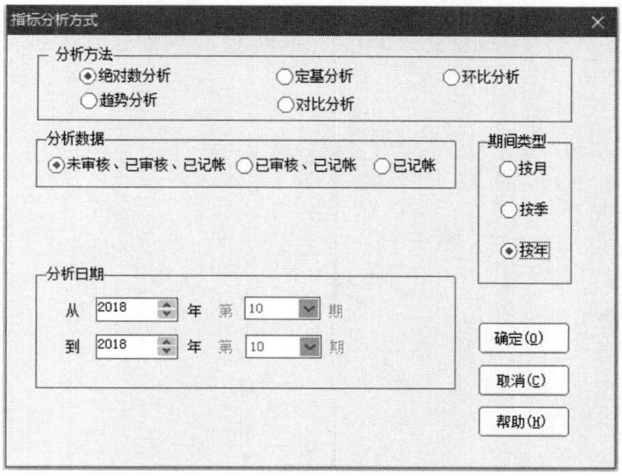


图 11-24　设置指标分析的数据、日期等

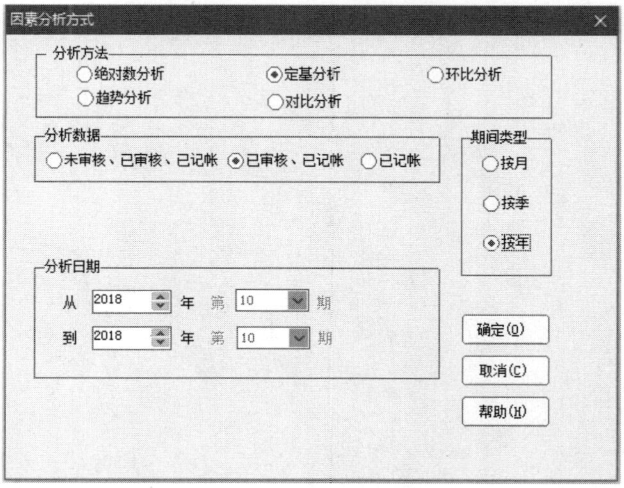


图 11-25　选择因素分析方式